بسم الله الرحمن الرحيم

«سبحانك لا علم لنا إلا ما علمتنا»

سورة البقرة

« Gloire à *Dieu* ! Nous n'avons de savoir que ce que tu nous a appris. »

Sourate Al-Baqara

LES FINANCES DE L'ETAT AU MAROC

A ma mère

A mon pays

Collection **Logiques Juridiques**
dirigée par Gérard MARCOU

Le droit n'est pas seulement un savoir, il est d'abord un ensemble de rapports et pratiques que l'on rencontre dans presque toutes les formes de sociétés. C'est pourquoi il a toujours donné lieu à la fois à une littérature de juristes professionnels, produisant le savoir juridique, et à une littérature sur le droit, produite par des philosophes, des sociologues ou des économistes notamment.
Parce que le domaine du droit s'étend sans cesse et rend de plus en plus souvent nécessaire le recours au savoir juridique spécialisé, même dans des matières où il n'avait jadis qu'une importance secondaire, les ouvrages juridiques à caractère professionnel ou pédagogique dominent l'édition, et ils tendent à réduire la recherche en droit à sa seule dimension positive. A l'inverse de cette tendance, la collection « Logiques juridiques » des Éditions L'Harmattan est ouverte à toutes les approches du droit. Tout en publiant aussi des ouvrages à vocation professionnelle ou pédagogique, elle se fixe avant tout pour but de contribuer à la publication et à la diffusion des recherches en droit, ainsi qu'au dialogue scientifique sur le droit. Comme son nom l'indique, elle se veut plurielle.

Dernières parutions

Auguste ILOKI, *Le droit du licenciement au Congo,* 2000.
Fanny VASSEUR-LAMBRY, *La famille et la Convention européenne des Droits de l'homme,* 2000.
Philippe SÉGUR, *Gouvernants : quelle responsabilité ?,* 2000
Jean-Jacques THOUROUDE, *Pratique de la responsabilité hospitalière*, 2000.
Pascal BERTHET, *Les obligations alimentaires et les transformations de la famille*, 2000.
Daphné BOUTEILLET-PAQUET, *L'Europe et le droit d'asile dans un espace élargi,* 2001.
Jean-Jacques SUEUR, *Une introduction à la théorie du droit,* 2001.
Sonia DEVEIDEX-MARGUERITAT, *Le quinquennat,* 2001.
Francis HAMON, *Le referendum en Europe, aujourd'hui et demain*, 2001.
Daphné BOUTEILLET-PAQUET, *L'Europe et le droit d'asile,* 2001.
Christian LAVIALLE, *Les mutations du droit domanial et le régime des infrastructures de transport en France et en Espagne*, 2001.

ISBN : 2-7475-0382-8

Anas BENSALAH ZEMRANI

LES FINANCES DE L'ETAT AU MAROC

Tome II

L'entreprise face au fisc

Préface de

Mohamed KEBBAJ

L'Harmattan
5-7, rue de l'École-Polytechnique
75005 Paris
FRANCE

L'Harmattan Inc.
55, rue Saint-Jacques
Montréal (Qc) CANADA
H2Y 1K9

L'Harmattan Hongrie
Hargita u. 3
1026 Budapest
HONGRIE

L'Harmattan Italia
Via Bava, 37
10214 Torino
ITALIE

Abréviations

A.D.I.I.	: Administration des douanes et impôts indirects
B.O.	: Bulletin officiel
C.L.C.	: Comités locaux de coordination locale
C.L.T.	: Commission nationale de taxation
C.N.R.F.	: Commission nationale du recours fiscal
C.P.C.	: Code de procédure civile
C.P.P.	: Code de procédure pénale
C.D.	: Code des douanes
D.G.I.	: Direction générale des impôts
I.S.	: Impôt sur les sociétés
I.G.R.	: Impôt général sur le revenu
I.P.	: impôt des patentes
P.S.N.	: Prélèvement de solidarité nationale
T.V.A.	: Taxe sur la valeur ajoutée
T.P.A.	: Taxe sur le produit des actions
T.P.C.V.M.	: Taxe sur les profits de cession de valeurs mobilières
T.P.P.R.F.	: Taxe sur les produits de placement à revenu fixe
T.U.	: Taxe urbaine
T.P.I.	: Taxe sur les profits immobiliers

Sommaire

Sommaire

Avant-propos

La parution des *Finances de l'Etat*, du français Marc Loze en 1971 a été un événement à l'époque. Ouvrage particulièrement intéressant mais aujourd'hui largement dépassé, car n'ayant jamais bénéficié de la mise à jour nécessaire.

En 1997, après avoir quitté la commission des finances au parlement, j'ai pris la décision, avec humilité, de combler ce vide dans l'intérêt des étudiants, des chercheurs et des praticiens du monde de la finance et de la fiscalité.

Le premier tome a été consacré aux principes et à la procédure budgétaire, aux dépenses de l'Etat, aux finances locales et à l'emprunt. Le second tome a été consacré essentiellement à la fiscalité.

Dans le second tome, notre approche est pragmatique ; elle vise à aider l'entreprise à s'acquitter de son devoir fiscal, elle est également prospective puisqu'elle cherche à réaliser un triple challenge : l'instauration de la simplicité, de l'efficacité et de l'équité. L'impôt étant un débat permanent et évolutif, des mises à jour seront assurées régulièrement, dans le but d'aider l'entreprise à suivre et à participer au débat et à l'évolution de la fiscalité.

Il n'existe pas de modèle d'imposition théorique sorti tout armé du "cerveau d'un jupiter fiscal", à partir duquel on pourrait déterminer une structure fiscale optimale. Les structures fiscales se diversifient d'un pays à l'autre en fonction des structures économiques, du degré de développement de l'économie, des structures socio-politiques, etc., autant de facteurs qui influent sur l'efficacité de la fiscalité.

Les réactions hostiles à tout nouveau système ont pour origine l'élément de contrainte inhérent à tout prélèvement obligatoire. L'impôt est complexe, souvent incompris et perçu avec maladresse. Ceci est général à tous les pays. Certaines nations ont maîtrisé l'atome mais n'ont pas encore réussi à maîtriser parfaitement l'impôt. Une grande partie de leurs contribuables dénonce toujours l'injustice fiscale ! En fait, l'impôt miraculeux, qui, tout à la fois, serait facile à percevoir comme le souhaite le fisc, indolore comme le voudrait le contribuable, générateur de plus de justice sociale comme le souhaitent maints citoyens, et enfin, efficace agent d'incitation économique comme le demande tout ministre des Finances, cet impôt miraculeux n'existera probablement jamais !

Le système fiscal existant doit toujours être réformé, devenir plus juste, moins compliqué, moins inquisitorial. Tout le monde est d'accord là-dessus. La réforme fiscale est devenue une sorte de mythe, une panacée universelle !

Les divergences apparaissent quant au montant de l'impôt à acquitter et quant au type de réforme à appliquer. Les assises nationales de la fiscalité ont globalement déterminé et répertorié les faiblesses et les insuffisances de notre système d'imposition. Les opérateurs économiques ont insisté sur la nécessité d'une meilleure répartition et d'une réduction de la pression fiscale. Les réformes à introduire touchent essentiellement le barème de l'IGR, les taux de la TVA, les mécanismes de la patente, la PSN/TNB, etc.

En fait, la meilleure réforme à introduire doit être axée sur la réduction de la cédularité et le renforcement de la synthèse de notre système fiscal qui doit être réalisée autour des trois impôts d'Etat : IGR, IS et TVA. La multiplicité et la complexité nuisent à la productivité et au rendement de notre système d'imposition. Plus le système est simple, plus il est productif, et mieux il est accepté par les contribuables.

L'habillage technique de la fiscalité ne doit pas nous faire perdre de vue que le prélèvement fiscal est un phénomène éminemment politique. A ce titre, il doit reposer sur la justice et la solidarité.

Le but de notre ouvrage est, d'une part, d'attirer l'attention sur les imperfections de notre système d'imposition et, d'autre part, d'aider l'entreprise à comprendre les mécanismes fondamentaux de notre système fiscal qui jouit d'une solide réputation d'ésotérisme. L'ouvrage que nous proposons est en somme axé sur le côté pratique de la fiscalité marocaine et pourrait aider le contribuable – c'est du moins notre espoir – à mieux s'acquitter de ses obligations fiscales. La fiscalité n'est pas une fatalité ; il faut apprendre à la dominer et à la gérer.

L'auteur

Rabat, le 10 mai 2000

Préface

Les réactions passionnées, voir le traumatisme que suscite l'impôt sont toujours là pour nous rappeler la difficulté de la conception et de la mise en œuvre de tout prélèvement fiscal. Cependant, l'examen comparé des systèmes fiscaux nous incite à relativiser ce monde clos de la passion et à tempérer notre jugement. Le fait fiscal présente un intérêt intellectuel certain dans la mesure où il renseigne sur l'état de la société, sur son développement, sur ses contradictions et nous oblige à réfléchir sur son devenir.

Déterminer les insuffisances d'un système fiscal, cela suppose une connaissance parfaite du système, de ses apports, ses imperfections en dépit de la complexité parfois extravagante de ses modalités d'application sans bien entendu oublier les implications politiques du système, comme le rappelle le Pr J.-C. Martinez, « la fiscalité est l'habillage exagérément technique d'un phénomène essentiellement politique ».

Le Pr Anas Bensalah Zemrani, que j'ai eu le plaisir de côtoyer au sein de la commission des finances au parlement a su simplifier avec maîtrise la présentation de notre système fiscal en fonction des étapes de la vie de l'entreprise, en liant la fiscalité à la création et au développement de cette dernière.

Lorsque j'ai proposé la pénalisation du délit fiscal pendant la session d'avril 1996, le Pr Anas Bensalah m'a été d'un soutien précieux notamment par une présentation sérieuse et objective de mes propositions au niveau du rapport qu'il présentait à l'assemblée plénière, tout en ayant la conviction profonde que la pénalisation du délit fiscal était une nécessité impérieuse pour la bonne gestion de notre système fiscal.

J'ai pu compter également sur le militantisme du Pr Anas Bensalah Zemrani quand j'ai inauguré la nouvelle politique accès sur la baisse des impôts. Notre collaboration a été fructueuse et m'a donné l'occasion d'apprécier les compétences, les prises de position et le sérieux de M. Anas Bensalah Zemrani retrouvés tout au long de cet ouvrage.

Mohamed KEBBAJ
Ancien ministre des Finances
Conseiller de Sa Majesté le Roi

Introduction générale

L'entreprise face au fisc

Le débat sur la fiscalité connaît au Maroc un renouveau dont on ne peut que se féliciter (1). Les citoyens portent de plus en plus d'intérêt au problème de l'origine et de l'affectation des deniers publics. **C'est assurément un signe de bonne santé de notre démocratie, qui ne peut que renforcer le principe de la légitimité fiscale**.

S'agissant de l'imposition des entreprises, les problèmes techniques réels sont désormais reconnus par le plus grand nombre, y compris les responsables de l'administration fiscale. Il s'agit aujourd'hui d'optimiser les voies et les moyens pour résoudre les problèmes fiscaux de l'entreprise et de l'aider à réaliser des bénéfices, indicateur principal de sa réussite.

Certes, l'entreprise individuelle ou sociétaire, doit payer à la nation les déséconomies externes (nuisances, dégradations de l'environnement, etc.) qu'elle lui cause. Il est naturel qu'elle participe également au financement des biens collectifs qu'elle utilise (infrastructure, éducation nationale, actions économiques du gouvernement, etc.) et qui sont pour elle source de productivité et de bénéfices. Elle doit remplir toutes ses obligations.

L'Etat doit de son côté aménager à l'entreprise un environnement propice à la production, **une politique fiscale adéquate et incitative, une administration fiscale irréprochable et lui garantir ses droits**. La fiscalité est l'un des éléments privilégiés de l'intervention de l'Etat dans l'économie. A travers l'outil fiscal,

---

(1) Assises nationales sur la fiscalité, organisées par la DGI les 26 et 27 novembre 1999.

l'Etat peut peser sur l'orientation et le développement de l'entreprise. Cette dernière participe à la croissance de la production et mérite à ce titre que l'on se préoccupe de ses problèmes et de son développement.

I. La politique fiscale

Une politique fiscale efficace doit être définie en fonction de la stratégie de développement économique et social choisie. Elle doit avoir pour support un système fiscal juste, souple et adapté et doit viser la réalisation d'objectifs clairs, cohérents et précis.

La complexité du système fiscal marocain naît précisément de la multitude d'impôts et de taxes (1) qu'il faut gérer au quotidien et de l'ambiguïté et de la diversité des fins poursuivies : opérer une redistribution égalitaire du revenu national, accélérer et orienter la croissance économique, augmenter la formation de l'épargne publique et privée, etc.

C'est aussi un système très lourd à gérer tant sur le plan fonctionnel que par la pression qu'il développe. Il faut cependant relativiser les choses : la société toute entière devient plus complexe. C'est un mouvement général. La loi fiscale n'échappe pas à la règle. Quant à la diversité des objectifs poursuivis, il semble que dans un premier temps, la fiscalité doit encourager et stimuler la croissance économique. Même les groupes à faible revenu ont plus à gagner d'une expansion économique rapide que d'une politique de redistribution des revenus qui risque d'être celle de la pauvreté (2). **Faire payer les riches est avantageux en termes politiques mais ne l'est guère en termes de pouvoir d'achat. Seule une croissance économique élevée et durable peut corriger les disparités sociales.**

Le système fiscal doit procéder d'une démarche participative. Une concertation aussi large que possible avec les opérateurs économiques peut être le fondement de la transparence et d'une nouvelle éthique. **L'objectif principal est d'établir la confiance** qui est souvent à la base des systèmes économiques et financiers performants.

La structure fiscale actuelle doit se recentrer autour des trois impôts d'Etat (IGR, IS, TVA). Ces trois impôts se prêtent plus facilement à l'utilisation de

---

(1) Entre la fiscalité d'Etat et la fiscalité locale, on peut recenser plus de 55 impôts et taxes. Dans le domaine de la fiscalité immobilière par exemple, le promoteur doit gérer 17 taxes comportant chacune un régime différent.

(2) *Cf.* J. Lecaillon, *Inégalités des revenus*, Cujas, Paris, 1970.

l'instrument fiscal comme stabilisateur automatique de la conjoncture : augmenter l'impôt sur le revenu en période d'expansion ou le réduire dès les premiers signes d'une récession afin de relancer l'épargne et la consommation (1).

Le système fiscal en tant qu'instrument de développement et de croissance économique doit privilégier la fonction incitative de l'Etat et adapter les incitations aux exigences du développement. Il est grand temps de dépasser la vision résolument financière et comptable de la fiscalité. Cette dernière doit privilégier la croissance économique. L'objectif est d'orienter les taux à la baisse tout en élargissant le champ d'application de l'impôt, ce qui permettra de mieux répartir la pression fiscale différentielle (2) en élargissant le champ d'application de l'impôt et assurer ainsi les conditions objectives d'exercice d'une justice fiscale réelle.

Par ailleurs, l'intégration progressive du secteur informel permettra de générer davantage de recettes et un allégement significatif de la pression fiscale différentielle.

Privilégier le rôle de l'impôt en tant qu'outil de croissance ne veut pas dire négliger l'épineux problème de la redistribution des revenus à travers le prélèvement fiscal. Cependant, **il faut reconnaître que le rôle de l'impôt en tant qu'instrument de redistribution reste limité, probablement à cause du niveau de la pauvreté**, mais aussi à cause de la fraude et de l'évasion fiscales (3). En fait, dans ce domaine, les avis sont souvent partagés. De ce point de vue, la fiscalité est au centre d'un processus conflictuel, d'une implacable lutte d'influence. La pression fiscale différentielle montre des inégalités criantes au niveau de la répartition de la charge fiscale entre les différentes couches sociales. La pression fiscale différentielle montre une très mauvaise répartition de la charge fiscale. L'essentiel de la charge fiscale est concentré sur la PME et la PMI. Certes, « tout régime fiscal est en effet, le fruit d'une décision politique des gouvernants. En tant que tel, il dépend étroitement des rapports de puissance des groupes au sein de la nation (4). » Aucun système fiscal ne peut vivre et se développer, s'il est fondé sur l'injustice. Cette situation, rappelle ce que disait Shumpeter, à propos de

(1) *Cf.* décision du Premier ministre français L. Jospin de réduire les taxes pour l'an 2000, afin de relancer l'épargne et la consommation.

(2) Voir à propos de la pression fiscale différentielle notre ouvrage, *la Fiscalité face au développement économique et social du Maroc*, LGDJ, Paris 1982, p. 215 et s.

(3) 5,3 millions de personnes au Maroc vivent aujourd'hui dans la pauvreté absolue, avec un revenu annuel qui varie entre 300 et 400 $ par an. *Cf. la Vie économique* du 17 décembre 1999.

(4) *Cf.* Hubert Brochier, *Structures nationales et systèmes fiscaux*, RSF, 1952, p. 192.

l'influence du milieu politique sur la politique fiscale : « Rien ne montre si clairement le caractère d'une société et d'une civilisation que la politique fiscale suivie par ses politiciens ; nous pouvons donc nous attendre à ce que les tendances et les contre-tendances apparaissent ici d'une manière spécialement claire (1). »

L'état de méfiance des contribuables surtout après **la campagne "d'assainissement"** (2) explique le malaise fiscal qui sévit actuellement. Cet état de méfiance est tel que les limites subjectives de la pression fiscale sont atteintes avant les limites objectives. « **Si le contribuable interprète l'impôt comme normal ou nécessaire, la pression subjective n'existe pas** », explique le Professeur Laufenberger H. (3). La psychologie, la motivation du contribuable, son éducation peuvent permettre d'éloigner le seuil fatidique de la pression fiscale subjective. A cet égard, la promotion d'un civisme fiscal ou de ce que G. Ardant, appelle « **la conscience collective** », apparaît comme un facteur déterminant dans la mobilisation des ressources par la fiscalité.

Pour P.L. Reynaud, il n'y a qu'une méthode qu'il qualifie de sincère et qui consiste à « informer et éduquer le contribuable (4). » Il y a aussi, ajouterons-nous, une méthode qui consiste à donner l'exemple, mais qui amène nécessairement les responsables à faire leur auto-critique. Dans cette optique, M. Laufenberger va jusqu'à disculper le contribuable : « **l'éthique n'a de place ni en finances, ni en économie... tous ceux qui avancent des concepts de morale ou de conscience en matière d'impôt, péchent par une erreur d'optique** (5). » Mais l'autorité de l'Etat peut-elle s'exercer n'importe comment ? Et dans quelle mesure peut-elle bénéficier d'un large soutien populaire seul garant de sa continuité ?

La fiscalité reste au centre d'un débat ouvert sur la régulation de la société et de l'économie. Il s'agit donc de trouver rapidement les voies et les moyens pour améliorer les apports de la réforme de 1984, afin de concilier les objectifs d'équité, de performances économiques et de consolidation de l'Etat de droit en matière

---

(1) *Cf.* J.A. Shumpeter, *Geschihte der oknomischen analyse*, traduction allemande Gottingen, 1965, vol. II, p. 939, cité par F. mombert, *Problèmes de sociologie et d'économie fiscale*, RSF, 1967, n° 1, p. 95.

(2) Une campagne "d'assainissement" a démarré au Maroc en 1996, elle devait en principe assainir l'environnement économique de l'entreprise, elle a fini par devenir un règlement de comptes.

(3) Voir, *la Théorie économique et psychologique des finances publiques*, par H. Laufenberger, t. I du traité d'économie et de législation financière, Sirey, 1956, p. 253 et s.

(4) *Cf. la Psychologie du contribuable devant l'impôt*, par P.L. Reynaud, RSLF, 1948, p. 289 et 290.

(5) Voir la théorie économique et psychologique des finances publiques, par Laufenberger, tome I du traité d'économie et de législation financière, Sirey, 1956, p. 284.

fiscale. La réalisation des objectifs précités est tributaire de l'amélioration de l'environnement socio-politique et de l'instauration de nouveaux rapports entre l'administration fiscale et les citoyens. Ce nouveau climat doit être fondé sur une confiance mutuelle entre l'administration et les contribuables.

Lors des assises de la fiscalité, la plupart des experts ont insisté sur la nécessité d'une harmonisation des dispositions et des procédures fiscales, dans le sens d'une plus grande clarification. Cela exige bien entendu **l'adoption d'un code général des impôts**. En effet, l'évolution de la fiscalité au rythme de l'introduction de nouvelles dispositions fiscales par les différentes lois de finances risque d'accentuer les incohérences et l'instabilité du système fiscal. La stabilisation et la pérennisation des textes de lois devient une nécessité impérieuse. Souvent, une loi de finances défait ce que la loi précédente a apporté. Cette instabilité joue contre l'investissement. Ce dernier a besoin pour se développer d'un environnement politique et juridique stable.

D'un autre côté, la pénalisation du délit fiscal, la recherche de la transparence, la nécessité de renforcer le dispositif législatif pour mieux lutter contre la fraude et l'évasion fiscales impliquent nécessairement l'élaboration d'un code général des impôts. Le besoin de codification des règles fiscales se fait de plus en plus sentir. Cette codification doit regrouper normalement les textes législatifs et réglementaires et veiller à l'harmonisation et à la cohésion de l'ensemble de notre dispositif fiscal.

Grâce à une démarche participative, le code général des impôts doit introduire des objectifs clairs et cohérents dans le cadre d'une vision globale et consensuelle et garantir aussi bien les droits des contribuables que ceux de l'Etat.

Le code général des impôts doit redéfinir le "**Statut du contribuable**".

Par ailleurs, un code général des impôts doit normalement affirmer et assurer la primauté de la loi sur les circulaires. Le droit fiscal relève de la compétence du législateur. A ce titre, il a une force probante sur les circulaires et les instructions qui ne servent en fait qu'à interpréter et à détailler les textes de loi, sans normalement être opposables aux contribuables (1). Certains tribunaux en France ont déclaré l'inopposabilité et l'illégalité des circulaires. Le code général des impôts peut clarifier définitivement cette situation.

---

(1) La cour suprême estime dans un arrêt rendu en matière fiscale, que l'office des changes "n'est pas fondé à rejeter une demande en opposant uniquement des moyens de non recevabilité tirés de ses notes ou avis". Cf., arrêt n° 14 du 20 mars 1970, société Electras Maroquies, Chambre administrative "Jurisprudence de la Cour suprême, n° 16, avril 1970, p. 80-83, rapporté par Abdellah Boudahrain in, *le Contentieux fiscal*, EDEMAR, 1983, p. 66.

Le code général des impôts peut garantir également **le droit à l'information du contribuable**. En effet, une carence d'information du contribuable peut conduire à des incompréhensions entre le contribuable et l'administration fiscale qui peuvent provenir de la multitude d'impôts à gérer et de la complexité du système fiscal. La définition des droits et des devoirs du contribuable dans le cadre du code général des impôts doit en principe constituer **le "statut du contribuable"** (1). Ce nouveau statut peut devenir très vite un élément d'équilibre dans les relations du contribuable avec une administration fiscale dotée de prérogatives de puissance publique.

La politique fiscale doit chercher également à **encourager l'investissement**, condition essentielle au développement de la croissance. Certes, beaucoup de progrès ont été réalisés dans le cadre de la charte d'investissement, notamment l'automaticité des avantages ainsi que leur uniformité. Si le principe de l'automaticité a été atteint, il en va différemment pour le principe de l'uniformité, de plus en plus battu en brèche par le problème des régimes spéciaux qui concernent certains secteurs économiques et pas les autres. Il est urgent de remédier à cette situation qui créé une injustice et un déséquilibre au niveau de l'informité des avantages !

Encourager l'investissement étranger, revient à définir de façon cohérente, le **statut fiscal des investisseurs étrangers** et clarifier davantage le régime fiscal des établissements stables, les frais de siège, l'assistance technique, le régime fiscal des centres et bureaux de coordination.

Un Maroc attractif doit avoir un système fiscal au moins équivalent au point de vue avantages à la Tunisie, la Turquie, l'Espagne…

La politique fiscale doit être empreinte de justice et d'équité ! Comment concilier par exemple entre déclaration et retenue à la source ? Peut-on parler d'équité lorsque 90 % des recettes de l'IGR sont retenues à la source et sont le fait de tiers déclarants avec tout ce que cela suppose comme risques ? Le fisc a-t-il les moyens matériels, administratifs, voire politiques de recouper les déclarations de tous les contribuables avec environ 300 vérificateurs et un personnel administratif de 4 400 personnes allant du simple agent jusqu'au directeur des impôts.

La politique fiscale doit **se préoccuper également de l'optimisation de la dépense publique**. Le gouvernement gagnerait à mettre autant d'ardeur à se préoccuper de la rationalisation de la dépense. De ce point de vue, le manque

(1) *Cf.* « Le statut du contribuable », p. 445 à 529, in *Droit fiscal contemporain*, par J.C. Martinez et P. DiMalta, LITEC, Paris, 1986.

d'optimisation et de rationalisation dans l'emploi de la ressource peut facilement se traduire par une démobilisation fiscale. La plupart des gouvernements ont accordé une attention paticulière au prélèvement fiscal qui a atteint 21,6 % du PIB, et n'ont fait aucun effort au niveau de la rationalisation des dépenses publiques. Dans ce domaine particulièrement sensible, le lien est rapidement établi par les citoyens entre la ressource et son emploi ! Une fois la politique fiscale arrêtée, tout l'art du prélèvement fiscal est dans l'exécution. C'est la responsabilité de l'administration fiscale !

II. La modernisation de l'administration fiscale

La direction générale des impôts assure des missions essentielles au sein de l'Etat. Elle assoit et contrôle l'assiette de l'ensemble des impôts, recouvre plus de 32 % des recettes de l'Etat soit 40 milliards de dirhams. Chacune de ses missions la met en relation étroite avec le public.

Le développement important de l'informatique a permis des améliorations dans la gestion administrative et des simplifications au niveau des obligations déclaratives des contribuables.

Les progrès intervenus n'ont répondu que pour partie aux exigences fortes de qualité qu'exige le public. Ce dernier exprime une exigence accrue d'efficacité et attend une information adaptée au cas de chacun, des réponses rapides et une application homogène de la loi.

L'amélioration de la qualité du service public fiscal doit se faire dans un cadre qui garantisse les droits et l'égalité des citoyens devant l'impôt.

L'objectif est l'instauration d'un climat de confiance. En effet, l'environnement dans lequel s'opère le prélèvement fiscal, doit désormais être fondé sur une confiance mutuelle entre l'administration fiscale et les contribuables. **Une nouvelle culture fiscale doit désormais régner**. Le contribuable bien informé, doit s'acquitter de ses obligations avec sérieux. De son côté, l'administration fiscale doit respecter les droits du contribuable et l'assister, tout en luttant de façon efficace contre la fraude et l'évasion fiscales.

L'administration fiscale doit chercher à faire évoluer ses cadres vers une maîtrise parfaite de la technique fiscale. **Elle doit être constamment à la recherche de la modernité**, à travers le renforcement de ses moyens humains et matériels afin de s'acquitter de ses missions qui sont l'établissement de l'assiette, le recouvrement et le contrôle. Pour cela, il faut :

– améliorer les structures et le fonctionnement de l'administration des impôts dans le sens d'une plus grande efficacité (1) ;
– faire évoluer le concept de contrôle de l'"inquisition" à l'assistance ;
– améliorer la communication interne et externe de l'administration fiscale.

A. Améliorer les structures et le fonctionnement de l'administration fiscale

Sur le plan de l'organisation, l'effort doit porter sur le déconcentration. Cette dernière doit être marquée par une redistribution des compétences. Ceci peut favoriser l'initiative et la prise de responsabilité en situant le plus souvent possible, la décision au niveau le plus proche des usagers. Cela exige une délégation plus accrue de signatures que la direction des services fiscaux peut consentir. Cette démarche peut introduire la célérité nécessaire dans le traitement des dossiers, afin de répondre rapidement aux attentes des contribuables, des opérateurs économiques et des usagers, par le règlement des problèmes posés. Cela ne peut se faire qu'à travers la déconcentration de l'administration fiscale. Cela permettra sur le plan local **d'améliorer l'accueil des citoyens et des partenaires locaux et la qualité du service rendu**.

L'administration fiscale locale doit absolument se départir de cette image statique qui réduit sa mission à un simple pourvoyeur de fonds pour l'Etat et s'affirmer pleinement comme un catalyseur du développement socio-économique sur le plan local et régional. L'administration fiscale locale ne sera alors plus perçue par ses concitoyens contribuables comme une administration destinée uniquement à assurer les dépenses de l'Etat en se bornant à recouvrir les impôts, droits et taxes à travers des procédures souvent inintelligibles pour le redevable mais une administration qui exprime le désir d'être un véritable acteur du développement et l'artisan d'une politique économique et sociale sélective, **utilisant l'outil fiscal tout en mesurant son impact sur l'entreprise et les réactions des contribuables**.

Cette démarche est d'autant plus importante dans la mesure où la plupart des propositions, mesures, réaménagements ou réformes partent du terrain, c'est-à-dire

(1) On a pu noter, une amélioration et une certaine fluidité à la sous-direction de la Wilaya de Casablanca, qui gère 60 % de recettes fiscales provenant de la DGI. La métropole économique, s'organise avec la création d'une entité qui sera chargée des dossiers importants, touchant exclusivement les grandes sociétés. En effet, la création d'un gestionnaire de base au siège régional de Casablanca permettra de résoudre des problèmes d'une autre nature, qui nécessitent un traitement spécifique, par exemple, les sociétés étrangères.
Ce gestionnaire de base, comprend les services d'assiette et de vérification, ce qui permettra une vision plus précise sur une partie importante de la matière imposable.

du local vers le central. Le fitback en principe ne se fera pas attendre étant donné que l'administration centrale doit être logiquement sensible à toutes les mesures prises sur le terrain. Son rôle est d'ailleurs de vérifier l'utilité, la justesse et la ténacité de ces mesures !

Toujours sur le plan local, les différentes administrations financières, y compris l'administration fiscale ont des objectifs internes multiples qui doivent être harmonisés afin de synchroniser l'action interne de l'Etat à travers **les comités locaux de coordination**, initiés il y environ trois ans. Les CLC ont pour objectif de :

– développer les compétences des agents du fisc à travers une formation continue et surtout développer une information de qualité leur permettant de prendre les décisions les plus judicieuses ;

– assurer la coordination des différents services concernant la marche des administrations locales afin d'élaborer et d'harmoniser une démarche collective des services financiers dans leurs rapports avec les autorités décentralisées (présidents de communes, de conseils provinciaux et régionaux) et les autorités déconcentrées (autres services administratifs locaux).

Cette démarche permet de soutenir les efforts de coordination, d'harmonisation et surtout de modernisation des administrations financières locales, dont l'administration fiscale. Les CLC apparaissent de plus en plus comme des instruments privilégiés d'une gestion de proximité, assurant coordination et efficacité dans la conduite et le développement des affaires locales. Cette proximité associée à un élargissement des marges de manoeuvre des responsables locaux garantit la pertinence des choix dans leur adaptation au contexte. Elle assure un plus grand niveau d'adaptation et d'adhésion par une compréhension plus immédiate des agents concernés.

Afin de soutenir ce travail de qualité, l'administration centrale, indispensable partenaire de l'entreprise et du contribuable doit cultiver et approfondir le dialogue avec les opérateurs économiques et assurer ainsi les bases d'une nouvelle confiance entre l'administration et les usagers.

L'administration fiscale doit également simplifier les documents administratifs, introduire plus de transparence dans la publication des chiffres et des statistiques, revoir l'organisation des recouvrements et raccourcir les délais de réponse en cas de contentieux.

L'administration fiscale est en prise directe avec l'ensemble des acteurs économiques et sociaux dont les mentalités, les besoins et les situations évoluent et changent. L'administration en tant que partenaire indispensable de ces actions doit être constamment à la recherche des voies et moyens originaux pour s'adapter.

Cette action nécessite le développement des ressources humaines pour gérer convenablement plus de 4 millions d'articles, plus de 3 millions de contribuables et plus de 50 000 sociétés. A titre d'exemple, la DGI en France peut compter sur plus de 80 000 cadres et agents. Au Maroc, cette tâche immense est confiée à 4 700 cadres et agents dont seulement 307 vérificateurs, ce qui limite la qualité de gestion et les possibilités de contrôle ! Dans ces conditions, le renforcement qualitatif du potentiel humain du fisc ainsi que la modernisation des administrations fiscales devient une nécessité urgente si l'administration tient à apporter des réponses de qualité aux nouvelles exigences des usagers et des contribuables.

L'administration fiscale doit mener un processus interne de réforme de sa propre action et l'adapter à ses missions et à l'environnement extérieur qui exige une nouvelle vision, une nouvelle façon de faire pour assurer le prélèvement fiscal dans des conditions optimales d'efficacité et de justice. L'administration fiscale doit désormais intégrer les mêmes critères de performance que l'entreprise.

Pour cela, elle doit assurer une formation mieux adaptée. Cette formation, constitue un autre élément essentiel du processus de modernisation. Elle doit intégrer naturellement les enseignements de technique fiscale mais aussi d'informatique et de communication. Cette démarche peut déboucher rapidement sur plus d'efficacité.

La recherche de l'efficacité implique également "l'interdirectionnalité". La mobilité interadministrative et interdirectionnelle n'a pas de vertu en soi. Elle peut cependant être utile à l'accomplissement des missions par une meilleure connaissance d'un partenaire avec lequel on entretient des relations multiples. L'interdirectionnalité sera porteuse d'améliorations notables si elle vise à développer les actions communes, une meilleure connaissance et collaboration des administrations qui ont des interfaces fonctionnels forts (exemple DGI/douane, DGI/TG, DGI/budget...). L'interdirectionnalité peut également augmenter l'efficacité du contrôle fiscal par le recoupement des informations provenant de différentes directions.

B. Face au fisc : entreprises et contrôleurs

« Je n'ai pas le goût de l'impôt » dit souvent **Valéry Giscard d'Estaing quand il est en veine de confidences. Nous non plus, lui répondent en chœur les français** (1).

(1) *Cf. F... comme fraude fiscale*, Christian de Brie et Pierre Charpentier, éd. Alain Morean, Paris, 1975.

On peut se demander pourquoi cette violation massive de la légalité ? Sans doute parce que dans beaucoup de législations à travers le monde, **le travail est taxé, le profit l'est moins**.

La fraude fiscale, c'est d'abord celle que la loi organise. Elle prend alors le nom d'évasion, perd son caractère délictueux et permet à ses bénéficiaires d'échapper à l'impôt en toute impunité, car parée des vertus de la légalité. L'évasion fiscale a les même effets que la fraude puisqu'elle fausse les fondements d'une répartition équitable des charges publiques entre les citoyens. Que peut faire le contrôle fiscal dans ces conditions, puisqu'une partie importante des contribuables fraude légalement ! L'administration fiscale n'a aucune idée, ni aucune estimation sur l'ampleur de l'évasion fiscale, beaucoup de revenus sont mal connus ou dissimulés.

Les pouvoirs publics auraient-ils la volonté politique nécessaire et les services fiscaux les moyens techniques appropriés pour lutter contre ce fléau ?

Même dans le cas où la volonté politique existe, comment l'administration fiscale peut-elle évaluer la réalité des déclarations avec 307 vérificateurs qui sont chargés normalement de contrôler plus de 4 millions d'articles, plus de 3 millions de contribuables et plus de 50 000 sociétés ! Ce n'est que lorsque le fisc pourra avoir connaissance de l'ensemble des éléments composant les fortunes et les moyens d'existence des contribuables qu'il sera à même, par la variété et la permanence de ses recoupements, d'exercer un véritable contrôle sur la matière imposable. En attendant, **la fraude continuera et restera l'une des causes majeures de l'inégalité devant l'impôt**.

C'est la nature même de l'impôt sur le revenu qui serait en cause. Conçu à l'origine dans un esprit de justice et d'égalité, la fraude en a faussé l'application. Cette dernière **est immanente à tout impôt personnel et déclaratif**.

Un système fiscal fondé sur les déclarations, outre sa complexité, **implique un contrôle inquisitorial et vexatoire qui peut conduire à l'intolérance**. Le degré de cette dernière a varié selon les époques. Un tel impôt avantage au surplus les contribuables dont les ressources échappent aux recoupements et est supporté dans une proportion croissante par ceux dont les revenus sont intégralement déclarés par la partie versante. Une simple comparaison entre les rendements de l'IGR et l'IS peut convaincre. En effet, l'IGR assis essentiellement sur les revenus du travail rapporte 10,696 milliards de dirhams, alors que l'impôt qui appréhende le grand capital organisé dans le cadre de sociétés, à savoir l'IS ne rapporte que 8,16 milliards de dirhams (1). **Un tel système favorise la fortune acquise au**

(1) *Cf. Loi de finances*, 1999-2000.

détriment des ressources issues du travail et aggrave les inégalités sociales. Dans ce domaine, la politique fiscale doit se préoccuper également de la technique fiscale. En effet, à cause de la faiblesse et du manque d'efficacité du contrôle fiscal, l'administration des impôts appréhende plus facilement à travers la technique de la retenue à la source, les revenus du travail, qui sont des revenus moyens, voire modestes alors qu'une partie non négligeable des revenus confortables échappe à l'impôt grâce aux techniques de plus en plus perfectionnées de la fraude et de l'évasion fiscales. C'est ce qui explique, d'ailleurs, le recours à la contribution libératoire (1) pratiquée régulièrement par l'administration fiscale depuis 1984.

A cause de ce manque à gagner l'impôt peut-il remplir son rôle de redistribution des revenus ou d'outil de la croissance. Le contrôle fiscal a prouvé ses limites !

Comment peut-on alors améliorer l'efficacité du contrôle fiscal ?

Les services fiscaux doivent subir une réforme importante dont l'un des objectifs est précisément d'accroître leur disponibilité au contrôle.

Les tâches administratives et répétitives doivent être mécanisées au maximum, les effectifs opérationnels doivent être accrus, les méthodes de dépistage et de recoupement doivent être perfectionnées. Le contrôle doit devenir la priorité des priorités. Le nombre des vérificateurs doit passer de 307 à au moins 2 000 (2). Les brigades de vérification sont actuellement au nombre de 61. La moyenne des dossiers contrôlés par an est de 1 200, rapportant plus de 2 millions de dirhams chacun.

L'intensification des investigations doit être accompagnée de l'amélioration des rapports entre l'administration et les administrés, à travers une démarche pédagogique dont la finalité est de sensibiliser les contribuables à l'impôt. Il est nécessaire d'établir une charte du contribuable vérifié et de renforcer les garanties juridiques du contribuable lors de l'examen approfondi des situations fiscales personnelles.

Le contrôle fiscal, s'il est bien fait peut devenir un moyen d'accompagnement et d'assistance à l'entreprise. Il peut attirer l'attention des entrepreneurs sur les faiblesses éventuelles de leurs entreprises. Le contrôle dans ces conditions peut devenir assez vite un moyen de régulation du système surtout s'il est fondé sur la transparence. Si l'entreprise prospère, c'est aussi l'intérêt du fisc. Aussi le

(1) *Cf. la Contribution libératoire et la mise à niveau comptable*, voir infra, p.

(2) En France, lorsque la nécessité s'est faite sentir de renforcer le contrôle le nombre des vérificateurs d'entreprises est passé de 25 730 en 1969 à 44 216 en 1975, cf. Pierre Courtois, *Face au fisc*, stock 1976.

contribuable doit communiquer tous les documents qui pourraient faciliter le contrôle. Le vérificateur doit respecter la loi mais aussi la sensibilité et la réputation du contribuable. Mais comment ce climat cordial peut-il s'installer **si les textes de loi restent épars et ambigus**.

Des différences d'interprétation viendront très vite altérer l'ambiance dans laquelle se déroule la vérification. Ce face à face, pose bien entendu un problème de procédure, plus précisément de réciprocité et, dans une certaine mesure, d'équilibre entre les prérogatives de l'un et les droits et les garanties de l'autre. Seule une éthique partagée du contrôle peut limiter les méfaits de la confrontation, car « le combat du fisc contre la fraude ressemble à la lutte qui s'instaure entre la cuirasse et le canon, le renforcement du blindage ne cessant de répondre à la puissance des explosifs », disait Gabriel Ardant.

C. Améliorer la communication, interne et externe, de l'administration fiscale

L'impôt est loin d'être un devoir agréable. Particulièrement lorsque la contre-partie du prélèvement fiscal, c'est-à-dire les prestations que l'Etat doit fournir à ses citoyens ne sont pas claires et incontestables pour tout le monde. Cela rend les rapports des contribuables avec ceux qui ont la charge d'administrer l'impôt souvent difficiles. La gestion de l'impôt et son contrôle demeureront en l'absence d'une politique efficace de communication des tâches ingrates.

Beaucoup de citoyens ne sont pas convaincus par le fait fiscal et remettent facilement en cause la légitimité de l'impôt ! Dans ces conditions, l'administration fiscale a le devoir de développer une politique de communication qui chercherait à faire admettre aux contribuables la nécessité de l'impôt et à les sensibiliser et les informer sur la façon et l'efficacité avec lesquelles le fisc s'acquitte de sa tâche.

Si l'air du temps est marqué par un sentiment de défiance, il faut dire que la démarche du fisc en matière de communication n'est pas toujours, convaincante ! Une meilleure communication amènera nécessairement l'opinion publique, les contribuables à se poser des questions sur la portée de la politique fiscale ainsi que sur la qualité de sa gestion. Lorsque l'impôt est remis en cause, le fonctionnement de la société l'est aussi. **A ce titre, l'impôt est souvent le révélateur du mal-être social !** Si une politique de communication ne peut pas enrayer ce mal, elle peut tout au moins l'atténuer et éviter des confrontations inutiles entre administration et contribuables, qui naissent souvent de l'incompréhension des uns et des autres. Développer une communication fiscale efficace et convaincante, combinée à une communication sociale peut déboucher facilement sur une nouvelle perception de l'impôt fondée sur la justice fiscale et l'instauration d'une nouvelle confiance entre le fisc et les contribuables. Cet effort de communication doit être entrepris assez rapidement aussi bien sur le plan interne que sur le plan externe, car comme disait **Berkeley** : « **Etre, c'est être perçu** ». Seule une communication bien faite peut rendre au phénomène fiscal, au-delà de ses aspects techniques et juridiques, toute son épaisseur sociologique et psychologique.

Réhabiliter l'impôt et les services qui sont chargés de le mettre en œuvre requiert une politique agressive de communication et de pédagogie, que seul un civisme fiscal partagé entre administrateurs et administrés peut mettre en œuvre.

Le développement **d'une communication interne** fondée sur des rapports interactifs, permet une circulation plus rapide de l'information de la périphérie vers le centre. Elle peut ainsi assurer la transparence et l'efficacité de la gestion tant au niveau local qu'au niveau central. La communication interne ne peut se concevoir que dans une structure fortement décentralisée. Cela ne veut pas dire que l'administration centrale va abdiquer tout son pouvoir. Le prélèvement fiscal compte tenu de ses incidences économiques et sociales, nécessite un contrôle permanent, pour être effectué dans les meilleures conditions d'efficacité et d'équité. Il est donc indispensable que la marge d'autonomie de gestion accordée aux services locaux soit accompagnée d'un minimum de contrôle. Cependant, une double culture hiérarchique et du secret limite le développement et l'épanouissement de la communication. En effet, la volonté de rupture avec la hiérarchie manifestée par la direction, semble mal comprise par les agents de base car elle leur paraît incompatible avec la culture hiérarchique qui prévaut dans les rapports habituels. D'un autre côté, **le secret appliqué à la gestion interne** de l'administration **tend à nier le principe de transparence** qui constitue le fondement de toute communication réelle.

L'administration fiscale locale doit se départir de ce réflexe, car une gestion trop soucieuse de secret aboutit paradoxalement à dévaloriser l'information fournie par l'administration centrale. Le fisc doit tout faire pour éviter ce sentiment de méfiance aussi bien dans ses relations internes qu'à l'égard de l'extérieur, car le fantasme risque de se substituer à l'appréciation raisonnée.

Une évaluation vigilante de l'action administrative de façon permanente, parallèlement **à un bon niveau de communication, interne et externe**, conditionnent la réussite de la rénovation des administrations fiscales et la diminution des affaires fiscales contentieuses.

III. La fiscalité locale : état des lieux et perspectives

Les multiples structures qui forment l'ossature dans laquelle se meuvent désormais les taxes et les impôts locaux ont des difficultés à fonctionner dans une logique qui reste imparfaitement définie.

La complexité de la fiscalité locale, ses objectifs qui foisonnent et qui se multiplient, ses interfaces qui se créent, ses différentes fonctions qui entrent souvent en contradiction rendent **le système fiscal local avec ses 41 impôts et taxes, difficile à maîtriser, à gérer, à réguler et à contrôler**.

Depuis 1976, les pouvoirs publics ont nourri l'illusion d'avoir mené à terme la modernisation de la fiscalité locale. En fait, **l'explosion des impôts locaux**, a rapidement balayé cette illusion. La croissance très rapide des dépenses et la fiscalisation progressive des recettes, notamment avec l'avènement des 30 % du produit de la TVA, octroyé aux collectivités locales – l'impôt se substituant à l'emprunt devenu trop coûteux (1) et aux dotations de l'Etat de plus en plus rares à cause de la crise économique – ont vidé cette modernisation de sa substance. Cette démarche n'a été en fait qu'un simple toilettage d'impôts archaïques, qui restaient fondamentalement "indiciaires" et que la pression fiscale a rendu de plus en plus injustes. **Moderniser les impôts locaux impliquerait de les asseoir, comme les impôts d'Etat, sur des valeurs économiques incontournables et compréhensibles des citoyens et leur fixer des objectifs clairs et cohérents**. Cette clarification permettra aux collectivités locales de bénéficier de ressources viables économiquement et évolutives, en relation étroite avec la capacité contributive des redevables locaux. L'utilisation du système indiciaire est souvent source de complication et n'évite pas spécialement la fraude. En tant qu'ancien Maire (2) j'ai eu l'occasion de constater combien les contribuables locaux s'acquittent mal de leurs obligations déclaratives, non pas spécialement parce qu'ils ont envie de tricher mais surtout à cause d'un système fiscal local compliqué, difficile à administrer et à gérer.

Comment dans ces conditions définir une stratégie de réforme ? Revoir la structure, le fonctionnement et l'administration des impôts locaux est devenu une nécessité vitale aussi bien pour les entreprises que pour les particuliers. La multiplicité des taxes et impôts locaux ne fait qu'énerver les contribuables potentiels, qui préféreraient payer un peu plus afin d'éviter ou de limiter les

---

(1) Les prêts accordés par le fonds d'équipement communal aux collectivités locales ont atteint le taux de 14 %, prohibitif de tout effort de développement !

(2) Maire de la municipalité de Tamelalet (Région de Marrakech) de 1983 à 1997.

tracasseries administratives et les problèmes que pose le paiement de chaque impôt, obéissant à des règles d'établissement et de perception souvent différentes !

Redéfinir une stratégie de réforme, c'est d'abord prendre conscience du chemin parcouru, tirer les conclusions nécessaires et fixer des objectifs simples, clairs et cohérents. N'oublions pas qu'une grande partie des présidents de conseils communaux n'arrivent pas à assumer leurs responsabilités à cause de la complexité du système.

Avant de penser à la réforme de la fiscalité locale, **il faut penser à maîtriser les dépenses locales**. C'est un préalable indispensable à la réforme des impôts locaux, si on veut éviter un transfert de charges excessif et éviter aux budgets locaux d'augmenter à un rythme supérieur à celui du PIB. Il est aussi indispensable d'établir **une solidarité financière entre communes**, pour éviter une pression fiscale excessive dans les communes pauvres. Ceci revient à encourager financièrement la coopération intercommunale. Dans ce cadre, il faut dynamiser la caisse de péréquation destinée au développement régional. Cette dynamisation peut avoir des retombées bénéfiques sur les communes pauvres et peut ainsi créer les conditions objectives d'un développement régional intégré. La réduction des écarts régionaux implique d'abord l'existence d'un développement assez important ensuite la nécessité de programmer ce développement afin de l'intégrer et de l'équilibrer de façon harmonieuse de manière à faire bénéficier l'ensemble des collectivités locales des fruits de la croissance et du développement régional. Cette démarche vise à partager équitablement la ressource et à favoriser l'émergence de structures de coopération intercommunale à travers le "**tax sharing**", usuel dans les pays anglo-saxons où l'Etat, en général fédéral, décide du montant des ressources transférées sans que les collectivités bénéficiaires puissent influer notablement sur les clefs de partage.

La solidarité financière entre communes pose un problème plus large qui est celui d'une **répartition optimale des recettes fiscales entre l'Etat et les collectivités locales**.

Lorsque l'Etat arrive à mobiliser 11 dirhams, les collectivités locales n'en mobilisent qu'un. Le transfert des 30 % de la TVA, impôt d'Etat, procure à ces dernières un autre dirham, soit 18 % des recettes de l'Etat.

Le renforcement du pouvoir fiscal des collectivités locales n'est pas remis en cause, bien mieux il est souhaité, mais dans le cadre d'une plus grande cohérence entre finances locales et finances d'Etat. Parallèlement, il faut veiller à mettre en place un contrôle d'opportunité plus performant sur l'utilisation de la recette et sa rentabilité pour la collectivité concernée.

La multitude et la superposition de 41 taxes et impôts locaux, grèvent l'investissement et augmentent les tracasseries administratives des opérateurs économiques et des contribuables sans pour autant améliorer le rendement de la fiscalité locale (1). Cette multiplicité de taxes éparpille la matière imposable et diminue le rendement des différents impôts et taxes pris isolément. D'un autre côté, certains impôts ont aujourd'hui un caractère anti-économique, c'est le cas de la patente. D'autres impôts font double emploi. C'est le cas de la taxe urbaine, de la taxe d'édilité et de la taxe sur les terrains non bâtis. Si nous prenons, par exemple, le secteur touristique, on trouve une superposition de taxes qui ont le même objet. La taxe sur le débit de boissons est payée sur la base du chiffre d'affaires brut, TVA comprise. Le contribuable paye dans ces conditions un impôt sur la base d'un autre impôt ! Dans le même secteur, la taxe de séjour se superpose à la taxe de promotion touristique et la taxe de fermeture tardive se superpose à celle de l'ouverture matinale !

La réforme doit s'atteler d'urgence à regrouper cette multitude de taxes, à les simplifier et à clarifier leurs objectifs, afin de limiter leur caractère régressif et harmoniser le prélèvement fiscal local avec la fiscalité d'Etat.

L'objectif final est d'établir un système fiscal, local et national, performant, compatible avec l'activité économique sur la base d'une confiance mutuelle entre les opérateurs économiques et l'administration fiscale.

IV. Le contentieux fiscal : maîtriser l'impôt, c'est conquérir l'Etat

Le contentieux fiscal qui naît de la mise en œuvre par l'administration d'un ensemble de règles contraignantes est inévitable. D'une part, le prélèvement fiscal s'est progressivement alourdi et a touché un nombre de plus en plus important de nos contribuables, d'autre part, le contrôle fiscal, contrepartie de notre système déclaratif, est par nature une source de conflits.

D'une certaine manière, la pression qu'exerce le contentieux constitue pour la DGI une contrainte externe qui lui impose la recherche permanente d'un meilleur fonctionnement. **En fait, l'amplification des affaires contentieuses, doit en principe pousser l'administration fiscale à chercher les imperfections dans son action administrative**. L'étude du contentieux peut aider le fisc à comprendre ses origines et à corriger son action. Le développement des affaires contentieuses peut également provenir d'un déficit de communication.

---

(1) L'établissement de la déclaration de la Taxe Urbaine nécessite une quinzaine de pièces constitutives du dossier !

Les réclamations provenant des redevables portent souvent sur la correction d'erreurs matérielles ou la prise en compte de changements intervenus dans leur situation personnelle en cours d'année. Dans ces cas, la solution ne souffre pas de difficultés de principe et peut être accélérée par la simplification des procédures et la déconcentration du pouvoir de décision.

L'administration fiscale doit tout mettre en œuvre pour prévenir les conflits, par une politique de dialogue ouvert et par l'amélioration de la qualité des contrôles fiscaux et le respect des garanties accordées aux contribuables vérifiés. L'établissement d'une **"charte du contribuable vérifié"** permet de diminuer les recours au juge pour dénouer les litiges. Cette charte peut faciliter les rapports entre le fisc et les contribuables vérifiés. Elle prévoit notamment :

– La faculté pour tout contribuable, lors d'une vérification, de se faire assister par un conseil de son choix, et d'être informé de cette possibilité à peine de nullité de la vérification.

– L'interdiction faite à l'administration, lorsque la vérification de la comptabilité pour une période déterminée au regard d'un impôt ou d'un groupe d'impôts est achevée, de procéder à une nouvelle vérification sur place des écritures, au regard des mêmes impôts et pour la même période.

– La limitation d'une durée de trois mois de la vérification sur place des livres et documents comptables, en ce qui concerne les contribuables dont le chiffre d'affaires n'excède pas un certain montant.

De son côté, l'entreprise doit procéder à un certain nombre de régularisations que ce soit au niveau de l'actif ou du passif du bilan. Ces régularisations doivent se faire en harmonie avec le nouveau droit des affaires qui va dans le sens de la recherche d'une plus grande transparence. Il faut également tenir compte aujourd'hui, **de la pénalisation des infractions, qui engage la responsabilité aussi bien des dirigeants d'entreprises que de ceux qui assurent le contrôle et la certification des comptes**. Les dirigeants d'entreprises doivent veiller à la conformité et à la sincérité de leur comptabilité.

La normalisation et la mise à niveau de l'entreprise doivent être appuyées par l'administration fiscale, dans un esprit d'entente et de compréhension mutuelle, afin de maîtriser l'impôt ensemble. Il ne faut jamais oublier que l'impôt, c'est l'Etat. Maîtriser l'impôt, c'est conquérir l'Etat.

La démarche fiscale adoptée dans la conception de notre ouvrage est liée à la création, aux opérations, aux bénéfices et au développement de l'entreprise. A chaque étape de l'évolution de l'entreprise, la fiscalité intervient soit pour prélever, soit pour réguler.

Les impôts nationaux au Maroc

Abréviations	Nature de l'impôt	Références textuelles
IS	Impôt sur les sociétés	Loi 24-86
T.V.A.	Taxe sur la valeur ajoutée	Loi 30-85
I.G.R.	Impôt général sur le revenu	Loi 17-89
T.P.A.	Taxe sur le produit des	Loi 18-88
T.P.C.V.M.	Taxe sur le profit de cession des valeurs mobilières	Article 16 - LF 1999/2000
T.P.P.R.F.	Taxe sur les prouits de placements à revenu fixe	Article 6 - LF 1992
Patente	Impôt des patentes	Dahir n° 1-61-442 du 30/12/61
T.U.	Taxe urbaine	Loi 37-89
P.S.N.	Participation à la solidarité nationale	Article 1 bis LF 1980
Taxe de licence	Taxe de licence	Arrêté du D.G.C.R. n° 3-276-67 du 5/10/68
T.P.I.	Taxe sur les profits immobiliers	Article 5 - LF 1978
Cm	Cotisation minimale	Article 104 bis I.G.R. Article 15 I.S. Paragraphe 5 - T.P.I.
C.D.I.I.	Droits de douanes	Nouveau code des douanes L n°

La P.S.N., introduite en 1980 pour des considérations budgétaires n'a pas de fondement théorique. Elle prend comme base imposable la base d'un autre impôt et **introduit à ce titre des distorsions dans le traitement fiscal des sociétés. Ce genre de prélèvement doit tout simplement disparaître ! La P.S.N./TNB** est considérée comme un impôt sur le capital, qui ne se justifie plus étant donné que **l'effet spéculation est de toute façon appréhendé lors de la déclaration des résultats**. La PSN/TNB, la PSN/TU, la PSN/TPI a été supprimée par la loi de finances pour la période du 1/7/2000 au 31/12/2000.

Un autre problème se pose au niveau de notre système fiscal et concerne l'imposition de l'agriculture.

A ce titre, le secteur est fortement fiscalisé. Une taxation additionnelle aboutirait à l'asphyxie du monde rural, au développement de l'exode vers les villes et à la réduction de la compétitivité du secteur agricole.

L'agriculture subit une fiscalité indirecte à travers ses coûts de production. La charge fiscale sur le secteur agricole est de 4,4 milliards de dirhams, soit 13 % du P.I.B. agricole. Les cultures végétales versent 1,3 milliard de dirhams de taxes, soit 4 % de la production. Le coût fiscal de l'élevage représente 5,5 % de la production, soit 900 millions de dirhams.

L'analyse de la proportion des investissements publics dans le monde rural par rapport à la contribution au Trésor fait ressortir un grand déséquilibre au profit de ce dernier. En 1995, les agriculteurs généraient 3,34 milliards de Dh pour l'Etat, alors qu'ils n'en recevaient que 2 milliards en investissements.

Chapitre préliminaire

Du pouvoir fiscal, histoire de sa croissance

La notion d'impôt a précédé l'avènement des Etats modernes. Le prélèvement fiscal, au sens large, a été utilisé sous la dynastie des Pharaons en Egypte et sous l'Empire Romain. Ce dernier avait imposé trois principales impositions : l'annone, prélevée en nature ; le tribut, impôt de répartition dont les citoyens romains étaient exemptés depuis le milieu du XIe siècle avant J.-C. ; enfin, l'impôt du vingtième sur les héritages. Les citoyens romains étaient répartis en plusieurs classes, suivant leur "cens", c'est-à-dire leur fortune. Une double et longue évolution aboutit à remplacer cette répartition par l'emploi combiné de l'impôt et de la solde. Cette combinaison a rendu possible la constitution de l'Empire Romain, mais n'a pas permis de le sauver. La cité grecque a connu une évolution fiscale sensiblement différente. Le système reposait au début sur des prestations de services ainsi que l'obligation militaire des citoyens. Péricles institua la rémunération des fonctionnaires publics. Ce système supposait l'introduction d'un régime fiscal qui ne pesa guère sur la population athénienne. Les cités alliées, assujetties par la suite, fournirent les ressources nécessaires sous forme de tribut. Ce dernier a servi à équiper une flotte et à lever une armée. Lorsque les cités alliées tendirent à disparaître, les citoyens grecs devaient supporter eux-mêmes le fardeau fiscal.

Pendant le Moyen Age, l'héritage romain fut largement préservé en Gaule. Les tributs furent assis sur la propriété et baptisés "cens", les impôts de passage prirent le nom général de tonlieu. Enfin, l'impôt en nature sous forme de corvée ou de prélèvement sur les récoltes se généralisa et se systématisa. L'Eglise obtint de nombreuses exemptions fiscales et profita de l'instauration progressive de la dîme, justifiée par les textes sacrés.

L'impôt féodal domine l'histoire fiscale du Xe au XIIIe siècle, droits seigneuriaux, banalités et dîmes, constituaient la plus lourde part de la charge fiscale pesant sur les paysans et les citadins. L'augmentation progressive du domaine royal, l'alourdissement des charges pesant sur les seigneurs (frais de croisades en particulier) et l'affranchissement, conduisirent à l'éclatement du système féodal. Le consentement des états généraux fut l'arme fiscale par excellence de la monarchie française à la fin du moyen âge : autre le gabelle, les aides, les traites, le fouage et la maltôte, on vit apparaître la taille, impôt extraordinaire, devenu permanent à partir de 1439. La multiplication des impôts alla de pair avec leur pérennisation : à l'origine tous "extraordinaires" et justifiés par les dépenses de guerre, ils deviennent tous permanents.

De la renaissance à la révolution (du XVIe au XVIIIe siècle), l'impôt fit surtout l'objet d'aménagements techniques, tandis que les tentatives de réformes se heurtaient à l'opposition des privilégiés (chargé de noblesse) et des parlements. L'impôt monarchique fut donc un reflet fidèle à la fois des progrès de l'Etat monarchique du moyen âge à la révolution et des résistances rencontrées par cet Etat.

Le prélèvement fiscal fit prendre conscience à certains peuples de leurs sujétions. Il fut à l'origine de révoltes ou de révolutions violentes et entraîna la décadence de certaines civilisations (1). A partir du XVe siècle, le prélèvement fiscal fut à l'origine du servage en Europe orientale et a été utilisé comme un mode exceptionnel de converture des dépenses publiques.

A partir du moment où le prélèvement fiscal vise la propriété privée, il était normal que l'Etat procure une contrepartie aux individus. L'impôt est le prix que le citoyen doit payer aux gouvernants pour leur permettre d'assurer l'ordre et la sécurité.

Cette conception fut développée en particulier par des écrivains français : Montesquieu, Rousseau et Mirabeau et leurs contemporains anglais Locke et Adam Smith. Cette école libérale qui cherchait à définir les attributions de l'Etat en cherchant à l'établir le "prix des services que l'individu reçoit de l'Etat" a vite cédé la place à une notion plus moderne, celle du devoir social. Les citoyens

---

(1) Lire avec intérêt, *la Théorie sociologique de l'impôt* de Gabriel Ardant, éd. Jean Touzant, S.E.V.P.E.N., Paris, 1965. Lire également *Mandrin le voleur d'impôt* d'Yves Jacob, Collection J'ai lu, Editions Tallandier, 1983. Dans ces temps déraisonnables, les collecteurs d'impôts étaient considérés comme d'odieux pillards et le peuple, acculé à la misère applaudissait aux exploits d'un hors la loi. Louis Mandrin vengeait les humbles en rançonnant les puissants et en bafouant l'autorité royale. Il fut exécuté en 1755 sur la place de valence.

profitent tous des services de l'Etat, ceci créé entre eux des devoirs réciproques. Cette réciprocité au niveau des devoirs subordonne leurs intérêts à ceux de la collectivité. Dans ces conditions, l'impôt correspond à une exigence sociale évidente. La solidarité sociale exige une contribution de chacun aux financements des charges communes non pas en fonction des avantages reçus, mais en fonction de la capacité contributive de chacun. On peut lire dans la Déclaration des Droits de l'Homme de 1789, dans son article 13 : « Une contribution commune est indispensable ; elle doit être également répartie entre les citoyens en raison de leurs facultés. »

Le prélèvement fiscal est devenu ainsi un fait institutionnel, lié à l'existence d'un système social. Il constitue l'une des manifestations du pouvoir et l'un des attributs de la souveraineté.

Ainsi est née une nouvelle théorie fondée sur la solidarité des membres de la collectivité et sur la souveraineté de l'Etat et l'autorité que ce dernier exerce sur les individus.

A côté de sa fonction financière classique, l'impôt a acquis une nouvelle fonction économique et sociale. Le prélèvement fiscal est devenu un instrument de réalisation de la croissance économique. Il intervient directement sur les cycles de récession, d'inflation et essaie de stabiliser la croissance. Il cherche également à assurer une meilleure redistribution des revenus et des fortunes et un relèvement du niveau de vie des populations.

Avant d'aborder les aspects économiques et sociaux de l'impôt, il convient de se pencher d'abord sur les grands principes et la légitimité du prélèvement fiscal.

I. L'impôt, une technique libérale : principes et légitimité

Lorsqu'on cherche à déterminer la nature profonde de l'impôt, on se rend compte que c'est une technique libérale à travers laquelle l'Etat cherche à réaliser ses objectifs, tout en laissant aux individus un maximum de liberté.

L'égalité devant l'impôt implique une participation du contribuable à la converture des charges publiques en fonction de sa capacité contributive. Adam Smith, précise que l'égalité devant l'impôt n'implique pas nécessairement la contribution de tous. L'exonération des revenus les plus faibles est un principe largement admis par la plupart des législations fiscales.

Si l'on compare l'impôt avec la réquisition, on se rend compte que cette dernière oblige l'individu à sacrifier un de ses biens considéré comme nécessaire. Par contre, l'impôt sauvegarde la liberté de l'individu en lui laissant la possibilité de choisir les moyens les plus efficaces pour se procurer le plus grand rendement.

Substitué à la réquisition, l'impôt accroît dans ces conditions la productivité de chacun selon Turgot (1).

Incontestablement, la liberté peut pousser l'individu à produire davantage. L'Etat se trouvant devant une production plus abondante, peut par le mécanisme de l'impôt prélever de plus grands moyens d'action. L'utilisation de l'impôt est subordonnée à une économie d'échanges suffisamment développée.

L'utilisation de la technique de l'impôt présente des avantages aussi bien pour les individus que pour les gouvernements. C'est ce qui explique la naissance et le développement de l'impôt. C'est ce qui explique aussi, d'un point de vue purement sociologique, son ancrage dans les sociétés modernes. Le consentement à l'impôt, provient de la légitimité sociologique du prélèvement fiscal. Le principe de l'impôt est facilement acceptable dans la mesure où il existe des dépenses d'intérêt général qu'il faut bien couvrir. G. Jèze a été l'un des premiers à souligner l'étroitesse des rapports entre le prélèvement fiscal et les dépenses publiques : « il y a entre l'impôt et les dépenses, une relation tellement étroite que l'on peut dire que la dépense d'intérêt général est le fondement et la mesure de l'impôt moderne (2). »

On retrouve le principe du consentement libre et démocratique à l'impôt au niveau de l'article 14 de la Déclaration des Droits de l'Homme en 1789 : « **Les citoyens ont le droit de constater par eux-mêmes ou par leurs représentants la nécessité de la contribution publique, de la consentir librement, d'en suivre l'emploi et d'en déterminer la quotité, l'assiette, le recouvrement et la durée** ». Les principes fiscaux contenus dans la Déclaration des Droits de l'Homme inspirent encore la plupart des législations fiscales modernes. Le consentement à l'impôt se traduit dans les faits par la suprématie de la loi : c'est en effet, la loi qui autorise annuellement la perception de l'impôt. C'est également la loi qui fixe le statut de l'impôt. C'est-à-dire les règles concernant l'assiette, le taux et les modalités de recouvrement des impositions de toutes natures. Une autre conséquence du consentement à l'impôt est constituée par le pouvoir de contrainte que l'Etat impose aussi bien au fisc qu'au contribuable. La loi fiscale est dite d'ordre public, elle s'impose au fisc, qui ne peut opérer aucun prélèvement qui n'ait été préalablement autorisé par le parlement. L'administration a une compétence liée. Le contribuable de son côté se trouve dans une situation générale et impersonnelle définie par les textes fiscaux. Ces derniers déterminent le statut

(1) Turgot, l'un des premiers fondateurs de l'économie libérale, s'efforça de supprimer la contrainte, convaincu par la nécessaire liberté de la production et du commerce, qui permettra aux individus mieux que l'Etat d'organiser leur travail.
Cf. Turgot, *Œuvres*, publiées par G. Schelle, Paris, 1913-1933, 5 volumes.
(2) Cf. G. Jèze, *Cours de finances publiques*, Giard, Paris 1931.

du contribuable et peuvent être mis en application à son encontre par des procédures privilégiées qui relèvent des prérogatives de la puissance publique. D'une façon générale, le juge fiscal ou celui du droit commun, veille sur le respect dû à la loi fiscale tant par l'administration que par le contribuable.

II. Le prélèvement fiscal dans le monde musulman : la Zakat

1. Le principe de la Zakat

La Zakat est l'un des cinq piliers de l'Islam. Elle vient juste après la prière. C'est la part que chaque musulman doit donner de sa fortune, en nature ou en numéraire, aux pauvres et aux nécessiteux. Dans la Sourate An-Naml (les fourmis), il est dit : « Ceux qui accomplissent la Salat (prière), acquittent la Zakat (l'aumône légale) et croient avec certitude en l'au-delà » (verset 3). Dans la sourate At-Tawba : « Prélève de leurs biens une sadaqa (1) par laquelle tu les purifies et les bénis, et prie pour eux… » (verset 103).

L'objectif de la Zakat (sadaqa) est d'assainir l'argent des croyants et de le développer. Elle vise également à sauvegarder la vie des musulmans nécessiteux en les préservant de la mendicité. C'est un droit d'après le Coran, la Sounna et Ijmaa, accordé aux pauvres sur les riches. Le principe est que le musulman paie la Zakat volontairement avec foi et générosité n'attendant que les faveurs de Dieu. Le musulman qui refuse d'honorer l'obligation de la Zakat est exclu de la Oumma et est combattu par les musulmans. Abou Bakr Seddik, que la bénédiction de Dieu soit sur lui, a combattu avec une conviction inébranlable tous ceux qui ont essayé de se soustraire à la Zakat. Ceux qui ne reconnaissent pas la Zakat en tant que devoir islamique sont classés comme des athées, comme des renégats. La Zakat est donc un devoir sacré et obligatoire du musulman, majeur, raisonnable, libre et possédant "l'assiette" nécessaire. Le non musulman peut être assujetti à une taxe de capitation, appelée Dejzya et qui constitue le tribut levé par le vainqueur musulman sur le vaincu non musulman (2).

(1) L'ordre d'Allah au prophète est de prélever une sadaqa sur tous leurs biens. Cette sadaqa ne peut ainsi être autre chose que la Zakat. *Le Saint Coran*, traduction, Maison des sciences religieuses, Paris.

(2) D'après Al Mawardi, dans *El Ahkam-Soultania*, la Dejzya est le droit donné par Dieu aux musulmans d'exiger des infidèles un paiement pour les diminuer et les humilier. *Cf. Traité de droit public musulman*, librairie de l'Université, Alger, 1915.

La Zakat en Islam est le fondement même de la solidarité et de la sécurité sociale. Al Imam Chafai a insisté sur le devoir et l'obligation des riches, d'organiser une véritable sécurité sociale pour les pauvres, afin de mettre ces derniers à l'abri de la mendicité. La Zakat est un véritable impôt, qui doit normalement être levé par un gouvernement islamique, capable de le distribuer de façon juste et équitable. La Zakat purifie l'argent du croyant qui l'octroie sans contrainte, en espérant uniquement gagner les faveurs et la bénédiction de Dieu (1).

2. Les conditions d'exercice de la Zakat

Le verset 60 (Sourate At-Tawba) précise les destinataires de la Zakat : « Les sadaqats ne sont destinés que pour les pauvres, les indigents, ceux qui y travaillent, ceux dont les cœurs sont à gagner (à l'Islam), l'affranchissement des jougs, ceux qui sont lourdement endettés, dans le soutien d'Allah, et pour le voyageur (en détresse). C'est un décret d'Allah ! Et Allah est omniscient et sage. »

Pour qu'un bien soit soumis à la Zakat, il faut qu'il remplisse certaines conditions. Tout d'abord, la propriété du bien doit être totale et effective. Les biens gagnés par les moyens illicites ne sont pas soumis à la Zakat. Les biens ne sont soumis à la Zakat, que lorsqu'ils génèrent un bénéfice pour leur propriétaire. La Zakat est basée sur le Niçab (le quorum). Au-dessous de ce montant, la Zakat n'est plus obligatoire, car cette dernière ne doit être normalement payée que par les musulmans qui sont à l'abri du besoin. Le quorum n'est calculé qu'à partir du seuil où la satisfaction des besoins de base est assurée. Dans ces conditions, il faut plutôt parler de surplus, ce dernier varie d'une société à une autre, d'une époque à une autre. D'un autre côté, le musulman n'est obligé de dispenser la Zakat que dans le cas où il n'est pas endetté. Dans le cas où le croyant est endetté, le paiement de la dette est prioritaire par rapport à la Zakat. Le quorum n'est donc évalué qu'après la soustraction des dettes. Pour être soumis à la Zakat, un bien doit rester en possession de son propriétaire durant une année. Toutefois, les produits agricoles ne sont soumis qu'une fois à la Zakat, car ils sont considérés comme des fructifications en eux-mêmes et sont au maximum de leur croissance lors du paiement de la Zakat.

3. Les biens soumis à la Zakat, sont généralement l'or, l'argent, les produits agricoles et le commerce. La Zakat ne concerne pas les animaux qui constituent

(1) *Les Dévotions financières en Islam*, par Abd Saheb Chakiri, éd. Technologiques, Londres 1999, p. 84 à 88.

outil de travail, durant la majeure partie de l'année. Pour tous ces biens les quorums et les taux diffèrent selon les biens en question. Par exemple, pour les produits agricoles, le taux est de 10 % ; pour les ovins de 1 à 39 exonérés ; de 40 à 120, une brebis ; de 120 à 200, 2 brebis ; de 200 à 300, 3 brebis, si le troupeau dépasse les 300, le quorum est d'une brebis par centaine. Pour les bovins, le prophète a ordonné à Maad Ibn Jabal de prendre de chaque trentaine une velte et de chaque quarantaine une vache. Les animaux destinés à la Zakat doivent être en bonne santé. Pour la monnaie et les marchandises possédées pendant une année et destinées au commerce, un taux de 2,5 % ad valorem est prévu pour la Zakat. Des similitudes importantes existent entre la Zakat et l'impôt. L'un comme l'autre sont perçus par voie de contrainte et servent à opérer une redistribution des revenus au profit des catégories les plus démunies. La légitimité du prélèvement a été établie par le prophète, Sidna Mohamed, que Dieu le bénisse et le salue comme elle est établie aujourd'hui par les parlements à travers le monde. La Zakat comme l'impôt n'a pas de contrepartie directe. Ils doivent en principe répondre aux besoins de la collectivité. Les deux types de prélèvement doivent en principe répondre à des critères de justice et d'économie au niveau de la perception.

III. L'explosion fiscale : des petites taxes aux grands impôts

A partir du début du XXe siècle, on a assisté à un débat en France qui a déchaîné les passions. Ce débat mené par le radical Joseph Caillaux, alors président du conseil a abouti à la création de l'impôt général sur le revenu en 1914, malgré la résistance libérale, incarnée depuis 1880 par des économistes comme Léon Say ou Paul Leroy-Beaulieu. Elaboré à partir de cédules (catégories de revenus), il devint en 1948, un impôt unique et progressif sur le revenu, ainsi qu'un impôt sur les sociétés, dont le taux est proportionnel. Un autre impôt général sur les ventes à grand rendement est introduit en 1917, taxe sur les paiements puis taxe sur le chiffre d'affaires en 1920, qui deviendra la TVA en 1954. Les besoins de financement des deux guerres expliquent aisément ces nouveaux apports en matière fiscale. L'ingéniosité de cet impôt, imaginé par Maurice Lauré et qui repose sur le principe de la déductibilité, chaque fois que le produit fait l'objet d'une valeur ajoutée, lui vaut d'être adopté dans un très grand nombre de pays. Cet impôt se caractérise par un rendement important pour le fisc et bénéficie d'une véritable anesthésie fiscale au niveau des contribuables réels, c'est-à-dire les consommateurs.

Si des progrès réels ont été faits au niveau du rendement fiscal, ce qui a permis pour beaucoup de pays, des possibilités réelles de développement, l'aspect justice fiscale n'a pas toujours bénéficié de toute l'attention qu'il mérite. Certes, beaucoup de pays, notamment les pays développés, ont fait des efforts considérables pour proportionner le niveau d'imposition des citoyens à leurs capacités contributives et au bénéfice qu'ils retirent des dépenses publiques. Par contre, les contribuables dans beaucoup d'autres pays, ne bénéficient ni de l'équité verticale (parce qu'un tel système d'imposition réclame des sommes différentes aux personnes dont les situations sont différentes), ni de l'acquitté horizontale (les personnes qui ont la même capacité contributive et qui reçoivent le même niveau d'allocations, devraient être imposées de la même manière).

Dans un système fiscal moderne, l'affectation d'un impôt devrait être claire et certaine. De nos jours, même certains pays, considérés comme sérieux au niveau de la gestion fiscale, comme la Grande-Bretagne, peuvent se tromper dans l'institution et l'évaluation d'un impôt. Ce fut le cas en 1990, lorsque Margaret Thatcher a institué la "Poll Tax", comme mesure d'imposition locale, par son gouvernement conservateur. Les objectifs de la Poll Tax ainsi que son affectation et ses avantages étaient obscurs et incertains, l'opinion publique a considéré cette taxe comme injuste.

La gestion de la fiscalité est loin d'être facile. Si le prélèvement fiscal dans les pays développés reste "supportable" pour les contribuables, grâce aux efforts et à l'imagination de l'action fiscale, il en est autrement pour beaucoup d'autres contribuables dans les pays en développement où l'administration fiscale touche la plupart des conflits en sa faveur ! Cette situation débouche souvent sur une pression fiscale très lourde par rapport aux capacités contributives des citoyens et souvent mal répartie à cause du phénomène de la fraude et de l'évasion fiscales.

IV. Les limites socio-économiques à une pression fiscale optimale

« **A chaque structure économique correspond un type de système fiscal possible, écrit G. Ardant, et la première préoccupation du fisc doit être d'en tenir compte** (1). » Un système fiscal ne peut être valablement élaboré indépendamment de la spécificité des structures économiques du pays où il est appelé à fonctionner. Maurice Lauré insiste sur le fait que la capacité contributive d'une nation varie en fonction directe de sa productivité économique (2). En fait, le niveau des prélèvements dépend de la nature de l'Etat.

(1) *Cf.* G. Ardant, *Théorie sociologique de l'impôt*, éd. S.E.V.P.E.N., 1965, p. 492.
(2) *Cf.* M. Lauré, *Traité de politique fiscale*, PUF, 1967.

• **La conception de la fiscalité dans les pays socialistes.** L'existence de certaines formes de propriété privée a fait apparaître dans les Etats socialistes différentes sortes d'impôts qui frappent aussi bien la population que l'économie.

Les impôts sur la population sont généralement d'un faible importance, ils représentent environ 10 % des recettes budgétaires et imposent aussi bien les salaires que les revenus des propriétaires fonciers et des commerçants (1).

Les impôts sur l'économie représentent des prélèvements faits sur des entreprises publiques à caractère agricole, industriel et commercial ainsi que sur des organismes qui ont la forme collective. Ces impôts représentent 90 % des recettes budgétaires perçues sous formes de taxes sur le chiffre d'affaires ou d'impôts sur les bénéfices.

En fait, les prélèvements sur l'économie ne constituent pas de véritables impôts et la pression fiscale reste dérisoire (2). En effet, les sommes prélevées sur les entreprises publiques n'opèrent pas de transfert de propriété, même si elles passent du compte de l'entreprise au compte de la banque centrale. En réalité, l'Etat socialiste dispose d'une arme beaucoup plus efficace que constituent les prix. Ces derniers sont fixés par l'Etat et peuvent lui procurer par l'intermédiaire des entreprises publiques des moyens suffisants pour satisfaire ses besoins budgétaires et agir sur l'économie. Dans ces conditions le rôle de l'impôt devient effectivement secondaire.

• **La fiscalité dans les pays capitalistes développés.**

Si la controverse subsiste sur la nature et le rôle de l'impôt dans les pays socialistes, il n'en est pas de même dans les pays capitalistes développés où l'efficacité de l'impôt en tant qu'instrument de politique économique et sociale n'est plus à démontrer.

Conçu par les classiques comme un mode normal de financement des dépenses et plus tard par les néo-classiques comme un moyen de réallocation optimale des ressources, **l'impôt devient avec Keynes et les post-keynésiens un important instrument de régulation conjoncturelle et d'harmonisation de la croissance.** A partir du paramètre fiscal, on s'attachait surtout à définir les conditions de neutralité fiscale (3), dans une perspective dynamique.

---

(1) *Cf.* Economie financière, par H. Brochier, P. Liau et C.A. Michalet, éd. PUF (Thémis), 1975, p. 386.
(2) *Cf.* M. Duverger, *Finances publiques*, PUF, 1975, p. 460.
(3) Cependant, même d'un point de vue strictement économique, il s'agit d'une neutralité relative. Il n'existe pas d'impôt totalement neutre. Voir notamment, la TVA et l'économie, dans la TVA impôt moderne, de J.P. Galavielle, *op. cit.*, p. 39.

Malgré le rôle important accordé par Keynes et ses successeurs à l'interventionnisme étatique, l'impôt garde une neutralité relative, car il n'est pas question de taxer une activité plus qu'une autre, on se limite aux agrégats. Il s'agit surtout d'ajuster l'offre à la demande globale. En fait, l'interventionnisme préconisé par Keynes est plus financier que fiscal. Toutefois, sur le plan social, les pays développés ont trouvé en l'impôt un excellent moyen pour "humaniser" le capitalisme. **L'impôt joue par le biais du budget, le rôle "d'une pompe aspirante et refoulante", qui aspire des classes riches et refoule vers les classes pauvres.**

Les pays capitalistes développés, sont caractérisés par des systèmes fiscaux souples et adaptés à leurs structures socio-économiques, une imposition synthétique du revenu et des rendements fiscaux élevés. Dans l'ensemble des pays de l'O.C.D.E., la pression fiscale se situe en moyenne à 35,62 % du P.N.B. (1). La seconde caractéristique des pays capitalistes développés est la prédominance des impôts directs et notamment de l'impôt sur le revenu ; un impôt moderne, fortement progressif et personnalisé. Les impôts sur la dépense occupent généralement un rôle secondaire d'appoint, à part dans certains pays comme la France où un impôt général sur la dépense, très moderne, représente 48 % des recettes fiscales.

Mais quelle que soit la perfection de la fiscalité dans les pays capitalistes développés, elle ne peut servir de modèle aux pays en voie de développement.

La théorie keynésienne, qui inspire généralement les pays occidentaux, relève avant tout de la politique économique conjoncturelle, propre aux pays industrialisés, alors que le nœud du développement dans les pays du Tiers-monde réside dans un changement structurel (2).

D'autre part, la neutralité préconisée à l'égard des structures économiques n'a aucune raison d'être dans les pays sous-développés où les activités réellement productives sont délaissées au profit de la spéculation. Nous ne pouvons donc préconiser une politique fiscale, s'inspirant d'une théorie économique limitée aux pays développés car les circuits étudiés supposent réunies les conditions suivantes relatives aux structures :

---

(1) Cependant, cette moyenne globale cache des différences énormes, voir *infra*, la pression fiscale.

(2) Voir notamment R. Gendarme, *la Pauvreté des nations*, éd. Cujas, 1963, p. 129 et s., R.J. Chellah, Fiscal policy in underdeveloped countries with special reference to India, Allen and Unwin, London, 1960, p. 30 et s.

– une économie complètement monétarisée, ce qui est rarement le cas dans les pays en voie de développement ;

– un comportement rationnel des entrepreneurs au sein des agrégats (offre et demande). Or, le problème dans les pays en voie de développement consiste davantage à orienter les activités vers les domaines réellement productifs qu'à augmenter les quantités globales (P.N.B.) ;

– un fonctionnement correct du multiplicateur par l'intermédiaire d'entrepreneurs capables de satisfaire la propension marginale à consommer et à épargner. Or, dans les pays en voie de développement, avant d'orienter les entrepreneurs il faudrait d'abord les créer.

La politique fiscale développée en Occident ne peut être d'une grande utilité pour les pays en voie de développement, car elle suppose résolus les problèmes fondamentaux du sous-développement. Qu'en est-il de la politique fiscale actuellement appliquée dans les pays en voie de développement ?

La politique fiscale actuelle des pays en voie de développement

Arme efficace de politique économique et sociale dans les pays développés, la fiscalité dans les pays du Tiers-monde ne contribue pas d'une manière satisfaisante au développement car elle est souvent inadaptée aux structures socio-économiques. De par ses principes, ses objectifs et les moyens qu'elle met en œuvre, la politique fiscale des pays en voie de développement n'arrive pas à mobiliser les potentialités d'épargne afin de favoriser l'accumulation du capital et par là l'investissement. Elle n'arrive pas non plus à opérer une meilleure redistribution des revenus pour atténuer les injustices sociales, souvent au seuil de l'intolérable.

D'une manière générale, la fiscalité des pays en développement est caractérisée par :

– d'une part, la faiblesse du prélèvement fiscal dans son ensemble (15 % du P.N.B. en moyenne) et de la fiscalité directe en particulier. Certains auteurs expliquent le bas niveau de la pression fiscale par la faiblesse du P.N.B., d'autres l'attribuent aux structures socio-politiques. Mais la pression fiscale comme l'explique M. Duverger (1) objectivement légère est subjectivement très lourde pour les contribuables à niveau de vie très bas ;

– d'autre part, la prédominance des impôts sur la consommation et des prélèvements sur les échanges extérieurs particulièrement dans le cas des pays exportateurs.

(1) *Cf.* M. Duverger, « Finances publiques », *op. cit.*, p. 460.

La problématique de la fiscalité dans les pays en voie de développement a fait l'objet d'attentions particulières depuis 1951 (1). Les schémas de réformes se sont multipliés, accordant de plus en plus d'importance à la productivité et à l'équité. Cependant, si tous les experts s'accordent sur la nécessité de faire jouer un rôle important à l'instrument fiscal, les propositions faites sont souvent divergentes quant à la détermination des structures fiscales.

Pour N. Kaldor, un rôle important doit revenir à l'impôt agricole dans les systèmes fiscaux des pays en développement, « l'imposition de l'agriculture sous une forme ou une autre, a un rôle essentiel à jouer dans le développement économique, car seuls les prélèvements autoritaires opérés sur le secteur agricole lui-même permettent d'accroître l'épargne qui peut être canalisée vers les secteurs à développer (2). » John Due, insiste sur le rôle cardinal que peut jouer une imposition rationnelle de la consommation (3), Ursula Hicks, souligne, quant à elle l'importance que peut jouer un impôt global sur le revenu administré efficacement dans les systèmes fiscaux des pays en développement (4).

En fait, il n'existe pas encore un modèle d'imposition théorique, sorti tout armé du **"cerveau d'un jupiter fiscal"** (5) à partir duquel ont peut déterminer une structure fiscale optimale pour les pays en développement. Les structures fiscales se diversifient d'un pays à l'autre en fonction des structures économiques, du degré de développement de l'économie, des structures socio-politiques, etc. autant de facteurs qui influent sur l'efficacité de la fiscalité dans ces Etats.

Dans ces conditions, une réforme fiscale véritable doit prendre en considération les spécificités économiques et politiques propres à chaque pays en développement, se placer dans le cadre des structures socio-économiques tout en visant leur transformation (6). Sans doute, dès qu'une politique fiscale cherchera à

---

(1) Première conférence internationale d'experts fiscaux, qui se sont réunis au Centre européen des Nations-Unies, à Genève, afin d'examiner les techniques financières en usage dans les pays insuffisamment développés, ainsi que l'efficacité des réformes fiscales qui avaient été recommandées à ces pays.

(2) *Cf.* N. Kaldor, *le Rôle de la fiscalité dans le développement économique*, dans A.I.S.E., éd. Cujas, 1968, p. 158.

(3) Cf. J. Due, *Indirect taxation in developing economies. The role and structure of customs duties, excises and sales taxes.* The J. Hopkins Press, Baltimore, 1970.

(4) Cf. UK. Hicks, *Development finance, planning and control*, Clarendon Press, Oxford, 1965, p. 90 et s.

(5) L'expression est de M. Piquemal P.M., *la Valeur ajoutée financière et ses imputations*, R.S.F., 1964, p. 245.

(6) *Cf.* M. G. Tixier, *Etude comparée des politiques économiques du Cameroun et de la Côte d'Ivoire*, avec la collaboration de Bernard de la Biche, L.G.D.J., 1973, p. 126.

mieux organiser la production, des résistances naîtront. C'est là le sort de toute politique de développement. Mais, il faudra bien un jour briser ces résistances, car comme le souligne **R. Nurske**, « **si nous restons là, nous rencontrerons à nouveau le cercle vicieux de la pauvreté. C'est sur ce point précis – l'action collective par le truchement de la finance publique – qu'il peut y avoir quelque espoir de briser le cercle** (1) ». Dès lors, on comprend la nécessité pour les pays en voie de développement d'avoir une structure fiscale souple et adaptée, mise au service du développement économique.

Cela suppose la réforme des structures fiscales actuelles !

V. L'éternelle réforme fiscale : quelles structures et quelles procédures pour la confiance ?

Il y a une dizaine d'années, J.C. Martinez a publié un ouvrage sous un titre assez évocateur : « 1789-1989, la révolution fiscale à refaire » (2). Un véritable bouleversement fiscal a eu lieu sous l'impulsion des révolutionnaires de l'époque. Aucune chance de revivre aujourd'hui, de la même façon, les bouleversements fiscaux de 1789. Certes, la nécessité de réformer les systèmes fiscaux est toujours là. L'opinion publique pratique dans la plupart des pays une pression constante dans ce sens. La réforme fiscale est même devenue une panacée universelle, une sorte de mythe. Les contribuables sont toujours à la recherche d'un système d'impôt qui soit à la fois juste, simple, efficace, indolore et qui permette à l'Etat de fournir un maximum de biens et de services gratuits ! Les gouvernants eux, sont à la recherche d'un système fiscal qui soit incitatif sur le plan économique, rentable sur le plan financier et juste !

Des projets avec des objectifs aussi contradictoires sont souvent enterrés. Le désir de voir le système fiscal profondément modifié, fait souvent place à de simples aménagements techniques ! Pourquoi tant de prudence au niveau des modifications et des aménagements fiscaux qui interviennent réellement ? Trois raisons au moins. La première est que toute réforme fiscale importante se traduit à ses débuts par une perte de recettes fiscales. L'administration met parfois plusieurs années pour retrouver le niveau des recettes antérieures. La seconde raison a trait aux échanges internationaux et aux investisseurs qui dénoncent souvent

---

(1) *Cf.* R. Nurske, *les Problèmes de la formation du capital dans les pays sous-développés*, Institut pour le développement économique, B.I.R.D., 1963, p. 150.
(2) *Cf.* Ouvrage collectif, LITEC, Paris, 1986.

l'instabilité fiscale. La dernière raison est imputable à l'administration fiscale qui se méfie des innovations soit par excès de prudence, soit parce qu'elle connaît assez bien la mentalité et les réactions des contribuables. En fait, la réforme fiscale est souvent le fruit d'une décision politique des gouvernants. En tant que telle, elle dépend des rapports de puissance des groupes au sein de la nation (1). L'état de méfiance des contribuables explique le malaise fiscal qui sévit dans plusieurs pays. Cet état de méfiance est tel que les limites subjectives de la pression fiscale sont atteintes avant les limites objectives. Cela provient évidemment du manque de confiance des contribuables dans les structures de leur système fiscal ainsi que dans les procédures que le contribuable doit emprunter. La confiance ne se décrète pas, elle se gagne. En effet, « si le contribuable interprète l'impôt comme normal ou nécessaire, la pression subjective n'existe pas », explique H. Lanfenberger (2). La psychologie, la motivation du contribuable, son éducation peuvent permettre d'éloigner le seuil fatidique de la pression fiscale subjective. A cet égard, la promotion d'un civisme fiscal ou de ce que G. Ardant, appelle "**la conscience collective**" (3), apparaît comme un facteur déterminant dans la mobilisation des ressources par la fiscalité et dans l'établissement de la confiance entre d'une part, des contribuables avertis, conscients de leur devoir fiscal et une administration dont la pratique de la gestion ne peut que contribuer à l'établissement et au renforcement de ce climat de confiance.

Pour P.L. Reynaud, il n'y a qu'une méthode, qu'il qualifie de sincère, et qui consiste à « informer et éduquer le contribuable » (4). Il y a aussi, ajouterons-nous, une méthode qui consiste à donner l'exemple mais qui amène nécessairement les responsables à faire leur auto-critique. Dans cette optique H. Laufenberger va jusqu'à disculper le contribuable : « l'éthique n'a de place ni en finances ni en économie… tous ceux qui avancent des concepts de morale ou de conscience en matière d'impôt, péchent par une erreur d'optique » (5). Ceci dit, il ne faut pas non plus exagérer l'importance des frictions qui existent entre le fisc et les contribuables. Ces derniers incriminent, dans la plupart des pays, la législation fiscale plus que les hommes qui l'appliquent. La législation et plus spécialement la procédure fiscale se trouvent au centre d'un processus conflictuel entre le fisc et les contribuables. Les responsables du fisc sont souvent obsédés par l'amélioration

---

(1) *Cf.* H. Brochier, *Structures nationales et systèmes fiscaux*, R.S.F., 1952, p. 192. **N.B. :** Certains passages ont été repris volontairement vu leur importance.

(2) *Cf.* H. Laufenberger, *la Théorie économique et psychologique des finances publiques*, tome I, du traité d'économie et de législation financière, Sirey, Paris 1956, p. 253 et s.

(3) G. Ardant, *op. cit.*, p. 1046.

(4) *Cf. la Psychologie du contribuable devant l'impôt*, par P.L. Reynaud, R.S.L.F., 1948, p. 289 et 290.

(5) *Cf.* H. Lanfenberger, *op. cit.*, p. 284.

et le développement des recettes fiscales, les contribuables réclament de leur côté la modernisation des procédures et le renforcement des garanties pour instaurer un véritable climat de confiance entre le fisc et les redevables !

VI. Essai d'harmonisation fiscale : la fiscalité européenne de l'entreprise

L'adoption d'un processus législatif en matière d'harmonisation de la fiscalité des entreprises est sans doute long et difficile. Il est primordial d'essayer d'harmoniser et de se tenir informés des réflexions de l'Europe dans le domaine fiscal, car elles conditionnent dans bien des cas les dispositions nationales.

C'est sur cette base que les gouvernements décident ou non de suivre les idées communautaires et de faire apparaître ou non dans la loi de finances les dispositions pratiques au niveau national. Ceci implique la nécessité de suivre l'évolution de la réflexion européenne en matière fiscale.

Cette dernière doit normalement permettre aux décideurs de considérer la pensée européenne comme un paramètre, soit pour anticiper une réaction, soit pour l'intégrer, soit pour ne pas en tenir compte.

Il s'agit de susciter la concurrence par la suppression des obstacles de toutes sortes, notamment douaniers et fiscaux, susceptibles d'entraver le libre fonctionnement du marché. L'objectif est d'éviter que les différences dans le traitement fiscal appliqué aux revenus et aux produits n'arrivent à se substituer, **en raison d'intentions protectionnistes inavouées**, aux obstacles douaniers dont la suppression a été décidée.

Ces dispositions poursuivaient deux objectifs : **éviter les discriminations fiscales et préparer l'harmonisation des législations fiscales des Etats membres** (1).

Il a donc été maintenant décidé au sein de l'Union de repositionner la politique fiscale et ce d'autant plus que l'approche de la troisième phase de l'Union économique et monétaire et le Pacte de confiance pour l'emploi renforcent la nécessité d'une action concertée en matière de politique fiscale.

Trois grands enjeux ont donc été identifiés par tous les Etats : la stabilisation des recettes fiscales des Etats membres, le bon fonctionnement du Marché Unique, la promotion de l'emploi.

---

(1) Les problèmes inhérents à l'harmonisation sont souvent difficiles à traiter. Par exemple, les débats préparatoires, sur la 6e directive, durèrent pas moins de sept ans. *Cf.* J.J. Philippe « L'harmonisation européenne de la TVA », RFFP, n° 4, 1983, p. 159.

Cependant, ces enjeux ne peuvent être gagnés que si l'on tient compte du fait que les systèmes d'imposition des Etats membres ont subi un changement structurel, très particulièrement dans le domaine de l'argumentation de la pression fiscale à travers l'évolution des taux.

§1. La pression fiscale à travers l'évolution des taux

En 1996, l'Union européenne accuse une nouvelle argumentation en matière de prélèvements obligatoires sur les revenus du travail.

Enfin, une nouvelle étude effectuée par Eurostat sur l'imposition du travail souligne les grosses différences existant entre les Etats membres.

Impôts et cotisations sociales (ics) 1995, en % du pib (1)

Suède	51,5 %	Allemagne	42,6 %
Danemark	51,4 %	Autriche	42,3 %
Belgique	46,8 %	Moyenne de l'UE	41,7 %
Finlande	46,3 %	Italie	40,7 %
Pays-Bas	45,4 %	Irlande	36,3 %
France	44,6 %	Royaume-Uni	34,9 %
Luxembourg	43,3 %	Espagne	34,8 %

En 1995, l'imposition du travail salarié atteignait 51,4 % du total des recettes fiscales dans certains Etats de l'Union européenne. En 1970, ce chiffre était de 43,2 % pour l'Europe à 6 Etats membres. C'est en Suède et en Finlande que l'imposition du travail est la plus élevée et au Royaume-Uni et en Irlande qu'elle est la plus faible.

Par ailleurs, il apparaît de manière relativement évidente que la pression fiscale pesant sur le travail ne peut plus être alourdie au risque de créer des effets négatifs sur le coût du travail et de l'emploi et de favoriser l'économie parallèle, notamment pour les indépendants dans le but de déclarer moins de revenus imposables.

(1) *Cf.* l'Office statistique des communautés européennes, Eurostat. Selon les commentaires d'Eurostat, les impôts et cotisation sociales (ICS), sont passés de 38,7 % en 1980, à 41,5 % en 1994. Rapport statistique.

Les différences de taux entre pays voisins pourraient contribuer notamment dans les régions transfrontalières à favoriser des migrations de travailleurs et même des changements de résidence dans un but exclusif d'allégements fiscaux.

En outre, les divergences au niveau des législations nationales favorisent les opportunités d'évasion fiscale. De la même façon, la diversité des régimes nationaux en matière de revenus mobiliers entraîne des distorsions économiques considérables.

C'est pourquoi la réflexion de la Commission a repositionné l'ensemble de ces préoccupations fiscales dans un contexte général basé sur le bon fonctionnement du Marché Unique.

Le premier décembre 1997, les ministres des Finances de l'Union européenne ont adopté à l'unanimité un ensemble de mesures, appelé "**paquet fiscal**", pour lutter contre la concurrence fiscale dommageable dans l'Union européenne suite au document de travail de la Commission.

Ce dernier accord s'inscrit dans la perspective de l'Union économique et monétaire et de l'introduction de l'Euro, qui, en instaurant la transparence des prix au niveau des échanges transfrontaliers et en supprimant le risque de change et les coûts qui lui sont associés, rendra les flux transfrontaliers de capitaux plus sensibles aux aspects fiscaux.

L'ambition du **"paquet fiscal"** est de s'attaquer à la concurrence fiscale dommageable et d'éliminer un certain nombre de distorsions affectant le Marché Unique.

Un de ses objectifs est également de contribuer à renverser la tendance actuelle à l'augmentation de la pression fiscale sur les revenus du travail, de façon à rendre les systèmes fiscaux moins défavorables aux travailleurs. Son objet n'est pas d'alourdir la fiscalité, ce qui serait néfaste à la compétitivité internationale de l'Union, ni d'enclencher un processus d'harmonisation fiscale global, ce qui serait incompatible avec le principe de subsidiarité.

Plusieurs mesures ont été adoptées afin de jeter les bases d'une coordination plus étroite en matière fiscale entre les Etats membres, dont un code de conduite en matière de fiscalité des entreprises ainsi que des mesures visant à éliminer les distorsions au niveau de l'imposition des revenus du capital.

§2. Un code de conduite dans le domaine de la fiscalité des entreprises

La résolution relative au code de conduite précise quelles sont les mesures potentiellement néfastes. Tout d'abord les mesures fiscales qui prévoient un niveau d'imposition plus faible que ceux généralement appliqués dans l'Etat membre concerné, voire une imposition nulle.

Elle prévoit la mise en œuvre d'un processus de révision de la réglementation fiscale afin de déterminer celles des mesures qu'il conviendrait donc de supprimer.

Les mesures dommageables devront en principe être démantelées au 31 décembre 2002. Pour les nouvelles mesures, une clause de "statu quo" a été prévue : les Etats membres s'abstiendront d'introduire de nouvelles mesures dommageables.

Instrument non contraignant sur le plan juridique, il aidera à prévenir les distorsions économiques et l'érosion des bases d'imposition dans la Communauté. Le code incluera des procédures d'évaluation et de suivi. Deux ans après sa mise en œuvre, le fonctionnement du code fera l'objet d'un examen par le Conseil.

D'ores et déjà, les groupes d'experts se sont réunis au cours de l'année 1998. Une réunion est prévue pour début décembre 2000 pour discuter des progrès de la mise en œuvre du code.

Une première liste de mesures et avantages fiscaux a été isolée afin de procéder à un examen plus approfondi de ces mesures.

Il s'agit :

- des centres de coordination, centres de distribution, et centres de services en Belgique ;
- des centres de coordination établis dans le Pays basque et en Navarre, les sociétés holding (ETVE) en Espagne ;
- des quartiers généraux et centres de logistique, redevance-brevets en France ;
- des centres de coordination, les sociétés holdings exonérés d'impôts en vertu de la loi de 1929 au Luxembourg ;
- de la méthode des coûts majorés, la méthode du prix de revente, les financements intragroupe, les sociétés holdings et les redevances au Pays-Bas ;
- des quartiers généraux internationaux, les sociétés établies à Gibraltar (réglementation 1992) au Royaume-Uni.

Lors du Conseil Ecofin du 1er décembre 1998, le groupe "Code de conduite" a remis son rapport intérimaire.

Parmi les mesures potentiellement dommageables, deux ont été déjà examinées. Elles concernent les activités intragroupe et les sociétés offshore. Les mesures sont décrites dans le rapport et ont fait l'objet de premières évaluations. Ces mesures ont été reconnues à ce stade comme pouvant être dommageables. Des approfondissements sont donc demandés à la Commission sous forme d'études dans le but d'affiner l'évaluation.

Chacune des mesures identifiées par le groupe **“code de conduite”** suivra la même procédure. L'évaluation des différentes mesures devrait permettre de déterminer le champ d'application du Code de conduite (fiscalité des entreprises).

Outre ce code de conduite, la Commission devait présenter une communication qui clarifiera et affinera sa politique sur l'application des règles concernant les aides d'Etat sous forme de mesures fiscales à la lumière du développement du Marché Unique.

Première partie

La fiscalité liée à la création de l'entreprise

La législation fiscale intéressant la création de l'entreprise porte sur :

- *les droits de l'enregistrement et du timbre ;*
- *la taxe notariale ;*
- *les droits de la conservation foncière dans la mesure où l'actif de l'entreprise comprend des biens immobiliers ou des titres.*

Chapitre I
Les droits d'enregistrement et du timbre

La notion de l'enregistrement est née de la relation d'une déclaration sur un "registre" fiscal d'où le mot enregistrement. Cette formalité entraîne la perception d'un impôt "**le droit d'enregistrement**" qui est classé dans la catégorie des impôts indirects bien que quelquefois il revête le caractère d'un impôt sur le capital.

Les droits de timbre constituent sans conteste des impôts sur la dépense perçus à l'occasion d'un fait matériel qui est la création d'un écrit. Son exigibilité par conséquent ne dépend ni de l'utilité juridique de l'acte, ni de sa validité entre les parties.

Section I
Les droits d'enregistrement (1)

La formalité de l'enregistrement est une opération d'une nature assez particulière puisque, outre son caractère fiscal, elle produit des effets civils. Elle donne tout d'abord "**date certaine" aux actes sous seing privé**. L'article 425 du D.O.C. précise à ce sujet : "Les actes sous seing privé n'ont date contre les tiers que du jour où ils ont été enregistrés".

---

(1) La loi fondamentale sur l'enregistrement est le Dahir du 11 mars 1915.
Les dispositions sur l'enregistrement ont été codifiées par le décret n° 2-58-1151 du 12 joumada II 1378 (24 décembre 1958), modifiées par de nombreux textes, plus particulièrement la loi de finances de 1989, qui a introduit de réelles simplifications.

La formalité de l'enregistrement a ensuite pour effet d'assurer la conservation et la régularité des actes. L'enregistrement constitue une preuve de l'existence de l'acte et de sa date. L'enregistrement est avant tout l'occasion pour l'Etat de **percevoir un impôt**. Les droits d'enregistrement concernent toutes les conventions, quelle que soit leur forme, qui constatent **un fait juridique** dont la nature rend exigible des **droits d'enregistrement, fixes ou proportionnels**. Pour chaque type de convention ou d'opération, la loi précise la quotité des droits à payer.

Lorsqu'un même acte comprend plusieurs conventions soumises aux droits proportionnels, il est dû autant de droits qu'il existe d'opérations.

Lorsqu'un même acte comprend des dispositions indépendantes soumises les unes à des droits fixes et les autres à des droits proportionnels seuls ces derniers sont acquittés.

§1. Champ d'application

a. Actes et conventions soumis à l'enregistrement (art. 1)

Les actes et conventions sont soumis obligatoirement à la formalité de l'enregistrement à raison :

– de **leur forme** et de **la qualité du rédacteur**. Il en est ainsi des actes notariés, des actes judiciaires et extrajudiciaires, les actes des adouls et des notaires israéliens ;

– de la nature de l'opération juridique qu'ils constatent, notamment les baux à rente perpétuelle, les cessions d'un droit au bail, les partages de biens meubles ou immeubles, les sessions d'actions ou de parts d'intérêts dans les sociétés, constitution ou mainlevée d'hypothèque, constitution ou dissolution de sociétés (actes sous seing privé) ;

– de leur usage : acte de commerce comportant une vente mobilière. Il y a usage chaque fois que les parties retirent de l'acte une utilité juridique quelconque, pour en faire la base de nouvelles conventions.

b. Mutations soumises à l'enregistrement

Les mutations entre vifs, à titre gratuit ou onéreux :

– d'immeubles et droits immobiliers ;

– les mutations relatives aux fonds de commerce ;

– des actions et parts sociales de sociétés immobilières transparentes (1) ;

– mutations par décès.

Par ailleurs, les actes non expressément assujettis à la formalité de l'enregistrement par la loi peuvent être enregistrés si les parties le requièrent.

c. Sont enregistrés gratuitement

– **Les actes présentant un intérêt public :** les jugements visant le recouvrement des créances publiques, l'expropriation pour cause d'utilité publique, les acquisitions servant à la représentation diplomatique des Etats étrangers, etc.

– **Les actes concernant les collectivités publiques :** les acquisitions de l'Etat et des collectivités locales, les actes relatifs aux opérations de crédit réalisés par les organismes publics (CNCA, les caisses d'épargne, le Trésor, etc.).

– **Les actes présentant un intérêt social :** les sociétés coopératives d'habitation agréées, les acquisitions de la CNSS, les actes des caisses d'assurances mutuelles agricoles, les actes des sociétés de bienfaisance, etc.

§2. La base imposable et le calcul des droits d'enregistrement

Les tarifs sont fixes ou proportionnels et sont déterminés par la nature de l'acte.

a. Les droits fixes

Les droits fixes sont des droits dont la quotité est invariable pour tous les actes classés dans une catégorie déterminée. Il s'appliquent à tous les actes qui ne comportent pas mutation, ni cession, ni partage de propriété, d'usufruit, de jouissance de biens meubles ou immeubles.

(1) Cf. article 2 du Dahir du 31 décembre 1986, instituant l'impôt sur les sociétés.

Nature des actes	Droits fixes d'enregistrement
– Les actes de renonciation à l'exercice du droit de chefaâ ou sefqa, les testaments, les actes résiliés et présentés dans un délai de 24 heures, les inventaires ne concernant pas les décès, les actes constitutifs de coopératives agricoles ou artisanales, les actes de nantissement de l'outillage et matériel, les baux de location d'immeubles à usage d'habitation	50 Dh
– Les actes de command, faites par acte authentique dans les 48 heures de l'acte d'aqcuisition	50 Dh
– Les coopératives marocaines de céréales constituées conformément au Dahir du 24/4/1997	
– Les marchés et traités réputés actes de commerce faits ou passés sous signature privée	50 Dh
– Les actes de dissolution de sociétés qui ne donnent pas ouverture au droit proportionnel..........................	200 Dh
– Les actes portant constitution des sociétés de construction, les ventes ou mutations à titre onéreux de navires, de bateaux ou d'aéronefs	200 Dh
– Les baux et locations d'immeubles et de fonds de commerce, autres que ceux à usage d'habitation	300 Dh
– Les contrats de crédit-bail immobilier	300 Dh
– Les actes de prorogation de sociétés, qui ne contiennent ni obligation, ni libération, ni transmissions de biens meubles ou immeubles entre les associés	1 000 Dh
– Tous autres actes non dénommés et qui ne peuvent donner lieu au droit proportionnel	50 Dh

b. Les droits proportionnels

Les droits proportionnels sont applicables en général à toutes les conventions portant mutation entre vifs à titre onéreux de propriété, usufruit ou de jouissance de biens meubles ou immeubles. **Le droit proportionnel est fonction de la nature de l'acte. Il est assis sur la valeur réelle de l'opération imposable, qui est normalement exprimée dans l'acte**. L'administration peut recourir à toute expertise jugée nécessaire, lorsque le prix déclaré ne correspond pas à la valeur réelle.

c. La détermination de la nature de l'acte

La nature juridique de l'acte ou des opérations détermine la catégorie du droit et du taux applicables.

Nature des actes (art. 56 à 97)	Droits proportionnels d'enregistrement
– **Abandonnement** pour faits d'assurance, sur la valeur des objets abandonnés	0,50 %
– La cession **d'actions** ou de parts de fondations sur le montant de la valeur négociée	2,5 %
– La cession de **titres de sociétés immobilières transparentes** est soumise à	5 %
– La cession de **titres d'obligation** dans une société, sur le montant de la valeur négociée	0,50 %
– **Les antichrèses** et engagements de biens immeubles	2 %
– **Les baux** de biens immeubles	5 %
– Les baux **d'hôtellerie**	1 %
– **Cession de droit au bail**, sur le montant de la somme stipulée au profit du cédant	10 %
– **Cautionnement** et indemnités mobilières	0,50 %
– Confirmation par **actes d'adoul** sur le montant du prix et des charges	0,50 %
– Constitution **d'hypothèque de nantissement**	1 %
– **Crédit :** sur le montant du crédit réalisé de 0 à 50 000 Dh	0,50 %
de 50 000 à 100 000 Dh	0,75 %
le reste	1 %
– **Les délivrances de legs**	0,50 %
– **Echanges de biens immeubles**	5 %
– **Les cessions de fonds de commerce** et clientèle :	
• sur le prix des objets servant à l'exploitation	5 %
• sur les marchandises neuves	1 %
• hôtels, débits de boissons, etc.	10 %
– **Inventaire après décès :**	
• entre époux	0,50 %
• entre collatéraux	1 %
• pour les autres personnes	4 %
– **Mainlevée :** sur leurs montants	0,50 %
– **Les marchés :** pour construction, réparation, etc.	1 %
– **Les marchés** de l'Etat	0,50 %
– **Mutation** à titre gratuit	1 %
– Obligations de sommes, cessions de créances, reconnaissance, délégation	1 %
– **Partages** entre copropriétaires ou cohéritiers sur le montant de l'actif net partagé	1 %
– **Prorogation de délai** sur le montant de la créance	0,50 %

– **Quittances**	0,50 %
– **Rentes et pensions :** perpétuelles à titre onéreux	1 %
actes constitutifs de pensions alimentaires	0,50 %
cessions et transferts de rentes et de pensions à titre onéreux	3,50 %
– **Retraits de réméré**	5 %
– **Sociétés :** les apports lors de la constitution	0,50 %
les augmentations de capital	0,50 %
apports et augmentation lorsque l'objet principal est la gestion de valeurs mobilières	0,25 %
– **Titres constitutifs de propriété**	5 %
– **Ventes** et autres actes translatifs de propriété	5 %
– **"Titre nouveaux"**, sur le montant de la créance	0,50 %
– **Adjudications** de biens immeubles (folle enchère ou surenchère) ...	5 %
– **Acquisition de locaux** à usage d'habitation ou de commerce	2,5 %
– **Terrains** non destinés à la construction	2,5 %
– **Transferts de droits** indivis sur les terres agricoles	1,50 %
– **Ventes à titre onéreux**, de meubles et objets mobiliers	3,50 %
– **Les ventes publiques** de marchandises en gros	0,50 %

Tout d'abord, **la qualification donnée à un acte par les parties n'engage pas l'administration** qui se réserve le droit de restituer aux actes leur véritable caractère. L'acte est donc imposé d'après sa nature réelle et non d'après sa nature apparente. L'appréciation du fait générateur est donc ici très délicate car elle est liée à la nature juridique du contenu des actes et non au fait matériel lui-même. En fait, comme le précise M. Pilon (1) l'agent responsable de l'enregistrement doit "lire entre les lignes et se livrer à un travail de raisonnement juridique distinct d'une simple constatation".

La loi de finances pour la période du 1/7/2000 au 31/12/2000 a étendu le délai de l'exonération des droits d'enregistrement pour les actes d'acquisition, à titre onéreux, de terrains destinés à la réalisation de projets d'investissement, autre que de lotissement ou de construction de 24 mois à 36 mois, avec possibilité de prorogation en cas de force majeure.

(1) M. Pilon, *Principes et techniques des droits d'enregistrement*, Dalloz, tome I, n° 696.

§3. Paiement des droits : délai, sanctions et pénalités

Les droits d'enregistrement sont dus, sauf convention contraire, soit par les nouveaux possesseurs, en cas de translation de propriétaire ou d'usufruit de biens meubles ou immeubles, soit par les parties auxquelles les actes profitent pour les autres cas.

Pour les actes de mutation, toutes les parties contractantes sont néanmoins solidairement responsables du paiement des droits.

Le délai d'accomplissement de la formalité de l'enregistrement est d'un mois à compter du fait générateur, constitué par l'établissement de l'acte définitif, la formation des conventions ou la réalisation de la condition suspensive à laquelle ces actes ou conventions seraient soumis.

A défaut d'enregistrement dans le délai légal, le redevable est passible d'une amende de 25 % du montant des droits simples. Toutefois, la pénalité n'est que de 2 % lorsque le dépôt tardif est effectué spontanément par le contribuable. Lorsque la date d'exigibilité est dépassée et que le recouvrement est opéré par l'administration, le redevable est astreint à une pénalité de 3 % pour le premier mois de retard et de 1 % pour chaque mois supplémentaire. Les amendes et pénalités sont perçues avec un minimum de 100 Dh.

La dissimulation de prix est passible d'une amende égale à 100 % des droits simples exigibles, avec un minimum de perception de 1 000 Dh.

Lorsque l'administration de l'enregistrement **constate une insuffisance du prix exprimé ou des évaluations fournies par les parties**, elle notifie au redevable concerné par lettre recommandée, la nouvelle base devant servir d'assiette à la liquidation des droits.

Des voies de recours sont prévues devant la commission locale et la commission nationale.

Il est créé **une commission locale d'évaluation**, composée d'un magistrat président, d'un représentant de l'administration, d'un représentant de la chambre de commerce et d'industrie ou de la chambre d'agriculture. Le président peut faire appel à titre consultatif, à toute personne qualifiée. A la demande du receveur, la commission se réunit sur convocation de son président. Elle délibère valablement lorsque tous ses membres sont présents.

Lorsque le receveur ou le redevable conteste la décision de la commission locale, ils peuvent se pourvoir devant **la commission nationale d'évaluation dans un délai d'un mois** à compter de la notification de cette décision au redevable.

Section II

Les droits de timbre

Le fait générateur de l'impôt est ici l'acte écrit et non comme dans le droit d'enregistrement un fait juridique.

Certains auteurs ont essayé de voir dans le droit de timbre la contrepartie de la valeur probatoire de l'acte, puisque seuls les actes timbrés peuvent être utilisés comme éléments de preuve. Il faut reconnaître que cette explication qui assimile le timbre au droit d'enregistrement n'est pas satisfaisante, car le timbre n'ajoute rien du point de vue juridique. Le droit de timbre (1) est un simple impôt de consommation au sens le plus complet du terme.

Les droits de timbre se classent traditionnellement en trois grandes catégories : le timbre de dimension, le timbre proportionnel et les timbres spéciaux.

§1. Les catégories de timbre

A. Le timbre de dimension

Les droits de dimension sont des droits variables d'après la dimension du papier employé :

– la feuille format inférieur ou égal à 27 x 42 cm : 20 Dh

– au-delà de ces dimensions : 50 Dh

Les redevables peuvent timbrer eux-mêmes des papiers quelconques à la dimension du timbre par l'apposition de timbres mobiles oblitérés immédiatement, soit par une signature et la date de l'oblitération, soit par un cachet à l'encre grasse portant le nom ou la raison sociale du redevable et la date de l'oblitération.

B. Timbres proportionnels

Le timbre proportionnel varie en fonction des sommes énoncées par l'écrit. Il vise en particulier les effets négociables ou non, les effets de commerce et de valeurs mobilières. Sont soumis à ce droit :

---

(1) Toutes les dispositions concernant le timbre sont contenues dans le décret du 24 décembre 1958 portant code de l'enregistrement et du timbre (articles 1973 du livre II), modifié et complété par différentes lois de finances et plus particulièrement la loi de finances de 1989.

– Billets et obligations non négociables sous seing privé, quelle que soit leur dénomination, (autres que les valeurs de bourse) ainsi que les lettres de change, billets à ordre ou au porteur, et autres billets négociables, par dix dirhams ou fraction de dix dirhams .... 0,01 Dh

– Lettres de change, billets à ordre ou au porteur et autres effets négociables tirés de l'étranger et payables au Maroc, par fraction de dix dirhams...... 0,50 Dh

– Les effets de commerce revêtus dès leur création d'une mention de domiciliation dans un établissement de crédit ou dans un bureau de chèques postaux .... 0,05 Dh

– Les billets de voyageurs, bulletins de bagages et de messageries délivrés par les entreprises de transport par véhicules automobiles sur routes sont soumis à un droit de timbres de......... 7 % (1).

Sont exemptés du droit de timbre :

- Titres négociables émis par les sociétés (actions, obligations, parts bénéficiaires)
- Les actes relatifs aux opérations de crédit accordées aux agriculteurs par les caisses de crédit agricole
- Les actes relatifs aux opérations de crédit entre particuliers et les établissements de crédit
- Les billets de transports publics urbains de voyageurs par autobus

C. Les timbres spéciaux

On peut citer :

– les connaissements établis pour la reconnaissance des marchandises objet d'un contrat de transport maritime par exemplaire créé .... 20 Dh

– lettre de voiture et autres récépissés de transport ferroviaire ou sur route .... 1,25 Dh

– **les quittances** et décharges de sommes ou valeurs .... entre 0,50 et 2,50 Dh

(1) Le taux de 7 % a été réduit par l'article 15 de la loi de finances 1999/2000 à 5 %. La loi de finance pour la période du 1/7/2000 au 31/12/2000 a supprimé purement et simplement le droit de timbre en question.

– **panneaux**, enseignes et affiches entre 5 % et 10 %

– **documents personnels**......... entre 20 et 300 Dh

– **transports automobiles :**

les droits varient de 50 Dh par C.V.

pour les véhicules neufs à 1 000 Dh

par réception et par type pour les véhicules de plus de 1 000 kg P.T.C.

– **taxe à l'essieu :**

P.T.C. en kg	**Taxe à l'essieu**
3 000 à 5 000	800 Dh
5 000 à 9 000	1 350 Dh
9 000 à 15 000	2 000 Dh
15 000 à 20 000	5 200 Dh
20 000 à 33 000	8 500 Dh
Plus de 33 000	9 000 Dh

– taxe pour **la promotion du paysage audio-visuel :**

Taxe prélevée sur les quittances d'électricité en fonction de la consommation :

• 0 à 100 Kwh .... 0,10 Dh par kilowat heure

• 101 à 200 Kwh .... 0,15 Dh par kilowat heure

• Au-dessus de 200 Kwh .... 0,20 Dh par kilowat heure

maximum .... 100 Dh

§2. Le paiement des droits de timbre

Les droits sont acquittés par l'achat des timbres ou du papier timbré, par l'apposition du visa pour timbre par les agents de l'enregistrement.

Le paiement des droits de timbre, après leur date d'exigibilité est passible d'une pénalité fixée à 3 % pour le premier mois de retard et 1 % pour chacun des autres mois. Toute dissimulation est passible d'une pénalité de 100 % avec un minimum de 100 Dh.

Chapitre II

La taxe notariale (1)

La rédaction des actes notariés donne lieu à la perception d'une taxe dite "**taxe notariale**", d'après le tarif établi par les articles qui suivent.

Quant la taxe notariale est proportionnelle, elle suit les sommes et valeurs de dirham en dirham, inclusivement et sans fraction.

Lorsqu'un même acte comprend plusieurs conventions dérivant ou dépendant les unes des autres, il n'est perçu que le droit applicable à la convention donnant lieu à la taxe la plus élevée. Si les conventions sont indépendantes, le droit est dû pour chacune d'elles.

La taxe notariale est une imposition en sus par rapport au contribuable, qui se greffe sur les droits d'enregistrement qui sont de 2,5 %. Bien entendu l'entreprise peut l'éviter en recourant à un acte sous-seing privé. Dans ces conditions, l'entreprise ne pourra pas bénéficier des garanties qu'offre le notaire.

Les modifications introduites par la loi de finances 1998-1999, concernent essentiellement l'entreprise ou la société (2) :

– pour les **actes de constitution de sociétés** sur le montant du capital social **0,25 %** avec un minimum de perception de 100 Dh ;

– pour une vente à l'amiable d'un fond de commerce ou d'un immeuble, pour un contrat d'échange desdits biens, pour leur cession ou dation en paiement, pour la cession d'un droit de réméré :

---

(1) Cf. Dahir du 24 joumada I. 1369 (14 mars 1950) réglementant les perceptions en matière notariale. Ce Dahir a été modifié par la loi de finances 1998-1999, voir *B.O.* n° 4599 du1/7/1998.

(2) Cf. article 20 de la loi de finances, 1998-1999, *B.O.* 4627 bis du 5/10/1998.

Sur le prix de la vente ou de la cession, ou la valeur la plus importante des immeubles échangés **0,50 %**.

Minimum .... 100 Dh.

Même droit en cas de fusion et d'augmentation de capital. Transformation de société sans augmentation de capital social .... 1/2 tarif.

Déclaration de souscription et de versement quand l'acte de société n'a pas été reçu par un notaire ou dans un secrétariat-greffe de juridiction moderne du Maroc .... Plein tarif

Si l'acte a été reçu chez un notaire ou dans un secrétariat-greffe de juridiction moderne 100 Dh.

Prorogation de société sans augmentation de capital .... 1/2 tarif.

Minimum .... 100 Dh

Modification aux statuts d'une société sans augmentation de capital .... 100 Dh

Dissolution de société ou constatation de la retraite d'un associé opérée en vertu d'une disposition des statuts avec reprise pure et simple de son apport, droit fixe .... 10 Dh

Liquidation de reprise :

– sur les reprises en nature..... 0,25 % ;

– sur les reprises en espèces payées ou garanties :

• sur les premiers 5 000 Dh ... 2,50 % ;

• sur les 5 000 Dh suivants .... 1,25 % ;

• sur le surplus........................ 0,50 %.

Minimum .... 100 Dh

Liquidation et partage d'une société d'acquêts, d'une communauté, d'une succession, d'une société, sur l'actif attribué ou affecté à l'extinction du passif, déduction faite du montant des rapports dus en vertu d'acte authentique : 0,50 %.

Minimum .... 100 Dh

Liquidation sans partage et pour tout partage portant sur des biens ayant fait l'objet d'une liquidation dressée par un notaire ou dans un secrétariat-greffe .... Moitié du tarif ci-dessus.

Minimum .... 100 Dh

Il est perçu, suivant les distinctions ci-après, soit un droit fixe, soit un droit proportionnel à la valeur de l'objet de l'acte notarié.

§1. Pour une acceptation ou déclaration d'emploi par acte séparé (art. 56)

– Lorsque l'emploi ou le réemploi est fait au moyen d'un achat ou d'un placement constaté par acte reçu par un notaire ou dans un secrétariat-greffe, par acte .... 100 Dh.

– Dans le cas contraire, sur la somme employée ou réemployée :

- sur la 1re tranche de 5 000 Dh... 0,60 % ;
- sur le surplus .... 0,30 % ;
- avec le minimum....................... 100 Dh.

L'acceptation de transport déjà constatée par acte authentique .... 100 Dh.
Affiches et insertions .... 100 Dh.
Affiches manuscrites .... Par affiche.

Maximum..................... 100 Dh

Affiches imprimées .... 100 Dh pour droit de rédaction.
Insertion dans les journaux........... 100 Dh pour droit de rédaction.
Actes de notoriété......................... 100 Dh
Autorisation maritale.................... 100 Dh.

§2. Les baux

Immeubles, meubles y compris les baux de carrières et les baux à nourriture sur le prix total des années, augmenté des charges, taux unique.................. 0,50 % minimum.

Même droit sur cession de bail, sous-location, résiliation de bail sur les années restant à courir .... 100 Dh

Baux à vie :

Sur le capital formé de 10 fois la redevance annuelle : taux unique 2,00 %.

Minimum .... 100 Dh

Bail à durée illimitée ou emphytéhotique : sur le capital formé de 20 fois la redevance annuelle :

taux unique.................................... 2,00 %.

Minimum..................... 100 Dh

Pour un louage d'ouvrage ou d'industrie, sur le prix total de la location, taux unique................................ 1,00 %.

Minimum..................... 100 Dh

Billet simple, billet à ordre ou au porteur, lettre de change, sur le montant de l'effet................................. 1,00 %.

Minimum..................... 100 Dh

Cautionnement, antichrèse, gage, nantissement, affectation hypothécaire par acte séparé....................... Moitié des droits dus sur l'acte principal, avec minimum 100 Dh. Sans pouvoir dans aucun cas, dépasser 0,50 % pour les baux et 1 % pour les autres actes.

§3. Le certificat de propriété

Lorsque le certificat de propriété est délivré pour exécution d'un acte contenant partage ou mutation de propriété, passé par un notaire ou dans un secrétariat des juridictions du Maroc, par acte. Dans le cas contraire, sur la somme ou la valeur qui a fait l'objet de l'acte :

– sur les premiers 5000 Dh .... 1,25 % ;

– sur les 5 000 Dh suivants .... 0,60 % ;

– sur le surplus .... 0,30 %.

Minimum..................... 100 Dh

Consentement à antériorité........................... 100 Dh.

Compromis .... 100 Dh.

Compte de tuteur à tuteur............................ 100 Dh.

§4. Les comptes

Pour les comptes d'administration légale d'antichrèse, de bénéfice d'inventaire, de co-propriété, d'exécution testamentaire, de gestion, de mandat, de séquestre de tutelle et tous comptes en général, sur le chapitre le plus élevé en recette ou en dépense :

– sur les premiers 5 000 Dh .... 1,25 % ;

– sur les 5 000 Dh suivants .... 0,625 % ;

– sur le surplus.. 0,325 %.

Minimum .... 100 Dh

Récépissé de comptes, droit fixe .... 100 Dh.

Arrêté de comptes droit fixe .... 100 Dh.

Contrat d'affrètement ou charte-partie :

– sur les premiers 5 000 Dh .... 0,50 % ;

– sur le surplus .... 0,25 %.

Minimum .... 100 Dh

§5. Les contrats de mariage

– Sur les apports cumulés des 2 époux diminués des dettes et charges :

• sur les premiers 5 000 Dh .... 0,50 % ;

• sur le surplus .... 0,25 %.

Minimum .... 100 Dh

– sur les dots constituées aux futurs époux. Moitié des tarifs pour donation entre vifs acceptée.

Déclaration de commande .... 100 Dh.

§6. Les donations

Donation entre vifs, sur la valeur nette des sommes ou des biens données.

• Si elle est acceptée :

– sur les premiers 5 000 Dh .... 3,00 % ;

– sur les 5 000 Dh suivants .... 2,50 % ;

– sur le surplus .... 2,00 %.

• Si elle n'est pas acceptée Les 3/4 des tarifs ci-dessus.

Acceptation de la donation .... Le 1/4 des mêmes tarifs. Dans tous les cas minimum ...... 100 Dh.

Donation à titre de partage anticipé : sur la valeur brute des biens donnés, non compris les rapports .... Mêmes droits que pour une donation acceptée sans qu'il y ait lieu à la perception d'un droit spécial pour le partage des biens donnés s'il y est procédé aussitôt, soit dans le même acte, soit par acte séparé.

§7. Les dépôts

Pour le dépôt chez un notaire ou dans un secrétariat de juridiction moderne du Maroc d'actes sous seing privé autres que les testaments olographes.

Si le dépôt est fait par toutes les parties avec reconnaissance de leurs écritures, la taxe applicable est celle à laquelle aurait donné lieu l'acte authentique contenant la convention.

Dans tous les cas où le dépôt est fait par une partie seulement des contractants ou par un tiers non mandaté par ceux-ci et lorsque l'acte déposé est passible d'une taxe proportionnelle, la taxe applicable sera égale à la moitié de celle établie au paragraphe précédent.

§8. Les legs

Délivrance de legs avec ou sans décharge :

Sur le montant des effets, sommes et valeurs que l'acte a pour objet :

– sur les premiers 2 000 Dh .... 1,00 % ;

– sur le surplus .... 0,50 %.

Minimum .... 100 Dh

La décharge par acte ultérieur d'effets, sommes, ou valeurs et sommes quelconques ayant fait déjà l'objet d'une délivrance de legs .... 100 Dh.

Abandon par acte séparé de la quotité disponible.

S'il est unilatéral, droit fixe .... 100 Dh.

S'il est accepté .... Mêmes droits que la délivrance de legs.

Mainlevée d'inscription hypothécaire ou de nantissement définitive ou partielle réduisant la créance .... 0,50 %.

Notification de mariage .... 100 Dh.

Obligation de sommes ou valeurs, quittances subrogatives :

– sur les premiers 2 000 Dh .... 2,00 % ;

– sur les 3 000 Dh suivants .... 1,00 % ;

– sur le surplus .... 0,50 %.

Minimum .... 100 Dh

Transfert d'obligation.................................... Même droit.

Prorogation de délai, sur la somme restant due .... La moitié du droit perçu pour l'obligation

Minimum .... 100 Dh

Ratification ou confirmation d'une obligation notariée .... 100 Dh

Prorogation.. 100 Dh

§9. La pension alimentaire

Constitution de pension alimentaire en vertu de l'article 205 du Code civil, sur le capital formé de 10 fois la prestation annuelle :

– sur les premiers 2 000 Dh .... 0,50 % ;

– sur le surplus .... 0,25 %.

Minimum .... 100 Dh

Dans les autres cas :

– sur les premiers 2 000 Dh .... 1,00 % ;

– sur les 3 000 Dh suivants .... 0,50 % ;

– sur le surplus .... 0,25 %.

Minimum .... 100 Dh

Quittances pures et simples, acceptation, compensations, rachat de réméré et décharge de dépôt de sommes et valeurs, sur le montant des sommes quittancées remises ou compensées :

– sur les premiers 2 000 Dh .... 1,00 % ;

– sur les 3 000 Dh suivants .... 0,50 % ;

– sur le surplus .... 0,25 %.

Minimum .... 100 Dh

§10. Les rentes

Constitution de rente :

– A titre onéreux, sur le capital formé de 20 fois la rente perpétuelle – 10 fois la rente viagère :

– sur les premiers 1 000 Dh.................... 2,00 % ;

– sur les 1 000 Dh suivants..................... 1,00 % ;

– sur le surplus... 0,50 %.

Minimum .... 100 Dh

– A titre gratuit .... Tarif des donations.

Minimum .... 100 Dh

Remplacement ou révocation d'arbitre.......... 100 Dh

Renonciation à l'hypothèque légale............... 100 Dh

Révocation et décharge d'un mandat............. 100 Dh

Réquisition de notification de mariage .... 100 Dh

Résiliation de contrat de mariage................... 100 Dh

Rétablissement de communauté ....

Séquestre conventionnel .... 100 Dh

§11. Les successions

Déclaration de succession sur l'ensemble des valeurs énoncées :

• s'il y a liquidation faite ou en cours à l'étude .... 0,20 %
dans le cas contraire :

• jusqu'à 10 000 Dh.. 0,40 %

– au-dessus.. 0,20 %

Minimum .... 100 Dh

§12. Les testaments

Adoption testamentaire, donation à cause de mort, testament public ou authentique, codicille :

– Taxe fixe .... 100 Dh

– La nuit .... 100 Dh

Au décès du testateur : sur l'actif net dévolu au bénéficiaire à l'exclusion de ce qui est dû à titre de réserve.

– sur les premiers 2 000 Dh .... 3,00 % ;

– sur les 3 000 Dh suivants .... 1,00 % ;

– sur le surplus .... 0,50 %.

Déclaration à faire dans les 6 mois du décès, sous peine d'une pénalité égale à la taxe.

Partage testamentaire :

– à la rédaction de l'acte .... 100 Dh

– au décès .... taxe de partage.

Titres nouveaux .... 1/2 droits perçus sur le titre originaire.

Minimum .... 100 Dh

Transactions .... Le droit afférent à la convention à laquelle aboutit la transaction.

Minimum .... 100 Dh

§13. Les ventes

Ventes de gré à gré d'objets mobiliers, d'actions commerciales et industrielles, et autres droits incorporels non compris les ventes de fonds de commerce : pour la cession, l'échange, la dation en paiement desdits biens, objets et actions, sur le prix de vente ou sur le prix de l'objet échangé le plus important, ou sur le prix des choses cédées :

– sur les premiers 1 000 Dh .... 3,00 % ;

– sur les 4 000 Dh suivants .... 1,00 % ;

– sur le surplus .... 0,50 %.

Minimum .... 100 Dh

Vente à l'amiable de fonds de commerce ou d'un immeuble, contrat d'échange desdits biens, leur cession ou dation en paiement, cession d'un droit de réméré :

– sur le prix de la vente, de la cession, ou sur la valeur la plus importante des immeubles échangés .... 0,50 %

Procès-verbal de non adjudication (cahier des charges compris).......... 100 Dh

Promesse de vente .... Le 1/4 de la taxe sur vente.

Minimum .... 100 Dh

Imputation de cette taxe si la vente se réalise au Maroc.

Résiliation de vente :

– dans les 24 heures.............................. 100 Dh ;

– après ces délais, moitié de la taxe de l'acte résilié.

Minimum .... 100 Dh

Vacation, inventaire, compulsoire, procès-verbal de carence, etc.......... 100 Dh par vacation de 3 heures.

Actes non dénommés........................ 100 Dh

La taxe notariale est perçue pour le compte du Trésor, par les secrétaires greffiers chargés du notariat. Elle est payable d'avance, entre les mains de ces mêmes agents, en même temps que les droits de timbre et d'enregistrement et les pénalités exigibles tant sur les actes authentiques dont la rédaction est requise que sur les pièces et actes dont ils sera fait usage ou en conséquence desquels ces contrats seront passés.

La taxe notariale est acquittée au bureau de l'enregistrement par les notaires, dans le mois de la date des actes qu'ils ont rédigés. **En cas d'infraction, les notaires sont personnellement redevables de la pénalité prévue par l'article 40** du livre premier du décret n° 2.58.1151 du 12 joumada II 1378 (24 décembre 1958) portant codification des textes sur l'enregistrement et le timbre, les compléments de taxes insuffisamment perçues ou les taxes devenues exigibles par suite d'un événement ultérieur sont recouvrés contre les parties qui sont, le cas échéant, passibles de la pénalité prévue par l'article 40 ter du livre premier du décret précité n° 2.58.1151 du 12 joumada II 1378 (24 décembre 1958).

Exemple de liquidation de la taxe notariale

Le 25 janvier 1996, M[e] "XL", notaire à Casablanca, présente au bureau de l'Enregistrement un bordereau des actes reçus en son étude et dont les indications sont résumées comme suit :

			Liquidation			
Nature des actes	Prix ou valeur Dh	Droits d'enregis-trement Dh	Taxe notariale Dh	FAN Dh	Montant net de TN Dh	Part actes budgétaire de TN Dh
Vente de terrain	800 000	40 000	8 000	400	7 600	5 700,00
Vente d'apparte-ment	600 000	15 000	6 000	300	5 700	4 275,00
Vente de FC de débit de bois-sons	2 500 000	250 000	25 000	1 250	23 750	17 812,50
Procuration	–	50	100	5	95	71,25
		305 050		1 955		27 858,75

Récapitulation des droits et taxes à percevoir :

Droit d'enregistrement	:	305 050,00 Dh
Contribution au FAN	:	1 955,00 Dh
Part budgétaire de TN	:	27 858,75 Dh
Total	**:**	**334 863,75 Dh**

Chapitre III

Les droits de la conservation foncière (1)

Lors de **la création de l'entreprise**, il est nécessaire de procéder à l'ouverture d'un dossier de société dans la mesure où l'actif de cette dernière comprend des biens immobiliers. Les différentes formalités concernant le régime foncier de l'immatriculation, donnent lieu aux paiements de droits, **fixes ou proportionnels, qui sont à la charge de l'entreprise**.

Les droits proportionnels sont assis :

- en matière d'immatriculation sur la valeur vénale de l'immeuble arrêtée au jour de l'exigibilité des droits ;
- en matière d'inscription, constitution, transmission ou extinction de droits réels, sur les sommes énoncées aux actes ou sur la déclaration estimative des parties.

Ainsi, par exemple, pour l'ouverture du dossier de société, si l'actif de cette dernière comprend des biens immobiliers les droits à payer s'élèvent à 750 Dh.

Si le conservateur estime que les valeurs sont inférieures aux valeurs réelles, **il peut demander une expertise** dans les deux années qui suivent à partir de la date d'immatriculation.

Les formalités d'immatriculation, de morcellements ou fusions de propriétés immatriculées, les titres miniers, le bornage, les lotissements, les inscriptions sur les livres fonciers, les certificats, copies et duplicata sont soumis aux droits suivants :

---

(1) Cf., Dahir du 12 août 1913, décret n° 2-97-358 du 24 safar 1418 (30 juin 1997), *B.O.* n° 4495 bis.

§1. Réquisitions d'immatriculation

A. Dépôt de réquisition d'immatriculation (facultative)

1. Enrôlement et publicité.. 450 Dh

2. Droit ad-valorem :

– jusqu'à 50 000 Dh .... 1,5 %

– au-delà de 50 000 Dh .... 2 %

3. Droit superficiaire :

– propriété urbaine, par are... 45 Dh

– propriété rurale, par hectare... 45 Dh

4. Droit d'établissement du duplicata (par titre) .... 75 Dh

5. Droit fixe .... 75 Dh

Minimum de perception........ 750 Dh

B. Réquisition pour laquelle le requérant produit un acte de moulkia spéciale en application de l'article 94 du Code de l'enregistrement

1. Droit de publicité .... 200 Dh

2. Droit superficiaire :

Surface inférieure ou égale à 5 ha......................... 25 Dh/ha
ou fraction d'hectare

Surface supérieure à 5 ha .... 50 Dh/ha
ou fraction d'hectare

3. Minimum de perception .... 250 Dh

N.B. Ce tarif s'applique aux propriétés situées en dehors des périmètres urbains, des secteurs de remembrement et des zones d'immatriculation d'ensemble.

C. Réquisition obligatoire ou en application des articles 16 et 37 du Dahir du 9 ramadan 1131 (12 août 1913)

1. Droit de publicité .... 225 Dh

2. Droit ad-valorem

jusqu'à 50 000 Dh.................................... 0,75 %

au-delà de 50 000 Dh................................ 1 %

3. Droit superficiaire

propriété urbaine....................................... 23 Dh/are

propriété rurale... 23 Dh/ha

4. Duplicata (par titre) .... 75 Dh

5. Droit fixe.. 75 Dh

Minimum de perception..... 475 Dh

D. Réquisition complémentaire, modificative ou rectificative

– Droit de publicité .... 225 Dh

En outre :

1. Si la réquisition est relative à un fait non susceptible d'évaluation (changement d'état civil, de riverains, de proportion, etc.) :

– Droit fixe.. 75 Dh

2. Si la réquisition est relative à un droit susceptible d'évaluation (cession, échange, donation, partage, reconnaissance de droits volontaires ou judiciaires, etc.).

– Droit ad-valorem.................................... 1 %

à l'exception des successions et partages consécutifs

– Droit fixe... 75 Dh

Minimum de perception..... 475 Dh

3. Si la réquisition est relative à une succession

– Droit fixe... 75 Dh

par propriété

4. Si la réquisition est relative aux partages consécutifs aux successions :

– Dans les 2 années du décès :

– Droit fixe... 300 Dh

par propriété

– Au-delà de 2 années du décès

– Droit fixe... 300 Dh

par propriété

– Au-delà de 2 années du décès

• Droit ad-valorem................................ 1 %

• Droit fixe .... 75 Dh

par propriété

Minimum de perception..... 475 Dh

5. Si la cession ou le fait entraîne une scission de procédure :

– Droit ad-valorem................................ 2 % pour chaque titre à établir :

– Droit d'établissement de duplicata

(par titre) .... 75 Dh

– Droit fixe... 75 Dh

Minimum de perception..... 700 Dh

Les droits perçus en application du tarif ci-dessus restant acquis au Trésor quelle que soit la suite réservée à la réquisition.

§2. Morcellements et fusions de propriétés immatriculées

A. Morcellement nécessitant une opération sur le terrain ou pour lequel le plan est établi par l'administration

1. Droit de mutation : (s'il y a lieu) ..... 1 %

2. Droit d'établissement du nouveau titre ou de fusion avec une propriété déjà immatriculée .... 2 %

3. Droit superficiaire :

– propriété urbaine, par are .... 45 Dh

– propriété rurale, par hectare .... 75 Dh

4. Droit fixe .... 75 Dh

5. Droit d'établissement de duplicata (par titre) .... 75 Dh

Minimum de perception........750 Dh

B. Morcellement ne nécessitant pas une opération sur le terrain et pour lequel le plan est établi par un topographe agréé

1. Droit de mutation (s'il y a lieu) .... 1 %

2. Droit d'établissement du nouveau titre ou de fusion avec une propriété déjà immatriculée .... 1 %

3. Droit superficiaire :

• propriété urbaine, par are .... 45 Dh

• propriété rurale par hectare .... 45 Dh

4. Droit d'établissement du duplicata (par titre) .... 75 Dh

5. Droit fixe .... 75 Dh

6. Minimum de perceptions .... 450 Dh

C. Fusion de propriété immatriculées ou immatriculation par voie de fusion à une propriété déjà immatriculée

1. Droit fixe .... 75 Dh

2. Droit ad-valorem .... 150 Dh

Par propriété

D. Etablissement du titre spécial (droit de houa, zina, usufruit, superficie, etc.) et de titre foncier de copropriété concernant les immeubles divisés par appartements

1. Droit de mutation ....1 %

le cas échéant ;

2. Droit d'établissement de titre ad-valorem.............1 %

3. Droit d'établissement du duplicata........................... 50 Dh

4. Droit fixe .... 75 Dh

5. Minimum de perception .... 450 Dh

E. Mise en concordance avec l'état des lieux

– Droit ad-valorem...0,50 Dh

de la valeur des constructions et des accroissements

– Droit fixe.................................... 75 Dh

Minimum de perception ...... 450 Dh

§3. Titres miniers

A. Permis de recherche :

– Etablissements du titre :

Droit fixe.. 600 Dh

– renouvellement du titre :

Droit fixe.. 450 Dh

B. Permis d'exploitation

Mention de transformation sur le titre du permis recherche déjà établi :

Droit fixe.. 600 Dh

– renouvellement du titre :

Droit fixe.. 450 Dh

C. Concession

– Etablissements du titre :

Droit fixe.. 600 Dh

– renouvellement du titre :

Droit fixe.. 450 Dh

D. Permis d'exploitation

Mention de transformation sur le titre du permis recherche déjà établi :

Droit fixe.. 600 Dh

– renouvellement du titre :

Droit fixe.. 450 Dh

E. Concession

– Etablissements du titre :

Droit fixe.. 600 Dh

– renouvellement du titre :

Droit fixe.. 450 Dh

F. Annulation en suite de déchéance, de renonciation ou de préemption gratuite

G. Transfert et amodiation :

– Permis de recherche :

Droit fixe..375 Dh

– Permis d'exploitation :

Droit proportionnel de 1 % sur la valeur énoncée à l'acte ou l'estimation sur acquisition des parties avec minimum..........450 Dh

Droit fixe de...75 Dh

§4. Bornage

A. Bornage complémentaire et assistance aux transports judiciaires

1. Dans la résidence de l'opérateur :

Droit fixe..300 Dh

2. En dehors de la résidence de l'opérateur :

Droit fixe..450 Dh

En cas d'assistance aux transports judiciaires, les moyens de transport sont assurés par les parties ou leurs frais supportés par elles.

3. Nouvel avis de clôture de bornage :

– Droit de publicité.................................225 Dh

B. Reprise de bornage d'immatriculation, de morcellement, de lotissements, etc. en suite de transport négatif

– dans la résidence de l'opérateur

– première reprise : droit fixe ....300 Dh

– deuxième reprise et au-delà :

droit fixe ....450 Dh

b. En dehors de la résidence de l'opérateur

– première reprise :

droit fixe ....450 Dh

– deuxième reprise et au-delà :

droit fixe ....600 Dh

NB. Les droits perçus restent acquis au trésor quelle que soit la suite réservée à la réquisition d'immatriculation.

§5. Lotissement et vérification des lotissements

A. Plan établi par l'administration

par lot .... 80 Dh

Droit fixe .... 75 Dh

B. Plan établi par un topographe agréé

Par lot .... 40 Dh

Droit fixe .... 75 Dh

Rétablissement de bornage

– dans la résidence de l'opérateur .... 150 Dh

– hors résidence, droit fixe de bornage .... 300 Dh

§6. Inscription sur les livres fonciers ou dépôt à cette fin au cours de la procédure d'immatriculation

A. Si elle est relative à un fait ou une convention susceptible d'évaluation (vente, cession, échange, donation, partage, constitution de droit réel, hypothèque, bail, etc.

Droit réels ou autres :

Droits ad-valorem 1 %

droit fixe..75 Dh

par propriété

Minimum de perception....................................450 Dh

1. Pour les successions :

droit fixe..75 Dh

par propriété

2. Pour les partages successoraux consécutifs :

– Dans les 2 années du décès :

droit fixe..300 Dh

par propriété

– au-delà des deux années du décès :

Droit ad-valorem...1 %

Droit fixe..75 Dh

par propriété

Minimum de perception....................................450 Dh

3. Pour l'inscription d'hypothèque ordinaire ou d'antichrèse :

– Droit ad-valorem :

Jusqu'à 50 000 Dh ....0,50 %

– de 50 001 à 5 000 000 Dh..............................0,75 %

– de 150 001 à 5 000 000 Dh...........................1 %

– de 5 000 001 à 100 000 000 Dh ....0,75 %

Au-delà de 100 000 000 Dh..............................0,50 %

Droit fixe..75 Dh

par propriété

4. Mainlevée d'hypothèque :

Droit fixe..150 Dh

par propriété

N.B. Pour l'inscription des baux, rentes viagères, échanges, adjudications, le droit de 1 % est perçu comme suit :

– **baux :** sur le loyer cumulé de toutes les années et pour une période maximum de 20 ans, quelle que soit la date de l'inscription des rentes viagères : sur l'estimation par les parties.

– **échanges :** sur la valeur de la ou des propriétés intéressées par l'inscription, à l'exclusion des soultes.

– **adjudications :** sur le montant du prix majoré des frais d'adjudication.

B. Si elle est relative à tous autres faits ou conventions non susceptibles d'évaluation

1. Prénotations et leurs mainlevées, inscription de droit d'eau, d'émancipation, de changement d'état civil, radiation de bail, d'usufruit, etc. .... à l'exclusion des saisies, d'interventions à saisies et de commandements :

• droit fixe par propriété....................................150 Dh

2. Saisie, commandement et intervention à saisie................gratis

3. Radiation des saisies, commandements et interventions à saisies 150 Dh

§7. Certificats, copies et duplicata

A. Certificats, quelle que soit leur nature :

droit fixe..75 Dh

B. Copie ou reproduction photographique

a. de titres fonciers, ou de mention par page, toute page commencée étant due en entier..45 Dh

b. d'actes ou de tous autres documents ; par page (en sus du droit de timbre applicable aux expéditions), toute page commencée étant due en entier.......23 Dh

C. Tirage de plans

Par tirage, droit fixe ....60 Dh

D. Délivrance de nouveaux duplicatas et de certificats spéciaux

a. Nouveaux duplicatas :

1. droit de publicité .... 225 Dh
2. droit par page, toute page commencée étant due en entier .... 45 Dh
3. droit par tirage de plan .... 60 Dh
4. Droit fixe .... 75 Dh

Minimum ....500 Dh

b. Certificats spéciaux

1. droit de publicité ....225 Dh
2. droit fixe ....75 Dh

E. Délivrance de second duplicata

1. droit par page, toute page commencée étant due en entier .... 45 Dh
2. droit fixe.. 75 Dh
3. droit de tirage de plans s'il y a lieu .... 60 Dh

Minimum de perception .... 300 Dh

F. Frais divers

1. duplicata de quittance
droit fixe .... 15 Dh
2. sommation pour dépôt du duplicata de titre foncier .... 30 Dh
3. changement de dénomination d'un immeuble immatriculé
– droit de publicité.. 225 Dh
– droit fixe .... 75 Dh
4. dépôt de dossiers de sociétés
– pièces constitutives :
• droit fixe.. 750 Dh
– dépôt ultérieur de document y relatif :
• droit fixe.. 75 Dh
par document déposé
5. droit de recherche et d'investigation
Droit fixe .... 15 Dh
par dossier

Deuxième partie

La fiscalité liée au potentiel productif de l'entreprise

Promouvoir le développement du capital de production du pays est une tâche prioritaire pour tout gouvernement qui se respecte. Pour cela, il est indispensable que la politique fiscale favorise la constitution d'une épargne interne et facilite son orientation vers des investissements productifs.

Il convient également, devant l'insuffisance des moyens financiers internes, d'attirer les capitaux étrangers.

Cette double obligation conduit à définir les privilèges d'ordre législatif et administratif sur lesquels peuvent compter les entreprises qualifiées.

Les solutions en vigueur à travers le monde, s'inspirent de l'institution d'exonérations en faveur des réinvestissements comme des investissements nouveaux, de la limitation des taux des impôts directs et de l'aménagement de l'assiette.

Il ne faut toutefois pas perdre de vue que le problème essentiel est beaucoup moins celui de la fiscalité que celui de la confiance inspirée aux investisseurs. *Le climat dans lequel s'opèrent les investissements compte beaucoup plus que toute disposition réglementaire. Quatre facteurs conditionnent le* *développement des investissements : politique, administratif, technique et économique.*

***Sur le plan politique**, l'investisseur recherche la stabilité des institutions. Ce qui importe avant tout, c'est la sécurité, garantie du capital investi et garantie du revenu de l'investissement.*

***Sur le plan administratif**, l'investisseur recherche un ensemble satisfaisant et assez moderne de lois dans les domaines qui touchent de près à ses activités : régimes des sociétés (1), réglementation des brevets et marques de fabrique, régime foncier...*

***Sur le plan technique**, l'investisseur s'attache à la structure générale. Les préférences de l'investisseur privé se manifestent évidemment à l'égard du pays offrant la meilleure infrastructure technique : zoning industriel, facilités de communication, alimentation en eau, abondance de l'énergie, etc.*

***Sur le plan économique**, l'investisseur veut être certain que la politique du gouvernement et le potentiel économique du pays garantissent un marché local ou régional suffisant et en expansion.*

***En définitive**, le candidat investisseur se trouve influencé par l'opinion que lui-même a de l'efficacité et de la viabilité du plan national de développement.*

Il faut bien rappeler que l'environnement apparaît comme un élément déterminant du choix d'implantation des investisseurs. Le contexte fiscal n'est qu'un des éléments de la solution. Cependant, il faut bien reconnaître que la fiscalité revêt une importance particulière du point de vue des facilités susceptibles de provoquer une augmentation du capital de production.

---

(1) Lors de la session du printemps (avril) 1996 du Parlement, nous avons procédé à la réorganisation d'une loi sur les sociétés (sociétés de participation), dans le cadre de la loi n° 17-95, visant à moderniser les structures des sociétés, l'objectif étant la recherche de la compatibilité avec les critères internationaux.
Cf. rapport de la commission des finances établi par le rapporteur général de la commission des finances M. Anas Bensalah Zemrani.

Chapitre I

L'impôt des patentes (1)

La patente, instituée à compter du 1er juillet 1920, s'est largement inspirée de la contribution française de 1880 à laquelle elle a emprunté le mode de taxation indiciaire sur les commerces, industries et professions libérales (2).

Cet impôt archaïque, dont la conception française est antérieure à l'expansion industrielle du XIXe siècle (3) et qui a été purement et simplement transposé au Maroc sous le protectorat français, ne s'adapte plus au contexte socio-économique actuel.

Les modifications, apportées par la réforme de 1961, ont porté essentiellement sur le tarif et ne pouvaient par conséquent faire de la patente un impôt moderne adapté aux professions qu'il impose.

Accusée **d'injustice** dans le mécanisme de son établissement, la patente se voit aussi reprocher son caractère **anti-économique et son rendement dérisoire**.

L'inadaptation observée depuis le début de l'indépendance, n'a fait que s'aggraver et ne pouvait d'ailleurs aller qu'en s'aggravant dans la mesure où l'imposition des professions est très dépendante des techniques et de la situation économique.

L'impôt des patentes est dû par toute personne ou entité qui exerce une activité lucrative, à titre effectif et habituel à son propre compte.

---

(1) Dahir n° 1-61-442 du 30 décembre 1961, *B.O.* 2566 bis modifié et complété par le Dahir du 16 novembre 1963 et par les lois de finances publiées à ce jour. Le rendement de la patente n'a représenté en 1999/2000 que 0,92 % des recettes fiscales directes.

(2) Voir *la contribution des patentes dans Finances publiques*, par le Doyen L. Trotabas et J.M. Cotteret, 3e éd. Dalloz, 1969, p. 462 et s.

(3) De Laversin J. *De la contribution des patentes à la taxe professionnelle*, R.S.F.

La patente frappe la structure de l'entreprise. La base de la patente est constituée par la valeur locative des locaux et par les moyens de production, auxquels on applique un taux variable selon les professions.

La patente est payable par voie de rôle. Elle est due quelque soit le résultat fiscal de l'entreprise.

Le principal de la patente est déterminé en fonction de la nature de la profession. Ces professions sont classées en deux tableaux, eux-mêmes divisés en plusieurs classes. Le tableau "A" groupe les professions commerciales, artisanales et libérales en 6 classes, le tableau "B" comporte deux classes pour certaines professions et pour les industries.

L'impôt des patentes est constitué par une taxe proportionnelle sur la valeur locative des installations professionnelles qui varie suivant les classes de 5 à 30 %. La base d'imposition est déterminée en fonction de la valeur locative ainsi que sur les éléments de production et les installations professionnnelles. C'est donc l'importance de l'investissement qui génère et élargit la base d'imposition même dans le cas d'un simple remplacement de matériel ! Dans ces conditions, la patente devient un véritable frein à l'investissement.

Le classement des différentes professions ne se base pas sur des critères scientifiques, permettant d'imposer les bénéfices réalisés ; mais sur des présomptions qui peuvent être parfaitement arbitraires, car deux patentables exerçant la même profession, peuvent réaliser des bénéfices très différents.

La taxe proportionnelle est inéquitable, car la valeur locative est une référence imparfaite, comme le montre l'exemple qui compare les chiffres d'affaires réalisés et les surfaces occupées par le marchand de bois et le diamantaire.

Section I

Champ d'application

Est imposé à l'impôt des patentes toute personne physique ou morale exerçant une profession, une industrie ou un commerce au Maroc quelle que soit sa nationalité ; non compris dans les exceptions déterminées par **Dahir**.

Sont exemptés de l'impôt des patentes :

– les personnes pour qui les professions inscrites au tarif ne sont que l'exercice d'une fonction publique ;

– les exploitations agricoles, seulement pour la vente en dehors de toute boutique ou magasin, la manipulation et le transport des récoltes et des fruits provenant des terrains que les agriculteurs exploitent et la vente du bétail qu'ils y élèvent ;

– les personnes physiques exerçant une des professions dénommées dans la 7e classe du tableau A.

– les OPCVM conformément au texte qui les régit ;

– pendant cinq ans, toute personne physique ou morale qui exerce une profession, une industrie ou un commerce et ce, à compter du début de l'activité concernée.

• Les droits dont le montant est inférieur à 10 Dh ne sont pas mis en recouvrement.

L'article 9 du Dahir de 1961 a soumis au droit minimum des patentes :

- les voyageurs, représentants et placiers de commerce ou d'industries qui ne sont pas passibles du prélèvement sur les traitements et salaires ;
- les personnes vendant en ambulance sur la voie publique ;
- les patentables qui n'exercent pas à demeure au lieu de leur domicile ;
- les personnes qui font acte de commerce ou d'industrie dans une ville sans y être domiciliées ;
- tous ceux qui, de façon générale exercent une profession en dehors des locaux pouvant servir de base au calcul de la taxe proportionnelle.

Les patentables soumis aux droits minimums doivent être porteurs d'une patente personnelle délivrée par le service des impôts urbains, portant visa de l'autorité locale et la photo d'identité du concerné.

Est exonéré du principal de l'impôt des patentes et non pas des décimes additionnelles pendant une période de 5 ans, toute personne physique ou morale qui exerce une profession, une industrie ou un commerce et ce, à compter du début de l'activité concernée. L'exonération ne porte que sur la part revenant aux collectivités locales (1). Les constructions nouvelles, les additions de construction ainsi que les machines et appareils servant à l'exercice d'une profession, une industrie ou un commerce bénéficient de la même exonération pendant une période de cinq années suivant la date de leur achèvement ou de leur mise en service (art. 10 bis du dahir du 30/12/1961).

(1) Cette exonération est directement supportée par le budget des collectivités locales, voir la loi de finances transitoire 1996.

Minima de perception

Tableau et classe	Communes urbaines de 150 000 habit. et au-dessus	Communes urbaines de 50 000 à 150 000 habit.	Communes urbaines 20 000 à 50 000 habit.	Communes urbaines de 20 000 habit.	Communes rurales
Tableau A					
	Dirhams	**Dirhams**	**Dirhams**	**Dirhams**	**Dirhams**
Hors classe	750	650	500	375	250
1re classe	500	425	350	275	200
2e classe	250	200	150	120	90
3e classe	180	150	120	100	75
4e classe	120	100	80	70	50
5e classe	60	50	40	38	25
Tableau B					
1re classe	750	625	500	425	350
2e classe	500	400	300	200	100

La patente est un impôt qui est fondé essentiellement sur le coût de l'acquisition et n'incite pas spécialement au renouvellement des équipements, car tout nouvel investissement accroît d'autant la base d'imposition.

La patente devient dans ces conditions un impôt anti-économique.

Sont exclus de cette exonération :

- les établissements stables des sociétés et entreprises n'ayant pas leur siège au Maroc attributaires de marchés de travaux, de fournitures ou de services ;
- les établissements de crédit ;
- Bank Al-Maghrib ;
- la Caisse de dépôt et de gestion ;
- les entreprises d'assurances et de réassurances ;
- les agences immobilières.

Section II
Liquidation de l'impôt

§1. Détermination de la base imposable

Le principal de l'impôt comprend une taxe proportionnelle (1).

La taxe proportionnelle

La taxe proportionnelle est établie sur **la valeur locative brute** des emplacements servant à l'exercice des professions imposables.

La valeur locative est déterminée à travers les éléments suivants :

– le contrat de bail ;

– par voie de comparaison ;

– par voie d'appréciation directe.

La valeur locative (2) des usines et établissements industriels englobe également tous les moyens matériels de production. La loi de finances 1998-1999 précise dans son article 15 cependant, que la valeur locative servant de base de calcul à la taxe proportionnelle est limitée à la portée du prix de revient des moyens de production, **égale ou inférieure à cinquante millions de dirhams** (3). En aucun cas, cette valeur locative ne pourra être inférieure au produit de la valeur vénale actuelle de l'établissement par les taux suivants (art. 6) :

– 3 % pour les terrains ;

– 5 % pour les bâtiments et leurs agencements ;

– 10 % pour le matériel et outillage.

Le patentable qui **exerce plusieurs activités** dans un même local, paie la taxe proportionnelle en fonction de la classe la plus élevée.

---

(1) La taxe variable, qui était applicable à certaines professions inscrites au tableau B de la patente et qui variait en fonction de l'activité de la capacité installée a été supprimée par la loi de finances transitoire de 1996.

(2) Innovation de la loi de finances pour l'année budgétaire 98-99. L'article 6 bis précise que le montant maximum de **la valeur locative** ne peut excéder cent millions de dirhams. Cette dernière sert de base de calcul à la taxe proportionnelle due au titre des terrains, bâtiments et agencement, matériel et outillages. *Cf. B.O.* n° 4627 bis du 5/10/1998, p. 667.

(3) Loi de finances pour la période du 1/7/2000 au 31/12/2000.

Pour les établissements hôteliers, la valeur locative est calculée en fonction du prix de revient des constructions et aménagements de chaque établissement. Un abattement par tranche est prévu selon le barème suivant, qu'il soit exploité par son propriétaire ou donné en location (1) :

Tranche du prix de revient		Taux
Inférieur à..........................	3 000 000 Dh	20 %
De 3 000 000 Dh à	6 000 000 Dh	40 %
De 6 000 000 Dh à	12 000 000 Dh	50 %
Au-delà de	12 000 000 Dh	60 %

Exemple :

Le détail du prix de revient d'un hôtel de tourisme loué annuellement pour 1 440 000 Dh est le suivant :

– terrain .... 1 800 000 Dh
– Constructions .... 36 000 000 Dh
– Equipements :
• fixe .... 12 600 000 Dh
• mobile .... 4 800 000 Dh
Total .... 55 200 000 Dh

Le prix de revient de l'établissement étant supérieur à 12 000 000 Dh, le taux d'abattement à appliquer est de 60 % ; les valeurs vénales seront les suivantes :

– terrain (sans abattement) .... 1 800 000 Dh
– constructions : 36 000 000 - (36 000 000 x 60 %).............. 14 400 000 Dh
– équipement fixe : 12 600 000 - (12 600 000 x 60 %).......... 5 040 000 Dh
– équipement mobile .... non imposable –

(1) La loi de finances pour l'année 1995 avait modifié l'article 6 du Dahir n° 1.61.442 du 30 décembre 1961 pour confirmer l'application au prix de revient des établissements hôteliers, d'abattements spéciaux en vue de calculer la valeur locative base de la taxe proportionnelle, concernant les établissements exploités directement par leurs propriétaires. pour les établissements loués, la base était arrêtée d'après le loyer effectif, généralement plus élevé.
La modification de l'article 6, introduite par la loi de finances 1997-1998, vise à étendre l'avantage du calcul de la valeur locative sur le prix de revient, avec application des abattements spéciaux aux exploitants locataires. Désormais, l'impôt des patentes sera calculé sur la même base de valeur locative, que l'établissement hôtelier soit exploité par son propriétaire ou par un locataire.

Valeur locative

– terrain 1 800 000 Dh x 3 %	54 000 Dh
– constructions 14 400 000 x 5 %	720 000 Dh
– équipement fixe 5 040 000 x 5 %	252 000 Dh
Total	**1 026 000 Dh**
Abattement de 25 % : 1 026 000 x 25 %	256 500 Dh
– Valeur locative, base de la taxe proportionnelle	769 500 Dh
– Valeur locative d'après le loyer :	
1 440 000 - (1 440 000 x 25 %) =	1 080 000 Dh

Le montant de la valeur locative, d'après le loyer, qu'il soit supérieur ou inférieur à 769 500 Dh, ne sera pas prix en considération.

Les droits dus sont :

– principal : 769 500 x 25 % =	192 375 Dh
– décime : 192 375 x 10 % =	19 237,5 Dh
– centimes : 192 375 x 12 % =	23 085
Total	**234 697,50**
arrondi à	**234 697 Dh**

N.B. : D'une manière générale, l'ensemble des fédérations souhaitent une réforme profonde de cet impôt jugé anti-investissement. La patente grève l'outil de production, puisqu'elle dépend de la taille de l'entreprise. Lorsque l'entreprise fait un effort de modernisation, elle est pénalisée puisqu'elle accroît son impôt des patentes. Une révision de l'assiette s'impose, car c'est le mode de calcul de la base imposable et partant la détermination des tarifs qui font défaut et non pas la patente en elle-même.

§2. Le tarif de la taxe

La réforme de 1961, ainsi que les aménagements de la loi de finances transitoire de 1996, ont eu le mérite de simplifier le tarif. **Cependant, la notion de revenu est toujours ignorée puisque le tarif se compose d'éléments spécifiques calculés sur des signes extérieurs qui sont considérés comme étant des éléments d'appréciation de la productivité de l'établissement imposable**. Le tarif de l'impôt est fonction du classement des professions et de leur importance (Marchand de gros, de demi-gros ou de détail qui va de la hors classe à la 7e classe.

A. Le taux de la taxe proportionnelle

Taxe pour chaque fraction de 100 Dh de la valeur locative :

Tableau A

Hors classe	30 Dh	ou 30 % de la valeur locative
1re classe	25 Dh	25 % de la valeur locative
2e, 3e et 4e classe	15 Dh	15 % de la valeur locative
5e et 6e classes	10 Dh	10 % de la valeur locative
7e classe	5 Dh	5 % de la valeur locative
	Tableau B	
1re classe	20 Dh	20 % de la valeur locative
2e classe	10 Dh	10 % de la valeur locative

Au principal de l'impôt, s'ajoutent des centimes additionnels, au nombre de 12, perçus au profit du budget général de l'Etat et les décimes perçus pour le compte des chambres de commerce et d'industrie.

Les nomenclatures des professions imposables de chacun des tableaux A et B sont annexées au Dahir du 16 novembre 1963.

B. Le calcul de la taxe

Une fois qu'on détermine la valeur locative, on applique le taux correspondant à la classe. En principe, ces éléments se trouvent au poste "immobilisations" du bilan.

Pour les patentables qui ne disposent pas d'une comptabilité, la valeur locative est déterminée, soit au moyen de baux et actes de location, soit par voie de comparaison, soit par appréciation directe de l'inspecteur des impôts et de la commission de recensement.

A l'intérieur de chaque tableau (A ou B) le taux de la taxe proportionnelle est fonction des classes dans lesquelles sont rangées les professions patentables (art. 5 du Dahir de 1961).

Exemple :

Soit un patentable qui exerce une activité classée au tableau A, 4e classe. Le montant du loyer est de 2 000,00 Dh/mois. La valeur locative sera de 2000,00 x 12 = 24 000,00 Dh. En se basant sur le tableau, la taxe proportionnelle sera de 24 00,00 Dh x 15 % = 3 600,00 Dh qui constitue le principal de la patente, auquel il faut ajouter les centimes additionnels au nombre de 12 perçus au profit du budget général de l'Etat et un décime addtionnel perçu au profit des chambres de commerce :

soit 12 + 10 = 22 %

22 % x 3 600 = 792,00 Dh

Les centimes additionnels (432) et le décime (360) constituent les éléments qui s'ajoutent au principal.

L'impôt des patentes sera égal à 3 600 + 792 = 4 392,00 Dh. Chaque profession appartient à une classe (hors classe, classe A1, A2, etc.). Chacune des activités et des classes est affectée d'un coefficient tel qu'il figure dans les tableaux ci-dessus dont les taux sont à appliquer à la valeur locative pour obtenir le principal de la patente.

§3. L'obligation d'affichage et de mention

Les patentables sont tenus d'afficher dans chacun des établissements dans lesquels ils exercent leurs activités le numéro d'article du rôle de leur imposition à l'impôt des patentes lorsque ces établissements sont situés dans des communes urbaines (art. 4, L.F. 1989).

Le défaut d'affichage entraîne une amende égale à 15 % du montant de la patente.

Toute société, assujettie à l'impôt sur les sociétés et/ou à la T.V.A., qui pratique des tournées en vue de la vente directe de ses produits à des patentables, doit mentionner sur les factures ou les documents en tenant lieu, qu'elle délivre à ses clients le numéro d'article du rôle d'imposition desdits clients à l'impôt des patentes. Le manquement à cette obligation donne lieu à une amende de 10 % du montant de l'opération.

§4. Contentieux et prescription

Les contribuables peuvent introduire une réclamation dans les deux mois de la publication du rôle, auprès du Chef du Service des impôts.

Dans le mois suivant la notification de la décision prise sur cette réclamation, le contribuable peut introduire un recours devant le tribunal régional.

Les omissions totales ou partielles peuvent être réparées jusqu'à l'expiration de la troisième année suivant celle au titre de laquelle l'impôt est dû.

Chapitre II

La fiscalité immobilière *

L'imposition des opérations, des bénéfices et des profits immobiliers

La fiscalité immobilière est constituée par l'ensemble des impositions qui frappent les opérations liées à la construction d'un immeuble et à la mutation de biens ou de droits immobiliers ainsi que les profits qui résultent de ces mutations.

Les objectifs de la fiscalité immobilière visent essentiellement :

– L'assujettissement de l'ensemble des opérations concourant à la construction d'un immeuble ou la mutation d'immeubles ou de droits immobiliers, aux règles générales de la fiscalité. **C'est le principe général de la soumission à l'impôt**.

– Les modalités des divers régimes fiscaux dont relève l'imposition de ces opérations et de ces profits sont aménagés pour tenir compte des objectifs économiques que sont **la construction d'immeubles et la lutte contre la spéculation**.

C'est la reconnaissance du caractère spécifique de la fiscalité immobilière.

La fiscalité immobilière soumet à la taxe sur la valeur ajoutée (TVA), les **opérations liées ou qui concourent à la construction d'immeubles** (1), réalisées par des sociétés ou par des particuliers.

Elle soumet également aux droits d'enregistrement les mutations de biens ou de droits immobiliers.

Elle soumet enfin selon des schémas différents :

*** Les revenus immobiliers sont désormais imposés dans le cadre de l'IGR (L.F. 2001).**

(1) Cf. voir supra, les Opérations imposables à la TVA, p. 100.

– **les profits immobiliers occasionnels**, réalisés par des particuliers lors de la cession d'immeubles ou de droits immobiliers à la taxe sur les profits immobiliers (T.P.I.) ;

– les bénéfices dits **profits de construction** retirés d'opérations de construction et de mutations immobilières réalisées à titre habituel et spéculatif, par des entreprises ou des particuliers à l'I.G.R. ou à l'I.S. ;

– **les profits réalisés par les marchands de biens** provenant d'immeubles, d'actions ou de parts de sociétés immobilières qui sont imposés dans la catégorie des bénéfices industriels et commerciaux ;

– **les plus-values** provenant de la cession d'immeubles ou de droits immobiliers, ayant le caractère **de biens** affectés à l'exercice d'une activité professionnelle sont imposées à l'impôt sur le revenu ou à l'impôt sur les sociétés.

Les impôts immobiliers spécifiques sont la taxe urbaine, la taxe d'édilité et la taxe sur les profits immobiliers.

La loi de finances 1999/2000 a prévu un certain nombre d'exonérations en faveur des promoteurs immobiliers.

Section I

L'aspect statique de la fiscalité immobilière marocaine : la taxe urbaine

La taxe urbaine, étant devenue presque anachronique par rapport à l'évolution économique du pays, des modifications s'imposaient pour l'adaptation de cet impôt. Ce fut l'objet de l'article 5 de la loi des finances de 1978 (1). Cette réforme a eu pour objet de personnaliser la taxe par l'institutionnalisation de la progressivité et l'octroi de déductions pour charges de famille aux titulaires de revenus locatifs.

§1. Domaine d'application de la taxe et exemptions

La taxe s'applique aux biens à caractère immobilier. Le critère de l'objet fiscal est **l'immeuble bâti**. Il faut entendre par là, à la fois le sol et les constructions de

(1) Dahir du 31 décembre 1959, publié au *B.O.* n° 2466, du 29 janvier 1960, p. 229. Ce dahir reste le dahir de base de la taxe urbaine, modifié par la loi des finances pour l'année 1978, publié au *B.O.* n° 3400 bis, du 31 décembre 1977, p. 1578. Modifié également par les lois de finances de 1990, 1995, par la loi de finances transitoire de 1996, ainsi que par le L.F. 1998-1999.

toute nature qu'il supporte, occupés en totalité ou en partie par leurs propriétaires (personnes physiques) à titre d'habitation principale ou secondaire ou mis bénévolement par lesdits propriétaires, à la disposition de leurs conjoints, ascendants ou descendants à titre d'habitation.

Le législateur marocain s'inspirant en cela de la directive française du 8 août 1890 a étendu l'application de la taxe aux terrains attenant aux constructions tels que cours, passages et jardins (1).

La taxe urbaine porte également sur :

– les immeubles bâtis affectés par leurs propriétaires à une activité professionnelle (2) ou à toute forme d'exploitation, y compris les locaux mis gratuitement à la disposition de leur personnel ;

– les terrains affectés à une exploitation de quelque nature qu'elle soit.

Le Dahir du 31 décembre 1959 assujettit les machines et appareils, faisant partie intégrante des établissements industriels, lorsqu'il s'agit d'établissements de production de biens ou de services.

Trois idées essentielles se dégagent de cette énumération ;

– les biens taxables, répondent à la notion juridique de biens immeubles par nature ou par destination ;

– les biens énumérés correspondent aux deux aspects du caractère réel de la taxe, c'est-à-dire que celle-ci porte sur les biens immeubles représentant une source de revenu en raison même de leur existence et sur les biens représentant une source de revenu par leur affectation, c'est-à-dire par leur mode d'utilisation ;

– de la nature des biens énumérés découle un caractère commun de fixité et de permanence.

Les biens énumérés par Dahir sont atteints par la taxe sous réserve d'exemptions expresses et limitatives. Ces exemptions sont soit permanentes, soit temporaires.

---

(1) La loi du 8 août 1890 précise : terrains « dépendance immédiate et indispensable des constructions ». Voir *Répertoire pratique*, Dalloz, taxes et impôts n° 199.

(2) Toutefois, il faut rappeler qu'à compter du 1er janvier 1990, les revenus locatifs des immeubles loués, appartenant à des personnes physiques, sont soumis à l'impôt général sur le revenu en tant que revenus fonciers.

A. Exemptions permanentes

Les exemptions permanentes ont été inspirées par des raisons d'ordre public ou d'utilité générale. Elles ont été limitées à six par la loi des finances 1978 :

- demeures royales ;
- immeubles appartenant à l'Etat, aux collectivités locales et aux œuvres privées d'assistance et de bienfaisance soumises au contrôle de l'Etat ;
- les biens habous ;
- immeubles occupés par les ambassades et consulats étrangers ;
- immeubles improductifs de revenus ;
- hôpitaux publics ou autres institutions charitables ;
- terrains et bâtiments appartenant à des sociétés coopératives agricoles.

B. Exemptions temporaires

Elles sont destinées en principe à favoriser le développement de la construction (1). Le paragraphe 3 de l'article 2 de la loi des finances de 1978 dispose : « les constructions nouvelles, les additions de constructions ainsi que les machines et appareils faisant partie intégrante des établissements industriels sont exemptés de la taxe pendant les trois années qui suivent celle de leur achèvement ou de leur installation. »

Ces exemptions temporaires portent sur les constructions nouvelles et additions de constructions, sur les machines et appareils nouvellement installés, enfin sur les terrains nouvellement affectés à une exploitation.

Les exemptions supérieures à trois ans et qui ne peuvent cependant excéder 15 ans concernent les logements économiques et les sociétés coopératives d'habitations agréés.

Sont exclus de ces exemptions temporaires :

- les établissements stables des sociétés n'ayant pas leur siège au Maroc qui sont attributaires de marchés ;
- les établissements de crédit ;
- Bank Al Maghrib ;

(1) *Cf.* note circulaire n° 644 formant instruction générale sur la taxe urbaine, p. 8.

– Caisse de dépôt et de gestion ;

– les entreprises d'assurances et de réassurances ;

– les Agences immobilières.

Toutefois, ces exclusions ne s'étendent pas aux biens acquis par les sociétés de crédit-bail pour le compte de leurs clients (1).

§2. L'assiette de la taxe urbaine

Aux termes du paragraphe V de l'article 2 de la loi des finances pour l'année 1978, la taxe est assise sur la valeur locative normale des immeubles.

De la comparaison entre les anciennes et les nouvelles dispositions, il résulte que :

– **La valeur locative normale des immeubles** est déterminée de la même manière, soit au moyen de baux et actes de location soit par voie de comparaison et d'appréciation directe.

– Dans l'estimation de **la valeur locative sont comprises toutes les charges** imposées au locataire et incombant au propriétaire, notamment les grosses réparations, etc.

– Aucune distinction n'est établie **entre les immeubles occupés ou vacants**, en ce qui concerne les modalités de détermination et la valeur locative normale.

– Lorsqu'un immeuble ou partie d'immeuble est occupé par le redevable ou usufruitier, par son conjoint, ses ascendants ou descendants à titre d'habitation principale ou secondaire, la valeur locative est fixée d'après la moyenne des loyers pratiqués pour des habitations similaires situées dans le même quartier. Cette valeur locative est révisée chaque année en l'augmentant de 2 % de la valeur précédente (2).

D'une manière générale, la valeur locative est déterminée différemment selon qu'il s'agit d'une habitation personnelle, d'un immeuble locatif ou d'une société immobilière.

---

(1) *Cf.* loi de finances transitoire, 1996, art. 13.

(2) Loi de finances transitoire, 1996.

A. Habitations personnelles occupées par leurs propriétaires à titre principal

En ce qui concerne les immeubles ou parties d'immeubles, occupés par leurs propriétaires à titre d'habitation principale, les abattements dégressifs sont supprimés et remplacés par un abattement de 75 %.

L'habitation personnelle occupée par le propriétaire à titre principal sera taxée sur le quart de la valeur locative, selon les taux du barème progressif suivant :

Tranche allant de	1 à 3 000 Dh	Exonérée	Somme à déduire
	3 000 à 6 000 Dh	10 %	300
	6 000 à 12 000 Dh	16 %	660
	12 000 à 24 000 Dh	20 %	1 140
	24 000 à 36 000 Dh	24 %	2 100
	36 000 à 60 000 Dh	28 %	3 540
Surplus...		30 %	4 740

Exemple :

1er cas : une résidence principale avec une valeur locative annuelle de 60 000 Dh.

Le contribuable bénéficie d'un abattement de 75 % sur la valeur taxable. Ce qui donne une base imposable de :

60 000 - (6 000 x 0,75) = 15 000

Le montant de la taxe urbaine sera de (15 000 x 0,20 %) - 1 140 = 1 860 Dh.

2e cas : Une résidence secondaire avec la même valeur locative annuelle de 60 000 Dh.

L'abattement de 75 % ne se justifie plus. La valeur taxable sera donc de (60 000 x 25 %) - 3 540 = 13 260

Ainsi du fait de l'abattement de 75 % et de l'existence d'une tranche exonérée de 3 000 Dh, la taxe urbaine est nulle pour une valeur locative fixée par la commission de recensement à 12 000 Dh.

Pour les immeubles bâtis affectés par leurs propriétaires à une activité professionnelle, ainsi que pour les machines et appareils faisant partie intégrante des établissements de production de biens ou de services, enfin pour les terrains affectés à une exploitation, **la taxe est de 13,50 %**.

B. Immeuble locatif

La taxe porte sur la valeur locative regroupée de l'ensemble des immeubles locatifs et résidences secondaires appartenant à un même propriétaire.

Les titulaires de revenus locatifs, bénéficient de déductions pour charges de famille : 180 Dh pour le conjoint ne disposant pas de revenus ou dont le revenu annuel n'excède pas 3 000 Dh et 180 Dh pour chacun des enfants à charge dans la limite maximum de 4 enfants.

Cas particuliers des sociétés immobilières

S'il s'agit d'une société civile dite transparente, dont les parts sociales nominatives donnent droit à la jouissance de la fraction d'immeubles correspondante, la situation de chaque porteur de part est considérée isolément.

Par contre, si les parts nominatives ou au porteur ne donnent pas droit à jouissance d'une fraction déterminée de l'immeuble, c'est la personnalité morale de la société qui est prise en considération et la taxe est établie au nom de ladite société pour la valeur locative de l'ensemble des immeubles locatifs lui appartenant.

C. Immeubles affectés à une exploitation professionnelle du propriétaire

Pour les biens affectés par les propriétaires à leur activité professionnelle, **la valeur locative** est obtenue en appliquant au prix de revient justifié par le contribuable ou à défaut, estimé par l'administration, **les taux** fixés ainsi :

- 3 % pour les terrains ;
- 4 % pour les constructions et leurs agencements ;
- 4 % pour les machines et appareils.

Afin d'inciter fiscalement un plus grand nombre d'investisseurs à créer ou développer leurs entreprises, cette valeur locative est limitée à la partie du prix de revient égale ou inférieure à 50 MDh (1).

---

(1) Pour les établissements de biens, la valeur locative des terrains, constructions et leurs agencements, machines et appareils, est limitée à la partie de leur prix de revient égale ou inférieur "à cinquante millions de dirhams". Ces dispositions sont applicables à partir du 1er janvier 2001, *cf.* loi de finances pour la période du 1/7/2000 au 31/12/2000.

Le produit de la taxe urbaine est affecté à raison de :

– 90 % aux budgets des communes ;

– 10 % au budget général de l'Etat à titre de frais d'assiette et de recouvrement.

Exemple :

– Prix de revient du terrain	1 000 000 Dh
– Prix de revient des constructions	1 300 000 Dh
– Prix de revient des machines	9 000 000 Dh
La valeur locative est établie de la façon suivante :	
– terrain : 1 000 000 x 3 %	30 000 Dh
– construction : 1 300 000 x 4 %	52 000 Dh
– machines : 9 000 000 x 4 %	36 000 Dh
Total	**118 000 Dh**
Taxe urbaine : 118 000 x 13,5 % = 15 930 Dh	

§3. Les insuffisances de la taxe urbaine

D'une manière générale, les innovations introduites par la loi des finances de 1978 en matière de taxe urbaine ont pour objet :

– d'accorder aux propriétaires qui occupent leurs habitations plus de garanties quant aux modalités de détermination de la valeur locative servant de base à la taxe d'édilité et à la taxe urbaine ;

– de tenir compte de la situation de famille des titulaires de revenus locatifs ;
– de définir le débiteur de l'impôt dans le cas des sociétés civiles immobilières ;
– d'atténuer d'une manière plus marquée l'imposition des habitations personnelles en instituant l'abattement de 75 %.

Cette dernière mesure a cependant suscité de vives critiques. Certes, la faveur accordée aux propriétaires se justifie mais pas sans discrimination.

En effet, l'abattement est généralisé et appliqué sans limitation alors que dans le régime antérieur il était admis dans la limite d'une valeur locative fixée par la commission de recensement à 12 000 Dh. Le nouvel abattement à la base a permis d'exonérer 400 000 contribuables et a ainsi rendu le rendement de la taxe urbaine insignifiant. La taxe urbaine ne représentait en 1979 que 0,72 % des recettes fiscales directes et 0,12 % des recettes budgétaires globales.

Le rendement de la taxe urbaine n'a représenté en 1999/2000 que 0,17 % des recettes fiscales directes.

Dans une circulaire d'application, les responsables estiment que la formule qui permet d'établir la valeur locative a été améliorée dans le sens d'une plus grande objectivité et équité (1). On ne voit pas comment, puisque la valeur locative, l'exonération pendant trois ans, l'abattement à la base, etc. sont déterminés d'une manière uniforme sans aucune distinction entre un logement économique, situé dans un quartier populaire et une villa haut standing !

Ainsi pour une valeur locative, par exemple, de 50 000 Dh qui correspond à un logement haut standing, occupé par son propriétaire, la taxe urbaine sera calculée comme suit en 1979 :

Valeur locative normale .... 50 000 Dh

Valeur locative taxable 25 % .... 12 500 Dh

Soit :

de 0 à 3 000 Dh	: 0 % = 0 Dh
de 3 000 à 6 000 Dh	: 10 % = 300 Dh
de 6 000 à 12 000 Dh	: 16 % = 960 Dh
de 12 000 à 12 500 Dh	: 20 % = 100 Dh
	1 360 Dh

Cet exemple montre qu'un revenu locatif annuel de 50 000 Dh pour une habitation principale ne supporte en définitive qu'une pression fiscale de 2,72 %. Cette imposition réduite ne risque certainement pas d'entraver la prolifération des constructions de luxe. Ceci est particulièrement grave dans la mesure où **les besoins du Maroc en logements économiques sont énormes** (2).

Si l'abattement se justifie en raison des frais de gestion, d'assurance, d'amortissement et de réparation, le choix d'un taux de 75 % non dégressif se comprend difficilement ! **Une modulation dégressive de l'abattement de 75 %, aurait certainement permis de meilleurs résultats quant à la personnalisation de la taxe.**

(1) Note circulaire n° 641 du ministère des Finances, division des impôts en date du 9 février 1978, p. 2 et s.

(2) 200 000 logements sociaux. Il y a lieu de préciser le concept d'habitat social. Pour cela un projet de modification de la loi n° 552-67 du 17 décembre 1968 définissant le crédit foncier et le crédit à la construction est à l'étude et a pour but d'introduire cette notion fondamentale et de mieux cibler l'aide de l'Etat aux populations les plus démunies.

§4. Les obligations des contribuables à la taxe urbaine

A. Le paiement de la taxe urbaine

La taxe est établie par voie de rôle et recouvrée conformément aux dispositions du Dahir du 21 août 1935 portant règlement sur les poursuites en matière d'impôts directs et taxes assimilées.

B. La déclaration

Le propriétaire ou l'usufruitier doivent produire toutes les informations nécessaires concernant le lieu et la situation de leurs immeubles, bâtis et non bâtis et les adresser au service local d'assiette des impôts directs et taxes assimilées, **avant le 31 janvier** de l'année suivant celle de l'installation ou du changement.

En cas d'installation **de machines et appareils**, une **déclaration spéciale** est nécessaire afin d'indiquer au service d'assiette la date de leur installation ainsi que leur prix de revient avant le 31 décembre de l'année d'installation. Tout retard est passible **d'une majoration de 10 %** de la taxe due.

NB. : On peut noter un formalisme excessif au niveau des pièces constitutives du dossier de la taxe urbaine (1) !

On peut noter également la suppression de la PSN/Taxe urbaine par la loi de finances allant du 1/7/2000 au 31/12/2000.

---

(1) Pièces constitutives du dossier de la taxe urbaine :
1. Le permis d'habiter.
2. L'autorisation de bâtir.
3. Le certificat de résidence.
4. Les quittances d'eau et d'électricité.
5. Le contrat de location.
6. Le contrat d'achat de l'immeuble.
7. Le contrat d'achat du terrain.
8. L'autorisation municipale d'aménager.
9. Le texte du code immobilier.
10. Pour l'usage professionnel la liste détaillée des biens figurant à l'actif avec leur date et prix d'acquisition.
11. Pour les maisons neuves les quittances de la PSN/TNB et la déclaration ou l'avis de paiement de la TVA sur les constructions.
12. Pour les résidents marocains à l'étranger une copie de la carte consulaire et de la carte de séjour à l'étranger.

Cf., Jamal Laouina, *Mode d'emploi fiscal, la taxe urbaine*, tome 2, p. 66.

C. Recensement et réclamations

Une recensement est opéré par **une commission de recensement** tous **les cinq ans** des immeubles relevant de la taxe urbaine. Les évaluations de la commission de recensement peuvent faire l'objet de réclamations de la part des contribuables, dans un délai de 4 mois à partir de la date de mise en recouvrement du rôle.

En cas de réclamation, **une commission arbitrale** statue sur les évaluations de la commission de recensement.

Section II

L'aspect dynamique de la fiscalité immobilière : la taxe sur les profits immobiliers (T.P.I.)

Prise de conscience enfin des pouvoirs publics en 1978, que l'immeuble, élément stable des patrimoines, était souvent considéré comme une simple marchandise, d'où la création d'une taxe sur **les profits immobiliers des personnes physiques**, instituée par l'article 5 de la loi de finances de 1978 (1). Ces profits portent sur des biens immeubles ou des droits réels immobiliers.

Les profits immobiliers réalisés dans le cadre **d'une activité professionnelle**, sont **exclus** du champ d'application de la taxe. Ces profits seront soumis soit à l'impôt général sur le revenu soit à l'impôt sur les sociétés.

§1. Domaine d'application de la taxe

La taxe s'applique aux profits réalisés dans les opérations suivantes :

- **la vente d'immeubles** ou **de droits réels immobiliers** (2) portant sur de tels immeubles ;
- **l'apport en société** d'immeubles ou de droits réels immobiliers ;

(1) **Dahir n° 1/77/372 du 30 décembre 1977**, portant loi de finances pour l'année 1978, modifié par les lois de finances 1986 (art. 2), 1988 (art. 6), 1992 (art. 5), 1995 (art. 20), 1986 (L.F. transitoire, art. 12), 1997-1998 (art. 12).

(2) Les droits réels immobiliers sont ceux qui se rattachent au droit de propriété et peuvent être cédés séparément.

– **la vente ou l'apport** en société d'actions ou de parts sociales nominatives émises par des sociétés immobilières transparentes, ayant pour objet la réalisation d'un bien immeuble et sa répartition entre les actionnaires de la société (1) ;

– **le partage** de l'immeuble en indivision avec soulte (2) ;

– **la cession de droits réels immobiliers :** l'usufruit, la non-propriété, ainsi que d'autres servitudes tels que : le droit de vue, la prise d'eau, etc. ;

– **l'échange d'immeubles**, de droits immobiliers ou d'actions ou parts sociales des sociétés immobilières transparentes ;

– **la cession à titre onéreux d'actions**, de parts sociales ou de parts de fondateurs ou de parts bénéficiaires émises par des sociétés à prépondérance immobilière (3).

La taxe est due par la partie cédante du bien immeuble ou des droits réels immobiliers. Lorsque la réalisation de la vente porte sur un immeuble indivis, chaque co-indivisaire est taxé sur sa part de profit.

Sont exonérés de la taxe sur les profits immobiliers.

– Les profits réalisés sur la cession d'immeuble ou partie d'immeuble pour la partie occupée à usage d'habitation principale depuis 10 ans au moins au jour de ladite cession, par son propriétaire ou par les membres des sociétés à objet immobilier réputées fiscalement transparentes.

– Pour les immeubles occupés par leur propriétaire depuis plus de cinq ans et moins de dix ans, l'exonération concerne le profit correspondant aux prix ou à la partie de prix n'excédant pas un million de Dh ; la partie excédant cette limite bénéficie d'une réduction de 50 % de la taxe (4).

– Les profits de cession qui n'excèdent pas 60 000 Dh dans l'année ; le profit réalisé sur la cession de droits indivis d'immeubles agricoles situés à l'extérieur des périmètres urbains acquis depuis plus de 4 ans depuis le jour de ladite cession entre cohéritiers et co-indivisaires.

---

(1) *Cf.* article 2 de l'impôt sur les sociétés.

(2) La personne qui reçoit la soulte a en fait vendu une partie de la part de l'immeuble qui lui revient. C'est donc le profit réalisé sur cette partie cédée qui devient passible de la taxe.

(3) Les sociétés à prépondérance immobilière sont des sociétés dont l'actif brut immoblisé et constitué pour 75 % de sa valeur par des immeubles ou par des titres sociaux par des sociétés à prépondérance immobilière ou à objet immobilier. L.F. 1995, article 19.

(4) *Cf.* loi de finances 1997-1998.

– Le profit réalisé par le cédant à l'occasion de la première cession de son habitation principale, à condition que cette dernière ne dépasse pas 100 m^2 couverts et 200 000 Dh de valeur (1).

Le profit taxable est constitué par l'excédent du prix de cession sur le coût d'acquisition par le ou les cohéritiers ou le ou les co-indivisaires ayant bénéficié de l'exonération.

§2. Assiette et taux de la taxe

A. Détermination de l'assiette

Le profit imposable est calculé en fonction de la différence entre, d'une part, le prix de cession, diminué éventuellement des frais de cession et d'autre part, le prix d'acquisition majoré des frais d'acquisition (2), des dépenses d'investissement justifiées ainsi que des intérêts payés par le cédant au titre de rémunération de crédits agréés.

Le prix d'acquisition ou la valeur vénale, augmenté des dépenses réalisées doivent être réévalués en fonction des coefficients de réévaluation en vigueur à la date de la cession, sur la base de l'indice national du coût de la vie.

Le prix de cession est normalement exprimé dans l'acte de cession. Dans le cas où une disproportion marquée existe entre **la valeur vénale** (3) du bien et le prix de cession, la déclaration du redevable peut faire l'objet d'un redressement.

La loi de finances 1997/1998 a modifié dans son article 12, le contenu de l'article 5 de la loi de finances de 1978. Il s'agit de la modulation de l'exonération de la TPI en fonction de la durée d'habitation. L'exonération de la TPI est modulée de la façon suivante :

– lorsque la durée d'occupation à titre de résidence principale par le cédant à la date de la cession est égale ou supérieure à dix années consécutives et ce, quel que soit le prix de cession ;

---

(1) *Cf.* loi de finances transitoire 1996.

(2) Les frais d'acquisition sont évalués forfaitairement à 15 % du prix d'acquisition, à part si la partie cédante arrive à justifier des frais plus élevés.

(3) Par valeur vénale, il faut entendre le prix normal de vente d'après les cours pratiqués à une date donnée, tel qu'il sera déterminé par la commission de recensement composée d'un représentant du conseil communal, d'un inspecteur des impôts urbains, de membres de la population, voir loi des finances 1978.

– ou, lorsque ladite durée excède cinq ans et le prix de cession ne dépasse pas un million de dirhams ;

– réduction de 50 % de la taxe relative au profit correspondant à la fraction du prix de cession excédant un million de dirhams si la durée d'habitation précitée est supérieure à 5 ans et inférieure à 10 ans.

N.B. : Il est rappelé que l'exonération totale ou la réduction de 50 % de la taxe s'applique dans les mêmes conditions :

– au conjoint et aux successeurs directs qui continueraient d'habiter l'immeuble ou la partie d'immeuble en cause après le décès du propriétaire ;

– au propriétaire dont le droit de propriété sur son habitation principale consiste en actions ou parts nominatives dans une société immobilière transparente ;

– aux travailleurs marocains à l'étranger pour leur habitation principale au Maroc.

Détermination du profit taxable

Le profit est égal à la différence entre :

– le prix de cession diminué, le cas échéant, des frais de cession ;

– et le prix d'acquisition augmenté des frais d'acquisition, des dépenses d'investissement réalisées par le propriétaire, ainsi que des intérêts payés par lui en rémunération du prêt accordé par les organismes de crédit agréés ; le tout étant actualisé par application des coefficients correspondant à l'année d'acquisition.

Les nouvelles dispositions sont applicables aux cessions d'immeuble en partie d'immeuble qui interviennent à partir du 1er juillet 1997.

Prenons quelques exemples pour illustrer :

Exemple n° 1

Soit la cession en septembre 1999 d'un immeuble acquis en 1983 et occupé par son propriétaire à titre de résidence principale.

La déclaration déposée par le propriétaire, dans le délai légal contient les éléments suivants :

– Prix de cession .... 2 400 000 Dh

– Prix d'acquisition .... 720 000 Dh

– Frais d'acquisition estimés forfaitairement à 15 % .... 108 000 Dh

– Prix global d'acquisition réévalué d'après le coefficient de réévaluation correspondant à l'année d'acquisition (1978), soit

828 000 Dh x 2,20 (1) .... 1 821 600 Dh

– Profit réalisé : 2 400 000 - 1 821 600 = ... 578 400 Dh

NB. : Le profit réalisé est totalement exonéré de la TPI, compte tenu de la durée d'occupation de l'immeuble, à titre d'habitation principale par le propriétaire, **pour une durée dépassant 10 ans.**

Exemple n° 2

Un propriétaire a cédé en octobre 1998, un immeuble utilisé à titre d'habitation principale depuis 1991. La durée totale d'occupation est supérieure à 5 ans et inférieure à 10 ans.

La déclaration déposée par le propriétaire, dans le délai légal (2 mois qui suivent le mois de la cession), contient les éléments suivants :

– le prix de cession .... 2 160 000 Dh

– le prix d'acquisition .... 9 60 000 Dh

– les frais d'acquisition évalués de façon forfaitaire à 15 % du prix d'acquisition, soit 960 000 Dh x 15 % .... 144 000 Dh

– Le profit taxable :

• Le prix de revient actualisé, soit

1 104 000 Dh x 1,31 = ... 1 446 240 Dh

• Le profit brut global

2 160 000 - 1 446240 = ... 713 760 Dh

• Profit taxable :

$\frac{713\ 760\ \text{Dh} \times 960\ 000}{2\ 160\ 000}$ = ... 317 226,66 Dh

– La taxe exigible

317 226 x 20 % x 50 % = ... 31 722,6 Dh

(1) Ces coefficients font l'objet de révisions périodiques par arrêté du ministre des Finances.

B. Le taux de la taxe

Le taux de la taxe a été fixé par la loi de finances transitoire de 1996 à **20 %**. Cette même loi précise que le montant de la taxe ne peut être inférieur à 3 % du prix de cession.

Coefficients de réévaluation
(applicables pour 1999)

Année d'acquisition	Coefficients
1946	35,64
1947	27,75
1948	19,57
1949	15,72
1950	15,35
1951	13,64
1952	11,64
1953	11,27
1954	12,29
1955	11,64
1956	9,89
1957	10,42
1958	8,51
1959	8,51
1960	8,20
1961	7,82
1962	7,70
1963	7,08
1964	6,82
1965	6,57
1966	6,60
1967	6,73
1968	6,68
1969	6,45
1970	6,39
1971	6,10

Année d'acquisition	Coefficients
1972	5,79
1973	5,71
1974	5,11
1975	4,43
1976	4,05
1977	3,71
1978	3,36
1979	3,10
1980	2,87
1981	2,56
1982	2,30
1983	2,20
1984	1,92
1985	1,81
1986	1,64
1987	1,61
1988	1,57
1989	1,52
1990	1,42
1991	1,31
1992	1,25
1993	1,18
1994	1,13
1995	1,07
1996	1,04
1997	1,03
1988	1

Des coefficients de réévaluation ont été prévus pour mieux appréhender le prix d'acquisition. Ces coefficients sont fixés par arrêté du ministre des Finances et font l'objet de modifications périodiques. Pour les années antérieures à 1946, il existe des coefficients fixes, permettant de ramener la valeur du bien à l'année 1946, en multipliant le prix d'acquisition par le coefficient correspondant à l'année d'acquisition.

Exemple d'application du coefficient de réévaluation pour l'année 1998

Un terrain cédé en 1998 pour le montant de 1 500 000 Dh. Ce terrain a été acquis en 1953 pour un montant de 70 000 Dh. Les frais de cession sont évalués à 20 000 Dh et les frais d'acquisition sont de l'ordre de 15 %.

Le problème se pose dans les termes suivants :

– Le prix de cession net de frais :

1 500 000 - 20 000 Dh = 1 480 000

– Le prix d'acquisition augmenté des frais d'acquisition de 15 %, soit :

90 000 Dh + (90 000 Dh x 0,15) = 103 500 Dh

– Il faut appliquer au coût d'acquisition le coefficient de réévaluation, soit :

103 500 x 10,97 = 1 135 395 Dh

Le profit taxable .... 344 605 Dh

– Taxe à payer 344 605 x 0,20 = 68 921 Dh

§3. Les obligations du contribuable

A. La déclaration

Le redevable de la taxe doit produire une déclaration à l'inspecteur des impôts urbains du lieu de situation de l'immeuble dans les deux mois qui suivent celui de la cession. A défaut de cette déclaration, le redevable est invité à présenter sa déclaration dans le délai d'un mois. Passé ce délai, l'imposition est établie d'office sur une base égale au prix de cession diminué de 10 %.

B. Paiement de la taxe

La taxe est due par le cédant.

Il doit verser spontanément auprès du receveur de l'enregistrement le montant de la taxe dans le délai de deux mois suivant celui de la cession.

Le montant de la taxe ne peut être inférieur à 3 % du prix de cession.

C. Sanctions

Non respect du délai prescrit :

– en cas de déclaration tardive, le redevable est passible d'une amende de 15 % du montant de la taxe due ;

– pour paiement tardif : 10 % du montant du principal augmenté d'une pénalité de 3 % du principal pour le premier mois de retard et de 1 % par mois ou fraction de mois supplémentaire entre la date d'exigibilité et celle du paiement de la taxe ;

– lorsque la mauvaise foi est établie, la majoration de la taxe peut être fixée à 100 %.

D. Réclamation

Le redevable qui estime avoir fait l'objet d'une surtaxation peut saisir le directeur des impôts dans un délai de 4 mois, suivant la date de la mise en recouvrement du rôle. L'administration dispose d'un délai de six mois pour répondre à la réclamation du redevable. Après l'expiration de ce délai, le redevable peut introduire un recours judiciaire dans le mois qui suit.

E. Contentieux

Les impositions en matière de TPI peuvent être contestées selon la procédure contradictoire comme en matière d'impôt sur les sociétés, d'impôt général sur le revenu ou de la TVA.

NB. : La PSN/TPI a été supprimée par la loi de finances pour la période du 1/7/2000 au 31/12/2000, vu son rendement dérisoire par rapport à son coût administratif.

Section III

Mesures d'encouragement en faveur des promoteurs immobiliers dans le domaine du logement social (1)

Afin d'encourager et d'accélérer la réalisation du programme des 200 000 logements sociaux, il a été institué en faveur des promoteurs immobiliers, un régime de faveur dans le domaine de la fiscalité immobilière (2).

§1. Définitions

Est **promoteur immobilier**, toute personne physique ou morale qui fait profession de vendre en totalité ou en partie des immeubles lui appartenant qu'elle a fait construire elle-même ou fait construire. Les encouragements portent sur le **logement social**. Ce dernier constitue une unité d'habitation dont **la superficie couverte** et la valeur immobilière totale (VIT) **n'excèdent pas respectivement 100 m² et 200 000 Dh.**

§2. Les exonérations octroyées

Les exonérations qui sont en fait des encouragements portent sur différents impôts et taxes.

I. Les droits d'enregistrement et du timbre

Dans le cadre d'une convention conclue avec l'Etat, **l'exonération s'applique** aux actes d'acquisition des terrains nécessaires à la réalisation d'un programme de construction **d'au moins 3 500 logements sociaux** (3), dans une période qui ne dépasse pas 5 ans à compter de la date d'obtention de l'autorisation de construire.

---

(1) *Cf.* note circulaire relative aux dispositions fiscales de la loi de finances 1999/2000, n° 707, DGI, p. 94 à 106.

(2) *Cf.* loi de finances 1999/2000, article 19.

(3) Logements sociaux définis par le 13ᵉ paragraphe de l'article 8 de la loi 30-85 relative à la TVA. En juillet 1998, soit 3 ans après le démarrage du programme 200 000 logements, les réalisations s'établissaient à 71 592 logements, soit à peine 35 %. Après 54 mois, les promoteurs du programme ne sont même pas arrivés à la moitié du programme (87 729 logements, soit 42 % au mois de janvier 2000).

L'exonération des droits d'enregistrement et de timbre est subordonnée aux conditions prévues par l'article 96 §4, du code de l'enregistrement.

Pour bénéficier de l'exonération, le promoteur doit, dans l'acte d'acquisition :

– s'engager à affecter le terrain acquis à la réalisation d'un programme de construction de logements sociaux ;

– fournir un cautionnement bancaire ou consentir une hypothèque sur le terrain acquis de premier rang.

II. L'impôt des patentes

L'exonération octroyée à ce titre est totale. Elle porte sur la taxe proportionnelle, les centimes additionnels et le décime.

En cas d'activités multiples, la valeur locative des immobilisations communes est ventilée au prorata de la contribution de chacune d'elle au chiffre d'affaires total de l'année écoulée ou à défaut du chiffre d'affaires au prorata du coût de revient des produits afférents à chaque activité durant ledit exercice.

Il en est de même en cas d'exercice d'une activité de promotion immobilière dont une partie n'est pas exonérée.

Le coût de revient dont il s'agit est obtenu par l'addition des éléments suivants :

– coût d'acquisition des matières consommées pour la production (achats + stock initial - stock final) ;

– charges directes de production ;

– charges indirectes dans la mesure où elles sont raisonnablement rattachables à la production considérée.

III. La taxe sur la valeur ajoutée

Les opérations de construction de logements à caractère social effectuées par les promoteurs immobiliers sont exonérées avec droit à déduction et au remboursement, dans les mêmes conditions que celles prévues à l'article 8-13 de la loi n° 30-85 relative à la TVA.

IV. L'impôt sur les sociétés (I.S.) et l'impôt général sur le revenu (IGR)

La déclaration étant à faire pour chaque programme agréé, l'exonération sera appliquée tant pour l'impôt découlant du résultat fiscal que pour la cotisation minimale.

En matière d'impôt général sur le revenu, la règle du taux effectif ou du prorata n'est pas appliquée. Les produits et les revenus exonérés sont purement et simplement écartés de la base imposable.

En cas d'activités multiples, les promoteurs immobiliers éligibles à l'exonération des impôts précités ne sont pas fondés à compenser le résultat fiscal desdites activités avec celui provenant de la réalisation du programme agréé (application de la règle de la spécificité des résultats).

V. La participation à la solidarité nationale

A. P.S.N./terrains non bâtis (1)

B. P.S.N. afférente à l'impôt sur les sociétés

La P.S.N. afférente à l'impôt sur les sociétés n'est pas concernée par l'exonération. Elle est due au taux de droit commun, c'est-à-dire au taux de 25 % de l'I.S. théorique.

VI. La contribution sur les revenus exonérés

La contribution s'applique au taux de 25 % de l'IGR théorique dû au titre des revenus professionnels générés par les programmes agréés et exonérés dudit impôt.

VII. La taxe urbaine et la taxe d'édilité

Les contributions sont exonérées de la taxe urbaine et de la taxe d'édilité du fait de leur destination à la vente ou à l'exercice de l'activité exonérée.

VIII. Les impôts, taxes, redevances et contributions perçus en faveur des collectivités locales

Les programmes agréés sont exonérés de la fiscalité locale. L'exonération est générale.

---

(1) Devant la difficulté d'appréhender annuellement les terrains non bâtis non déclarés, liée à l'absence d'un fichier cadastral complet, les services fiscaux ont reporté leur imposition jusqu'à la date de leur cession. La loi de finances pour la période du 1/7/2000 au 31/12/2000, a supprimé la PSN/TNB.

Les promoteurs immobiliers sont également exonérés des droits d'inscription sur les livres fonciers.

Pour bénéficier de ces exonérations, les promoteurs immobiliers doivent :

– relever du résultat net réel sur le plan fiscal ;

– agir dans le cadre d'une convention conclue avec l'Etat assortie d'un cahier de charges portant sur un programme de construction d'au moins 3 500 logements sociaux à réaliser sur une période n'excédant pas 5 ans et ce, à compter de la date de délivrance de l'autorisation de construire afférente à la première tranche dudit programme.

Les différentes exonérations instituées, s'appliquent aux opérations de constructions réalisées **à compter du 1er juillet 1999** par les promoteurs des logements sociaux.

1. Exemple portant sur l'IS

Les données de l'exercice 2004, de la société "XL" sont déterminés de la façon suivante :

Résultats	**Logements sociaux (programme agrée en 2002)**	**Logements autres que sociaux**
CA	20 700 000 Dh	17 250 000 Dh
Résultat fiscal	Déficit : 2 300 000	1 380 000 Dh
Impôt sur les sociétés	néant	483 000 Dh
Cotisation minimale	néant	86 250 Dh
PSN/IS	3 000 Dh minimum car le CA > 1 000 000	Néant

Compte tenu de ce qui précède, les droits à payer s'élèvent à :

IS	=	483 000 Dh
PSN/IS	=	3 000 Dh
Total	=	486 000 Dh

2. Exemple concernant la contribution sur les revenus professionnels exonérés

Un promoteur immobilier dispose des revenus suivants :	
– un revenu net foncier (après abattement de 40 %)	138 000 Dh
– un revenu net professionnel exonéré, provenant de la vente de logements sociaux réalisés dans le cadre d'une convention conclue avec l'Etat	575 000 Dh
– un revenu net professionnel provenant d'une activité immobilière non encouragée	690 000 Dh
Revenu global imposable	**1 403 000 Dh**
IGR, théorique	
(1 403 000 x 44 %) - 14 960	602 360 Dh
Calcul de la contribution :	
IGR correspondant aux revenus exonérés :	
$\frac{602\ 360 \times 575\ 000}{1\ 403\ 000}$ = ...	246 868,83 Dh
Contribution 246 868,83 x 25 % = ...	**61 487,29 Dh**

N.B. : A côté du programme de 200 000 logements, le gouvernement doit prévoir un dispositif juridique nouveau pour encourager la dynamisation et la construction de logements sociaux et étendre ces encouragements au secteur locatif. Le CIH, reconnaît n'avoir financé, en 1999, aucun logement au titre du locatif. Au cours des dernières années, les investissements consentis dans le locatif tournaient en moyenne autour de 30 millions de dirhams, contre 14 milliards de dirhams pour l'ensemble du secteur immobilier !

Chapitre III

La fiscalité sur les échanges extérieurs

Lorsqu'un pays est largement ouvert sur l'extérieur, comme c'est le cas du Maroc, sa fiscalité devient un élément important dans la détermination de ses rapports économiques avec les autres pays. Il s'agit, dans ce cadre, **de mettre en évidence les "distorsions" fiscales (1), afin de mieux préciser l'idée d'écart ou de déviation par rapport à la norme et pouvoir ainsi s'insérer plus facilement dans les normes internationales**. En fait, c'est un problème de mise à niveau. L'examen des effets de la fiscalité sur la compétitivité internationale des entreprises marocaines ne devrait pas se limiter aux seuls prélèvements fiscaux, mais concerner également la structure des dépenses publiques et la nature des services offerts aux entreprises par l'Etat. Les entreprises nationales ont besoin d'une attention particulière et d'un soutien efficace de la part du gouvernement pour développer les exportations. Il semble que la direction des douanes et des impôts indirects (A.D.I.I.) ait bien saisi le message, puisqu'elle vient de proposer et d'obtenir du Parlement une révision importante du tarif douanier allant dans le sens de l'élaboration d'une fiscalité extérieure plus rationnelle, moins contraignante et qui limite les effets pervers de la taxation du produit fini et de la matière première.

L'élaboration du code des douanes et impôts indirects remonte à l'année 1977. A cette époque, la fiscalité douanière applicable à l'importation était fortement interventionniste.

---

(1) *Cf.* ce concept est difficile à définir. Voir une intéressante étude de M. Guillaume, « Fiscalité et compétitivité internationale des entreprises », *Revue d'économie politique*, mars-avril 1968, voir également M. Laure, « Les distorsions d'origine fiscale », congrès de l'IIFP, Vienne, septembre 1957.

Certains droits d'importation (D.I.) pouvaient atteindre 400% de la valeur des marchandises importées. Il faut rappeler que **la politique du commerce extérieur était largement protectionniste**, avec de nombreux produits totalement **interdits** à l'importation ou soumis à **autorisation préalable** d'importation.

Le code de 1977 a été retouché à plusieurs reprises à travers les modifications contenues dans les lois de finances annuelles. Ces modifications ont été forcément partielles car répondant à des besoins spécifiques. Ceci a eu pour conséquences d'accentuer la complexité du système (1). **La campagne d'"assainissement" intervenue en 1996 et qui a été à l'origine de dérives insupportables** est venue rappeler la nécessité d'une révision sérieuse de la loi afin de mieux définir les droits et obligations des opérateurs économiques et améliorer "l'attractivité" du Maroc à travers une meilleure législation douanière dans le cadre d'un nouveau code des douanes et impôts indirectes.

Section I

La nouvelle politique douanière

Le nouveau code des douanes et impôts indirects (2) cherche à créer les conditions d'une meilleure compétitivité des productions marocaines sur les marchés extérieurs. La révision du code des douanes ainsi que la mise à niveau des procédures a été opérée en concertation avec les professionnels dans le domaine du commerce extérieur, (CGEM, AMITH, ASMEX, transitaires, transporteurs, ODEP, les agents maritimes, importateurs/exportateurs, etc.). Il fallait donc définir de façon plus précise les responsabilités respectives des différents intervenants dans les opérations de commerce international. Il fallait aussi **établir une nette distinction entre l'erreur et la fraude manifeste** et améliorer les dispositions qui régissent le règlement des litiges douaniers. Le nouveau code cherche à s'adapter aux besoins et à l'environnement de l'entreprise. Cette recherche a pris trois directions :

---

(1) Une panoplie de droits et taxes sont applicables à l'importation des marchandises : droits d'importations, PFI, TIC, TVA, taxe parafiscale, autres droits et taxes, ce qui implique des régimes privilégiés de taxation.

(2) Le CDII a été adopté par la première chambre, le 24 décembre 1999. Il doit être soumis incessamment à la Chambre des conseillers, avant de paraître au *Bulletin officiel*.

§1. Au niveau des concepts

De nombreux concepts utilisés dans le code actuel sont mal définis, ce qui a souvent donné lieu à des litiges entre les divers intervenants, litiges provenant d'interprétations divergentes des mêmes concepts.

Tel est le cas, par exemple, de la notion de **"document"** qui était comprise comme devant inclure uniquement les supports en papier alors qu'avec les technologies nouvelles et notamment le développement de la messagerie électronique, les documents peuvent être constitués de bandes magnétiques, de disquettes informatiques, de messages par Internet, etc.

Adoption de nouveaux concepts, utilisés par les conventions internationales, tels que le contrôle documentaire, par exemple.

§2. Au niveau des principes

A. Assouplissement des formalités douanières

Sans entrer dans le détail technique des nombreuses mesures introduites, il convient de souligner qu'elles visent à améliorer les conditions de travail des intervenants dans les opérations de commerce international :

- en renonçant aux contrôles multiples, tatillons et répétitifs ;
- en recourant à des formules simplifiées de déclarations en douane ;
- en permettant l'accomplissement des formalités de dédouanement dans les locaux des entreprises et non plus obligatoirement auprès des bureaux des douanes ;
- en allégeant ou en supprimant les charges financières liées au cautionnement obligatoire de certaines opérations ;
- atténuer l'interprétation de la notion de "première réquisition" en matière de justification de la détention des marchandises passibles des droits et taxes à l'importation, en prévoyant que le détenteur qui déclare disposer dans un autre lieu des justificatifs requis puisse être accompagné par les agents de l'administration jusqu'audit lieu pour présenter les justificatifs dont il s'agit ou lui accorder un délai de 48 heures pour les présenter.

B. Responsabilité respective des divers intervenants

Dans le domaine des responsabilités, les modifications adoptées visent à mieux cerner cette notion pour éviter que des personnes étrangères à une fraude ne s'y trouvent juridiquement mêlées.

C'est ainsi qu'un transporteur dont il apparaît qu'il est étranger à une fraude constatée à bord de son moyen de transport ne pourra plus être inquiété comme c'était le cas précédemment.

Il faut signaler également, sous ce chapitre, **la responsabilisation de l'administration des douanes en cas de vol ou de détérioration des marchandises** et moyens de transport placés sous sa garde lorsque ce vol ou cette détérioration est imputable à l'administration ou à ses agents.

§3. Mise en œuvre de la politique douanière, dans le cadre des attributions de l'ADII (1)

- d'étudier, d'élaborer et de participer à l'établissement des projets d'accords et de conventions internationales intéressant l'action douanière ;
- d'assurer l'exécution des dispositions douanières nationales ou conventionnelles ;
- d'assurer le suivi des relations de coopération en matière douanière ;
- de concevoir et de mettre en œuvre des mesures de prévention et de lutte contre les fraudes douanières ;
- de participer à l'élaboration et à la mise en œuvre des lois et règlements en matière de logistique du commerce extérieur et des changes ;
- de prêter son concours à l'application des législations et réglementations qui prévoient son intervention ;
- d'assurer la gestion des ressources humaines qui lui sont rattachées, des ressources matérielles et des crédits qui lui sont affectés ou délégués ainsi que concevoir et gérer ses systèmes d'information en harmonie avec la politique de gestion des ressources et de l'information développée par le ministère.

En fait, pour résumer, la nouvelle politique douanière se déroule à partir de trois axes :

Le premier est la protection du consommateur à travers le respect des normes obligatoires, la lutte contre la contrefaçon…

Le deuxième axe est relatif à la protection de l'économie nationale. L'action de l'ADII est entreprise à ce niveau, à travers la lutte contre le dumping, la sous-évaluation et toute forme de concurrence déloyale telle que la contrebande.

(1) Article 7 du décret de 1978 portant organisation du ministère des Finances.

Le troisième axe concerne la promotion de l'investissement soit à travers les introductions, dans le cadre de la charte de l'investissement, de produits bénéficiant de taux réduits de 2,5 % ou 10 %. La liste de ces produits s'allonge depuis la promulgation de la loi de finances de 1995 qui a admis le principe de la charte et de l'automaticité des avantages, à travers les facilités de passage des marchandises et des hommes.

Le douanier est aujourd'hui appelé à procéder de manière scientifique en raison, entre autres, de l'introduction de l'outil informatique. Il ne lui suffit plus de constater la valeur et de calculer la recette douanière mais il doit disposer d'une base de données pour estimer, par exemple, l'existence d'un dumping, d'une sous-évaluation... Il doit en outre être au courant des conventions signées avec les pays étrangers, connaître les règles d'origine, les conditions pour bénéficier des avantages prévus...

Section II

Réorganisation de l'administration douanière

Un nouvel organigramme a introduit quatre directions :

§1. La direction des études et de la coopération internationale

Cette direction est chargée des missions suivantes :

– proposer une vision globale de la coopération internationale et une stratégie d'adaptation aux évolutions de l'environnement international ;

– élaborer et mettre en œuvre un cadre fiscal unifié, adapté aux engagements internationaux du Maroc, aux objectifs d'optimisation des recettes budgétaires et aux priorités de l'économie nationale ;

– élaborer les textes législatifs et réglementaires et garantir la cohérence et la qualité de l'ensemble de la production en la matière, en adaptant le code des douanes à l'environnement économique et social dans un cadre de concertation avec les opérateurs économiques et l'ensemble des partenaires ;

– mettre en application les règles d'origine ainsi que les mesures "antidumping".

§2. La direction de la "facilitation" de l'économie et du système d'information

– orienter l'utilisation des régimes économiques en douane dans le sens de l'accompagnement de l'entreprise marocaine exportatrice par la mise en place d'actions nouvelles de promotion des régimes incitatifs ;

– assurer la simplification des procédures, le respect des normes, la réduction des délais de dédouanement et la refonte de la micro organisation en faveur de la promotion des exportations ;

– prendre en charge l'accueil des investisseurs et contribuer à la production du dispositif législatif nécessaire à la promotion des investissements et des zones franches ;

– mettre en œuvre le schéma directeur informatique de l'ADII, conçu comme axe majeur de rationalisation, de simplification du dédouanement et d'ouverture sur les partenaires de l'ADII.

§3. La direction de la prévention et du contentieux

– organiser le contrôle des opérations commerciales notamment par le développement de **l'admis pour conforme** et du contrôle a posteriori et lutter contre la contrebande ;

– instruire et traiter les affaires contentieuses du ressort spécifique de l'administration centrale et assurer le pilotage de la gestion déconcentrée du contentieux dans un cadre plus performant.

§4. La direction des ressources et de la programmation

– mettre en place une gestion prévisionnelle des ressources humaines, améliorer l'efficacité de la gestion administrative du personnel et de la formation et coordonner la politique sociale avec les actions des organismes sociaux liés à l'ADII ;

– améliorer les performances de recouvrement par le développement des fonctions de suivi et d'assistance aux receveurs, professionnaliser l'exécution de la dépense publique et déconcentrer la gestion des moyens matériels et leur maintenance ;

– tenir à jour les référentiels, l'organisation des services centraux et extérieurs par l'anticipation de l'évolution de l'organisation de l'administration en rapport avec l'analyse de ses besoins en ressources et leur déploiement ;

– promouvoir la culture de la planification stratégique par la diffusion de méthodologies appropriées d'analyse-évaluation de projets et assurer le suivi du plan d'action stratégique du ministère et du Plan du gouvernement ;

ADMINISTRATION DES DOUANES ET IMPÔTS INDIRECTS

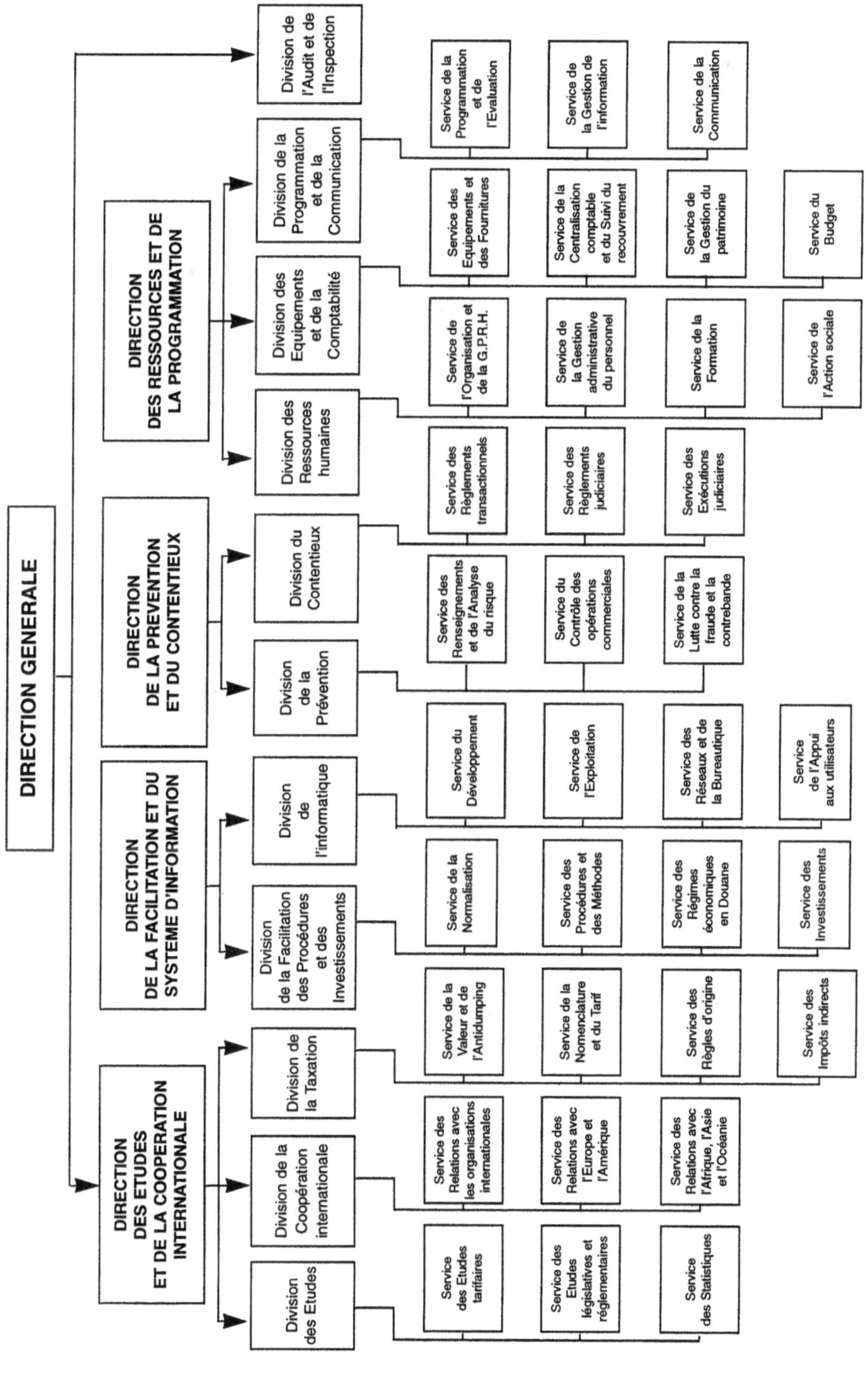

ORGANIGRAMME DE L'ADMINISTRATION CENTRALE

– définir, diffuser les méthodes d'élaboration et de gestion des plans objectifs moyens et contrôler l'efficacité ainsi que l'efficience de l'ADII dans la réalisation de ses missions et de ses programmes.

L'administration des douanes et des impôts indirects, comprend en outre, **la division de l'audit**, qui est chargée :

– de détecter les écarts entre les normes et les pratiques effectives ;

– d'élargir le champ de l'inspection et de l'audit à l'ensemble des services de l'ADII.

Elle est composée de brigades chargées de l'ordonnancement et de la comptabilité.

Section III

La fiscalité douanière

La fiscalité douanière constitue un apport non négligeable pour le budget de l'Etat. Elle représente 26,37 % des recettes du budget général et 45,24 % des

Années	Impôts et taxes	Recettes en millions de dirhams	Total général de l'année
1997	D.D { D.I	6 109,5 }	
	P.F.I.	5 951,8 } 12 061,3	
	TVA	10 621,9	33 613,9
	TIC	9 781,5	
	autres taxes	1 149,2	
1998	D.D { D.I	6 561,8 }	
	P.F.I.	6 310,8 } 12 872,6	
	TVA	10 977,1	34 387
	TIC	9 448,7	
	autres taxes	1 088,6	
1999	D.D { D.I	6 063,2 }	
	P.F.I.	5 949,1 } 12 012,3	
	TVA	11 007,8	34 883,6
	TIC	10 329,7	
	autres taxes	1 533,8	
1997-1999	**Total général : impôts et taxes**		**102 884,5**

recettes fiscales, comme le montre l'évolution des recettes douanières entre 1997 et 1999 (1) :

Ces recettes risquent de diminuer de façon assez significative avec le **démantèlement** tarifaire qui est entré en application après la ratification de l'accord avec l'Union européenne au mois de juillet 2000. Ce démantèlement ne touchera en principe que les droits de douanes, c'est-à-dire les droits d'importations et le PFI. La TVA, les TIC et d'autres taxes seront toujours en vigueur. Cependant, l'espoir est que la croissance compense les pertes occasionnées par le démantèlement tarifaire.

Calendrier du démantèlement tarifaire

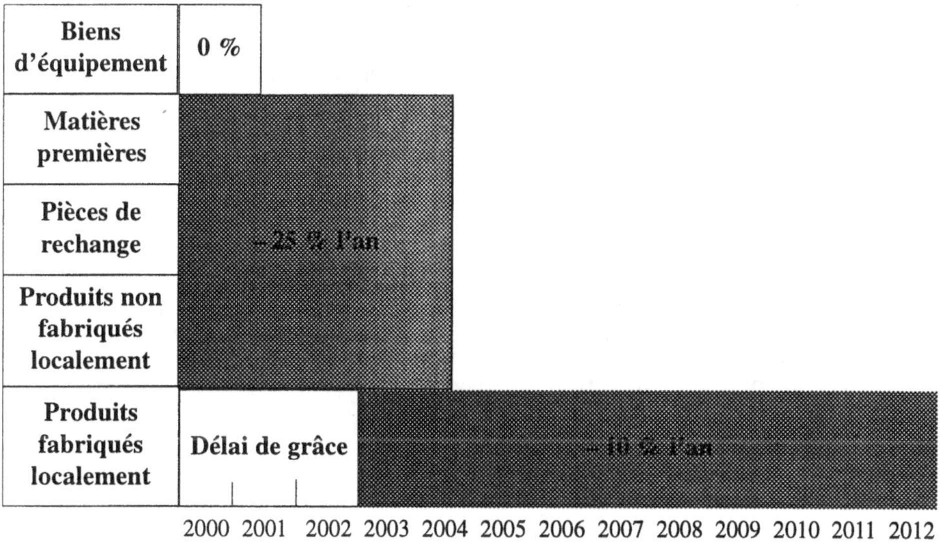

Source : MICA

(1) Tableau élaboré à partir des données des lois de finances (1997-1998-1999). On peut noter une explosion fiscale au niveau des TIC sur les produits pétroliers dont le rendement fiscal a atteint 8,8 milliards de Dh en 1997/1998. Le rendement des TIC a doublé en l'espace d'une décennie. En ce qui concerne le démantèlement tarifaire, la disparition des droits de douane et du PFI obéit à deux vitesses. Dans une première phase, la baisse sera de 3 %. Elle ne sera enclenchée qu'à partir de 2003 et se poursuivra jusqu'à 2007. A partir de cette date le taux de réduction augmente de 15 % par an jusqu'à disparition totale des droits et taxes. Ce traitement particulier est dicté par la nécessité de prolonger au maximum la protection de l'industrie automobile locale (le programme Uno, Palio...).

Les recettes budgétaires doivent être basées sur la croissance et non sur la fiscalisation du commerce extérieur ! S'agissant toujours du démantèlement qui va se traduire par une perte de recettes pour la première année, de 1,4 milliard de dirhams. On peut estimer que cette somme sera un simple transfert de l'Etat vers l'entreprise ou l'importateur. Ces derniers pourront investir cette somme pour améliorer la compétitivité de leurs entreprises.

Le tarif douanier, était à deux dimensions (nomenclature et tarif). Il est structuré de la façon suivante :

– **les droits de douanes** comprennent :

• **les droits d'importation**, dont les taux varient entre 2,5 % et 10 % dans le cadre de la charte de l'investissement. Pour les produits finis de consommation, le **taux maximum est de 35 % pour protéger les produits fabriqués localement** (1). Le taux applicable au dédouanement d'une voiture de tourisme par exemple est de 17,5 % ;

• **le prélèvement fiscal à l'importation (le PFI)** est de 15 % sur tous les produits, sauf les produits exonérés.

– **la TVA** est de 20 % ;

– **les TIC** (taxes intérieures de consommation). Ce sont des taxes spécifiques, qui concernent les produits pharmaceutiques, les alcools, l'or, le platine, etc. ;

– **la taxe parafiscale** est de 0,25 % ad-valorem.

(1) L'accord d'Association prévoit une suppression progressive des prix de référence pour les produits textiles. Deux systèmes sont définis par l'accord. Un démantèlement en nombre et un autre en valeur. Le premier consiste en la non-application des prix de référence à 25 % des produits listés. Chaque année une autre liste sera communiquée par le ministère de l'Industrie, du Commerce, et de l'Artisanat, comprenant d'autres produits à soustraire au prix de référence.
Le deuxième système intervient parallèlement au premier. Il consiste en la baisse de la valeur du prix de référence de 25 % chaque année. Cependant, la durée de ce démantèlement risque d'être écourtée. L'accord prévoit que, si une convention signée par le Maroc prévoit une échéance plus courte, c'est cette dernière qui doit s'appliquer. Entre-temps, le Maroc a adhéré à l'Accord de l'OMC. Or, selon ce dernier, les prix de référence doivent être éliminés en juillet 2000. Du coup, le démantèlement prévu par l'accord d'association sera ramené à cette date. Il ne sera plus progressif, mais total en juillet 2000.

Le nouveau tarif douanier sera aussi compliqué avec la règle d'origine (1). En fait, la libéralisation rendra le travail de l'ADII encore plus complexe puisqu'il s'agira à côté des opérations classiques réalisés par l'ADII, de vérifier les prix unitaires des marchandises contrôlées et d'essayer d'interpréter ce qui relève de la sous-évaluation ou du dumping.

Le tarif douanier sera désormais un tarif à quatre dimensions portant sur la marchandise, le taux, le pays ou groupe de pays et les conditions particulières de tarification.

Section IV

Les régimes économiques en douane (RED)

Les régimes économiques en douane (RED) visent la facilitation et le développement des exportations des entreprises marocaines (2). Pendant les opérations d'importation/exportation, **la fiscalité sur les intrants est suspendue** en ce qui concerne l'importation des marchandises destinées à recevoir une transformation, une ouvraison ou un complément de main-d'œuvre, un stockage ou une utilisation temporaire. L'entreprise bénéficie également de la levée des prohibitions et des restrictions commerciales et de l'action d'avantages liés à l'exportation. Les RED facilitent l'acquisition d'une nouvelle valeur ajoutée par les entreprises marocaines.

---

(1) La règle d'origine est définie à travers la conjugaison de quatre critères. D'après le premier, « les produits échangés doivent être entièrement obtenus ou suffisamment transformés dans l'une ou l'autre partie ». Par "obtenu", il faut entendre tous les produits extraits du sol ou du fonds de mer, ainsi que les animaux nés et élevés sur le territoire de l'un des pays. Les autres produits doivent être suffisamment transformés de sorte à leur conférer des positions différentes de celles des matières qui ont servi à leur fabrication. C'est la détermination de l'origine en partant de la position du produit dans les listes du protocole. Toutefois, pour certains articles, les critères de valeur ajoutée ont été précisés en pourcentage de transformation. L'objectif est le contrôle de l'authenticité.
Le second critère tient à l'acheminement des marchandises. Il précise en effet que les produits échangés entre l'UE et le Maroc doivent prendre un itinéraire direct menant d'un pays à l'autre, sans emprunter un territoire tiers. Mais avant tout, le régime préférentiel ne s'applique qu'aux produits certifiés. Ainsi, selon le troisième critère, les produits échangés doivent eptre couverts par un certificat justificatif de l'origine dit EUR1 ou une déclaration sur facture.
Enfin, le dernier critère concerne le contrôle de l'origine. Aussi, en cas de doute, les autorités douanières de l'Etat importateur sont-elles habilitées à effectuer un contrôle a posteriori par sondage des certificats EUR1 et des déclarations sur facture.

(2) *Cf.*, « Les régimes économiques au douane », RED, document de l'ADII, septembre 1999.

Les opérations souscrites sous régimes économiques en douane doivent faire l'objet de déclarations **acquis à caution**. Ces mêmes opérations doivent, sauf dérogation, être couvertes par une garantie, soit par la caution bancaire ou toute autre forme de caution dûment agréée.

§1. Le stockage ou l'entrepôt en douane

C'est un régime qui permet d'entreposer des marchandises destinées exclusivement à l'exportation et qui octroie à l'entrepositaire des avantages douaniers attachés à l'exportation.

Les entrepôts sont assujettis au paiement d'une redevance annuelle qui varie entre 500 et 1 500 Dh.

L'exportateur peut également utiliser **l'entrepôt industriel franc**. C'est un régime qui combine les fonctions de stockage, de transformation et d'utilisation.

Il permet dans le cadre d'une convention entre l'administration et l'entreprise bénéficiaire l'importation en suspension des droits et taxes des matériels, équipements, parties et pièces détachées ainsi que des marchandises destinées à être mises en œuvre en vue de l'exportation des produits compensateurs obtenus.

Le régime de **l'EIF** offre la possibilité d'écouler sur le marché local, aux conditions réglementaires, 15 % des quantités exportées, sous réserve que chaque compte considéré ait déjà été apuré à concurrence de 85 % par des exportations. Depuis 1995, le régime de l'EIF cumule les avantages de l'AT, de l'IT et de l'entrepôt.

§2. La transformation et l'utilisation

A. La transformation : l'admission temporaire (AT) ou le trafic de perfectionnement à l'exportation (TPE)

C'est une possibilité importante donnée aux professionnels de l'exportation qui peuvent importer des marchandises destinées à recevoir une transformation, une ouvraison ou un complément de main-d'œuvre. Le produit compensateur obtenu est soit exporté soit mis en entrepôt de stockage en vue de sa réexportation. **Le délai de séjour est de deux années au maximum.**

L'apurement des AT peut se faire par l'exportation, la cession ou la mise en entrepôt de stockage. L'ADII, peut autoriser à titre exceptionnel la mise à la consommation. Toutefois, l'apurement des comptes, n'a rien à voir avec l'amnistie. L'administration a procédé à la correction d'un système rigide et a essayé d'introduire un système plus simple, mais avec une gestion rigoureuse. La simplicité en question provient de la nécessité de s'adapter à la réalité industrielle (cas des taux de déchets par exemple).

Le régime de l'AT, **admet certaines applications particulières** :

– **l'exportation préalable** de produits obtenus à partir de marchandises d'origine étrangère ayant acquitté les droits et taxes à l'importation permet l'octroi de la franchise des droits et taxes en faveur des marchandises importées ultérieurement en quantité correspondante.

– **l'article 163 bis du code des douanes**.

Ce régime permet d'importer en suspension des droits et taxes les inputs devant servir à la fabrication de produits qui, en vertu d'un texte législatif particulier, bénéficient d'une franchise totale ou partielle des droits et taxes. La mise à la consommation des produits compensateurs a lieu comme si lesdits produits provenaient directement de l'étranger. Tel est le cas des articles d'édition (livres par ex.).

B. L'utilisation : importation et exportation temporaires

C'est une possibilité d'introduction sur le territoire national en suspension des droits et taxes, donnée aux MRE (Marocains résidents à l'étranger) qui apportent des objets, des marchandises et produits divers lors de leur séjour temporaire au Maroc. Le délai de séjour varie entre 6 mois et 2 ans.

L'exportation temporaire des marchandises ou objets à usage personnel se fait également en suspension des droits et taxes en vue de leur utilisation à l'étranger.

§3. La circulation : le transit et le Drawback

A. Le transit

Le transit est un régime permettant **le transport des marchandises sous douane** d'un bureau ou d'un entrepôt de douane à un autre bureau ou à un autre entrepôt de douane.

Les marchandises transportées bénéficient de la suspension des droits et taxes, des prohibitions et restrictions normalement applicables.

Elles circulent sous couvert d'un acquit à caution ou tout autre document prévu par les conventions internationales auxquelles le Maroc adhère (carnet TIR).

Le délai d'accomplissement de l'opération de transit (délai de route) et, éventuellement, l'itinéraire à suivre pour l'acheminement des marchandises sont fixés par le bureau douanier de départ.

B. Le Drawback

Consiste au remboursement des droits supportés par les matières contenues dans les produits exportés.

C'est un régime qui prend naissance au moment de **l'exportation de produits fabriqués au Maroc à partir d'intrants d'origine étrangère admis préalablement en libre pratique et nationalisés par le paiement des droits et taxes.**

Ce régime permet le remboursement aux entreprises exportatrices des droits et taxes acquittés initialement selon un taux forfaitaire moyen tenant compte des matières constitutives et des produits consommés au cours du processus de fabrication.

« Bien que certains dérapages aient pu être constatés parfois dans l'utilisation qui a été faite de ces régimes, leur rôle dans la promotion et la valorisation de nos exportations n'est plus à démontrer (1). »

Section V

L'ADII devant les défis du futur

§1. Le contrôle des flux marchands transnationaux

Le contrôle est par définition le métier des douaniers. Les méthodes s'adaptent. Dans le nouveau code, des notions nouvelles ont été introduites qui préparent l'avenir. Quant aux ressources humaines, un programme de formation a été mis en place.

Les agents de l'ADII sont de plus en plus mobiles, il n'y a plus de brigades fixes qui cultivent des habitudes !

L'ADII affirme à travers les différents contrôles qu'elle opère ses critères et développe des actions destinées à prévenir la fraude et la corruption. Si les douaniers savent que n'importe quel citoyen a des voies de recours et peut les utiliser, ils n'oseront pas prendre le risque de se livrer à un acte délictuel.

---

(1) C'est une affirmation de A. El Gadi, *in Une fiscalité moderne pour une entreprise performante face au défi de la mondialisation*, éd. Omnia, Rabat, 1999, p. 68.

Il n'y a pas que des douaniers véreux, il y a aussi des douaniers qui ont une haute idée de leur métier et qui se consacrent avec efficacité à des activités singulières : stupéfiants, contrebande, fraude commerciale, etc.

§2. Etablir de nouvelles relations avec les opérateurs économiques fondées sur la transparence et la communication

Il ne suffit pas de modifier les textes de loi et les procédures, il faut surtout changer l'image ou la perception que les citoyens ont de la douane. Cela ne peut se faire que si le citoyen sent une différence au niveau de la qualité du contact direct de l'ADII et cela ne peut être que l'œuvre de tout le corps douanier. On n'y est pas encore, mais de ce point de vue, ou peut dire que beaucoup d'efforts ont été réalisés par l'ADII. De toutes façons, le système restera toujours à parfaire vu l'évolution rapide des nouvelles technologies et plus précisément dans le domaine de l'informatique.

La simplification des procédures et des opérations est une donnée fondamentale car les interventions des opérateurs économiques exigent la rapidité et l'efficacité.

Il a fallu 20 ans pour se rendre compte que la douane était responsable d'un délai excessif (5 jours). **C'est un délai exorbitant vu la rapidité qu'exigent les opérations de dédouanement. Aujourd'hui, les délais douaniers sont à moins de 5 heures à Casablanca**. Les opérations de dédouanement sont de plus en plus marquées par la rapidité. Pour obtenir le devis nécessaire en dédouanement d'une voiture de tourisme il a fallu à l'opérateur moins d'une minute. (Voir exemple page suivante).

Entre l'ADII et les opérateurs économiques un problème épineux a été résolu dans le cadre du nouveau code des douanes : **la valeur en douane.**

L'article 20 du nouveau code a créé une commission consultative sur la valeur en douane. Cette commission donne son avis sur le contentieux qui touche à l'évaluation des marchandises en douane à l'importation.

Cette commission comprend des représentants de l'ADII, des représentants des professions concernées ainsi que l'importateur ou son représentant. La vision fiscale a cédé la place à la vision économique. Les arbitrages seront plus faciles. La valeur en douane est la valeur GATT. La base de cette valeur est constituée par la facture. S'il y a un doute, la commission consultative sur la valeur doit opérer les arbitrages nécessaires.

De son côté, l'entreprise doit personnaliser sa gestion et tenir sa comptabilité prête à tout type de contrôle, transparence oblige. Dans ce sens une convention a été signée au mois de janvier 2000 avec Thomson Electronique.

Exemple : Droits et taxes pour la mise à la consommation des véhicules

Consultation du 24/1/2000 à 10 : 24

Nature du véhicule	: Tourisme	
Marque du véhicule	: Mercedès	
Type du véhicule	: 124130	
Modèle du véhicule	: 300 D	
Date de mise en circulation	: 6 août 1995	
Valeur à l'état neuf	: 225 800 Dh	
Valeur taxable	: 135 480 Dh	
Détail des droits et des taxes à payer :		
Droits d'importation (17,5 %)		**23 709 Dh**
Prélèvement fiscal à l'importation (15 %)		**20 322 Dh**
Taxe parafiscale (0,25 %)		**339 Dh**
TVA (20 %)		**35 903 Dh**
Montant total des droits et taxes		**80 273 Dh**
	Retour	

La tenue comptable et la gestion moderne de l'entreprise est une nécessité vitale, d'abord pour l'entreprise elle-même, ensuite pour l'ADII, qui doit accomplir son devoir, son travail de contrôle. **Ce nouveau pacte entre l'entreprise et la douane sera basé sur la confiance.**

Section VI

Projet de révision du code des douanes et impôts indirects de 1977 (1)

Le nouveau projet vise essentiellement à délimiter les responsabilités des usagers et de l'administration. Il vise à mieux définir les aspects terminologiques,

(1) Dahir portant loi n° 1-77-339 du 25 chaoual 1397 (9 octobre 1977) approuvant le code des douanes ainsi que des impôts indirects relevant de l'administration des douanes et impôts indirects.

à adopter les concepts consacrés par les législations étrangères et surtout les conventions internationales, tels par exemple, la définition du contrôle documentaire, la vérification des marchandises, ainsi que l'alignement des appellations de certains régimes économiques sur les standards internationaux.

§1. En ce qui concerne les droits et les obligations des usagers

Il s'agit principalement :

– De définir les éléments d'assiette en tenant compte des déficits intervenus avant l'entrée des marchandises sur le territoire assujetti.

– De créer une plate-forme de discussion entre l'administration et l'usager en vue de régler les litiges, des commissions consultatives ont été prévues.

– De nouvelles possibilités d'annulation ou de rectification des déclarations en détail sont accordées par l'administration et qui vont au-delà de la valeur et des quantités, etc.

– De nouvelles possibilités pour séparer les marchandises avariées du reste des marchandises, en autorisant, selon l'option de l'opérateur, leur réexportation ou leur taxation sur la base du nouvel état.

– D'introduire la notion de force majeure permettant d'accorder, dans certaines conditions, l'exonération des droits et taxes pour des marchandises endommagées, cette notion pouvant également être prise en considération, en matière de régimes suspensifs.

– D'instituer le principe du cautionnement global et l'obligation de la tenue d'une comptabilité matières pour une meilleure gestion et un meilleur suivi des comptes en régimes économiques.

– De prendre en considération, pour le calcul des droits et taxes en cas de mise à la consommation en suite de régimes économiques, les éléments d'assiette en vigueur le jour de la souscription de l'acquit à caution avec acquittement, le cas échéant, des intérêts de retard et ce, afin de permettre à la caution de déterminer la portée de son engagement.

Toutefois, pour la proportion des marchandises pouvant être mises à la consommation, les éléments d'assiette à prendre en considération, pour le calcul des droits et taxes sont ceux en vigueur le jour de la mise à la consommation.

– L'extension des dispositions relatives aux magasins et aires de dédouanement situés en dehors des enceintes douanières des ports et aéroports à ceux situés dans lesdites enceintes pour mieux cerner la responsabilité des différents intervenants.

– L'assouplissement des dispositions relatives au régime de l'entrepôt industriel franc avec, notamment, la possibilité, pour les entreprises opérant sous ce régime, de mettre à la consommation une partie de leur production.

– La création d'un nouveau régime économique "la transformation sous douane" qui consiste à étendre les dispositions actuelles de l'article 163 bis du code aux cas des inputs passibles d'un taux de droit d'importation supérieur à celui du produit fini. Cette extension a pour finalité de corriger les distorsions tarifaires.

– L'octroi de l'exonération des droits et taxes en faveur d'une part, des marchandises abandonnées au profit de l'administration ou détruites en présence de ses agents et, d'autre part, des déchets de fabrication obtenus dans le cadre de certains régimes économiques lorsqu'ils sont reconnus irrécupérables.

– L'octroi de la franchise d'une part, aux marchandises d'une valeur négligeable dont le montant sera fixé par voie réglementaire et, d'autre part, aux matériels et équipements spéciaux, leurs parties et pièces détachées importées par les administrations chargées de la sécurité publique.

– L'exonération des droits et taxes pour les marchandises ayant subi une ouvraison ou transformation à l'étranger effectuée gratuitement, soit en raison d'une obligation contractuelle ou légale de garantie, soit par suite de l'existence de vice de fabrication.

La même exonération est accordée aux produits et marchandises de caractéristiques techniques similaires à celles des produits et marchandises précédemment exportés (échange standard).

Abrogation de l'article 205

L'article 205 posait le principe selon lequel l'infraction douanière été constituée du seul fait de sa réalisation sans égard à l'intention de son auteur.

Ce dispositif excluait donc tout examen du contexte dans lequel une infraction pouvait avoir été commise et notamment les circonstances atténuantes et/ou aggravantes pouvant entourer une infraction.

La révision intervenue à ce stade a consisté en l'abrogation de cet article de façon à permettre l'appréciation de la gravité réelle de l'infraction et la modulation de la sanction.

Il s'en est suivi la nécessité de modifier **l'article 212** pour permettre la prise en considération des circonstances atténuantes et **l'article 257** pour définir les circonstances atténuantes et les circonstances aggravantes.

Sur la base de ces paramètres, une nouvelle typologie des infractions douanières a été introduite.

§2. En ce qui concerne les droits et les obligations de l'administration

— Les renseignements aux tiers qui ont été réglementés en relation avec le secret professionnel.

– La fixation des délais d'archivage des déclarations et autres documents détenus par l'administration.

– La définition des conditions d'exercice du contrôle a posteriori.

– La responsabilisation de l'administration en cas de vol ou détérioration des marchandises et moyens de transport mis sous sa garde lorsque ce vol ou détérioration est imputable à l'administration ou à ses agents.

Les modifications contenues dans le nouveau code visent également l'assouplissement des formalités de dédouanement ainsi que l'adaptation aux normes internationales :

– Le principe du dépôt, par anticipation, des déclaration sommaires et des déclarations en détail qui est de nature à aider à la réduction des délais de dédouanement.

– Le bénéfice du dédouanement à domicile.

– L'adoption de nouvelles formules de déclarations consenties, notamment, dans le cadre de conventions conclues entre l'administration et les opérateurs intéressés. Il s'agit, en particulier, de la déclaration provisionnelle couvrant un ensemble d'opérations d'importation ou d'exportation, de la déclaration simplifiée qui permet l'enlèvement des marchandises sur la base des supports commerciaux ou de transport et de la déclaration globale, couvrant l'importation fractionnée d'ensembles éligibles à une même position tarifaire.

– En matière de régimes économiques en douane, l'assouplissement des procédures vise, notamment, la réduction des frais financiers, la réglementation de la sous-traitance.

§3. Maîtrise de la lutte contre la fraude

Les propositions ont pour objet :

– l'institution de la possibilité de soumettre les personnes soupçonnées de trafic de stupéfiants à la visite médicale ;

– l'atténuation de l'interprétation de la notion de "première réquisition" en matière de justification de la détention des marchandises passibles des droits et taxes à l'importation, en prévoyant que le détenteur qui déclare disposer dans un autre lieu des justificatifs requis, puisse être accompagné par les agents de l'administration jusqu'audit lieu pour présenter les justificatifs dont il s'agit.

§4. Le contentieux en douane

Les modifications proposées en matière de contentieux visent essentiellement à :

—Atténuer la sévérité des sanctions répressives applicables aux infractions douanières en vue d'une meilleure faisabilité du système de sanction qui a été revu avec plus de réalisme.

– Reconsidérer la typologie des infractions dans la mesure où l'infraction douanière, actuellement qualifiée de délit de simple police a été divisée en deux classes de délits et quatre classes de contraventions douanières. L'introduction de la contravention douanière, d'un statut différencié par rapport à celui de la convention en matière de droit commun, a nécessité une détermination des délais de prescription de cette dernière, des délais de prescription des condamnations la sanctionnant et de la durée de la contrainte par corps.

– Opérer la distinction entre les actes de la contrebande et la fraude accompagnant les opérations commerciales.

– Créer une classe spécifique aux infractions douanières lorsque ces dernières se rapportent aux stupéfiants.

– Atténuer la responsabilité pénale en matière d'infraction douanière par la non application de la peine d'emprisonnement aux signataires de la déclaration et aux commettants de bonne foi ainsi qu'aux transitaires lorsqu'il a été établi qu'ils ont agi conformément aux renseignements fournis par leur mandants.

– Décharger de la responsabilité pénale le transporteur dans des cas déterminés.

– Instituer le droit à la délivrance de la mainlevée pour certaines marchandises ayant servi à masquer la fraude, et pour certains moyens de transport.

N.B. : Les mesures douanières nécessitent cependant une concordance réelle entre code de commerce et code de douane, surtout en matière pénale et financière. L'harmonisation des deux codes est absolument indispensable.

Chapitre IV

Les incitations fiscales au développement de l'épargne, des investissements et des exportations

L'article 21 de la loi de finances transitoire pour la période de janvier-juin 1996 a abrogé les anciens textes d'encouragement aux investissements et aux exportations.

Le nouveau système d'incitation s'insère dans le cadre **du droit commun**. Il est donc difficile de parler de loi-cadre, de code, de charte, etc. (1). La nouvelle législation incitative a été adoptée dans **une optique de généralisation et d'automaticité**.

En abrogeant les mesures fiscales et financières spécifiques à chaque secteur d'activité, le nouveau système d'incitation a cherché à harmoniser l'octroi des avantages en tenant compte de l'évolution récente du système fiscal et des contraintes de la politique financière et budgétaire de l'Etat.

Le nouveau système d'incitation est plus cohérent et plus simple, plus avantageux pour les activités prioritaires et les régions qui méritent un soutien financier plus important.

Les nouvelles incitations se fondent essentiellement sur **le droit commun et sur l'automaticité** des avantages en supprimant l'autorisation préalable de l'administration. Elles visent essentiellement à alléger la charge fiscale des entreprises et des ménages et à renforcer la capacité concurrentielle des entreprises.

Elles visent également :

---

(1) *Cf.* article de M. Anas Bensalah Zemrani sur « la nouvelle politique d'incitation au développement à travers la fiscalité : un cadre réellement incitatif », journal *le Matin du Sahara*, du lundi 11 décembre 1995.

- la réduction de la charge fiscale afférente aux opérations d'acquisition des matériels, outillages, biens d'équipement et terrains nécessaires à la réalisation de l'investissement ;
- la réduction des taux d'imposition sur les revenus et les bénéfices ;
- l'octroi d'un régime fiscal préférentiel en faveur du développement régional ;
- le renforcement des garanties accordées aux investisseurs en aménageant des voies de recours en matière de fiscalité nationale et locale ;
- la promotion des places financières offshore, des zones franches d'exportation et du régime de l'entrepôt industriel franc ;
- une meilleure répartition de la charge fiscale et une bonne application des règles de libre concurrence, notamment par la révision du champ d'application des exonérations fiscales accordées.

Section I

L'allégement de la charge fiscale

§1. Impôt sur les sociétés, allégement de la charge fiscale

A. Dans le cadre de la baisse des taux d'imposition et de l'élargissement du champ d'application de l'impôt, le taux de l'impôt sur les sociétés est ramené de 36 % à 35 % (art. 7 de la charte). Toutefois, ce taux est fixé à 39,6 % en ce qui concerne :

- les établissements de crédit, à l'exclusion des sociétés de crédit-bail ;
- Bank Al Maghrib ;
- la caisse de dépôt et de gestion ;
- les sociétés d'assurances et de réassurances.

B. Exonération totale de l'impôt sur les sociétés pendant 5 ans

Les entreprises exportatrices de produits ou de services bénéficient pour le montant de leur chiffre d'affaires à l'exportation, d'avantages particuliers pouvant aller jusqu'à l'exonération totale de l'impôt sur les sociétés pendant une période de cinq ans et d'une réduction de 50 % dudit impôt au-delà de cette période.

Toutefois, en ce qui concerne les entreprises exportatrices de services, les exonérations et réductions précitées ne s'appliquent qu'au chiffre d'affaires à l'exportation réalisé en devises.

C. Réduction de 50 % de l'impôt sur les sociétés

Les entreprises qui s'implantent dans les préfectures ou provinces dont le niveau d'activité économique exige un traitement fiscal préférentiel bénéficient d'une réduction de 50 % de l'impôt sur les sociétés pendant les cinq premiers exercices suivant la date de leur exploitation, à l'exclusion des établissements stables des sociétés n'ayant pas leur siège au Maroc, attributaires de marchés de travaux, de fournitures ou de services, des établissements de crédit, des sociétés d'assurances et des agences immobilières.

Les entreprises artisanales dont la production est le résultat d'un travail essentiellement manuel bénéficient d'une réduction de 50 % de l'impôt sur les sociétés pendant les cinq premiers exercices suivant la date de leur exploitation, et ce, quel que soit le lieu de leur implantation.

§2. Impôt général sur le revenu

A. Allégement de la charge fiscale

Poursuivant également le **processus de réduction de la charge fiscale** sur les revenus des personnes physiques introduit par la réforme fiscale, la loi de finances transitoire pour l'année 1996 a ramené le taux marginal de l'I.G.R. de 46 à 44 % et réduit d'un point les autres taux du barème.

La charte de l'investissement, prévoit dans son article 8, un réaménagement des taux du barème de l'impôt général sur le revenu. Elle stipule que le taux d'imposition maximum ne devait pas excéder **41,5 %**.

En attendant, **une contradiction flagrante** existe entre la charte de l'investissement qui prévoit un taux d'imposition de 41,5 % et l'impôt général sur le revenu qui fonctionne avec un taux d'imposition maximum de 44 % !

B. Exonération totale de l'impôt général sur le revenu

Les entreprises exportatrices de produits ou de services bénéficient pour le montant de leur chiffre d'affaires à l'exportation, d'avantages particuliers pouvant aller jusqu'à l'exonération totale de l'impôt général sur le revenu pendant une période de cinq ans et **d'une réduction de 50 %** dudit impôt au-delà de cette période.

Toutefois, en ce qui concerne les entreprises exportatrices de services, les exonérations et réductions précitées ne s'appliquent qu'au chiffre d'affaires à l'exportation réalisé en devises.

C. Réduction de 50 % de l'impôt général sur le revenu

Les entreprises qui s'installeront dans des préfectures ou provinces dont le niveau d'activité économique exige un traitement fiscal préférentiel, **bénéficieront d'une réduction de 50 %** de l'impôt général sur le revenu pendant les cinq **premiers exercices** suivant la date de leur exploitation, à l'exclusion des attributaires de marchés de travaux, de fournitures ou de services ainsi que des agences immobilières.

Les entreprises artisanales, dont la production est le résultat d'un travail essentiellement **manuel**, bénéficieront d'une réduction de 50 % de l'impôt général sur le revenu pendant les **cinq** premières années de leur exploitation et ce, quelque soit le lieu de leur implantation.

Le bénéfice des avantages prévus ci-dessus **est subordonné** à la tenue d'une **comptabilité régulière** conformément à la législation en vigueur.

§3. Dispositions communes à l'I.S. et à l'I.G.R.

A. Amortissements dégressifs

Seront maintenues pour les biens d'équipements et pendant la période visée à l'article 1er ci-dessus, les mesures prévues par la législation relative à l'impôt sur les sociétés et à l'impôt général sur le revenu en matière **d'amortissements dégressifs**.

B. Provisions pour investissement en matière d'impôt sur les sociétés et d'impôt général sur le revenu

Seront considérées comme charges déductibles, **les provisions constituées dans la limite de 20 %** du bénéfice fiscal, avant impôt, par les entreprises en vue de la réalisation d'un investissement en biens d'équipement, matériels et outillages, et ce, dans la limite de **30 %** dudit investissement, à l'exclusion des terrains, constructions autres qu'à usage professionnel et véhicules de tourisme.

Seront maintenues comme charges déductibles, les provisions constituées par les entreprises minières pour reconstitution de gisements miniers conformément à la législation relative à l'impôt sur les sociétés et à l'impôt général sur le revenu.

C. Exonération du profit de cession d'éléments d'actif

Les redevables à **l'I.S.** ou à **l'I.G.R.** peuvent bénéficier de **l'exonération totale** de l'imposition des profits de cession, d'éléments corporels ou incorporels de l'actif immobilisé, en **s'engageant par écrit à réinvestir** le produit global des cessions réalisées au court d'un même exercice dans un délai maximum de trois années suivant la date de clôture dudit exercice.

D. Réduction de 50 % de la base imposable

Réduction de 50 % de la base imposable au titre de l'I.S. et l'IGR au profit des unités hôtelières qui réalisent plus de 50 % de leur chiffre d'affaires en devises (L.F. 1999/2000)

§4. Autres avantages fiscaux

A. Les droits de douane

Les droits de douane comprenant le droit d'importation et le prélèvement fiscal à l'importation seront aménagés comme suit :

– le droit d'importation ne pourra être inférieur à 2,5 % ad-valoren ;

– les biens d'équipement, matériels et outillages ainsi que leurs parties, pièces détachées et accessoires, considérés comme nécessaires à la promotion et au développement de l'investissement seront passibles d'un droit d'importation à un taux minimum de 2,5 % ad-valoren ou à un taux maximum de 10 % ad-valorem ;

– les biens d'équipement, matériels, outillages et parties, pièces détachées et accessoires visés ci-dessus seront exonérés du prélèvement fiscal à l'importation.

B. La taxe sur la valeur ajoutée (TVA)

Seront exonérés de la taxe sur la valeur ajoutée à l'intérieur et à l'importation, les biens d'équipement, matériels et outillages que le contribuable inscrira dans un compte d'immobilisations et ouvrant droit à déduction conformément à la légalisation relative à la taxe sur la valeur ajoutée.

Les entreprises assujetties qui ont acquitté la taxe à l'occasion de l'importation ou de l'acquisition locale des biens susvisés bénéficient du droit au remboursement de ladite taxe, selon les modalités prévues par voie réglementaire (art. 19, 3°), à compter du 1er juillet 2000.

C. Les droits d'enregistrement

Sont exonérés des droits d'enregistrement les actes d'acquisition des terrains destinés à la réalisation d'un projet d'investissement, à l'exclusion des actes visés au paragraphe a. du deuxième alinéa ci-dessous, sous réserve de la réalisation du projet dans un délai maximum de 24 mois à compter de la date de l'acte.

Sont soumis à un droit d'enregistrement au taux de 2,5 % :

a. les actes d'acquisition des terrains destinés à la réalisation d'opérations de lotissement et de constructions ;

b. la première acquisition des constructions visées ci-dessus par des personnes physiques ou morales autres que les établissements de crédit ou les sociétés d'assurances.

Sont soumis à un droit d'enregistrement au taux maximum de 0,50 % les apports en société à l'occasion de la constitution ou de l'augmentation du capital de société.

D. La taxe sur les profits immobiliers (TPI)

En vue d'encourager la construction de logements sociaux, sera exonéré de la taxe sur les profits immobiliers, le profit réalisé par les personnes physiques à l'occasion de la première cession de locaux à usage d'habitation, sous réserve que la cession n'ait pas un caractère spéculatif et que le logement présente un caractère social.

E. Impôt des patentes

La taxe variable du principal de l'impôt des patentes sera supprimée.

Seront exonérées de l'impôt des patentes, les entreprises industrielles, touristiques, commerciales, artisanales, de promotion immobilière ou de lotissement, et ce, pendant une période de cinq années qui court à compter de la date du début de leur exploitation.

Sont exclus de cette exonération les établissements stables des sociétés et entreprises n'ayant pas leur siège au Maroc, attributaires de marchés de travaux, de fournitures ou de services, les établissements de crédit, les entreprises d'assurances et les agences immobilières.

F. La taxe urbaine

Sont exonérés de la taxe urbaine les constructions nouvelles, les additions de constructions ainsi que les appareils faisant partie intégrante des établissements de production de biens ou de services, et ce, pendant une période de cinq années suivant celle de leur achèvement ou de leur installation.

Sont exclus de cette exonération les établissements, entreprises et agences visés au dernier alinéa de l'article 12 ci-dessus, à l'exclusion des entreprises de crédit-bail en ce qui concerne les équipements qu'elles acquièrent pour le compte de leurs clients.

G. La fiscalité locale

En ce qui concerne la fiscalité locale, il est procédé à une simplification et une harmonisation des taux maximum et des assiettes imposables et à leur adaptation aux nécessités de développement et d'investissement.

Section II

Mesures d'encouragement d'ordre divers

§1. La réglementation des changes

Les personnes physiques ou morales de nationalité étrangère, résidentes ou non, ainsi que les personnes physiques marocaines établies à l'étranger qui réalisent au Maroc des investissements financés en devises, bénéficient pour lesdits investissements, sur le plan de la réglementation des changes, d'un régime de convertibilité leur garantissant l'entière liberté pour :

- le transfert des bénéfices nets d'impôts sans limitation de montant ni de durée ;
- le transfert du produit de cession ou de liquidation totale ou partielle de l'investissement, y compris les plus-values.

§2. L'allégement et la simplification des procédures administratives

Il sera institué auprès de chaque préfecture et province du Royaume, **un comité groupant les administrations et organismes** intervenant dans la réalisation des projets d'investissement.

Ce comité sera chargé de veiller à la délivrance des autorisations administratives nécessaires à la réalisation desdits projets.

Il sera procédé à l'allégement et à la simplification des procédures administratives liées à la réalisation des investissements.

Dans tous les cas où le maintien d'une autorisation administrative pour l'octroi d'avantages prévus par la présente loi-cadre s'avère nécessaire, cette autorisation sera censée être accordée lorsque l'administration aura gardé le silence sur la suite à réserver à la demande la concernant pendant un délai de soixante jours à compter de la date du dépôt de ladite demande.

§3. La promotion et le développement des investissements

Il sera créé un compte d'affectation spéciale intitulé "**Fonds de promotion des investissements**" destiné à comptabiliser les opérations afférentes à la prise en charge par l'Etat du coût des avantages accordés aux investisseurs dans le cadre du régime des contrats d'investissement visés à l'article précédent ainsi qu'aux dépenses nécessitées par la promotion des investissements.

Dans les provinces ou préfectures dont le niveau de développement économique justifie une aide particulière de l'Etat, celui-ci prendra en charge une partie du coût d'aménagement des **zones industrielles** qui y seront implantées.

Chaque zone industrielle, dont l'importance de la superficie la justifie, **sera dotée d'un comité de gestion** composé des utilisateurs de la zone et du promoteur, personne publique ou privée chargée de veiller à la gestion et à la maintenance de l'ensemble de la zone, à la surveillance et au maintien de la sécurité à l'intérieur de la zone ainsi qu'à la bonne application des clauses du cahier des charges liant le promoteur de la zone et les utilisateurs.

Il sera institué **un organe administratif** chargé de l'accueil, de l'orientation, de l'information et de l'assistance des investisseurs ainsi que de la **promotion des investissements**.

Il sera créé également par l'Etat une **agence foncière** chargée de mettre à la disposition des investisseurs dans le secteur touristique des terrains à des prix compétitifs pour la réalisation de leurs projets d'investissements.

Les entreprises dont le programme d'investissement est très important en raison de son montant, du nombre d'emplois stables à créer, de la région dans laquelle il doit être réalisé, de la technologie dont il assurera le transfert ou de sa contribution à la protection de l'environnement, peuvent conclure avec l'Etat des contrats particuliers leur accordant, outre les avantages prévus dans la présente loi-cadre et dans les textes pris pour son application, une exonération partielle des dépenses ci-après :

- dépenses d'acquisition du terrain nécessaire à la réalisation de l'investissement ;
- la constitution d'une réserve foncière destinée à la réalisation de projets d'investissement et la définition de la participation de l'Etat à l'acquisition et à l'équipement des terrains nécessaires à l'investissement ;
- l'orientation et l'assistance des investisseurs dans la réalisation de leurs projets, et ce, par la création d'un organe national unifié ;
- la simplification et l'allégement de la procédure administrative relative aux investissements ;
- dépenses d'infrastructure externe ;
- des frais de formation professionnelle.

NB. : Seront maintenues, pour les mêmes durées et dans les mêmes conditions, les exonérations totales ou partielles déjà octroyées en vertu des législations instituant des mesures d'encouragement aux investissements.

Section III

La portée de la charte de l'investissement

Créer un environnement favorable à l'investissement tel est l'objectif principal de la charte. Il faut reconnaître, en effet, que **l'impulsion d'une ambiance de confiance, d'espoir et de crédibilité** des institutions est plus que jamais indispensable à la relance de l'investissement. Pour cela, la charte de l'investissement ne manque pas **d'atouts** mais elle révèle également un certain nombre **d'insuffisances** (1).

---

(1) En fait, il est difficile d'apprécier la valeur des incitations fiscales contenues dans la charte de l'investissement puisque le processus de feed back, impôt-croissance, n'a jamais fait l'objet d'une quelconque évaluation économétrique.

§1. Les atouts de la charte de l'investissement

En supprimant les anciens codes à caractère sectoriel, la nouvelle charte **a généralisé les avantages à tous les secteurs** d'activités. Désormais, les travaux publics et la santé, par exemple, sont éligibles aux avantages de la nouvelle charte. Un texte à part est en principe prévu pour le secteur agricole.

1. Les incitations fiscales obéissent de plus en plus aux normes internationales.

2. Des **mesures concrètes** de soutien à l'investissement, parmi lesquelles il y a lieu de citer :

- une réglementation des charges **plus libérale** ;
- le maintien pour les biens d'équipements, de mesures en matière d'amortissements dégressifs ;
- **la prise en charge par l'Etat** à partir d'un certain volume d'investissement d'une partie du prix du terrain, des équipements de base et des frais de formation professionnelle.

3. La nouvelle charte a supprimé **le visa de conformité**, cela peut dans une certaine mesure simplifier les procédures administratives mais ne règle pas le problème **des autorisations**.

4. Les provisions pour investissements étaient limitées aux entreprises industrielles qui investissent en zone 3 et 4 et pour les entreprises minières. La nouvelle charte a étendu cet avantage à toutes les entreprises structurées soumises à l'I.S. ou à l'IGR et détenant une comptabilité.

On peut dire de façon plus générale qu'avec la nouvelle charte, le législateur a cherché à encourager l'acte d'investir et non certaines activités spécifiques.

§2. Les insuffisances de la charte de l'investissement

Il est incontestable que la charte des investissements a apporté des éléments positifs pour améliorer “le climat des investissements”.

Mais il est aussi incontestable qu'elle comporte des omissions, des incertitudes et des dispositions obscures, difficiles à comprendre pour l'investisseur, ce qui limite la portée de la charte.

1. **La charte n'a pas été renforcée et appuyée par des textes d'application pour dissiper toute méfiance et incertitude**. En effet, l'imprécision de certains articles peut donner lieu à des problèmes au niveau de leur application. Parmi les arguments avancés pour souligner l'intérêt de la charte de l'investissement, figure

la transparence. C'est l'un des objectifs visés par la suppression du visa de conformité et l'établissement de deux listes de biens d'équipement exonérées toutes deux du P.I. et de la TVA, mais l'une supportant des droits de douane à l'importation de 2,5 % et la seconde de 10 %.

Il est important que les opérateurs économiques étudient ces listes qui doivent être publiées en même temps que le projet de charte, sinon le texte n'aurait aucun sens.

Le projet doit également affirmer les principes de droit à la protection pour les biens d'équipement fabriqués localement et les faire bénéficier de cette protection, en exonérant les matières premières et composantes de ces biens du droit d'importation et du P.I.

Le projet, pour contribuer à une stabilité fiscale indispensable, devrait indiquer qu'il ne sera pas institué de taxes nouvelles à l'importation, ni d'impôts nouveaux en dehors de ceux prévus par la législation actuelle à partir de la date d'application du projet de texte.

2. On reproche également à la charte de ne pas s'attaquer aux problèmes de fond que rencontre, généralement, l'investisseur national ou étranger, en l'occurrence les entraves et lenteurs administratives souvent difficiles à vaincre et au sujet desquels **la charte aurait dû prévoir un interlocuteur unique** ayant pour mission d'aider l'investisseur lors de la phase de création de l'entreprise.

3. D'autre part, certains encouragements susceptibles réellement d'aider et d'inciter l'investisseur n'ont pas été prévus. Par exemple, une réduction des coûts des facteurs de production eau, énergie, main-d'œuvre, taux d'intérêts bancaires, etc., aurait été d'une réelle portée et d'un grand secours à l'investissement privé, surtout à un moment où le secteur public n'est plus en mesure de faire face aux besoins grandissants du pays en équipements et infrastructures de base.

4. L'on reproche aussi à la nouvelle charte de créer des soucis administratifs supplémentaires pour l'investisseur potentiel en prévoyant **des commissions provinciales d'accueil**. Ces appréhensions sont d'autant plus fondées que l'investisseur qui entend se déployer tant aux plans local que national se heurte souvent aux **incohérences qui existent entre la décentralisation et le manque de déconcentration**, du fait que l'administration marocaine reste profondément marquée par la bureaucratie et continue, toujours et contre toute logique, d'exhiber de manière ostentatoire **sa préférence pour** le contrôle et le commandement, avec des possibilités potentielles de blocage et de corruption.

5. **Les dispositions relatives à la fiscalité locale**, manquent de clarté et risquent de désorienter et de décourager l'investisseur qui doit faire face à une multitude de textes à objets divers.

6. **La création d'une agence foncière** réservée au secteur touristique, le gouvernement ne risque-t-il pas de compliquer davantage la procédure en inventant un intermédiaire supplémentaire, alors que l'investisseur éventuel peut très bien s'adresser directement aux domaines de l'Etat, pour l'acquisition de terrains.

7. **L'administration constitue aujourd'hui le principal frein à l'investissement.**

Une commission dirigée par le gouverneur de la Banque du Maroc avait présenté un rapport recensant de multiples obstacles (administratifs) qui ne semblent pas avoir été levés :

- les difficultés pour obtenir les autorisations de construire ;
- les délais inacceptables d'obtention de simples signatures de documents ou d'accomplissement d'actes administratifs élémentaires ;
- l'impossibilité d'obtenir documents ou signatures dans certaines provinces, ce qui pose avec acuité le problème de la déconcentration ;
- la situation est aggravée par la corruption et la contrebande qui donnent une image négative.

Les entreprises marocaines existantes ou à créer, vont devoir affronter une concurrence internationale impitoyable et le démantèlement douanier sera probablement fatal à certaines entreprises nationales qui n'auraient pas été mises au niveau.

C'est pourquoi, on ne peut pas se dispenser de prendre des mesures d'accompagnement techniques, financières, pour le soutien de ces entreprises.

Parallèlement à la promulgation d'une charte de l'investissement et des autres textes qui la complètent, une action de choc doit être entreprise en vue de réformer et d'assainir l'administration et la justice afin de renforcer le climat de confiance chez l'investisseur éventuel.

N.B. : La charte de l'investissement doit offrir des avantages au moins comparables aux avantages offerts par nos concurrents : Espagne, Tunisie, Turquie, etc.

Troisième partie

La fiscalité liée au chiffre d'affaires de l'entreprise : la T.V.A.

La taxe sur la valeur ajoutée
Loi n° 30-85 (1)

Les principes généraux qui définissent la taxe à la valeur ajoutée lui confèrent une **spécificité importante** par rapport aux taxes sur le chiffre d'affaires ou aux taxes à la production qui l'ont historiquement précédée. Comme son nom l'indique, la T.V.A. est un impôt dont l'assiette est constituée par la "valeur ajoutée" à un produit, à chacun des stades de sa fabrication et de sa commercialisation, jusqu'au moment où le produit parvient **au consommateur final qui supporte en définitif le montant de la taxe**. La T.V.A. est une taxe à paiements fractionnés, puisque, bien qu'elle ne frappe qu'une seule fois, sa perception est échelonnée tout au long du circuit de production et de commercialisation. La T.V.A. est calculée selon un pourcentage du montant des ventes effectuées par les commerçants et les industriels, mais les redevables déduisent de la taxe exigible sur les ventes le total des taxes incluses dans les achats de toute nature (y compris les achats d'équipement, d'outillage, d'immeubles, etc.) ainsi que les frais qui permettent la réalisation du produit.

L'un des avantages principaux de la T.V.A. est de détaxer les investissements. La taxe sur la valeur ajoutée se caractérise par l'absence de discrimination entre les circuits de production et de distribution, entre les entreprises, entre les services et les produits. C'est donc un impôt neutre par rapport aux moyens de production. Toutefois, cette neutralité est relative comme nous le verrons ultérieurement.

L'inconvénient de la T.V.A. c'est qu'elle implique des contacts fréquents et complexes avec le fisc. Les contribuables doivent tenir une comptabilité complète

---

(1) Dahir n° 1.85.347 du 20 décembre 1985. Décret n° 2.86.99 du 14 mars 1986.

et régulière, il leur faut établir chaque mois ou chaque trimestre une déclaration et payer l'impôt correspondant. On peut craindre que les multiples retouches qui seront apportées à la T.V.A. dans les années à venir feront de cette dernière un système complexe d'administration difficile et rendront les obligations des contribuables plus lourdes. Il semble cependant que le souci de simplification et de cohérence est à l'origine de l'introduction de la T.V.A. D'après les promoteurs de la taxe sur la valeur ajoutée, les objectifs visés par le nouvel impôt s'orthonorment autour des axes suivants :

- institution d'un système de taxation unifié ;
- extension du champ d'application au commerce de gros et aux commerçants importateurs ;
- contraction des taux ;
- élargissement et aménagement du régime des déductions ;
- renforcement des garanties offertes au redevable en matière de contentieux.

L'examen de la loi sur la T.V.A. nous permettra de comprendre les mécanismes d'un impôt né de l'empirisme fiscal français puis construit selon des règles logiques et exporté. Pour cela, on se placera sur le plan technique : champ d'application, modalités de calcul, régimes particuliers, obligations administratives et comptables, contentieux.

Chapitre I

Principes et modalités techniques

La loi sur T.V.A. a amélioré la T.P.S. en généralisant le système des déductions et en étendant le champ d'application des taxes sur le chiffre d'affaires. L'impôt sur les produits et services la T.V.A. n'est pas un impôt sur l'entreprise : **celle-ci n'est qu'un percepteur pour le compte de l'Etat**. Elle doit facturer le prix hors taxe et se trouve donc amenée à répercuter intégralement la T.V.A. dans les prix. C'est donc **le consommateur final qui doit supporter le poids total de la T.V.A. ; lequel ne s'en aperçoit généralement pas, parce que le prix affiché est le prix taxe comprise**. Un simple exemple chiffré permet de démontrer que le mécanisme des déductions – clé de voûte de l'édifice – aboutit aux deux résultats suivants :

- détaxation de toutes les consommations intermédiaires, qu'elles portent sur des stocks, des immobilisations ou des frais généraux ;
- égalité de charge pour tous les produits d'un même prix, quelle que soit la longueur des circuits antérieurs de production et de commercialisation.

Exemple simpliste du mécanisme des déductions

1. Les données

Soit un produit déterminé dont le prix de vente hors taxe est de 100 Dh chez le producteur, de 150 chez le grossiste et de 200 chez le détaillant. On supposera que le taux de T.V.A. est de 20 %. On envisagera enfin le cas où le producteur vend directement au détail pour le même prix de 200.

2. La solution

• Circuit long

1. T.V.A. due par le producteur : 100 x 20 % = 20.

2. T.V.A. due par le grossiste :
– T.V.A. facturée au détaillant : 150 x 20 % = 30
– Déduction de la T.V.A. facturée par le producteur = 20
– T.V.A. à verser au Trésor par le grossiste = 10

3. T.V.A. due par le détaillant :
– T.V.A. facturée au consommateur : 200 x 20 % = 40
– Déduction de la T.V.A. facturée par le grossiste = 30
– T.V.A. à verser par le détaillant = 10

4. Poids total de la T.V.A.

La T.V.A. étant un impôt unique sur les consommations finales, son poids total doit être de 200 x 20 % = 40

En fait, cet impôt global a été acquitté par chacun des trois assujettis selon le mécanisme des paiements fractionnés : 20 + 10 + 10 = 40

Par le jeu des déductions, chaque assujetti ne verse en fait au Trésor qu'un impôt calculé sur sa valeur ajoutée.

• Circuit court

La T.V.A. facturée au consommateur est de : 200 x 20 % = 40

C'est cette somme qui doit être versée au Trésor. On vérifie ainsi qu'un produit vendu à un prix donné (200 Dh) supporte la même charge de T.V.A. (40 Dh), qu'elle que soit la longueur du réseau de distribution ; c'est l'application de la devise : "**à prix égal, impôt égal**". Ceci résulte du fait que les consommations intermédiaires des assujettis se trouvent déchargées de tout poids de T.V.A. par le mécanisme des déductions.

La T.V.A., **est donc bien une taxe unique** à la différence des taxes en cascade, **elle ne grève le prix d'un produit ou d'un service qu'une seule fois :** La T.V.A., qui a grevé les éléments du prix d'une opération imposable est déductible de la T.V.A., applicable à cette opération (1).

Prenons un autre exemple de déduction pour mieux illustrer la neutralité de la T.V.A. Supposons qu'un détaillant en parapluies qui les achète à 70 Dh hors taxe et qui les revend à 100 Dh hors taxe, et que la T.V.A. perçue à chaque stade soit de 20 %. Lors de l'achat, le détaillant paie à son fournisseur 84 Dh pour chaque parapluie : 70 Dh hors taxe et 14 Dh de T.V.A. Tout se passe donc comme s'il avait versé au fisc par l'intermédiaire de son fournisseur 14 Dh.

Le prix de vente du parapluie au consommateur sera de 100 Dh hors taxe plus 20 DH de T.V.A., soit 120 Dh. Le détaillant doit pour cette vente 20 Dh au fisc : mais comme il en a déjà payé l4 Dh, il ne lui reste à payer que 20 – 14 = 6 Dh, qu'il versera au fisc directement.

Aux stades antérieurs, le même mécanisme aura fonctionné : le tissu, les baleines, le manche auront supporté la taxe que le fabricant aura payée à ses fournisseurs , et ce fabricant versera au fisc la différence entre la taxe calculée sur le prix de vente aux détaillants et la taxe déjà payée sur ses factures d'achats.

Dans la pratique, la déduction ne se fait pas produit par produit, mais globalement sur la totalité des affaires réalisées au cours d'un mois ou d'un trimestre ; cela ne change rien au raisonnement précédent.

Cependant, il ne faut pas croire que l'exercice du droit à déduction est aussi simple dans tous les cas et aussi immédiat que le laissent croire les exemples précédents. Lorsqu'il faut calculer la régularisation par complément de déduction, ou la régularisation de la T.V.A. à la suite d'un impayé, les calculs se compliquent particulièrement, comme nous le verrons ultérieurement, et le fisc doit faire appel à des compétences certaines.

Par ailleurs, il existe certaines entorses au droit à déduction, dont le butoir, l'escroquerie, le prorata, etc.

---

(1) Art. 17 du dahir n° 1.85.347, portant promulgation de la loi n° 30.85 relative à la T.V.A. ; art. 271.1 du C.G.I. en France.

En effet, si un produit vendu à 100 Dh, est soumis à 20 % de T.V.A., et que 2,50 Dh, n'ont pas pu être déduits, le produit aura supporté en fait 22,50 % et non pas 20 % ; ce qui arrive souvent lorsque le taux final est plus faible que le taux initial. Supposons un assujetti qui supporte une T.V.A. de 20 % à l'amont sur l'acquisition de certaines matières premières (taux initial) et qui supporte une taxe au taux réduit (taux final) sur le produit fini :

– produit initial, acheté à 60 Dh et taxé à 20 %, soit 60 x 20 % = 12 Dh ;

– produit fini, revendu par le même producteur à 100 Dh, soit (100 – 60) x 7 % = 2,8 Dh.

Il y a donc butoir : 12 – 2,8 = 9,2 Dh, que le producteur ne peut pas récupérer. Ce crédit de 9,2 Dh qui normalement doit être remboursé, son remboursement n'est en principe admis que dans certains cas (1).

De la même façon, un avocat, qui fait du conseil fiscal, par exemple, est assujetti à 7 % de TVA sans droit à déduction. La taxe fait partie intégrante de son prix de revient. Elle fait partie des charges d'exploitation.

Pour la même prestation, un expert-comptable, qui fait aussi du conseil fiscal, récupère la TVA. A priori, il n'y a aucune différence entre les deux agents économiques. Mais leur traitement fiscal n'est pas identique. L'un peut récupérer la TVA, l'autre se heurte au problème du butoir. Ce n'est donc pas toujours le consommateur final qui supporte en dernier ressort la TVA.

Souvent, il n'y a aucune corrélation entre le phénomène de la répercussion de la TVA et l'exercice du droit à déduction !

On se rend compte, par ce survol schématique et extrêmement simplificateur, combien un principe simple : la déduction de la T.V.A. peut être générateur de difficultés au niveau de l'application. **Ceci dit, la T.V.A. présente des avantages certains, tant du point de vue économique que fiscal, que nous ne manquerons pas de développer dans les chapitres suivants.**

---

(1) **L'article 19 de la TVA précise :**
Le crédit de taxe ne peut aboutir à un remboursement, même partiel, de la taxe ayant grevé une opération déterminée, que dans les cas suivantes :
– dans le cas des opérations réalisées sous le bénéfice des exonérations ou du régime suspensif ;
– dans le cas de cessation d'activité taxable, le crédit de TVA, qui pourrait en résulter est remboursée par l'administration, dans un délai maximum de 4 mois, cf. *Loi de finances*, 1998-1999.

Chapitre II
Domaine d'application de la T.V.A.

Le champ d'application de la T.V.A., se définit principalement par référence, à la nature des opérations effectuées. **En matière de T.V.A., ce n'est pas la qualité de la personne qui est déterminante, mais l'acte effectué**. C'est ainsi que toute personne physique ou morale peut se voir réclamer la T.V.A. si elle effectue des opérations imposables. Un simple particulier qui loue en meublé sa résidence secondaire est en principe redevable de la T.V.A. sont considérées comme assujetties à la T.V.A., **toutes les personnes physiques ou morales**, autres que l'Etat non entrepreneur qui effectuent des opérations entrant dans le champ d'application de l'impôt.

Les principes qui gouvernent la territorialité de la T.V.A. sont définis par l'article 3 de la nouvelle loi qui stipule :

« qu'une opération est réputée faite au Maroc :

1. s'il s'agit d'une vente, lorsque celle-ci est réalisée aux conditions de livraison de la marchandise au Maroc ;

2. s'il s'agit de toute autre opération, lorsque la prestation fournie, le service rendu, le droit cédé ou l'objet loué sont exploités ou utilisés au Maroc.

Au regard de la T.V.A., le territoire fiscal marocain se compose du Maroc continental, de ses frontières terrestres ainsi que des eaux territoriales. Les opérations réalisées dans la zone franche du port de Tanger, sont hors du champ d'application de l'impôt. A titre de comparaison, le territoire fiscal français comprend les zones franches de Gex, de Savoie et de Monaco.

En instituant la T.V.A., le législateur a étendu le champ d'application de la T.P.S., à une partie du secteur de la distribution, notamment le commerce de gros. On peut noter que certains secteurs économiques continuent pour diverses raisons à échapper à la taxation, la distribution au détail et certaines activités ou produits, exemptés par une disposition expresse de la loi.

Il convient d'examiner successivement :

– les opérations imposables obligatoirement ;

– les opérations imposables par option ;

– les opérations exonérées.

§1. Les opérations imposables obligatoirement

En vue d'en assurer la généralité et la neutralité, le législateur a donné une définition – qui transparaît à travers l'énumération de **l'article 4** – particulièrement extensive du champ d'application de la T.V.A. On peut distinguer globalement deux catégories d'opérations obligatoirement passibles de la T.V.A. : les affaires relevant d'une activité de nature industrielle et commerciale, les prestations de services et certaines opérations soumises à l'impôt par détermination de la loi : les livraisons à soi-même et l'importation.

A. Les opérations imposables par nature

Il s'agit de toute opération de nature industrielle, commerciale, artisanale – portant sur les biens meubles ou immeubles – ou relevant des prestations de services. Echappent à la T.V.A., le secteur agricole, les activités à caractère non industriel ou non commercial et les actes civils. L'acte de commerce n'étant pas défini de façon rigoureuse par le droit positif, certaines interférences existent entre les actes de nature commerciale et les actes de nature civile. Les actes réputés civils non imposables sont ceux qui n'ont pas un caractère industriel, commercial ou de prestation au sens des dispositions des articles 1, 2, 4 et 5 de la loi relative à la T.V.A., **exemple : la location portant sur un immeuble non meublé, constitue une opération civile non taxable**.

Concernant **les opérations portant sur les biens meubles**, la T.V.A. impose les ventes et les livraisons par les entrepreneurs de manufacture, les ventes et les livraisons en l'état de produits importés par les commerçants importateurs, **les ventes et les livraisons en l'état réalisées par les commerçants grossistes** et enfin les opérations d'échange et les ventes de marchandises, corrélatives à une vente de fonds de commerce effectuées par les assujettis.

L'innovation principale de la loi relative à la T.V.A. est l'assujettissement obligatoire du commerçant importateur et du commerçant grossiste. Sous le régime de la T.P.S., les commerçants revendeurs n'étaient pas assujettis ; ils pouvaient néanmoins prendre la qualité de producteur autorisé. Avec l'institution de la T.V.A. certains de ces revendeurs sont obligatoirement imposés en vertu des 2e et 3e paragraphes de l'article 4 susmentionnés.

L'article 5 §2, entend par grossistes : « **les commerçants inscrits à l'impôt des patentes** en tant que marchand de gros, ainsi que ceux qui vendent à d'autres commerçants revendeurs et dont le chiffre d'affaires réalisé au cours de l'année précédente est égal ou supérieur à **2 000 000 de dirhams** (1) ».

(1) *Cf.*, loi de finances 96/97.

On peut déduire de ce paragraphe que pour être assujetti, le commerçant grossiste doit répondre à deux conditions :

– être inscrit à la patente en tant que "marchand en gros" c'est-à-dire que les ventes réalisées au détail doivent être inférieures à 50 % de son chiffre d'affaires ;

– être commerçant vendant à des revendeurs et là le législateur impose une double condition :

• ne pas vendre exclusivement au détail (cas d'un super marché par exemple dont le chiffre d'affaires peut facilement dépasser 2 000 000 de dirhams) ;

• avoir réalisé l'année précédente un chiffre d'affaires soit égal ou supérieur à 2 000 000 de dirhams.

La seconde catégorie d'opérations imposables obligatoirement, porte sur les biens immeubles et touche **les activités de travaux immobiliers, de lotissement et de viabilisation des terrains à bâtir et les opérations de promotion immobilière**. Sont considérées comme entrepreneurs de travaux immobiliers, les personnes qui se livrent à la construction, à la réparation, à l'entretien ou à la transformation d'immeubles. Entrent également dans le champ d'application de la T.V.A., les travaux d'aménagement et de viabilisation de terrains à bâtir, exécutés par des tiers ou par les propriétaires eux-mêmes. Par ailleurs, à la qualité de promoteur immobilier, et donc passible de la taxe à ce titre, toute personne qui participe directement ou indirectement, aux opérations de construction.

Les opérations de prestations de services, entrent également dans la catégorie des activités assujetties obligatoirement à la T.V.A. La notion de prestation de service recouvre une réalité très large et dépasse largement le cadre des livraisons de biens meubles et immeubles corporels. L'article 4, les énumère dans l'ordre suivant :

1. les opérations d'hébergement et/ou de vente de denrées ou de boissons à consommer sur place (art. 4, §8) ;

2. les opérations d'installation ou de pose, de réparation ou de façon (§9) ;

3. les éléments incorporels du fonds de commerce, les opérations de transport, de magasinage, de courtage, les louages de choses ou de services, les cessions et les concessions d'exploitation de brevet, de droits ou de marque et d'une manière générale toute prestation de services (§10) ;

4. les opérations de banque, de crédit et de change (§11) (1) ;

(1) *Cf.*, L.F. 1997/1998.

5. les professions libérales ou assimilées (§12), il s'agit des ingénieurs, des architectes, des avocats, des conseils et experts en toute matière, des médecins, des vétérinaires des exploitants de laboratoires d'analyse, etc.

B. Les opérations imposables par détermination de la loi

La nouvelle loi relative aux taxes sur le chiffre d'affaires, soumet expressément à la T.V.A. un certain nombre d'opérations qui, par nature, n'auraient pas été imposables. **Il en est ainsi des livraisons à soi-même et de l'importation.** L'absence d'imposition des livraisons à soi-même et de l'importation entraînerait une inégalité fiscale dans les conditions de la concurrence et porterait ainsi atteinte au principe de la neutralité de la T.V.A.

1. Les livraisons à soi-même

La notion de livraison à soi-même est une notion propre à la T.V.A., elle vise à rétablir au niveau de la consommation l'égalité de taxation entre ceux qui s'approvisionnent auprès des tiers et ceux qui fabriquent eux-mêmes les produits dont ils ont besoin.

L'article 4, dans ses paragraphes 4 et 6, distingue entre les opérations de livraisons à soi-même portant sur les biens meubles et celles portant sur les biens immeubles.

Exemple fictif d'imposition de livraison à soi-même

Soit une entreprise, qui au cours du mois de décembre 1995, a réalisé elle-même pour son propre compte la réfection du mur de clôture de l'usine à 4 000 Dh. Il s'agit de travaux immobiliers aboutissant à la création d'une immobilisation amortissable. On envisagera deux hypothèses, dans la première le prorata de l'entreprise est de 100 %, et dans la seconde de 70 %.

A. Première hypothèse : prorata de 100 %

la T.V.A. sera due au titre du mois de décembre 1995, soit : 4 000 x 14 % = 560 Dh.

B. Deuxième hypothèse : prorata de 70 %

T.V.A. exigible 4 000 x 14 % = 560 Dh

T.V.A. déductible 560 x 70 % = 392 Dh.

- Sont imposables au titre de leurs livraisons à soi-même, par exemple :
  - l'entreprise qui fabrique ou assemble une machine qu'elle utilise dans ses opérations de production ;

– le carrossier qui équipe un camion ou un car qu'il utilise dans son entreprise de transport, etc.

• Livraisons à soi-même ne donnant pas lieu à taxation au niveau de la consommation intermédiaire, on peut citer à titre d'exemple :

– l'usinage par un fabricant de pièces (boutons, vis, rondelles, etc.) entrant dans la composition du produit final ;
– la production par une unité de production de l'énergie nécessaire à la marche ;
– des machines.

2. Les importations

La soumission des importations à la T.V.A. vise à rétablir au niveau de la consommation l'égalité de taxation entre les produits nationaux et les produits importés. La T.V.A. marocaine est exigible dès lors qu'une marchandise importée franchit la frontière, même si l'opération est réalisée par un simple particulier n'ayant pas la qualité d'assujetti.

La perception est assurée par la douane. Le redevable est le déclarant en douane, c'est-à-dire soit le propriétaire des marchandises soit le commissionnaire en douane agrée.

§2. Les opérations imposables par option (article 6)

Les personnes exerçant des activités dont les opérations ne sont pas soumises normalement à la T.V.A., peuvent avoir intérêt à opter pour leur assujettissement. La faculté leur en est laissée par l'article 6 de la loi relative à la T.V.A. qui réintroduit ainsi un élément personnel dans la définition du champ d'application d'un impôt par définition réel.

L'option pour la T.V.A. permet aux personnes qui l'exercent de bénéficier du régime des déductions, donc de récupérer la T.V.A. qui a grevé les éléments constitutifs du prix de revient des produits ou des services qu'elles fournissent et de transmettre à leurs clients assujettis à la T.V.A., la possibilité d'opérer la déduction de la taxe ayant frappé tous les éléments du prix des fournitures qui leurs sont faites. **La T.V.A. est sans doute le seul impôt que certains contribuables demandent à payer volontairement lorsqu'ils ont des clients assujettis**. L'article 6, ouvre le droit d'option essentiellement aux :

1. commerçants qui exportent directement les produits, objets ou marchandises, pour leur chiffre d'affaires à l'exportation ;

2. petits producteurs et les petits prestataires bénéficiant de l'exonération en vertu de l'article 7 de la loi, c'est-à-dire ceux dont **le chiffre d'affaires ne dépasse pas le seuil de 180 000 Dh par an**, et qui exercent leur activité dans les conditions définies au §3, article 7 de la loi relative a la T.V.A. ;

3. revendeurs en l'état de produits autres que ceux énumérés au §1 de l'article 7 de la loi susmentionnée.

L'option permet aux commerçants exportateurs de s'approvisionner en exonération de la taxe sur la valeur ajoutée, comme elle leur permet aussi le remboursement de l'impôt ayant grevé les achats de biens et services ouvrant droit à déduction et de transmettre ce droit à leurs clients assujettis en ce qui concerne les petits fabricants, les petits prestataires et les revendeurs en l'état (autres que les grossistes et les importateurs).

L'option peut être globale ou partielle. Elle engage la personne qui a opté pour l'assujettissement volontaire à respecter toutes les obligations imposées aux redevables de la taxe sur la valeur ajoutée notamment l'obligation de souscrire une déclaration d'existence et de la tenue d'une comptabilité régulière.

§3. Les opérations exonérées

Certaines opérations qui seraient normalement passibles de la taxe, en sont exonérées par une disposition expresse de la loi. Le champ d'application de la T.V.A. est loin d'être général. Bien que dictées par des considérations d'ordre politique, économique ou social, **les exonérations constituent un obstacle au bon fonctionnement du mécanisme de la taxe sur la valeur ajoutée**.

L'exonération crée dans le processus de production des ruptures qui empêchent la transmission des droits à déduction qui ont été acquis au cours des opérations effectuées en amont, puisqu'ils ne peuvent s'imputer sur une opération exonérée.

On peut classer les opérations exonérées en vertu des articles 7 et 8 (opérations réalisées à l'intérieur du territoire marocain) et de l'article 60 (qui donne une énumération complète des produits exonérés de la taxe à l'importation) dans le cadre de la T.V.A. en deux catégories :

- exonérations de plein droit, c'est-à-dire sans formalités particulières ;
- exonérations soumises à certaines formalités.

A. Exonérations de plein droit

1. Opérations et prestations exonérées sans droit à déduction (amont et aval) article 7

Sont exonérées de la taxe sur la valeur ajoutée :

I. **Les ventes autrement qu'à consommer sur place** portant sur le pain, les pâtes alimentaires, les semoules, le couscous, le lait, le beurre, le sucre brut, le sel de cuisine, le riz usiné, les dattes conditionnées. Sont exonérées également les ventes portant sur les bougies et paraffines, le savon de ménage et l'alcool à brûler .

Sont également exonérées, les constructions d'habitations personnelles dont la superficie couverte est inférieure ou égale à 240 m^2, les opérations et les intérêts afférents aux avances et prêts consentis à l'Etat et aux collectivités locales, etc;

Les ventes portant sur les appareillages spécialisés destinés aux handicapés, sur les tapis d'origine artisanale de production locale, les services liés au transport aérien international, les opérations afférentes aux emprunts et avances consenties au FEC, etc.

II. **Les ventes portant** sur les tabacs, les journaux, les publications, les livres, les travaux de composition, les timbres fiscaux émis par l'Etat, les produits de la pêche, la viande fraîche ou congelée, l'huile d'olive, le crin végétal, les ouvrages en métaux précieux fabriqués au Maroc (soumis à la taxe spécifique), les films cinématographiques documentaires ou éducatifs ; ainsi que les ventes portant sur les tapis d'origine artisanale de production locale (L.F. 97/98, art. 10).

III. **Les ventes et les prestations réalisées par les petits fabricants et les petits prestataires** et qui réalisent un chiffre d'affaires annuel égal ou inférieur à 180 000 Dh/an (L.F. 1995).

Sont considérés comme "petits fabricants" "ou petits prestataires" tous ceux "dont la profession consiste dans l'exercice d'une industrie principalement manuelle..." : exploitant de taxi par exemple. On peut regretter l'absence d'une définition juridique précise de l'artisan fiscal, qui a été remplacé par "petits fabricants" et "petits prestataires". Ces deux notions ne sont pas moins ambiguës que la première ;

IV. **Les opérations et prestations énumérées par le paragraphe 4 de l'article 7.**

2. Opérations exonérées avec bénéfice du droit à déduction (article 8)

– Les produits livrés à l'exportation par les assujettis. L'article 9, a prévu un régime suspensif permettant de recevoir en suspension de la T.V.A. les marchandises, les matières premières et les emballages irrécupérables nécessaires aux opérations d'exportation et susceptibles d'ouvrir droit aux déductions et aux remboursements prévus aux articles 17 à 20.

- Les marchandises ou objets placés sous les régimes suspensifs en douane. Toutefois, en cas de mise à la consommation la T.V.A. devient immédiatement exigible.
- Les logements économiques.
- Bâtiments de mer et produits incorporés dans lesdits bâtiments.
- Les engrais et le matériel agricole.
- Les opérations de location d'immeubles à usage de motel, d'hôtel, de village de vacances ou d'ensembles immobiliers à destination touristique.
- Les biens d'équipement.
- Les opérations de vente, de réparation et de transformation portant sur les navires.
- Les biens d'équipements acquis par les établissements d'enseignement privé, les véhicules acquis par les exploitants de taxi.
- Les biens d'équipement acquis par la protection civile.
- les biens et services nécessaires à la production étrangère de films.

A compter de la L.F. 98-99, sont exonérés avec droit à déduction :

• Biens et marchandises, travaux et prestations de service destinés à être livrés à titre de dons dans le cadre de la coopération internationale, à l'Etat, aux CL, aux établissements publics et aux associations reconnues d'utilité publique par les gouvernements étrangers ou par les organisations internationales.

• Biens et marchandises, travaux et prestations de services destinés à être livrés à titre de dons aux gouvernements étrangers par le gouvernement du Maroc.

• Biens et marchandises, travaux et prestations de service financés par des dons de l'UE.

• Produits et équipements pour hémodialyse.

• Concentrés et solutés de dialyse péritonéale.

A compter de la L.F. 1999/2000, deviennent également exonérés avec droit à déduction :

– les acquisitions par les entreprises du transport international routier d'autocars, de camions, voire de biens d'équipement y afférents (aussi bien à l'intérieur qu'à l'importation) ;

– les biens d'équipement, matériel et outillages acquis localement ou à l'importation par les associations à but non lucratif s'occupant des personnes handicapées ;

– les médicaments destinés au traitement des maladies cardio-vasculaires, du diabète et de l'asthme ;

– les services d'assainissement facturés aux usagers par les organismes chargés de l'assainissement.

B. Exonérations soumises à certaines formalités prévues par voie réglementaire

1. Opérations exonérées à la vente sans droit à déduction (1) (article 7, §2, 10 et 11)

I. Les papiers destinés à l'impression des journaux et publications périodiques ainsi qu'à l'édition, lorsqu'ils sont dirigés sur une imprimerie ;

II. Les biens marchandises, travaux et prestations de services offerts sous forme de don à l'Etat, aux collectivités locales, etc. dans le cadre de la coopération internationale.

Par ailleurs, la loi prévoit, sous réserve de réciprocité, l'exonération des achats effectués par les diplomates.

2. Opérations exonérées avec *bénéfice du droit à déduction* (détaxation)

I. Les engins et filets de pêche destinés aux professionnels de la pêche maritime ;

II. Nourriture du bétail et des animaux de basse-cour ;

III. Produits et matériel à usage agricole ;

IV. Biens d'investissement.

Les formalités imposées par la loi, sont destinées à assurer l'emploi approprié du produit bénéficiant de l'exonération.

(1) C'est-à-dire que la TVA qui a grevé les éléments du prix d'une opération, n'est pas déductible de la TVA applicable à cette même opération (Article 17).

Il faut cependant signaler à propos de l'exonération que, parfois, cette dernière est un véritable "cadeau empoisonné".

C'est le cas par exemple des entreprises de presse (art. 7), l'inconvénient est double :

– les entreprises exonérées ne peuvent par définition, opérer sur leur imposition la déduction de la T.V.A. qui a grevé les divers éléments du prix de revient de leurs produits et cette T.V.A. ne leur est pas remboursée ;

– le client d'une entreprise exonérée, s'il est lui-même assujetti, est privé de la possibilité de déduire de la T.V.A. dont il est redevable celle qui a grevé en amont le prix de revient de son fournisseur.

La rupture dans le "cycle de la T.V.A." consécutive à chaque exonération aboutit paradoxalement à une surcharge fiscale, comme le montre l'exemple suivant :

Exemple fictif :

– Soit un produit d'un prix de revient de 100 Dh dans lequel la T.V.A. entre par hypothèse pour 25 Dh (taux fictif de 33,33 % appliqué au prix hors taxe de 75 Dh). Ce produit est vendu 140 Dh par une entreprise A en exonération de la T.V.A. L'acheteur B, assujetti à la T.V.A., revend ce produit 200 Dh dont T.V.A. = 50 Dh (taux de 33,33 %) ; A réalise un bénéfice de 40 Dh (140 – 100), et B un bénéfice de 10 Dh (prix de vente 200 moins T.V.A. versé au Trésor 50 Dh et prix d'achat 140 Dh).

– si A était assujetti à la T.V.A. et vendait le produit 160 Dh dont T.V.A. = 40 Dh (taux de 33,33 %), A réaliserait un bénéfice de 45 Dh, soit (160 – 100) – (40 – 25) (1), c'est-à-dire 5 Dh de plus qu'en cas de vente en exonération au prix de 140 Dh. De son côté, B pourrait récupérer la T.V.A. de 40 Dh que A lui a facturée ; il réaliserait dès lors, pour un prix de revente identique, un bénéfice de (200 – 160) – (50 – 40) (1), soit 30 Dh, c'est-à-dire 20 Dh de plus que dans le premier cas.

Il apparaît ainsi que l'exonération de T.V.A. entraîne en fait pour les deux entreprises un préjudice total égal à la T.V.A. non déductible supportée par l'entreprise exonérée (soit 25 Dh dans l'exemple précédent).

L'imposition au "taux zéro" ou à un taux symbolique (0,5 %) serait évidemment préférable pour les intéressés.

(1) Prix de vente diminué du prix d'achat (ou de revient) et de la T.V.A. versée au Trésor (T.V.A. brute moins T.V.A. déductible).

Chapitre III
Assiette et fait générateur de la T.V.A.

Pour déterminer l'assiette ou la base imposable de la taxe sur la valeur ajoutée, il convient de préciser quels en sont les assujettis – c'est ce que nous avons tenté de faire dans le cadre du chapitre précédent – **puis de rechercher ce qui en constitue le fait générateur**. L'exigibilité, la déclaration et le paiement de l'impôt sont étroitement liés à la survenance du fait générateur de l'impôt.

Afin de pouvoir donner dans la section suivante des indications sur les règles de calcul de la T.V.A., c'est-à-dire les taux applicables et les déductions, il s'agit dans le cadre de la présente section de préciser à quel moment l'imposition est-elle déclenchée, c'est-à-dire quel en est le fait générateur ? (Sous-section I), et sur quelles bases la T.V.A. est-elle due, autrement dit quelle est son assiette ? (Sous-section II).

Section I
Fait générateur de la T.V.A.

Le fait générateur engendre l'impôt, il donne naissance à la créance d'impôt. La connaissance du fait générateur est importante, tant pour le redevable que pour son client. **Pour le redevable**, il est fait masse de toutes les opérations donnant lieu à l'exigibilité de l'impôt pour une période déterminée à l'issue de laquelle ces opérations sont déclarées et l'impôt correspondant payé. **Pour le client**, c'est le fait générateur qui rend la taxe facturée déductible. Enfin, c'est la date du fait générateur qui détermine la législation applicable en cas de changement de législation.

Le fait générateur de la taxe sur la valeur ajoutée varie suivant la nature des opérations taxables. L'article 10 de la loi relative à la T.V.A., définit le fait générateur pour les opérations réalisées à l'intérieur et l'article 61 précise la définition du fait générateur pour l'importation.

§1. A l'intérieur

Il résulte des dispositions de l'article 10 que le régime de droit commun en matière de fait générateur est constitué par "**l'encaissement total ou partiel du prix des marchandises, des travaux ou des services**". Pour des raisons de commodité de gestion, le législateur a donné la possibilité pour les redevables d'opter pour le régime des "**débits**".

A. Régime de droit commun

En ce qui concerne le régime de droit commun, il faut entendre par **encaissements taxables** : les sommes encaissées pour le prix de la marchandise au comptant. Les avances, acomptes et arrhes constituent des sommes taxables puisqu'ils représentent une partie du prix encaissé par le vendeur. Les arrhes ne sont plus taxables en cas de rupture unilatérale du contrat, ils s'apparentent à ce moment aux dommages-intérêts. **En cas de règlement par chèque ou par effet de commerce**, le fait générateur de la T.V.A. est constitué par la date de l'encaissement effectif du chèque ou de l'effet par le redevable. **En cas d'échanges ou de règlement par compensation** le fait générateur est constitué par la livraison des marchandises ou l'exécution des services. Si l'opération est réalisée en compte courant – il ne faut pas que le compte soit à sens unique – la dette est débitée du compte client ; le débit vaut encaissement et devient passible de la taxe.

En matière de travaux immobiliers, le fait générateur est constitué par les sommes perçues au titre d'un marché de travaux (avances, acomptes...) quelle que soit leur destination (achat de matière première, paiement des sous-traitants...). Par ailleurs, si un assujetti procède à une livraison à soi-même, c'est-à-dire utilise pour son propre usage un produit qu'il a fabriqué, la T.V.A. devient exigible pour sauvegarder sa neutralité vis-à-vis de la concurrence. **Exemple** : une entreprise qui procède elle-même à la construction d'un mur de clôture pour son propre compte est passible de la T.V.A. par contre ne peut être considérée comme une livraison à soi-même, une consommation intermédiaire ou de service, rentrant dans le prolongement naturel de l'activité taxable et ne peut donc être imposable. **Exemple** : une entreprise qui produit de l'électricité à partir d'un groupe électrogène pour alimenter ses propres machines pour les besoins de l'exploitation. Une telle opération ne peut être considérée comme une livraison à soi-même et ne peut donc être passible de la T.V.A. Le fait générateur pour les livraisons à soi-même **de biens meubles** se situe à la date de la livraison ou au moment de la réunion des conditions d'utilisation et d'habitabilité pour **les biens immeubles**. Au regard de la T.V.A., un immeuble est considéré comme achevé au plus tard, lors de la délivrance du permis d'habiter.

B. Régime de l'option

Dans son 2e alinéa, l'article 10 prévoit la possibilité **d'opter pour le régime des "débits"**. Le "débit" consiste en l'inscription de la somme due au compte du client ;

il intervient généralement au moment de la facturation. Toutefois, si l'encaissement est antérieur au débit, la T.V.A. devient exigible sur le montant des sommes encaissées (versement d'acomptes par exemple).

Les redevables ayant choisi l'option doivent faire une déclaration écrite avant le 1er janvier ou dans les 3 mois qui suivent le début de leurs activités pour les nouveaux assujettis.

La déclaration doit être accompagnée de la liste des clients débiteurs. La T.V.A. y afférente doit être acquittée dans les 30 jours qui suivent le dépôt de la déclaration. Au regard de la T.V.A., les créances inscrites, pièces à l'appui, au débit du compte pertes et profits, sont irrécouvrables et donc non imposables. Lorsque **le compte d'attente** comporte un encaissement non identifié, ce dernier ne peut être inscrit ni comme un débit ni comme un encaissement.

§2. A l'importation

D'après les dispositions de l'article 61, 1er alinéa, le fait générateur de la T.V.A. à l'importation repose sur l'opération matérielle de dédouanement en vue de la mise à la consommation des marchandises importées. La T.V.A. est exigée au déclarant en douane en même temps que les autres droits et taxes. Le régime suspensif permet de recevoir hors taxes les marchandises bénéficiant du régime du transit ou de l'admission temporaire.

Section II

Assiette ou base imposable de la T.V.A.

L'assiette de la T.V.A. comprend en principe tout ce que le vendeur ou le prestataire encaisse ou reçoit. La base imposable est déterminée en fonction de la nature des opérations imposables, soit à partir de règles générales, soit à partir de règles particulières.

§1. Règle générale : les éléments constitutifs de l'assiette

Pour les livraisons et les prestations de services, la base imposable est la valeur remise en paiement, T.V.A. exclue. L'article 11 de la loi relative à la T.V.A. précise : **"le chiffre d'affaires imposable comprend le prix des marchandises, des travaux ou des services et les recettes accessoires qui s'y rapportent, ainsi que les frais, droits et taxes afférents à l'exception de la taxe sur la valeur ajoutée".**

Il ressort de la rédaction de cet article que la base imposable à la T.V.A. est constituée par le prix, c'est-à-dire l'ensemble des paiements en espèce ou en nature auxquels s'oblige l'acquéreur en contrepartie de la livraison de la marchandise ou de la prestation du service. Il convient donc de prendre en compte non seulement le prix de base (le prix-catalogue du fournisseur par exemple), mais encore tous les frais accessoires qui s'y rattachent (tels que frais de transport, d'emballages...) à l'exclusion de la taxe elle-même.

Les éléments de minoration du prix tels que les rabais ou les escomptes de caisse entraînent une réduction correspondante de la base imposable.

D'une manière générale **pour déterminer la base imposable**, il faut prendre en considération en plus de la valeur nue de la marchandise ou des services, les éléments suivants :

1. Les frais de vente

Les frais de vente constituent une charge d'exploitation pour le vendeur – même si ceux-ci sont facturés séparément – et constituent un élément du prix imposable. Les frais de vente comprennent :

– les frais de transport qui ne peuvent être soustraits du chiffre d'affaires imposable lorsque le transport reste à la charge du vendeur, c'est-à-dire en cas de vente "Franco" ;

– les frais d'emballages : en cas d'emballage perdu, la valeur de ce dernier constitue un élément du prix imposable, par contre, dans le cas ou l'emballage est consigné (fûts, containers, etc.) ce dernier reste en principe la propriété du vendeur et ne peut à ce titre être considéré comme un élément du prix imposable ;

– autres frais : frais de négociation des effets de commerce (sous certaines conditions, exemple : inexistence d'un contrat stipulant un prix comptant), frais de recouvrement.

2. Les recettes accessoires

Provenant de **la vente des déchets neufs d'industrie**, les recettes accessoires sont imposables dans la mesure où les produits dont ils sont issus ne sont pas exonérés. On peut cependant, relever une exception prévue expressément par la loi relative à la T.V.A. à l'article 8, alinéa 2 concernant les déchets de fabrication (lorsqu'ils sont mis à la consommation interne), sont passibles de la T.V.A. Il y a lieu de faire la différence entre les déchets de fabrication et les sous-produits. A titre d'exemple, la mélasse, sous-produit obtenu lors de la fabrication du sucre est imposable bien que le sucre soit exonéré. **La revente d'emballages reçus perdus** constitue une recette accessoire soumise à la T.V.A. **Les subventions sont imposables** lorsqu'elles sont destinées à soutenir le prix d'un produit ou d'un service.

3. Les produits financiers

En cas d'une vente à terme, les intérêts de crédit font partie intégrante du prix de vente imposable. Lorsque les sociétés "Holding" perçoivent des rémunérations de leurs sociétés filiales, en contrepartie des services rendus (prêts par exemple), elles doivent les inclure dans la base imposable à la T.V.A. Les intérêts des dépôts en compte bloqué, ainsi que les intérêts perçus par un assujetti au titre de prêts consentis par lui avec des fonds commerciaux, constituent des éléments du chiffre d'affaires imposable.

4. Complément de prix

Les sommes encaissées au titre **des révisions de prix**, sont considérées comme un complément de prix et incluses dans le chiffre d'affaires imposable. Il en est de même pour les **montants compensatoires débiteurs** fournis par certains fabricants à la Caisse de compensation (cas des ventes d'essence).

5. Droits et taxes

Entrent dans la base imposable à la T.V.A., à l'exclusion de la T.V.A. elle-même selon les produits ou les services imposables, les droits de douane ; la taxe spéciale et les taxes intérieures de consommation ; la taxe hôtelière ainsi que la taxe de premier établissement (perçue par la municipalité lors de l'approbation d'un plan présenté par un lotisseur).

D'autre part, doivent intervenir en réduction de la base imposable, les éléments suivants :

- les escomptes de caisse, remises, rabais, etc. consentis habituellement par les vendeurs à leurs clients ;
- la déduction des ristournes à condition de fournir la preuve que la réduction de prix a effectivement bénéficié à l'acheteur ;
- les intérêts des acomptes et des arrhes.

Exemples chiffrés d'établissement de la base imposable :

I. Un commerçant en gros de chaussures en cuir, effectue une vente "Franco" (livrée à domicile) se décomposant comme suit :

marchandises	5 000 Dh
transport	400 Dh
intérêts pour paiement à terme	75 Dh
remise de 5 %	250 Dh

L'assiette de l'impôt se présente de la façon suivante : (5 000 + 400 + 75) – 250 = 5 225 Dh.

II. Un commerçant grossiste en matériel de bureau conclu un marché avec une entreprise. Après livraison sa facture se présente comme suit :

montant initial fournitures	200 000 Dh
révision de prix	10 000 Dh
transport réglé à un tiers pour le compte client	1 000 Dh
remise de 3 %	6 000 Dh

L'assiette de l'impôt se présente de la façon suivante :

(200 000 + 10 000) – 6 000 = 204 000 Dh

Le transport n'est pas inclus dans l'assiette de l'impôt, étant à la charge du client (vente départ).

§2. Règles particulières : base imposable pour des opérations déterminées

En dehors des règles générales que nous avons citées, **la base imposable doit être déterminée en fonction de règles particulières** pour certaines opérations et dans certaines situations.

A. Opérations sur biens matériels

1. Règle spéciale d'assiette applicable aux ventes réalisées entre elles par des entreprises dépendantes

Il ressort des dispositions de l'article 11, 1er alinéa, sur les règles d'assiette applicables aux entreprises dépendantes, que lorsqu'un redevable vend ses produits à une filiale non assujettie, qu'elle revend à un autre agent économique, le chiffre d'affaires imposable du redevable en question est constitué par les ventes faites par sa filiale au prix pratiqué par cette dernière.

Exemple :

Un assujetti vend 5 000 unités d'un produit à sa filiale à 5,50 Dh l'unité, cette dernière revend au public chaque unité à 7 Dh. Le chiffre d'affaires de l'assujetti sera de 35 000 (5 000 x 7), et non de 27 500 (5 000 x 5,5).

Le but recherché par le législateur est sans doute de lutter contre l'évasion fiscale en faisant échec à la création d'entreprises intermédiaires entre l'assujetti et le revendeur.

L'article 12 du décret d'application de la T.V.A. a défini les conditions de dépendances : **"... est considéré comme placée sous la dépendance d'une entreprise, tout entreprise effectivement dirigée par elle..."**. Il appartient au fisc de rechercher les éléments de droit ou de fait des liens de dépendance et qui font qu'une entreprise exerce son pouvoir de décision sur l'autre.

2. Ventes effectuées par les négociants importateurs

L'article 11, dans son 2e alinéa précise que le chiffre d'affaires est constitué "pour les opérations de vente par les négociants importateurs, par le montant des ventes de marchandises, produits ou articles importés". **L'imposabilité du produit se fonde sur le critère de l'importation**. Avec l'avènement de la T.V.A., l'importateur de produits ou de marchandises devient obligatoirement assujetti. Il faut cependant préciser que, les marchandises produites localement, pour lesquelles l'assujetti n'a pas la qualité de grossiste (chiffre d'affaires ne dépassant pas 2 000 000 Dh), ne peuvent être incluses dans le chiffre d'affaires imposable.

Exemple

Un marchand revend au détail des électrophones, magnétophones, enceints acoustiques, etc. Une partie des produits qu'il vend est importée. En vertu des dispositions locales sur la T.V.A., ledit marchand est assujetti pour ses ventes de produits importés. Pour les ventes de produits acquis localement, étant détaillant, cette activité est située hors du champ d'application. Supposons que ce marchand a réalisé un chiffre d'affaires total de 2 200 000 Dh, dont 1 250 000 Dh provient de ventes de produits acquis localement. Le chiffre d'affaires taxable sera de : 2 200 000 – 1 250 000 = 950 000 Dh.

Il est conseillé aux commerçants importateurs, qui vendent par ailleurs des produits de fabrication locale pour lesquels ils n'ont pas la qualité de grossiste, de tenir de façon distincte les recettes afférentes à chacune des deux catégories de leurs ventes.

3. Grossistes

Pour les grossistes, il faut commencer par différencier **seuil et chiffre d'affaires taxable.**

Pour soumettre un grossiste à l'impôt, il faut que son chiffre d'affaires total – comprenant les ventes aussi bien de produits taxés que de produits exonérés – **dépasse le seuil de 2 000 000 Dh** (1).

L'assiette à soumettre à l'impôt sera constituée uniquement par le volume des ventes de produits taxables. Les produits exonérés (articles 7 et 8), ne font pas partie du chiffre d'affaires imposable.

Exemple

Soit un commerçant, ayant une librairie, papeterie et vendant également du matériel de bureau et des photocopieurs. Ce commerçant a réalisé en 1998 les opérations suivantes :

– revente à des revendeurs de bureaux, de fauteuils (produits taxables)	1 500 000 Dh
– revente au détail de photocopieurs	500 000 Dh
– revente de livres à des revendeurs (produits exonérés)	750 000 Dh
– revente de livres au détail (exonérés)	500 000 Dh
Chiffre d'affaires total :	3 250 000 Dh

Ce commerçant ayant dépassé en 1998, le seuil de 2 000 000 Dh de chiffre d'affaires sera taxé en 1999 en tant que grossiste.

Supposons que les ventes effectuées par ce commerçant qui a opté pour la déclaration trimestrielle, pendant les mois d'avril, de mai et de juin 1986 se répartissent comme suit :

– vente bureaux, fauteuils… (produits taxables)	450 000 Dh
– vente de livres (produits exonérés)	280 000 Dh
– vente de photocopieurs (produits taxables)	250 000 Dh
Chiffre d'affaires total :	980 000 Dh

(1) Article 4 de la loi sur la TVA, §3, tel qu'il a été modifié par la loi de finances 1996-1997, article 14, §8.

La base imposable sera constituée uniquement par le montant de ses ventes de produits taxables, soit :

450 000 + 250 000 = 700 000 Dh

4. Travaux immobiliers

L'article 11, 3e alinéa de la loi relative à la T.V.A. précise que, les entreprises de travaux immobiliers sont assujetties à la taxe sur la valeur ajoutée sur **"le montant des marchés, mémoires ou factures des travaux exécutés"**. La base imposable est constituée par le montant brut des factures ou mémoires encaissés à l'exclusion de la T.V.A. elle-même. L'assiette comprend outre le prix des travaux exécutés, toutes les recettes à titre de complément de prix et les indemnités pour interruption ou retard dans l'exécution des travaux.

5. Les opérations de promotion immobilière

Il ressort des dispositions de l'article 11, 4e alinéa, que la base imposable est différente selon que l'immeuble est destiné à la vente ou à la location.

a. Immeubles destinés à la vente

On détermine la base imposable à partir du prix de cession du terrain. Ce dernier doit être actualisé à la date de la vente de l'immeuble.

L'assiette est donc constituée de deux éléments :

– le coût de la construction, constitué par la différence entre le prix de cession et la valeur actuelle du terrain (prix d'acquisition, frais y afférents et réévaluation à partir du coefficient de la taxe sur les profits immobiliers) ;

– le coût de la viabilisation.

Exemple

Un promoteur immobilier achète un terrain nu de 2 000 m² à raison de 40 000 Dh. Il construit sur ce terrain un immeuble couvrant 700 m², les travaux de viabilité lui ont coûté 35 000 Dh. Après avoir appliqué le coefficient de la taxe sur les profits immobiliers, la valeur actuelle du m2 a été arrêtée à 140 Dh. L'immeuble a été vendu à 420 000 Dh.

Le coût de la construction sera :

420 000 – (140 x 2 000) = 280 000 Dh

Le coût des travaux de viabilité (justifié) est de 35 000 Dh. La base imposable est donc 280 000 + 35 000 = 315 000 Dh.

b. Immeubles destinés autrement qu'à la vente

L'assiette est constituée essentiellement par le prix de revient qui comprend tous les frais engagés pour la construction (architecte, achat de matériaux, etc.), justifiés à travers une comptabilité tenue régulièrement ; à défaut, l'administration procède à une évaluation en se basant sur un barème fixant pour chaque région où se situe l'immeuble, le prix du m^2. Il suffit à ce moment à l'agent du fisc de multiplier par le nombre de m2 pour déterminer le chiffre d'affaires imposable.

6. Opérations de lotissement

L'article 11, 5e alinéa stipule que pour les opérations de lotissements de terrains, **"sont soumis à la taxe sur la valeur ajoutée sur le coût de ces travaux d'aménagement et de viabilisation"**. Si le terrain loti et viabilisé est destiné à la construction, le chiffre d'affaires est déterminé de la même façon que pour les promoteurs (voir les opérations de promotion immobilière, développées dans le 5).

Si le terrain loti est viabilisé et destiné à la vente :

– dans le cas où le propriétaire exécute lui-même les travaux, la base taxable est déterminée à partir des coûts des travaux exécutés, l'opération constitue une livraison à soi-même ;

– dans le cas où les travaux sont confiés à un entrepreneur, le propriétaire supporte la taxe facturée par l'entrepreneur.

7. Echange et livraison à soi-même

En cas d'échange et de livraison à soi-même, l'assiette de l'impôt est constituée **"par le prix normal des marchandises ou des services au moment de la réalisation des opérations"** (article 11 §6).

B. Opérations de prestations de services

1. Professions libérales, commissionnaires, mandataires, loueurs de choses ou de services.

Le chiffre d'affaires imposable est constitué par **"le montant brut des honoraires, des commissions, courtages ou autres rémunérations ou prix des locations diminué éventuellement, des dépenses se rattachant directement à la prestation..."** (article 11, 7°).

Pour les professions libérales, énumérées à l'article 4, 12e alinéa, la base imposable est constituée par le montant brut des honoraires et autres rémunérations diminué éventuellement des frais légalement à la charge du client et que le redevable ne fait qu'avancer.

En ce qui concerne les commissionnaires, mandataires et autres intermédiaires, la base imposable est la même que pour les professions libérales, les débours autorisés peuvent varier selon la nature de l'intervention de l'assujetti.

2. Banquiers, changeurs, escompteurs

L'article 11, alinéa 8, dispose que l'assiette de l'impôt est constituée "**par le montant des intérêts, escomptes, agios et autres produits**".

La base imposable est déterminée à partir du montant des frais et agios que les banques prélèvent sur les effets de commerce.

Les sociétés de crédits sont soumises à l'impôt sur le montant brut des intérêts perçus sans aucune réfaction des charges que lesdites sociétés pourraient éventuellement supporter pour escompter les effets représentatifs de la créance.

3. Location en meublé ou en garni et location d'établissements industriels commerciaux

La base imposable est constituée par "**le montant brut de la location y compris la valeur locative des locaux nus et les charges mises par le bailleur au compte du local**".

En ce qui concerne les locaux meublés ou garnis, l'assiette de la taxe est constituée par le prix total réclamé au locataire. **A titre de rappel, la location de locaux nus est une opération civile et se trouve hors du champ d'application de la T.V.A**.

Mis à part les hôtels, motels, villages de vacances et ensembles immobiliers à destination touristique (exonérés), les établissements industriels et commerciaux sont imposés sur le montant brut de la location et les charges mises par le bailleur au compte du locataire.

4. Entrepreneur de pose, installateurs, façonniers et réparateurs

Le chiffre d'affaires imposable est constitué, "**par le montant des sommes reçues**" (art. 11, 10°).

5. Les ventes à consommer sur place

La base imposable pour les ventes à consommer sur place effectuées dans les restaurants, cafés, bars, glaciers... est constituée par le prix desdites ventes auquel s'ajoutent les recettes accessoires (exemple : recettes provenant des appareils à musique) et sans aucune réfaction ni distinction entre produits taxables ou non.

Chapitre IV

La liquidation de la taxe sur la valeur ajoutée

La liquidation de la T.V.A. consiste à calculer très exactement le montant d'impôt dû par l'assujetti en appliquant un taux ou plus généralement un tarif à la matière imposable.

La détermination des taux pose des problèmes multiples et fort délicats. La diminution et l'unification du nombre des taux, l'unification de la répartition des biens et services entre les taux, et celles des exonérations, rencontrent en effet des obstacles particulièrement difficiles à franchir. L'état actuel des législations des pays de l'Union européenne, qui cherchent à harmoniser leur fiscalité depuis la 6e directive (1), démontre l'extrême difficulté de ces opérations. Selon les pays, le nombre de taux varie de un au Danemark et en Grande-Bretagne à huit en Italie.

Le tarif de la T.V.A. marocaine est caractérisé par une multiplicité relative des taux, due aux traditions et contraintes nationales qui jouent un rôle non négligeable dans le classement de la matière imposable. Les taux de la T.V.A. marocaine sont relativement élevés par rapport aux taux pratiqués dans certains pays de l'Union européenne. Le taux normal est en effet, de 18,60 % en France, de 15 % en Grande-Bretagne, de 13 % en Allemagne et de 10 % au Luxembourg (2) alors qu'il est de 20 % au Maroc. Il existe désormais quatre taux légaux dans le cadre de la nouvelle loi relative à la T.V.A., dont nous étudierons les structures dans un premier paragraphe.

L'application d'un taux à la base imposable donne la T.V.A. brute afférente à l'opération imposée. La T.V.A. nette quant à elle, acquittée par chacun des

---

(1) Les débats préparatoires, sur la 6e directive, durèrent pas moins de sept ans. *Cf.* J.J. Philippe, « L'harmonisation européenne de la T.V.A. », R.F.F.P., n° 4, 1983, p. 159.

(2) Les structures économiques et sociales de ces pays leur permettent pourtant de supporter un niveau de pression fiscale plus important que celui du Maroc. Voir pour plus de détails sur les taux pratiqués dans les pays de la C.E.E., J.J. Philippe, *op. cité*, p. 167.

intermédiaires dans le circuit de production et de distribution s'obtient par l'application du mécanisme des déductions. Préciser le régime des déductions, le fondement du droit à déduction, la naissance de ce droit, ses modalités d'exercice, les régularisations auxquelles il donne lieu, tel sera l'objet de notre second paragraphe.

§1. La structure des taux

La détermination de la structure des taux doit répondre en priorité à des considérations d'équité. C'est ce qui explique que certains pays comme la France, la Belgique, l'Italie, l'Irlande appliquent une multiplicité de taux, ventilés en fonction de la structure de la consommation. D'autres pays au nom de la simplicité se limitent à un ou deux taux tels que le Danemark, la Norvège, le Royaume-uni, l'Allemagne, le Luxembourg et les Pays-bas. La pluralité des taux est une source de complexité et porte atteinte à la neutralité, telle a été la conclusion de la commission de simplification de la T.V.A. en 1969, dont **le rapporteur M. Pécresse a souligné le caractère burlesque de certaines situations devenues célèbres** : "Ce poulet qui change de taux selon qu'il est cru ou cuit, ce poivre qui change suivant qu'il est en grains ou moulu, ces confitures qui ne sont pas taxées de la même façon selon qu'elles sont courantes, pharmaceutiques ou régime, ces cacahuètes qu'il faut distinguer selon qu'elles sont grillées ou non, ces harengs fumés qui sont à 7 % ou à 15 % selon que la fumée était froide ou chaude. Passe encore que la nourriture des animaux n'ait pas la même taxation que la nourriture des hommes, mais est-il vraiment indispensable que celle destinée aux chiens, aux sangliers, aux souris ne suive pas le même sort que celle destinée aux volailles, aux lapins et aux pigeons même si l'administration s'est résignée à unir dans le même destin fiscal le pigeon voyageur et le pigeon domestique" (1).

Ceci dit, **dans un pays comme le Maroc où la structure des revenus est particulièrement déséquilibrée, la discrimination au niveau des taux suivant les catégories d'opérations s'avère indispensable**. La nouvelle loi sur la T.V.A. a marqué une simplification très nette des taux par rapport à la taxe sur les produits et les services. Pour tempérer l'injustice d'un impôt de consommation qui fait peser des charges relativement plus lourdes sur les familles modestes, que sur les catégories les plus aisées de la population, le législateur marocain a voulu que la

---

(1) *Cf.* rapport de 1969 de la commission de simplification de la T.V.A., p. 9, rapporté par Georges Egret, *in la T.V.A.*, PUF, Que sais-je ? p. 61 et 62. Voir également sur la simplification de la T.V.A., Maurice Cozian, *in les dessous de la T.V.A.*, A. Colin, 1971, p. 87 et s.

taxe sur la valeur ajoutée frappe l'ensemble de la dépense à des taux variables suivant le degré de nécessité des produits.

En effet, le taux réduit de 7 % est appliqué aux produits alimentaires de consommation courante – les produits de première nécessité sont exonérés – aux sources d'énergie de large consommation et aux opérations de transport de voyageurs et de marchandises. Le taux intermédiaire de 14 %, frappe les biens et les services présentant un certain intérêt économique ou social. Le taux de 10 % concerne certains biens d'équipement ainsi que certaines activités touristiques. Enfin, le taux normal de 20 %, dont le champ d'application n'est pas défini de manière limitative, étant donné qu'il englobe toutes les opérations imposables pour lesquelles un autre n'est pas spécialement prévu.

Malgré une discrimination assez qualitative, on peut dire que la gestion de 4 taux, souvent avec droit ou sans droit à déduction est une source de complexité. La plupart des pays développés appliquent actuellement un ou deux taux ! D'un autre côté, le taux de 20 % est particulièrement élevé et incite à la fraude et au développement du secteur informel.

On peut regretter l'inexistence d'un taux nul (taux zéro), qui permet de détaxer une opération tout en la maintenant dans le champ d'application de l'impôt, ce qui sauvegarde le droit à déduction de l'assujetti qui l'effectue.

Les dispositions légales des articles 13, 14, 15 et 16, de la loi relative à la T.V.A., fixent le tarif de la taxe en appliquant soit des taux ad-valorem, soit des taux spécifiques (1).

I. Taux "AD-Valorem" (articles 13 et 15)

Il existe quatre taux ad-valorem :

A. Taux normal de 20 %

Le taux normal de 20 % s'applique à toutes les opérations imposables pour lesquelles un autre taux n'est pas expressément prévu par la loi ou qui ne sont pas exonérées.

Le taux de 20 % est le taux le plus élevé de la T.V.A., étant donné que le taux majoré de 30 % a été abrogé par la loi de finances de 1993, dans son article 11 (2).

(1) La TVA, dont les taux sont exorbitants, constitue plutôt un frein à la progression de la demande. Ses taux doivent être revus à la baisse afin de favoriser la capacité d'achat des ménages. La baisse des taux de la TVA, pourrait provoquer une augmentation au niveau du rendement de cet impôt grâce aux effets d'entraînement sur la consommation des ménages et des entreprises.

(2) Le taux normal était de 19 %. Il est passé à 20 % dans le cadre de la loi de finances transitoire de 1996, article 15.

B. Le taux réduit de 14 %

a. Avec droit à déduction

La taxe sur la valeur ajoutée au taux de 14 % s'applique à tous **les travaux immobiliers par nature** ; travaux neufs ou de réparation. Il en est ainsi pour les bâtiments (constructions, terrassements, maçonnerie, béton armé, etc.), les travaux publics (routes, voies ferrées, drainage, dragage, ponts, etc.), et les travaux de chaudronnerie, de bâtiment et de constructions métalliques (cuves, citernes, châteaux d'eau, ossatures métalliques).

Lorsque les travaux sont de véritables prestations de services et ne constituent pas des opérations préliminaires ou accessoires à des travaux immobiliers, la taxe sur la valeur ajoutée au taux normal de 20 % doit être appliquée. Exemple : travaux de recherche de nappes d'eau, démolitions d'immeubles lorsque les opérations ne sont pas accessoires à de nouvelles constructions, montage et location d'échafaudages, etc.

Par ailleurs, il convient de faire la différence entre travaux immobiliers, comprenant aussi bien les opérations de promotion immobilière que les opérations de viabilisation de terrains et les travaux d'installation et de pose, consistant en la mise en place d'appareils et d'objets mobiliers, qui conservent leur caractère de meubles après leur installation, c'est-à-dire qui peuvent par la suite être déplacés sans subir de détérioration :

- les **graisses alimentaires**, margarines et saindoux ;
- le **thé** en vrac ou conditionné ;
- les confitures, fruits et jus de fruits, destinés à la confiturerie ;
- les opérations de vente ou de livraison de **café** (vert ou torréfié) et succédanés de café, ainsi que les extraits de café soluble ;
- les opérations de **transports de voyageurs** et de marchandises ;
- les **opérations de restauration** fournies par les prestataires de services au personnel salarié des entreprises ;
- le véhicule "**utilitaire léger économique**", ainsi que tous les produits et matières entrant dans sa fabrication (1) ;
- le "**cyclomoteur économique**", ainsi que tous les produits et matières entrant dans sa fabrication.

---

(1) Cette disposition a été introduite à l'occasion du lancement de la voiture économique par la loi de finances 1996-1997, *cf.* modalités d'application, décret n° 2.86.99.

b. Sans droit à déduction

Ce taux concerne les commissions des opérations de courtage et démarchage dans le domaine des assurances.

C. Le taux réduit de 10 % avec droit à déduction (art. 15)

– les opérations de vente de denrées ou de boissons et de restauration à consommer sur place **dans les ensembles touristiques** ;

– les opérations de **location d'ensemble immobilier** à destination touristique, à usage d'hôtels de motels, etc. ;

– les **biens d'équipement** non compris les immeubles et les véhicules de transport, acquis par les sucreries, les minoteries et les exploitations avicoles.

D. Le taux super-réduit de 7 %

a. Avec droit à déduction

Ventes et livraisons portant sur :

- l'eau livrée aux réseaux de distribution publique ;
- l'énergie électrique ;
- le gaz de pétrole et autres hydrocarbures gazeux ;
- les huiles de pétrole ou de schistes, brutes ou raffinées ;
- les huiles fluides alimentaires ;
- les produits pharmaceutiques, les matières premières, les emballages non récupérables et les produits entrant intégralement ou pour une partie de leurs éléments dans la composition des produits pharmaceutiques ;
- les aliments composés pour enfants ;
- le riz usiné, les farines et semoules de riz et les farines de féculents ;
- les conserves de sardines ;
- les fournitures scolaires, les produits et matières entrant dans leur composition. L'application du taux réduit aux produits et matières entrant dans la composition des fournitures scolaires est subordonnée à l'accomplissement des formalités définies par voie réglementaire (loi de finances, 1990) ;
- les bicyclettes, pneus et chambres à air pour les bicyclettes ;
- la location de compteur d'eau et d'électricité ;

- l'abonnement aux services de radiodiffusion-télévision n'émettant des programmes qu'à l'intention des abonnés auxdits services ;
- les aliments destinés à l'alimentation du bétail et des animaux de basse-cour, autres que les aliments simples tels que céréales, issues, pulpes, drêches et pailles ;
- lait en poudre destiné à l'alimentation humaine ;
- opérations de banque, de crédit et les commissions de change (1) ;
- transactions relatives aux valeurs mobilières effectuées par les sociétés de bourse (2) ;
- opérations de crédit-bail ;
- opérations de crédit foncier, à la construction, à l'hôtellerie effectuées par le C.I.H. (3) ;
- péage des autoroutes ;
- la voiture automobile de tourisme dite **"voiture économique"** ainsi que les produits et matières rentrant dans sa fabrication ;
- le savon de ménage ;
- les pâtes alimentaires ;
- les transactions portant sur les actions et parts sociales émises par les organismes de placements collectifs en valeurs mobilières ;

– Le sucre raffiné ou aggloméré, y compris les vergoises, les candis et les sirops de sucre pur non aromatisés ni colorés à l'exclusion de tous autres produits sucrés ne répondant pas à la définition ci-dessous (4).

b. Sans droit à déduction

Les opérations effectuées dans le cadre de leur profession par :

- les avocats, interprètes, notaires, adels, huissiers de justice ;

• les médecins, médecins-dentistes, vétérinaires, exploitants de clinique, maison de santé ou de traitement, exploitants de laboratoires d'analyses médicales,

---

(1) La loi de finances 1997-1998 a prévu un nouveau mode de perception par voie de retenue à la source.

(2) Les sociétés de Bourse, prévues par le Dahir portant loi n° 1.93.211 du 4 rabia II 1414 (21 septembre 1993), titre II.

(3) Les crédits concernant les habitations dont les superficies et les valeurs immobilières totales n'excèdent pas respectivement 150 m² et 500 000 Dh, sont exonérés. Voir dispositions de l'arrêté n° 1.126.92, article 1 du 20 juillet 1992, *B.O.* n° 4.164 du 19 août 1992.

(4) *Cf.* loi de finances 1998-1999, art. 14.

masseurs-kinésithérapeutes orthoptistes, orthophonistes, infirmiers, herboristes, sage-femmes.

II. Taux spécifiques (art. 16)

• Les **vins**, autrement qu'à consommer sur place sont soumis à la T.V.A. à un taux de **100 dirhams par hectolitre**.

• Les ouvrages ou articles en or, platine ou **argent**, en totalité ou en partie, sont soumis à un taux de T.V.A. de 4 Dh/gramme pour l'or et le platine et 0,05 Dh/gramme pour l'argent ; et ceci à l'exception des outils composés en partie ou en totalité de ces métaux.

Ces deux taux n'ouvrent pas droit à la déduction.

§2. Le régime des déductions

A. Le droit à déduction (principe)

Le principe fondamental sur lequel repose tout le système de la T.V.A. est que la taxe qui a grevé les éléments du prix d'une opération imposable (taxe "d'amont"), **est déductible de la taxe applicable à cette opération** (taxe "d'aval"). Chaque assujetti ne paie l'impôt que sur la valeur qu'il a ajoutée au produit. La T.V.A. repose sur le mécanisme des paiements fractionnés.

Ce mécanisme est consacré par l'article 17, 1er alinéa de la loi relative à la T.V.A. qui stipule, "la taxe sur la valeur ajoutée qui a grevé les éléments du prix d'une opération imposable est déductible de la taxe sur la valeur ajoutée applicable à cette opération".

Ce principe comporte cependant un correctif : bien que non soumises à la T.V.A., certaines opérations (exportations par exemple) sont en vertu de dispositions spéciales, assimilées à des opérations pour l'exercice du droit à déduction. Simple dans son principe, le système des déductions "taxe sur taxe" est complexe dans son application. Prenons tout d'abord un exemple chiffré pour illustrer le mécanisme des paiements fractionnés.

Exemple

Supposons deux assujettis soumis au même taux de 20 %. L'un est importateur l'autre est fabricant. Le premier importe de la matière première pour 7 000 Dh (valeur, coût et fret, droits de douane et taxe spéciale inclus), qu'il revend au fabricant à 9 000 Dh. Le fabricant confectionne des produits qu'il vend au consommateur (non assujetti) à 13 000 Dh hors taxe.

Au regard de la T.V.A., la situation de chacun des trois agents économiques s'établira de la façon suivante :

*1. **L'importateur** doit payer à la douane sur ses achats importés : 7 000 x 20 % = 1 400 Dh. Ce même importateur a facturé la T.V.A. sur ses ventes au fabricant 9 000 x 20 % = 1 800 Dh. La T.V.A. totale définitivement perçue par le Trésor : 1 400 + 400 = 1 800 Dh.*

*2. **Le fabricant** a payé la T.V.A. sur achat à l'intérieur qui s'élève à 9 000 x 20 % = 1 800 Dh, à 13 000 x 20 % = 2 600 Dh, sur lesquels il va déduire 1 800 Dh qu'il a déjà payé au titre de ses achats. La T.V.A. qu'il doit payer à la perception s'élève à 2 600 Dh – 1 800 Dh = 800 Dh.*

La T.V.A. définitivement perçue par le Trésor, entre l'importateur et le fabricant, sera de 1 800 + 800 = 2 600 Dh.

*3. **Le consommateur** va payer 13 000 x 20 % = 2 600 Dh, au fabricant et ne peut rien déduire n'étant pas assujetti. Le consommateur final est celui qui supporte en définitif la T.V.A., dont le montant est de 2 600 Dh, obtenu par paiements successifs : 1 800 et 800.*

La réalité est beaucoup plus complexe que le laisse croire cet exemple. La diversité des circuits de transformation et l'existence de restrictions au droit à déduction rendent l'exercice de ce droit sujet à des complications techniques et comptables parfois excessives. Le principe de la déduction ne peut s'appliquer à la lettre, car les redevables n'acquittent pas l'impôt opération par opération. Dès lors qu'ils procèdent à la liquidation de la taxe pour l'ensemble des opérations réalisées au cours d'une période déterminée (mois, trimestre), ils sont nécessairement conduits à opérer globalement l'imputation de la taxe qui a grevé l'ensemble des acquisitions de biens ou de services réalisées au cours d'une période de même durée. La liquidation se fait donc **"masse par masse"**, les achats et les ventes constituent deux masses indépendantes. Les premiers ouvrent droit à un crédit. Les secondes donnent lieu à un débit. L'excédent du débit sur le crédit – c'est là l'hypothèse la plus fréquente – se traduit par un versement au Trésor.

B. Le bénéfice du droit à déduction

Bénéficient du droit à déduction :

- les personnes qui sont obligatoirement assujetties à la taxe sur la valeur ajoutée et qui effectuent les opérations énumérées par l'article 4 de la loi ;
- les personnes effectuant des opérations exonérées avec bénéfice du droit à déduction (art. 8) ;
- les personnes qui livrent en suspension de la taxe des marchandises aux entreprises visées à l'article 9 de la loi (exportateurs, fabricants de biens d'équipement, d'engrais, d'engins et de filets de pêche) ;
- les personnes qui ont opté pour l'assujettissement à la T.V.A., visées par l'article 6.

On peut déduire à la lecture des nouvelles dispositions légales relatives à la T.V.A., une extension du droit à déduction à tous les assujettis qu'ils soient importateurs, grossistes, fabricants ou prestataires de services. Toutefois, certaines exclusions sont expressément prévues par la loi. **Le droit à déduction est étendu à tous les éléments constitutifs du prix de revient d'un produit ou d'un service,** c'est-à-dire les dépenses engagées pour les besoins d'exploitation de l'entreprise ou de l'exercice de la profession tels que :

- les immobilisations ;
- les valeurs d'exploitation ;
- les divers frais de gestion et d'exploitation.

L'exercice du droit à déduction comporte des modalités différentes selon qu'il concerne les biens constituant des immobilisations ou les biens et services ne constituant pas des immobilisations.

1. Biens constituant des immobilisations

Il s'agit des biens meubles ou immeubles, corporels (constructions, matériel divers, etc.) ou incorporels (brevets, marques, concessions...), qui sont acquis ou créés par l'entreprise pour être utilisés d'une manière durable et qui figurent en immobilisation dans la comptabilité de l'entreprise.

2. Services et biens ne constituant pas des immobilisations

Ce sont les services (frais de publicité, frais financiers, redevances pour location de brevets...) et les biens (marchandises, matières premières...), susceptibles d'être utilisés pour les besoins de l'exploitation de l'entreprise.

§3. Les conditions d'exercice du droit à déduction

En principe, toute T.V.A. facturée à l'entreprise, ouvre droit à déduction. Toutefois, l'exercice de ce droit est subordonné à un minimum de conditions et supporte un certain nombre d'exceptions. L'article 17, 3e alinéa, stipule **"le droit à déduction prend naissance à l'expiration du mois qui suit celui de l'établissement des quittances de douane ou de paiement partiel ou intégral des factures ou mémoires établis au nom du bénéficiaire".**

Toutefois, ce délai n'est pas exigé en ce qui concerne les biens visés à l'article 18 (1).

Il ressort de la rédaction de cet article que l'exercice du droit à déduction est lié à deux conditions : le paiement de la taxe et le décalage d'un mois.

A. Le paiement de la taxe

La déduction de la taxe ne peut être opérée, que dans la mesure où elle figure sur une facture d'achat ou sur une quittance de dédouanement libellée au nom de l'assujetti, ou d'une déclaration de l'entreprise s'il s'agit d'une livraison à soi-même. Toutefois, l'article 21 de la loi prévoit certains cas de transfert du droit à déduction. Ainsi les assujettis à la T.V.A. doivent faire apparaître distinctement sur les factures qu'ils établissent le taux et le montant de la T.V.A. et le prix net des marchandises et des services fournis.

La date à prendre en considération pour l'exercice du droit à déduction est celle du versement ou de l'encaissement effectif du chèque ou de l'effet. Toutefois, pour les redevables qui sont imposés sous le régime des débits, cette date est celle de l'acceptation de l'effet.

B. La règle du décalage d'un mois

A partir de la date de règlement des factures ou mémoires et par conséquent de la taxe, **le délai d'un mois nécessaire pour opérer la déduction commence à courir. La condition du décalage d'un mois est requise pour les seuls services et biens ne constituant pas des immobilisations et non pour les biens immobilisables.** Pour les biens immobilisables, la déduction est opérée au titre du

(1) *Cf.* ce sont les biens susceptibles d'amortissement et éligibles au droit à déduction. Ces biens doivent être inscrits dans un compte d'immobilisation et doivent être conservés pendant une période de 5 ans et affectés à la réalisation d'opérations soumises à la TVA.

mois au cours duquel est intervenu le fait générateur de la taxe déductible (livraison d'une machine par exemple), et doit être mentionnée sur la déclaration des opérations réalisées par le redevable au cours de ce même mois. Par contre, la taxe ayant grevé les biens ne constituant pas des immobilisations et les services n'est déductible que de la T.V.A. due au titre des opérations du mois suivant l'achat de ces biens ou services. Cette règle dite du **"décalage d'un mois"** connaît peu de dérogations ; seules les entreprises cessant leurs activités (article 35) et les personnes réalisant des opérations taxables à titre occasionnel (livraison à soi-même de construction) sont autorisées à ne pas tenir compte.

La règle du décalage d'un mois ne repose sur aucune justification théorique. Cette règle comporte des conséquences rigoureuses pour la trésorerie des entreprises. Elle correspond à la durée moyenne de rotation des stocks des entreprises : il paraît normal de ne pas déduire la T.V.A. correspondant à l'achat d'une marchandise que lors de la revente de cette marchandise, c'est-à-dire le mois suivant son entrée dans le stock. Ce raisonnement ne vaut guère que pour les produits revendus en l'état. Il perd de sa force en ce qui concerne les matières premières et les services qui peuvent être utilisés immédiatement. Malgré ses inconvénients, la règle du décalage d'un mois n'a pu être abandonnée en France en raison des perturbations budgétaires qu'elle entraînerait au cours de l'année de sa suppression (près de 50 milliards en 1982). Les directives du Conseil des communautés européennes ignorent la règle du décalage d'un mois (1).

Exemple de déduction de T.V.A. dans le temps

Les données

Une entreprise reçoit au cours du mois de mai trois factures se rapportant aux opérations suivantes réalisées au cours du même mois :

- **livraison d'une machine commandée en janvier ;**
- **livraison de marchandises commandées le même mois ;**
- **réparation d'une machine (distinguer ici selon que le réparateur a ou non opté pour le régime des débits).**

On supposera que le paiement de ces factures n'intervient qu'au mois de juin.

(1) A compter du 1er juillet 1993, la règle du décalage d'un mois a été totalement supprimée pour tous les redevables de la TVA. Les entreprises françaises n'ont donc plus à faire l'avance de la TVA sur leurs déductions. Cette règle pénalise les entreprises dans la mesure où ces dernières étaient obligées d'attendre un mois avant de récupérer la TVA facturée par leurs fournisseurs. Cela se répercutait sur leur trésorerie.

Les solutions

1. Livraison de la machine.

Il s'agit d'une immobilisation pour laquelle la livraison constitue à la fois le fait générateur et l'exigibilité ; la règle du décalage d'un mois ne joue pas ; la taxe sera déductible au titre des opérations du mois de mai.

2. Livraison de marchandises

C'est encore la livraison qui entraîne l'exigibilité de la taxe, mais la règle du décalage d'un mois est applicable ; la taxe ne sera déductible qu'au titre des opérations du mois de juin.

3. Réparation de la machine

A défaut d'option pour les débits, l'exigibilité est reportée à la date de l'encaissement ; du fait de l'application de la règle du décalage d'un mois, la T.V.A. ne sera déductible qu'au titre des opérations du mois de juillet. En cas d'option pour le régime des débits, l'exigibilité se situera à la date de la facturation ; la taxe sera alors déductible au titre des opérations du mois de juin.

§4. Les modalités d'exercice du droit à déduction

C'est par voie d'imputation que doit s'opérer la récupération de la taxe déductible mentionnée sur la déclaration de l'assujetti. On procède à une soustraction entre taxe exigible et taxe déductible au titre de chaque mois ; si le solde est positif, le montant est versé à la perception ; s'il est négatif, il constitue un crédit de taxe qui sera reportable sur la T.V.A. des mois suivants jusqu'à épuisement sans limitation de délai. L'excédent n'ayant pu être imputé est reporté de façon indéfinie sur les déclarations suivantes, sauf s'il fait l'objet d'une demande de remboursement.

L'article 17, alinéa 2, consacre les procédés de l'imputation et du report de crédit : **"Au cas où le volume de la taxe due au titre d'une période ne permet pas l'imputation totale de la taxe déductible, le reliquat de taxe est reporté sur le mois ou le trimestre qui suit".** Pour illustrer la pratique des reports de crédits nous allons prendre l'exemple suivant :

Exemple chiffré sur le report de crédit

Soit un assujetti, placé sous le régime de la déclaration mensuelle, et qui vend des produits soumis au taux de 20 %. Il a réalisé les chiffres d'affaires mensuels suivants en 1998 :

Mois d'avril .... 1 500 000 Dh
Mois de mai .... 2 800 000 Dh
Mois de juin .... 1 900 000 Dh

Pour réaliser ses produits, l'assujetti s'est procuré les biens et services nécessaires, soumis au taux de 20 % et ouvrant droit à déduction :

Mois de mars .... 700 000 Dh
Mois d'avril .... 3 200 000 Dh

Ses déclarations seront structurées de la façon suivante :

1. Déclaration du mois d'avril à déposer en mai 1998 :

taxe due .... 1 500 000 x 20 % = 300 000 Dh
achats hors taxes payés en mars,
taxe déductible .... 700 000 x 20 % = – 140 000 Dh
taxe à verser au trésor .... 160 000 Dh
crédit à reporter .... Néant

2. Déclaration du mois de mai à déposer en juin 1998 :

taxe due .... 2 800 000 x 20 % = 560 000 Dh
achats hors taxe payés en avril,
taxe déductible.. 3 200 000 x 20 % = 640 000 Dh
taxe à verser au trésor .... Néant
crédit à reporter .... 80 000 Dh

3. Déclaration du mois de juin à déposer en juillet 1998 :

taxe due .... 1 900 000 x 20 % = 380 000 Dh
pas d'achats payés en mai, taxe déductible .... Néant
report de crédit à déduire
de la taxe exigible .... 380 000 – 80 000 = 300 000 Dh
taxe à verser au trésor : .... 300 000 Dh

§5. Le calcul de la T.V.A. déductible

Ayant précisé le droit à déduction. ainsi que les conditions de son exercice, il convient maintenant de préciser les modalités de calcul de la T.V.A. déductible ainsi que les limites du droit à déduction à savoir la règle du prorata, la règle du reversement ou le mécanisme des régularisations et la règle du butoir.

Les articles 18 et 20 fixent les modalités de détermination du montant de la déduction autorisée. Les dispositions combinées de ces deux articles permettent d'une part, la distinction entre l'assujetti qui acquitte la taxe sur l'ensemble de ses activités (assujetti à 100 %) et l'assujetti partiel qui effectue concurremment des opérations taxables et des opérations exonérées en vertu de l'article 7 de la loi ou situées hors du champ d'application de la taxe ; et de l'autre la distinction entre les biens immobilisables et les autres biens et services.

Par ailleurs, les redevables qui exercent des activités exonérées, mais bénéficieraient du droit à déduction (article 8 et 9), sont considérés comme assujettis à 100 %. Pour ces assujettis, la déduction autorisée est obtenue d'après le total de toutes les taxes ayant grevé le prix de revient.

Quant aux assujettis partiels, un pourcentage général de déduction est déterminée en fonction des opérations passibles de la taxe sur la valeur ajoutée.

A. La règle du prorata ou le pourcentage général de déduction

Le pourcentage général de déduction, couramment appelé **"prorata"**, prévu au dernier alinéa de l'article 20 et réglementé par les articles 15 et 16 du décret d'application, s'applique dans le calcul des déductions susceptibles d'être pratiquées **par les assujettis "partiels".** Son utilisation est générale et touche aussi bien aux biens non immobilisables et aux services qu'aux biens constituant des immobilisations.

Le prorata résulte du rapport existant entre le montant annuel des recettes afférentes à **des opérations ouvrant droit à déduction** et le montant annuel des recettes afférentes à **l'ensemble des opérations réalisées**, c'est-à-dire le chiffre d'affaires total de l'année.

Exemple :

Un assujetti "partiel" dont les recettes de l'année considérée se présentent comme suit :

– opérations ouvrant droit à déduction .... 30 000 000 Dh

– l'ensemble des opérations
(ouvrant droit ou non à déduction) .... 40 000 000 Dh

Le rapport entre les deux termes est de 30 000 000/40 000 000 = 0,75 ce qui correspond à un prorata de 75 %.

Si l'intéressé acquiert, au cours de ladite année, une immobilisation grevée d'une T.V.A. de 12 000 Dh. La fraction déductible de cette taxe sera de 12 000 x 75 % = 9 000 Dh

Le résultat serait évidemment le même si l'on appliquait le rapport :

$$\frac{12\ 000 \times 30\ 000\ 000}{40\ 000\ 000} = 9\ 000 \text{ Dh}$$

Comme on peut le constater à travers l'exemple précédent, le numérateur comprend toutes les recettes qui ouvrent droit à déduction ; ce sont non seulement celles qui ont été soumises à la T.V.A., mais encore les opérations qui bien qu'exonérées, ouvrent néanmoins droit à déduction. Au dénominateur, on portera le total du chiffre d'affaires réalisé toutes opérations, taxables ou non taxables, confondues.

Pour les personnes déjà assujetties, le prorata applicable **est annuel.** Le pourcentage général de déduction est déterminé à partir d'éléments de l'année précédente.

Exemple

Une entreprise a procédé à une immobilisation. Cette dernière a été grevée d'une taxe de 35 000 Dh.

Le fait générateur de la déduction correspondante se situe au mois de mai 1988. L'entreprise qui a effectué cet achat a réalisé en 1997-1998 un chiffre d'affaires local, toutes taxes comprises de 2 250 000 ventilé comme suit :

– Ventes grevées de T.V.A. 1 300 000
– Ventes réalisées à l'exportation (art. 9) 350 000
– Ventes exonérées (art. 7) 150 000
– Ventes exonérées (art. 8, avec droit à déduction) 400 000
– Location de locaux nus 50 000

Calcul du pourcentage à appliquer aux taxes ayant grevé le bien en question.

Numérateur : $$\frac{1\,300\,000 + 350\,000 + 400\,000}{2\,250\,000} = \frac{2\,050\,000}{2\,250\,000}$$

Le prorata calculé à partir des éléments de 1997 et applicable aux taxes ayant grevé les achats de 1998 :

$$\frac{2\,050\,000}{2\,250\,000} = 91{,}11\ \%$$

Ainsi sur la déclaration relative au mois de mai 1998, qui sera déposé au mois de juin, l'assujetti pourra déduire au titre de l'achat précité la somme de : 35 000 x 91,11 = 31 888,50 Dh.

L'article 16 du décret d'application prévoit pour les nouveaux assujettis, "un prorata de déduction provisoire, applicable jusqu'à la fin de l'année suivante celle de la création de l'entreprise, est déterminé par celle-ci d'après ses prévisions d'exploitation".

Pour les entreprises exerçant des activités multiples, l'article 15 du décret d'application, autorise ces dernières à déterminer un prorata pour chaque secteur. L'entreprise peut donc être scindée en secteurs distincts d'activité. Le fractionnement en secteurs ne peut être accordé aux entreprises qui englobent des "secteurs fiscaux" différents et qui tiennent une comptabilité et parfois une comptabilité auxiliaire permettant de s'assurer de l'affectation précise des biens par secteurs.

Par ailleurs, l'article 19 du décret d'application oblige les assujettis à déclarer chaque année avant le 1er avril le prorata applicable à l'année en cours.

B. Le mécanisme des régularisations

Dans la mesure où elle a été opérée à bon escient et où elle ne porte pas sur des biens exclus du droit à déduction, la déduction exercée dans des conditions légales présente un caractère définitif. Elle ne peut être remise en cause que dans le cas des biens immobilisables lorsque le pourcentage de déduction accuse une variation de plus de 5 % par rapport au prorata initial d'un exercice à l'autre et ce pendant la période des trois années suivant la date de l'acquisition des biens en cause.

La révision des déductions initialement admises est désignée sous le nom de régularisation. Elle donne lieu à un reversement de la taxe indûment déduite. La régularisation est prescrite dans les situations suivantes :

1. Régularisation en cas de variation du prorata

Le prorata est calculé pour une année. Il peut donc varier d'une année à une autre. La déduction pratiquée lors de l'acquisition d'une immobilisation sur la base du prorata de l'année correspondante (dénommé prorata initial) **est susceptible de donner lieu à régularisation** lorsque, **au cours d'une année ultérieure** comprise dans une certaine période, le prorata subit une variation positive (augmentation) ou négative (diminution) de plus de 5 points.

Cette régularisation en cas de variation du prorata se traduit par **une déduction complémentaire** ou, au contraire, par **un reversement**, selon que la variation est positive ou négative.

En cas de **variation positive**, le calcul est effectué à partir de la différence entre le montant de la déduction calculée sur la base du prorata dégagé à la fin de l'année considérée et le montant de la déduction initiale. La déduction complémentaire est égale au tiers de la différence entre le prorata initial et le prorata dégagé à la fin de l'exercice.

En cas de variation négative, le reversement est égal au tiers de la différence entre la déduction initiale et la déduction calculée sur la base du pourcentage de la fin de l'année considérée.

Un exemple de variation du prorata dans le temps.

Un industriel achète en 1998, des biens immobilisables grevés de taxes déductibles pour un montant de 150 000 Dh. Le pourcentage annuel de déduction pour l'année 1998 est de 75 % (pourcentage initial) déterminé à partir des éléments de 1997.

Au titre de 1998, l'industriel déduira :

$$\frac{150\,000 \times 75}{100} = 112\,500 \text{ Dh Dh (déduction initiale)}$$

– 1re régularisation

Le pourcentage réellement applicable à l'année 1998 est de 85 % au lieu de 75 %.

Variation du pourcentage initial 85 – 75 = 10 points. Cette variation en hausse excède le seuil de 5 %, l'industriel peut opérer une déduction complémentaire.

Sur la base du pourcentage applicable à l'année 1998, la déduction aurait été de :

$$\frac{150\,000 \times 85}{100} = 127\,500 \text{ Dh}$$

La déduction initiale a été de 112 500. La déduction complémentaire à effectuer en 1999 est égal au tiers de la différence entre ces deux déductions, soit :

$$\frac{127\,500 - 112\,500}{3} = 5\,000 \text{ Dh}$$

– 2e régularisation.

Le pourcentage réellement applicable à 1997 (déterminé en 2000) d'après les opérations réalisées au cours de celle-ci est de 60 %.

Variation du pourcentage initial 60 – 75 = – 15. Cette variation en baisse excède le seuil de 5 %, l'industriel doit opérer un reversement en 2000, d'une partie de la déduction effectuée en 1998 (année d'application des biens).

Sur la base du pourcentage applicable à l'année 1999, la déduction aurait été de :

La déduction initiale a été de 112 500. Le reversement est égal au tiers de la différence entre ces deux déductions, soit :

$$\frac{112\,500 - 90\,000}{3} = 7\,500 \text{ Dh}$$

Le pourcentage applicable à l'année 2000, déterminé à partir des opérations réalisées au cours de celle-ci devient 79 %.

La variation du pourcentage initial est de 79 – 75 = 4 %. Cette variation est inférieure de 5 %, aucune régularisation ne sera exigée de l'entreprise en 2001.

Après trois années à partir de la date d'acquisition des biens, l'industriel eñ question n'aura plus de correction à effectuer sur la déduction initiale.

2. Régularisation à la suite de cession, de transfert d'un bien amortissable ou de cessation d'activité

Lorsqu'un bien cesse de concourir à la réalisation d'opérations taxables ou exonérées en vertu des articles 8 et 9 de la loi, il est normal d'opérer une régularisation. Cette dernière doit donner lieu à un reversement de taxe lorsque la cession ou le transfert du bien se produisent dans le délai des 3 années qui suivent la date d'acquisition des biens. Le reversement est calculé en fonction du nombre d'années restant à courir sur la période de 3 ans.

Exemple :

Une entreprise cède le 25 juin 1999 un bien acheté le 1er septembre 1998, qui a été grevé à l'achat d'une taxe de 19 000 Dh.

Le prorata initial applicable en 1998 est de 85 %. L'entreprise effectue une déduction initiale de :

$$\frac{19\,000 \times 85}{100} = 16\,150 \text{ Dh}$$

La cession ayant lieu le 25 juin 1999, le nombre d'années écoulées depuis la date d'acquisition est de 2 (septembre à décembre 1998 et janvier à juin 1999).

L'entreprise doit reverser au trésor un montant égal à :

$$\frac{16\ 150 - (16\ 150 \times 2)}{3} = 5\ 383{,}35 \text{ Dh}$$

Ce reversement est indépendant des deux régularisations qu'éventuellement l'entreprise doit effectuer pour tenir compte de la variation du prorata pendant les années 1998 et 1999.

3. Régularisation suite à établissement d'une note d'avoir pour le fournisseur

Lorsqu'un assujetti reçoit de son fournisseur une note d'avoir pour cause de retour de biens immobilisables ou de marchandises, réduction ou rabais, etc., il doit procéder à une régularisation de la déduction initiale. Le réajustement porte sur la période de réception pour l'assujetti de la note d'avoir.

4. En cas de remise en cause de la déduction, la régularisation s'impose.

Dans le cas de disparition non justifiée de marchandises, une régularisation des déductions opérées est exigée.

Au cas où les disparitions sont dues au vols, incendies, avaries, ou des destructions volontaires, la régularisation ne sera pas exigée. La charge de la preuve incombe bien entendu à l'assujetti.

5. Transfert du droit à déduction

En principe, les déductions admises doivent figurer sur les factures ou quittances en douane et être libellées au nom de l'assujetti lui-même. On peut relever, toutefois, les exceptions suivantes :

– une entreprise liée par un contrat pour la réalisation d'un marché clefs en mains peut prétendre directement au droit à déduction de la T.V.A. réglée en douane ;

– en vertu des dispositions de l'article 21, en cas de fusion, de scission, d'apport en société ou de transformation dans la forme juridique d'une entreprise, le droit à déduction est transféré à la nouvelle entité qui assure la continuité de l'activité assujettie à la T.V.A. ;

– en cas de cessions de biens constituant des immobilisations, l'entreprise qui opère le transfert doit délivrer une attestation à l'acquéreur qui pourra désormais prétendre au droit à déduction suivant les modalités définies dans le décret d'application.

Par ailleurs, les dispositions transitoires contenues dans l'article 67 de la loi, sont destinées à permettre aux assujettis de récupérer les anciennes taxes déductibles et d'éponger éventuellement le crédit figurant sur la dernière déclaration. Les taxes anciennement payées par les nouveaux assujettis pourront être déduites dans le cadre de la nouvelle loi relative à la T.V.A.

§6. Remboursement de la T.V.A. – la règle du butoir

En matière de déduction, le régime normal est l'imputation. Toutefois, certaines entreprises disposent d'un crédit de taxe qu'elles ne peuvent imputer et se trouvent en situation de butoir (1). Cet état résulte de l'une des deux causes suivantes :

- importance des investissements, spécialement dans les entreprises nouvellement constituées ; il s'agit là d'un état temporaire ;
- distorsion entre la T.V.A. frappant les ventes au taux réduit et les achats au taux normal ; cette situation est beaucoup plus grave parce que la situation de crédit de taxe est permanente.

Pour encourager certains secteurs de l'activité économique, l'article 19 de la loi relative à la T.V.A., a prévu une exonération à la vente **et un remboursement de la taxe "amont"** qui permettra la récupération de la taxe ayant grevé les éléments du prix de revient des produits, travaux ou services livrés en exonération de la T.V.A.

Le remboursement constitue une dérogation à la règle de droit commun qui est celle du report de crédit. **Le remboursement est réservé** aux personnes assujetties : – qui effectuent des opérations réalisées sous le bénéfice des exonérations prévus aux articles 7 et 9 de la loi et portant sur (2) ;

- ventes bénéficient de l'achat en suspension de taxes (article 9 et 9 bis) ;
- le cas de cessation d'activités taxables.

Le remboursement de la T.V.A. n'est pas automatique comme dans certains pays de l'U.E. En Belgique par exemple, il est subordonné à l'établissement d'une demande écrite et à la justification du droit au remboursement par la production de documents établissant que les achats ou les façons ont été grevés de la taxe soit à l'intérieur soit à l'importation.

---

(1) Pour de plus larges développements sur la règle du butoir, M.P.M. Gaudemet, *Finances publiques, emprunt et impôt*, Editions Montchrestien, 1975, p. 438 et 443.

(2) *Cf.*, personnes bénéficiaires du remboursement, *Instruction générale T.V.A.*, *op. cit.*, p. 207 et 208.

En ce qui concerne le montant du remboursement, l'article 23 du décret d'application précise que les remboursements sont liquidés dans la limite du montant de la taxe sur la valeur ajoutée calculée fictivement sur la base du chiffre d'affaires déclaré ce qui permet d'éviter de rembourser la taxe afférente à des achats hors de proportion avec le montant des ventes réalisées.

Ces remboursements risquent de constituer un véritable fardeau pour l'Etat, et les entreprises risquent de se retrouver en situation de butoir permanent. En principe, les délais de remboursement sont fixés à quatre mois. Ces délais ne sont pas respectés par l'administration fiscale. En fait, le retard est dû à la complexité du circuit.

L'ensemble des dossiers étaient traités à Rabat avec toute la bureaucratie inhérente aux prises de décisions au niveau de la capitale. Le dossier de remboursement traversait onze étapes de l'inspection de base à la signature définitive.

Prenant en considération ces inconvénients, la DGI a décidé de transférer le traitement des dossiers de remboursement de la TVA au niveau local. Désormais, plus de 80 % des dossiers vont être traités sur place. Les sous-directeurs préfectoraux et régionaux ont délégation de pouvoir signer les dossiers de remboursement.

L'objectif est de désengorger les services en accélérant la fluidité de traitement des dossiers.

Chapitre V

Les obligations des assujettis

Dans nos développements précédents, nous avons essayé de comprendre la philosophie et les mécanismes de la T.V.A. **Au niveau de l'application, la réalité est sans doute plus complexe**. Chaque entreprise doit faire face quotidiennement à des obligations et formalités aussi bien d'ordre administratif que d'ordre comptable.

A partir du moment où l'encaissement, total ou partiel, est réalisé ou au moment du débit (en cas d'option) l'assujetti doit faire face à ses obligations fiscales. **Ces dernières commencent par une déclaration et se terminent par le paiement**. Les opérations réalisées, doivent faire l'objet d'une facturation et être globalisées chaque mois (article 26) ou chaque trimestre (article 27) et donneront lieu à la rédaction et au dépôt d'une déclaration accompagnée du paiement de l'impôt.

L'obligation de déclaration se dédouble. A titre principal, l'assujetti doit faire connaître son chiffre d'affaires ou ses opérations. A titre complémentaire, il donne à l'administration fiscale les moyens de contrôler la sincérité de sa déclaration.

Déclaration, comptabilisation, facturation, paiement, telles sont désormais les obligations de l'assujetti en matière de T.V.A., opérations qui doivent être accomplies sous l'œil vigilant du fisc qui est censé procéder à des milliers de vérifications.

§1. La déclaration

Les redevables à la T.V.A., doivent faire une déclaration d'existence (article 34) **conforme au modèle n° 625/86** délivré par l'administration et ensuite déposer un relevé mensuel ou trimestriel au service local d'assiette dans le ressort duquel se trouve l'établissement principal de l'entreprise.

En cas de changement dans la personne du redevable, de transfert ou de cessation d'entreprise, une déclaration de cessation (article 35) doit être souscrite par le cessionnaire.

A. Déclaration d'existence, de modification ou de cessation

Toute personne assujettie à la T.V.A. doit, dans certains cas fixés par la loi, souscrire des déclarations concernant son activité.

Dans le mois qui suit le **commencement des opérations, l'assujetti doit normalement souscrire une déclaration d'existence**, sur un imprimé remis par l'administration.

Dans cette déclaration d'existence et d'identification, l'assujetti doit fournir tous les renseignements relatifs à son activité professionnelle, permettant ainsi à l'administration de situer son entreprise : nom, prénoms et domicile, lieu du siège social, raison sociale s'il s'agit d'une société, ainsi que le ou les magasins de vente, des usines et entrepôts, les agences et succursales situés au Maroc. Fournir aussi des renseignements quant aux liens de dépendance avec les autres entreprises.

Après la réception de la déclaration, l'administration notifie à l'assujetti par lettre recommandée, un **numéro d'identification** qu'il doit reproduire dans toutes les factures ou correspondances avec le fisc.

B. Déclarations modificatrices

En cas **de modifications substantielles des conditions d'exercice** de l'activité, l'assujetti doit transmettre au service local des taxes sur le chiffre d'affaires, les renseignements qui ont pour objet de l'informer des changements intervenus :

– ouverture d'un établissement secondaire, d'une agence ou d'une succursale ;
– changement d'activité ;
– modification de la forme juridique de l'entreprise, etc.

C. Déclaration de cessation

Cette déclaration doit contenir les indications nécessaires à la liquidation des impositions non encore mises en recouvrement et à la régularisation des déductions.

Le successeur d'une entreprise qui a déclaré au service compétent la cessation de l'exercice de ses activités, doit déposer dans le délai légal une déclaration d'existence, faute de quoi, il devient **solidairement responsable avec le cédant** pour le paiement de la taxe restant due par ce dernier, pour la période allant du 1er janvier à la date de cession.

Quelque soit le régime d'imposition appliqué, la taxe devient exigible dans le mois qui suit la cessation des activités.

D. La déclaration périodique du chiffre d'affaires

Le chiffre d'affaires réalisé, doit être déclaré chaque mois ou chaque trimestre. **La déclaration, susceptible de faire l'objet d'un contrôle, doit être exacte et sincère.** Le contenu de la déclaration du chiffre d'affaires est précisé par un modèle fourni par l'administration :

Le modèle n° 718/86 (déclaration mensuelle) et le modèle n° 609/86 (déclaration trimestrielle). Le modèle précise l'identité du redevable, le montant des affaires réalisées, le montant des affaires non taxables, le montant des affaires exonérées, la ventilation du montant du chiffre d'affaires

Les déclarations doivent être déposées au bureau du percepteur dans le ressort duquel se trouve l'établissement principal de l'assujetti ou le siège social de la société. Les déclarations sont souscrites suivant le régime de la déclaration mensuelle ou de la déclaration trimestrielle (article 23).

E. Le régime de la déclaration mensuelle

Sont imposés sous le régime de la déclaration mensuelle en vertu de l'article 26, les redevables dont le chiffre d'affaires taxable, réalisé au cours de l'année écoulée **atteint ou dépasse 1 000 000 de dirhams** ne sont pas comprises dans le chiffre d'affaires taxable les affaires exonérées visées aux articles 7, 8 et 9 et celles situées hors du champ d'application de la T.V.A.

L'article 27, 3e alinéa de la loi donne la possibilité aux assujettis imposés sous le régime de la déclaration trimestrielle, d'opter pour la déclaration mensuelle à condition d'en faire la demande avant le 31 janvier auprès du service local des taxes sur le chiffre d'affaires dont dépend le redevable.

F. Le régime de la déclaration trimestrielle

Sont obligatoirement assujettis à ce régime d'imposition en vertu de l'article 27 :

- les redevables dont le chiffre d'affaires de l'année écoulée est **inférieur à 1 000 000 de dirhams** ;
- les redevables exploitant des établissements saisonniers ou exerçant une activité périodique ou effectuant des opérations occasionnelles ;
- les nouveaux redevables jusqu'à la fin de l'année civile en cours.

§2. L'obligation d'ordre comptable

La gestion de la T.V.A. a pour support essentiel la tenue d'une comptabilité par les assujettis, leur permettant de justifier les opérations, imposables ou non, qu'ils effectuent. Ces justifications concernent la nature des opérations réalisées et le montant des recettes encaissées. D'une manière générale, la comptabilité doit permettre au redevable de fournir l'ensemble des renseignements demandés et dont la mention figure sur les modèles sus-indiqués n° 718/86 et 609/86.

Cette comptabilité doit permettre de déterminer le montant de la taxe sur la valeur ajoutée dont le redevable opère la déduction ou dont il revendique le remboursement.

Les recettes imposables doivent être ventilées par taux d'imposition. De plus, la comptabilité doit faire apparaître distinctement :

- les opérations non soumises à la T.V.A. ;
- les opérations réalisées en suspension de taxe ;
- pour chaque acquisition de biens, services et travaux, l'indication de son montant, de la T.V.A. correspondante, ainsi que le nom et l'adresse du fournisseur.

L'alinéa 3 de l'article 36 précise que si le redevable est soumis aux impôts directs suivant le régime du bénéfice net réel, il doit déposer dans les trois mois qui suivent celui de la clôture de l'exercice, au service local d'assiette dont il dépend la copie du bilan, du compte d'exploitation du compte de pertes et profits et du tableau d'amortissement.

§3. L'obligation relative à l'établissement des factures (1)

Tout redevable de la T.V.A. qui lui livre des biens ou rend des services à un autre redevable, ou qui lui réclame des acomptes donnant lieu à exigibilité de la taxe doit lui délivrer une facture. La déduction de la taxe est subordonnée à la possession par les assujettis, d'une facture. Cette dernière doit être établie selon une forme déterminée. Par ailleurs, il importe que les clients connaissent le taux de la taxe appliquée aux produits qui leur sont livrés.

Exemple de facturation conforme aux exigences administratives

		Taux normal 20 %		**Taux réduit 14 %**		**Taux super-réduit 7 %**		**Total**
Nature des produits	Quantités	Prix net unitaire hors TVA	Prix total hors TVA	Prix net unitaire	Prix total hors TVA hors TVA	Prix net unitaire hors TVA	Prix total hors TVA	
	6	100	600					
	4			250	1 000			
	25					80	2 000	
Total								
Hors TVA			600		1 000		2 000	3 600
TVA			120		140		140	400
A payer			720		1 140		2 140	4 000

En plus des indications classiques d'ordre commercial, qui doivent figurer sur la facture, l'article 37 de la loi impose les mentions suivantes :

- le numéro d'identification attribué par le service des taxes sur le chiffre d'affaires ;
- éventuellement les nom, prénoms et adresse des acheteurs ou clients ;
- tous renseignements utiles quant aux prix, quantité et nature des marchandises vendues ou des services rendus ;
- d'une manière distincte, le montant de la taxe réclamée en sus du prix ou comprise dans le prix, ainsi que des modalités de paiement se rapportant à ces factures ou mémoires.

(1) Article 37 et loi de finances 1996-1997, article 14, §4.

Afin de permettre à l'administration d'exercer son droit de contrôle et de communication, l'article 40 de la loi relative à la T.V.A. **impose la conservation pendant 10 ans, des doubles des factures, des livres et documents comptables ainsi que les pièces justificatives des opérations effectuées**. Ces documents et pièces sont normalement conservés au lieu où les redevables sont imposés.

En cas de perte des documents susmentionnés, le redevable doit en informer l'inspecteur des taxes sur le chiffre d'affaires dont il dépend par lettre recommandée avec accusé de réception dans les quinze jours suivant la date à laquelle il a constaté la perte.

§4. Le paiement

Tout redevable de la T.V.A. est tenu de produire chaque mois une déclaration conforme au modèle prescrit par l'administration et indiquer pour le mois précédent, d'une part, le montant total des opérations qu'il a réalisées et, d'autre part, le détail de ses opérations taxables.

Le paiement intervient au moment même du dépôt ou de l'envoi de la déclaration (cf. art. 29, ber et 2e alinéa).

Pour les assujettis à la taxe spécifique prévue à l'article 16 de la loi, l'assiette et le recouvrement de l'impôt sont de la compétence de l'administration des douanes et impôts indirects (article 33).

Les redevables peuvent se libérer de l'impôt selon l'une ou l'autre des modalités suivantes :

- numéraire ;
- chèque bancaire barré ;
- un virement postal ;
- un mandat établi à l'ordre du percepteur.

Chapitre VI

Le contrôle de la DGI

Que ce soit en matière d'impôts directs, de taxes sur le chiffre d'affaires ou d'impôts indirects, l'administration est en droit de contrôler la sincérité des déclarations opérées par les redevables. Ce contrôle est d'autant plus nécessaire que la fraude est particulièrement importante. Fraude, contrôle, sanctions, garanties de recouvrement et voies de recours constituent les thèmes principaux qui seront développés dans le cadre de la cinquième partie de notre ouvrage, réservée au contentieux de l'imposition.

Il n'y a pas de meilleure œuvre de transformation en profondeur de la société marocaine, que d'amener tous les marocains à payer correctement leurs impôts.

La T.V.A. incite particulièrement à la fraude. Cette fraude s'est située en France en 1976 entre 5,4 et 21,6 milliards de FF (1). Au Maroc, on a pu avancer le chiffre d'une fraude qui atteindrait 50 % du total des rentrées fiscales (2).

En matière de T.V.A., deux possibilités de fraude existent :

§1.Une fraude artisanale : la vente sans facture

Ce n'est pas la fraude la plus "intelligente". Sans facture, le contribuable ne peut déduire la taxe qui y figure, ni passer en frais généraux les charges qu'il a payées. Il faut cependant reconnaître que l'acheteur peut avoir intérêt à ne pas faire apparaître certaines factures, quitte à perdre le droit à déduction, et à dissimuler corrélativement une fraction de son chiffre d'affaires, par conséquent de sa valeur ajoutée et du même coup de son bénéfice net, ce qui est souvent l'objectif essentiel de la fraude. La perte du droit à déduction est ainsi largement compensée par le gain que fait le fraudeur sur sa propre T.V.A. et son impôt sur le revenu.

Il faut cependant dire que l'administration fiscale pourrait disposer de techniques assez efficaces de détection des ventes sans facture : recoupement entre la comptabilité des fournisseurs et celle des clients, examen des coefficients de marge brute, etc.

---

(1) *Cf.* Conseil des impôts, France, 1983, p. 184 §876 à 879.

(2) La fraude fiscale au Maroc. – Une campagne de lutte contre la fraude devait aboutir en 1980 à des redressements proches de 600 millions de dirhams. Soit une somme dix fois supérieure aux recettes de l'impôt agricole, deux fois supérieure au rendement de la patente, plus importante que le total des droits d'enregistrement ou encore équivalente à l'apport de la taxe sur les produits pétroliers.Cette campagne devait révéler que la sous-estimation fiscale est supérieure à 100 % des bases imposables dans toutes les villes du Maroc, à l'exception de quatre villes dont Rabat. La sous-estimation culmine même à 370 % des bases imposables dans une ville comme El Jadida. Pour l'ensemble du Maroc, elle est de l'ordre de 125 %.

La dissimulation est si importante dans le domaine des bénéfices non commerciaux, que les deux tiers des médecins par exemple en arrivaient à déclarer un chiffre d'affaires ne correspondant qu'à trois consultations par jour. Pour les bénéfices industriels, il arrive que les amortissements déductibles aient un montant six fois supérieur aux valeurs immobilisées.

(Source : M. Essoulahi et A. Abbadi, « La fraude fiscale dans les impôts directs au Maroc », mémoire E.N.A. Rabat 1980, p. 37. M. Rahj, *la Fiscalité dans la stratégie du développement du Maroc Thèse* Paris V, 1982, p. 388.

§2. Une fraude sophistiquée : la facture sans vente

La fraude par factures fictives pourrait être particulièrement pernicieuse et difficile à détecter dans le cas de la T.V.A. car la comptabilité est apparemment irréprochable chez le client qui joue sur deux tableaux :

– il récupère une T.V.A., qui n'a jamais été versée au Trésor ;

– il diminue son bénéfice imposable du montant de la facture fictive.

La facture sans vente est connue en France sous le nom de "taxi". Le "taxi" est un prête-nom, inscrit au registre du commerce. Sa seule fonction est d'utiliser la raison sociale de son entreprise pour fournir des factures d'opérations fictives. Ainsi, la firme de façade, représentée par un homme de paille, le "taxi", émet de fausses factures au nom de l'entreprise fraudeuse qui comptabilise l'opération et remet le chèque correspondant au "taxi". Celui-ci dépose le chèque à son compte en banque et tire immédiatement une somme d'égal montant en espèces. Les espèces reviennent entre les mains de l'entreprise après qu'a été rétribué l'homme de paille. La fraude par opérations fictives confine là à l'escroquerie, c'est ce qu'a décidé la chambre criminelle de la Cour de cassation en France depuis 1967.

Pour essayer de contrer le développement éventuel des ventes sans factures et des factures sans ventes, l'administration doit multiplier les contrôles, ce qui risque de provoquer une vive opposition des usagers étant donné le caractère inquisitorial et contraignant des vérificateurs.

La rigueur pour les fraudeurs ne veut pas dire la tracasserie des contribuables honnêtes.

N.B. : Aucune contraction des taux de la TVA n'a été envisagée dans le cadre de la loi de finances pour la période du 1/7/2000 au 31/12/2000. En revanche, le gouvernement entend corriger certaines anomalies relatives au remboursement de la TVA sur les biens d'équipement, tel qu'il est prévu dans la charte de l'investissement.

Par ailleurs, les investisseurs qui opèrent dans la zone franche de Tanger seront désormais exonérés de TVA. Toujours en matière de TVA, le CD-Rom culturel ou éducatif est également exonéré.

Quatrième partie

La fiscalité liée aux bénéfices de l'entreprise

Après la réforme de 1986, introduisant l'impôt sur les sociétés, les bénéfices sont traités fiscalement de façon différente selon qu'ils proviennent d'une société ou d'une entreprise individuelle. **La structure juridique de l'entreprise influe directement sur le mode d'imposition.** Il s'agit pour nous de déterminer dans un premier titre le mode d'imposition d'une entreprise individuelle et dans un second titre d'établir le mode d'imposition de l'entreprise sociétaire.

Titre I

L'imposition des bénéfices dans le cadre d'une entreprise individuelle

L'entreprise individuelle est une entreprise de fait. C'est une réalité économique et sociale. Elle n'a pas d'existence propre ; elle **n'existe qu'à travers son exploitant.** Sa personnalité juridique n'est pas distincte de celle de son fondateur. Ces deniers sont affectés à l'exploitant qui dispose, lui d'une personnalité juridique et d'un patrimoine, dont l'entreprise n'est que l'un des éléments. **L'entreprise et l'exploitant demeurent inextricablement liés.** Les résultats de l'entreprise viennent se fondre dans le revenu global de l'exploitant. L'introduction d'un impôt spécifique, imposant les sociétés a permis de clarifier le mode d'imposition de l'entreprise individuelle qui est désormais soumise à travers ses revenus à l'impôt général sur le revenu.

Chapitre I

L'impôt général sur le revenu (IGR)

Loi 17-89 (1)

L'institution de l'IGR a permis d'introduire des éléments de personnalisation dans le traitement fiscal du revenu. L'IGR s'applique aux revenus des personnes physiques et des sociétés de personnes. **L'IGR se présente désormais comme un impôt unique, à taux progressif et personnalisé**. L'IGR, s'applique aux catégories de revenus suivants : les revenus professionnels ; les revenus provenant des exploitations agricoles (2) ; les revenus salariaux et les revenus assimilés ; les revenus fonciers et les revenus de capitaux mobiliers (art. 1) ; que ces revenus soient de source marocaine ou de source étrangère mais bénéficiant à des résidents. **C'est un impôt unique dans sa structure, son barème et son titre. L'IGR, porte en principe sur le revenu net annuel**. Chaque catégorie de revenus est prise en compte pour son montant net. Celui-ci s'obtient en déduisant les charges qui sont limitativement énumérées. L'IGR est établi par voie de rôle au lieu de la résidence habituelle au Maroc. Toutefois, une convention internationale peut modifier la législation interne à travers des accords de réciprocité (exonérations accordées aux corps diplomatiques, par exemple, (art. 3 de la loi).

L'IGR est un impôt global et différencié. C'est aussi un impôt personnalisé, puisqu'il prend en considération les charges de famille. C'est enfin un impôt progressif, recouvré normalement par voie de rôle. La retenue à la source est utilisée de façon assez particulière pour certains types de revenus tels que les

---

(1) *Cf.*, Dahir n° 1.89.116 du 21 novembre 1989, Dahir n° 1.89.233 du 30 décembre 1989, décret n° 2.89.590 du 4 décembre 1989, décret n° 2.89.591 du 4 décembre 1989.
Voir essentiellement les lois de finances pour les modifications : lois de finances 1992 à 1999/2000.
Voir également les notes circulaires relatives à l'IGR :
– instruction générale (revenus salariaux), décembre 1989 ;
– note circulaire relative à l'IGR dispositions diverses et transitoires, 1991.

(2) Les revenus agricoles sont exonérés jusqu'à l'an 2000, Dahir portant loi n° 1.84.46 du 21/3/1984. L'exonération fiscale des revenus agricoles a été reconduite jusqu'à l'an 2020, dans le cadre d'un discours officiel, par feu SM le Roi Hassan II. A titre de rappel, si l'agriculture est exonérée d'impôts directs, elle peine sous le poids de la fiscalité indirecte. Exemple : les agriculteurs paient 2,4 milliards de dirhams en matière de TIC au niveau du gazoil.

traitements et les salaires. **La retenue à la source fournit à l'Etat plus de 80 % des recettes de l'IGR.**

Section I

Le revenu global imposable

§1. La notion du revenu global imposable

La notion du revenu global imposable est précisée dans la loi. **Le revenu global imposable est constitué de revenus nets catégoriels**, c'est le total des revenus, des bénéfices ou des plus-values, qui constitue le revenu global imposable, après imputation le cas échéant des déficits (1).

Le revenu global imposable est **un revenu annuel**, quelle que soit sa forme ou son origine. Il n'est pas limité territorialement.

§2. Le revenu global imposable est un revenu acquis et disponible

Le revenu global imposable est le revenu **acquis** par le contribuable l'année précédente à l'exception des traitements et salaires qui sont retenus à la source. Au niveau de la fiscalité des entreprises, le revenu **disponible** est le revenu dont le contribuable a disposé au cours d'une année. **Dans ce cas précis, le bénéfice imposable se calcule à partir des créances et des dettes, conformément aux principes de la comptabilité d'engagement**. Ici il faut bien rappeler le principe de l'indépendance des exercices comptables : il faut rattacher à chaque exercice uniquement ce qui lui revient et rien d'autre (2). Seuls les bénéfices réalisés à la clôture d'un exercice peuvent être inscrits dans les comptes annuels. **Le résultat est donc déterminé à partir des créances et des dettes et non à partir des encaissements et des décaissements**. Le revenu est réputé acquis à partir du jour où le contribuable a un droit incontestable sur le revenu. Cependant, certaines exceptions existent (salaires, pensions, revenus de capitaux mobiliers, produits bruts perçus par les entreprises étrangères) pour les revenus précités qui ne sont considérés comme acquis et donc imposables que le jour de leur encaissement ou de leur décaissement.

---

(1) Le principe est que les déficits constatés, viennent en diminution du revenu global imposable. Toutefois certains déficits peuvent être artificiels ou abusifs. Voir pour plus de détails l'ouvrage de M. Maurice Cozian, *Précis de fiscalité des entreprises*, éd. Librairies techniques, Paris 1985, p. 257 et s.

(2) On retrouve le même principe au niveau des finances de l'Etat. Ce dernier a consacré pour la gestion de ses finances le principe de l'exercice et non celui de la gestion. Cf. *les Finances de l'Etat*, tome I, Anas Bensalah Zemrani, éd. l'Harmattan, Paris 1998, p. 70.

§3. Le revenu global imposable est un revenu net

Le revenu net de chacune des catégories précitées dans l'article 1 est déterminé distinctement suivant les règles propres à chacune d'elles telles que prévues par les dispositions de la présente loi. **Chaque revenu catégoriel est obtenu par la différence entre le produit brut et les charges engagées ou supportées.** Les charges catégorielles acceptées sont celles qui ont permis l'acquisition et la conservation du revenu. Il s'agit essentiellement des frais destinés à préserver l'existence du capital productif du revenu et à permettre la reconstitution de ce capital (frais d'entretien et de réparation). En revanche, les dépenses qui ont un caractère personnel et qui sont engagées dans un but autre que la gestion de l'entreprise ne sont pas admises fiscalement (frais d'entretien du véhicule personnel, loyer, électricité, etc.). La charge doit répondre réellement à un besoin, à un travail effectivement réalisé. La charge doit être constatée en comptabilité, elle doit répondre aux exigences de la loi et se rapporter à un revenu imposable. Si la charge est liée à un revenu professionnel, sa déductibilité se traduit par une diminution de l'actif net. Lorsque le revenu est patrimonial, seules sont admises les déductions en vue de l'acquisition ou de la conservation de ce revenu. En principe, la charge ne doit pas se traduire par l'augmentation de l'actif de l'entreprise. **Les charges qui ont pour objet l'acquisition ou la conservation du capital, doivent être immobilisées dans l'actif de l'entreprise. La charge doit se rapporter à un revenu imposable sinon sa déductibilité n'est pas admise. La déduction est liée à l'imposition.**

Un déficit peut apparaître lors de la détermination du revenu net professionnel ou agricole lorsque les charges déductibles excèdent le revenu correspondant. Dans ce cas, **la loi ne permet pas la compensation de ce déficit avec les autres revenus**. Le déficit en question ne peut être imputé que sur les bénéfices de la même catégorie afférents aux quatre exercices suivants. Le même traitement est réservé au déficit de source étrangère.

§4. Déductions à opérer sur le revenu brut global

Sont déductibles du revenu global imposable.

A. Le montant des dons en argent ou en nature octroyés (1)

– aux **habous publics** et à l'entraide nationale ;

(1) Les cadeaux offerts par les entreprises consistent en la remise gratuite d'un objet ou d'un bien, le plus souvent dans le cadre de relations professionnelles, dans l'intérêt de la bonne marche et du développement de l'entreprise. Les cadeaux publicitaires distribués gratuitement constituent des charges déductibles à condition que leur valeur ne dépasse pas 100 Dh TTC et qu'ils portent l'identification de l'entreprise.

- aux **associations reconnues d'utilité publique** (Dahir du 15 novembre 1958), qui œuvrent dans un but charitable, scientifique, culturel, littéraire, éducatif, sportif, d'enseignement ou de santé ;
- aux **établissements publics** ayant pour mission essentielle de dispenser des soins de santé ou d'assurer des actions dans les domaines culturel ou d'enseignement ou de recherche ;
- à la Ligue nationale de lutte contre les maladies cardio-vasculaires et à **la Fondation Hassan II** pour la lutte contre le cancer ;
- au Comité olympique national marocain et aux fédérations sportives régulièrement constituées ;
- aux œuvres sociales des entreprises publiques ou privées dans la limite de 2 ‰ du chiffre d'affaire du donateur, TVA comprise ;
- aux œuvres sociales des institutions qui sont autorisées par la loi qui les institue à percevoir des dons dans la limite de 2 ‰, TVA comprise ;
- au fonds national pour **l'action culturelle** (L.F. 1998/1999, art. 13).

B. Intérêts de prêts pour l'acquisition ou la construction de logements à usage d'habitation principale

Lorsque les contribuables contractent des prêts auprès des institutions autorisées en vue de la construction d'un logement à usage d'habitation principale, ils peuvent déduire de leur revenu global les intérêts afférents à ces prêts.

Cette déduction ne peut en aucun cas **dépasser 10 % du revenu** global imposable. Cela aide les salariés à supporter une charge fiscale très assouplie lorsqu'ils procèdent à l'acquisition d'une résidence principale.

C. Cotisations ou primes relatives aux contrats d'assurance retraite

La loi de finance de 1993 a autorisé la déduction de primes ou cotisations versées au titre de **contrats d'assurance-retraite** souscrits par le contribuable auprès de sociétés d'assurances établies au Maroc. Cependant, la déduction est assortie des conditions suivantes :

- les contrats d'assurance-retraite doivent être d'une durée égale au moins à 10 ans ;
- la déduction est admise dans la limite de 6 % du revenu global imposable ;
- le bénéficiaire de la rente peut en jouir à partir de l'âge de cinquante ans révolus.

Section II

Les personnes imposables

§1. Les personnes physiques imposables à l'IGR

L'article 2 de l'IGR précise **le principe de la territorialité de l'impôt** en définissant **le domicile fiscal** et en distinguant les deux grandes catégories de personnes passibles de l'impôt général sur le revenu :

- les personnes physiques ayant au Maroc leur résidence habituelle sont assujetties en raison de leur revenu global de source marocaine et étrangère ;
- les personnes physiques qui n'ont pas au Maroc leur résidence habituelle sont assujetties en raison de leur revenu global de source marocaine.

La notion de résidence habituelle est établie à travers trois critères :

- le foyer permanent d'habitation, c'est-à-dire sa résidence habituelle ;
- les personnes qui ont au Maroc, le centre de leurs intérêts économiques : c'est-à-dire les personnes qui ont élu leur siège au Maroc pour administrer leurs biens, leurs investissements, leurs affaires ;
- les personnes dont la durée de séjour au Maroc, continue ou discontinue dépasse les 183 jours sur une période de 365 jours.

Sont aussi considérés comme ayant leur résidence habituelle au Maroc les agents de l'Etat qui sont chargés de mission à l'étranger et qui sont exonérés de l'impôt personnel sur le revenu dans le pays étranger où ils résident.

§2. Les personnes morales imposables à l'IGR

Sont assujetties à l'IGR et exclues de l'impôt sur les sociétés les personnes morales suivantes :

– Associations en participation, indivisions et sociétés immobilières transparentes à capital divisé en parts sociales ou actions nominatives. Dans ce cas **les associés sont soumis personnellement à l'IGR à raison de la part des bénéfices correspondant à leur droit dans les dites sociétés.**

– l'IGR est aussi applicable à d'autre groupements de personnes dont **les bénéfices sont toutefois imposables au nom du principal associé.** Il s'agit des sociétés en nom collectif et des sociétés en commandite simple, ne comprenant que des personnes physiques et n'ayant pas opté pour l'impôt sur les sociétés. Il en va de même pour les sociétés de fait comprenant uniquement des personnes physiques, les modalités d'imposition des bénéfices du principal associé sont celles applicables en matière de revenus professionnels. **En cas de résultat déficitaire, le déficit sera supporté par le principal associé.**

Section III

Calcul, déclaration et paiement de l'IGR

§1. Calcul de l'IGR

A. Le taux de l'impôt (article 94)

Le barème applicable au revenu net mensuel et annuel est le suivant :

Barème I.G.R. 1999/2000
Mensuel

Revenu en Dh	Taux en %	Montant à déduire
0 à 1 666,67	0	0
1 666,68 à 2 000,00	13 %	216,67
2 001,00 à 3 000,00	21 %	376,66
3 001,00 à 5 000,00	35 %	796,66
+ 5 000,00	44 %	1 246,66

Barème I.G.R. 1999/2000

Annuel

Revenu en Dh	**Taux en %**	**Montant à déduire**
0 à 20 000,00	0	0
20 001,00 à 24 000,00	13 %	2 600,00
24 001,00 à 36 000,00	21 %	4 520,00
36 001,00 à 60 000,00	35 %	9 560,00
+ 60 000,00	44 %	14 960,00

La colonne "somme à déduire" permet de simplifier le calcul, il suffit de chercher l'intervalle correspondant au revenu net global imposable, d'appliquer le taux correspondant et de déduire la "somme à déduire" correspondante.

Le barème annuel s'applique à tous les revenus rentrant dans le champ d'application de l'IGR. Il existe cependant, **des cas particuliers** à savoir :

1. Un impôt au taux de **10 % libératoire** pour les produits bruts perçus par **les entreprises étrangères**.

2. **Pour les rémunérations ou indemnités occasionnelles**, il est prévu 30 % pour le personnel non permanent des entreprises et 17 % si les rémunérations et indemnités sont versées par des établissements publics ou privés d'enseignement ou de formation professionnelle à des enseignants ne faisant pas partie de leur personnel permanent. Le taux de 17 % est libératoire de l'IGR (L.F. transitoire 1996, art. 9), par contre le taux de 30 % n'est pas libératoire (art. 94).

3. **Un taux de 30 % libératoire retenu à la source** porte sur les honoraires et rémunérations versées aux médecins non patentables, effectuant des actes dans des cliniques assimilées.

4. **Un taux de 30 % non libératoire retenu à la source** est prévu pour les voyageurs, représentants et placiers du commerce et de l'industrie.

B. Le calcul de l'impôt

Le calcul de l'IGR sur les revenus salariaux peut se révéler délicat, surtout si le contribuable **dispose** d'autres revenus pour lesquels il doit effectuer une déclaration. Le traitement fiscal des indemnités ou des primes peut être compliqué dans la mesure où il est fonction de l'objet de ces dernières. Les frais de représentation, les allocations familiales, les indemnités de transport, les pensions alimentaires sont exonérés d'impôts. Par contre, les indemnités de voiture ou de logement, les frais de mission sont souvent utilisés par l'employeur pour augmenter le salaire sans être affecté par l'impôt. Ils peuvent être soumis à ce dernier, car assimilés à des avantages en nature (1).

Les employeurs ont souvent tendance à gonfler ces avantages pour diminuer les incidences de l'IGR. Ces différents revenus sont en principe imposables puisqu'ils constituent des éléments qui entrent dans la composition du salaire.

La responsabilité de l'imposition des différents éléments que nous venons de citer, incombe à l'employeur en sa qualité de débirentier légal face au Trésor. L'employeur est seul responsable dans le cas où les avantages octroyés aux salariés sont exagérés. En principe, l'administration fiscale est bien outillée pour apprécier les critères utilisés pour l'octroi des primes et des indemnités. En cas d'abus, l'agent du fisc peut procéder à un rappel d'impôt majoré de pénalités et d'intérêts de retard.

Prenons 4 cas, pour mieux illustrer nos propos, portant sur des contribuables salariés ou mariés dans le 1er et le second cas marié avec 3 et 2 enfants à charge. Le troisième cas porte sur un salarié non marié disposant aussi d'un revenu foncier. Le quatrième cas traite d'un artiste lyrique marié avec 2 enfants à charge disposant de plusieurs revenus.

• **Premier cas**

Un salarié marié ayant 3 enfants à charge disposant d'un salaire annuel brut global de 54 150 Dh.

• **Salaire brut** est constitué des éléments suivants :

– Traitement de base	36 000 Dh
– Prime d'ancienneté	3 600 Dh
– Frais de déplacement justifiés	6 000 Dh
– Allocations familiales	4 320 Dh
– Frais de nourriture ou d'alimentation (150 Dh x 282 jours)	4 230 Dh
Revenu global	**54 150 Dh**

• **Eléments exonérés**

– Frais de déplacement	6 000 Dh

(1) Fiscalement, il est indispensable de rattacher ces primes et gratifications à l'exercice en cours de clôture et de les soumettre, en tant que compléments de salaires, à l'impôt général sur le revenu (IGR) par voie de retenue à la source.

– Allocations familiales .... 4 320 Dh

10 320 Dh

• Revenu brut imposable (RBI) avant déduction des frais de nourriture 54 150 Dh - 10 320 = ... 43 830 Dh

– Plafond des frais de nourriture ou d'alimentation :

• par rapport au salaire brut imposable

43 830 x 20 % = 8 766 Dh

• par rapport à la limite de 10 Dh par journée travaillée :

10 Dh x 282 = 2 820 Dh

Revenu brut imposable

43 830 - 2 820 = 41 040 Dh

• Déductions sur revenu brut imposable

– Frais professionnels (RBI - avantages en argent)

(4 230 - 2 820) x 17 % =

(41 010 - 1 410) x 17 % =

39 600 x 17 % = 6 732 Dh

– Cotisation CNSS

43 830 x 3,26 % = 1 428,85 Dh

8 160,85 Dh

• Revenu net imposable (RNI)

– 41 010 Dh - 8 160,85 Dh = **32 849,15 Dh**

– Calcul de l'IGR

32 849,15 x 21 % - 4 520 Dh = 2 378,32 Dh

180 Dh x 4= 720 - 720,00

IGR exigible = **1 658,32 Dh**

Dans ce cas, la charge est relativement faible. Elle ne représente que 5,04 % du RNI.

NB : La somme déductible au titre des frais de nourriture ou d'alimentation est limitée à 2 820 Dh étant précisé que la différence de 1 410 Dh (4 230 - 2 820) est considérée comme un complément de salaire imposable. Cependant, le montant total de 4 230 Dh est admis comme charge déductible chez l'employeur.

• **Deuxième cas**

Un salarié marié, ayant deux enfants à charge reçoit :

– de l'entreprise XL une rémunération principale imposable aux taux du barème ;
– et de l'entreprise CKL une rémunération accessoire, s'élevant à 60 000 Dh, imposable au taux de 30 %.

1. Calcul de l'impôt retenu par l'entreprise XL

La rémunération brute de ce salarié est constituée des éléments suivants :

• traitement de base	360 000 Dh
• prime d'ancienté	29 000 Dh
• indemnité de responsabilité	23 000 Dh
• frais de déplacement justifiés	42 000 Dh
• allocations familiales	2 400 Dh
• logement	38 000 Dh
Total	**494 400**

Eléments exonérés :

– frais de déplacement justifiés	42 000 Dh
– allocations familiales	2 400 Dh
	44 400 Dh

• **Revenu brut imposable**

494 400 - 44 400 = **450 000 Dh**

• **Les déductions opérées sur le revenu**

– frais professionnels :	
(494 000 - 38 000) x 17 %	= 77 520 Dh
plafond déductible 24 000 Dh	= 24 000 Dh
– cotisation de retraite (CIMR)	
(360 000 + 29 000) x 6 % = 23 340 Dh	= 23 340 Dh
– CNSS à 3,26 %	
450 000 x 3,26 % = 14 670 Dh	
plafonnée à 1 956 Dh	= 1 956 Dh
	49 296 Dh

- **Revenu net imposable**

450 000 - 49 296 = **400 704 Dh**

- **Calcul de l'impôt**

(400 704 Dh x 0,44) - 14 960 = 161 349,76 Dh

moins les déductions pour charges de famille

180 x 3 = 540 - 540 Dh

Impôt exigible : **160 809,76 Dh**

2. Calcul de l'impôt retenu au taux de 30 %

Par l'entreprise CKL

- rémunération brute 60 000 Dh
- impôt retenu à la source : 60 000 x 30 % = **18 000 Dh**

3. Régularisation de la situation du contribuable suite à déclaration

– rémunération brute globale :

494 400 + 60 000 = 554 400 Dh

– éléments exonérés

- frais de déplacement justifiés :
- allocations familiales :

] - 44 400 Dh

Revenu brut imposable : 510 000 Dh

- les déductions sur le revenu global 49 296 Dh

Revenu net imposable : 460 704 Dh

4. Calcul de l'IGR global

(460 704 x 0,44) - 14 960 Dh = 187 749,76

- Moins les déductions pour charges de famille

180 x 3 = - 540

187 209,76

- Impôts retenus à la source

160 809,76 + 18 000 : - 178 809,76

Reliquat d'IGR à verser **8 400 Dh**

- **Le revenu net imposable supporte une charge fiscale très élevée : 40,63 %.**

• **Troisième cas**

Ce cas traite d'un salarié non marié, disposant de revenus fonciers :

• Revenus salariaux bruts annuels imposables	**193 900,00 Dh**
– CNSS (3,26) plafonné 163 Dh/mois	1 956,00 Dh
– Mutuelle (3 %)	5 817,00 Dh
– Retraite (6 %)	11 634,00 Dh
– Abattement (17 %) plafonné à 24 000 Dh	24 000,00 Dh
• Revenus salariaux nets imposables	**150 493,00 Dh**
• Revenus fonciers bruts	
(Revenus provenant de la location)	**78 000,00 Dh**
– Abattement de 40 % (non patentable, art. 86 IGR)	- 31 200,00 Dh
Net imposable	**46 800,00 Dh**
• revenu global imposable	**197 293,00 Dh**
• IGR	**71 849,55 Dh**

La pression fiscale s'est élevée dans ce cas à 36,41 % pour un revenu imposable de 197 293,00 Dh,

• **Quatrième cas**

Exemple d'imposition, d'un artiste lyrique, marié avec 2 enfants à charge disposant d'un revenu global annuel en 1996 composé de revenus :

– salariaux ;
– fonciers ;
– capitaux mobiliers ;
– professionnels.

I. Revenus salariaux

• Revenu brut	**248 000,00 Dh**
• CNSS	
• Cotisation CL 60 000,00 x 3,04 = 1 824,00	- 1 824,00 Dh
• Cotisation CT 60 000,00 x 0,22 = 132,00	- 132,00 Dh

– Mutuelle 3 %	- 7 446,00 Dh
– Retraite 6 %	- 14 880,00 Dh
– Revenu professionnel (plafonné)	- 24 000,00 Dh
• Revenu imposable	**199 724,00 Dh**
• Déductions pour charge de famille	
180 x 3 = 540 Dh	540,00 Dh
• Revenu net imposable	**199 364,00 Dh**

II. Revenu foncier

– Apport location d'un immeuble	80 000,00 Dh
– Apport location d'un terrain pour stationnement	120 000,00 Dh
Revenu foncier brut	**200 000,00 Dh**

Revenu foncier imposable net

– Revenu foncier brut	200 000,00 Dh
– Abattement 40 %	- 80 000,00 Dh
(non patentable, art. 86, IGR)	
Revenu net imposable	**120 000,00 Dh**

III. Le revenu de capitaux mobiliers

Un revenu net catégoriel imposable	114 000,00 Dh
114 000,00 x 0,20 %	- 22 800,00 Dh
Revenu de capitaux mobiliers	**91 200,00 Dh**

IV. Revenu professionnel (exploitant d'atelier d'art)

L'exploitation de l'atelier doit accuser au BNR de 68 666,00 Dh

pour un chiffre d'affaires de 549 328,00

Notre contribuable a payé une C.M le 30/01/1997

de 549 328,00 x 5 % = 27 466,40 Dh

Le revenu net global imposable est constitué de :

– Revenus salariaux	199 364,00 Dh
– Revenus fonciers	120 000,00 Dh
– Revenus capitaux mobiliers	91 200,00 Dh
– Revenus professionnels BNR	68 666,00 Dh
	479 230,00 Dh

Imposition IGR

(479 230,00 x 44 %) - 14 960 =	195 901,2 Dh
Cotisation minimale	27 466,40 Dh
IGR net	**168 434,80 Dh**

La charge fiscale dans ce dernier cas est de 35,14 %

On se rend compte aisément que le calcul de l'IGR introduit des disparités importantes dans le traitement fiscal des revenus. Si en ramène tous les revenus à l'année, la pression fiscale sera à l'origine d'importantes distorsions.

En comparant les cas étudiés, en se rend compte :

– **Que le seuil d'exonération est très bas**. Des contribuables sont imposés sur un revenu qui colle au SMIG (1). Toute augmentation substantielle du SMIG peut se voir absorbée par l'impôt.

– **Les tranches de revenus sont très rapprochées**, et plus particulièrement les premières tranches. On passe rapidement d'un tranche à une autre.

– **Les taux sont inadaptés et la progressivité est particulièrement brutale** (2).

– **Le taux de 44 % particulièrement élevé** et qui est censé imposer les revenus les plus élevés s'attaque malheureusement aux revenus moyens puisqu'il frappe les revenus qui dépassent 60 000 Dh par an ou 5 000 Dh par mois et même beaucoup moins si on raisonne en brut ! Ce taux est inadmissible sachant que le principal de l'IGR provient des revenus salariaux.

– la pression fiscale est extrêmement élevée. Elle varie de 4,89 % sur un salaire net de 3 000 Dh à 40,63 % sur un revenu net global de 460 704 Dh. Telle qu'elle est structurée, **cette fiscalité ne peut que décourager le travail et accentuer la fraude et l'évasion fiscales**.

---

(1) Seuil d'exonération 1 666 Dh, le SMIG est à 1 659,84 Dh.
(2) *Cf.*, une progressivité par tranche brutale.

C. Les déductions sur l'impôt

a. Les déductions pour charge de famille (art. 95)

Il est déduit du montant annuel de l'impôt en raison des charges de famille, 180 Dh par personne à charge sans toutefois dépasser le plafond de 1 080 Dh.

Sont à la charge du contribuable :

– son épouse, qu'elle exerce ou non une activité lucrative ;

– ses enfants légitimes ainsi que les enfants légalement recueillis à condition qu'ils soient âgés de moins de 21 ans (ou 25 ans s'ils sont étudiants). L'abattement pour enfant n'est accordé que dans la mesure où leur revenu annuel global ne dépasse pas 20 000 Dh à compter du 1/7/1999.

En cas d'infirmité, la condition d'âge ne compte pas.

b. Imputation de l'impôt étranger (art. 98)

L'impôt payé à l'étranger et dûment justifié par le contribuable est déductible de l'IGR, dans la limite de la fraction de cet impôt correspondant aux revenus étrangers. Si l'exonération est accordée au pays de la source, elle vaut paiement à condition de produire une attestation de l'administration fiscale étrangère.

c. Déductions et atténuations à caractère économique et social (art. 99)

– A compter de la L.F. 99-00, les entreprises hôtelières bénéficient, pour chacun de leurs établissements hôteliers, d'un abattement de 50 % de la base imposable correspondant à la partie du C.A. réalisée en devises dûment rapatriées directement par elles ou pour leur compte par l'intermédiaire d'agences de voyage à condition que l'établissement concerné réalise au moins 50 % de son C.A. total en devises.

– Abattement à caractère économique.

– **Déduction de 10 %** du montant des primes et cotisations des **contrats d'assurance-vie** d'une durée minimum de 10 années souscrits par les intéressés auprès de sociétés ou mutuelles d'assurances établies au Maroc. La base de calcul de la déduction ne peut pas dépasser **9 000 Dh par an** (1).

(1) *Cf.* loi de finances 1997-1998, article 9.

Exemple :

Soit un contribuable célibataire disposant d'un salaire net annuel imposable d'un montant de 60 000 Dh. Il verse annuellement une prime égale à 4 800 00 Dh au titre d'un contrat d'assurance-vie.

Salaire net annuel imposable .... 60 000 00 Dh

Calcul de l'IGR

60 000 x 0,35 - 9 560 .... 11 440,00 Dh

Déductions

assurance-vie du 1/1/1997 au 30/6/1197

(4 800 : 2) x 10 % = ... 240 00 Dh

assurance-vie du 1/7/1997 au 31/12/1997

(4 800 : 2) x 10 % = ... 240 00 Dh

Impôt à payer

11 440,00 - (240,00 + 240,00) = ... 10 960,00 Dh

– **Abattement égal à 10 % des dividendes** perçus au titre des actions cotées à la Bourse des valeurs marocaine, sans que la base de calcul de la déduction puisse dépasser **5 000 Dh**.

– **Déduction de 10 % des achats nets d'actions**, cotées à la Bourse des valeurs marocaine sans que la base de calcul de la déduction puisse dépasser 16 500 Dh, (voire tableau de la page suivante).

D. Une progressivité par tranche "brutale" et rapide

L'une des principales critiques que l'on peut adresser à l'IGR est l'inadaptation des taux. En effet, quels que soient les problèmes théoriques qui s'attachent à la détermination du niveau de la progressivité dans une fiscalité rationnelle, il est facile de constater que **la progressivité des taux est brutale** quand on passe d'une tranche de revenu à une autre et peut conduire à la diminution de l'effort productif. D'un autre côté, la progressivité réalise une différenciation à caractère quantitatif qui se fonde sur le montant des revenus, **il faut la compléter à notre sens par une discrimination qualitative en fonction de l'origine des revenus**. Il serait relativement facile de prévoir des déductions importantes à la base, en fonction de la nature des revenus, destinés à réduire la charge fiscale des secteurs jugés productifs qui seront ainsi avantagés par rapport aux secteurs jugés non prioritaires ou spéculatifs. **Cet aspect de la discrimination**

IGR
Synthèse des charges ouvrant droit à déduction d'impôt

Rubrique	Intitulé	Taux ou montant	Limite annuelle	Références articles IGR
1	Charges de famille fixée à 180 Dh par enfant plus le conjoint dans la limite de 6 déductions.	180 Dh/an enfant	1 080 Dh	Articles 95, 96 et 97
2	Assurances-vie dont les réductions d'impôt sont égales à 10 % du montant des primes et cotisations versées au titre des contrats d'assurances-vie d'une durée minimale de dix ans des contractés auprès des sociétés ou mutuelles établies au Maroc.	10 %	9 000 Dh	Article 99 LF. 97/98 article 9
3	Dividendes perçus au titre des actions côtées à la bourse des valeurs marocaines. La déduction est égale à 10 % du montant des dividendes perçus.	10 %	5 000 Dh	Artucle 99
4	Achat net d'actions côtées à la bourse des valeurs marocaines. la déduction est égale à 10 % du montant des achats nets d'actions.	10 %	16 500 Dh	Article 99
5	L'impôt étranger. Le résident au Maroc disposant de revenus de source étrangère ayant acquitté l'impôt à l'étranger doit déclarer le montant du revenu avant impôt et le montant de l'impôt étranger acquitté. Ce dernier va venir en déduction de l'IGR dans la limite de la fraction de cet impôt correspondant aux revenus étrangers.			Déduction à opérer dans la limite de la fraction de cet impôt correspondant aux revenus étrangers cf. article 98
6	Intérêts sur prêts bancaires pour acquisition habitation principale.	10 %	10 % du revenu net imposable	Article 9-98
7	Les dons versés aux œuvres et organismes d'intérêt général et aux associations à but non lucratif.	2 %	2 ‰ du CA	Article 9
8	Les dons versés aux habous publics et à l'entraide nationale, etc.	sans limite		Article 9
9	Les primes ou cotisations se rapportant à des contrats individuels ou collectifs d'assurances retraite d'une d'urée égale au moins à 10 ans. Déduction cumulable.	6 %	6 % du revenu global imposable	Article 9-99

fiscale est parfaitement conciliable avec les objectifs d'équité. Une étude que que nous avons menée en 1987-1988 a montré qu'à revenu égal, un travailleur salarié français ayant un revenu de 90 167 FF paie **4 128 FF** d'impôts. A revenu égal un travailleur marocain subira une ponction fiscale sur le même revenu de **22 335 Dh.** La charge fiscale subie par l'employé français ne représente que 16,44 % par rapport à la charge fiscale payée par l'employé marocain pour le même revenu (1). **Des taux élevés ne font qu'accentuer la fraude.** En effet, quelle que soit la force du mécanisme mis en place, il se heurte inévitablement aux pratiques de la fraude et de l'évasion fiscales. Cette fraude est d'autant plus importante que la pression fiscale est élevée. **Que veut dire un taux de 44 % si la**

(1) *Cf.* Anas Bensalah Zemrani, *les Gros taux tuent les totaux*, RMFPE, 1987-1988, p. 81 et s.

matière imposable est détournée à la base, c'est-à-dire au niveau de la déclaration ? Il faut par ailleurs, harmoniser les taux de l'IGR avec ceux de la charte de l'investissement (41,5 %).

§2. La déclaration fiscale et l'imposition d'office

A. La déclaration d'identité fiscale ou d'existence

Les contribuables passibles de l'IGR au titre des revenus professionnels, salariaux, fonciers et de capitaux mobiliers ; y compris ceux qui en sont temporairement exonérés, sont tenus de faire une déclaration d'identité fiscale dans les 30 jours suivant la date du début d'activité, soit celle de l'acquisition de la première source de revenu. Le non respect de cette obligation entraîne l'application d'une amende de 500 Dh.

B. La déclaration annuelle du revenu global

Dès lors qu'une personne physique est imposable, elle est tenue de souscrire au plus tard le 31 mars de chaque année, une déclaration de son revenu global de l'année précédente, établie d'après un imprimé modèle de l'administration, avec indication de la ou les catégories de revenus qui le composent.

Sont dispensés de cette déclaration (à moins qu'ils ne s'estiment surtaxés) les contribuables, disposant uniquement de revenus agricoles provenant d'une seule exploitation lorsqu'ils relèvent du régime forfaitaire, ou salariaux lorsqu'ils sont payés par un seul employeur.

La déclaration d'ensemble des revenus et ses annexes doivent être adressées au service des impôts directs et taxes assimilées du lieu de résidence habituelle ou du principal établissement.

C. Déclaration en cas de départ du Maroc ou de décès

Le contribuable qui cesse d'avoir au Maroc sa résidence habituelle est tenu de déclarer son revenu global de l'année de la cessation. La déclaration doit comprendre les revenus de source marocaine et de source étrangère acquis à la date de la cessation. En cas de décès, les ayants droits du défunt sont tenus de faire la déclaration de décès dans les trois mois qui suivent le décès.

D. L'imposition d'office

En cas de défaut de déclaration ou de déclaration insuffisante, l'administration l'informe, par lettre recommandée avec accusé de réception, des bases qu'elle a évaluées et sur lesquelles **le contribuable sera imposé d'office** si ce dernier ne dépose pas ou ne complète pas sa déclaration dans un deuxième délai de trente jours suivant la date de réception de la lettre d'information.

Les droits résultant de cette taxation ainsi que les majorations y afférentes, ne peuvent être contestés que dans les conditions prévues à l'article 114 de l'IGR.

§3. Le paiement de l'IGR

Une fois la déclaration établie par le contribuable, l'administration vérifie les bases d'imposition, calcule l'impôt et **le met en recouvrement par voie de rôle**, dans les conditions prévues aux articles 5 et 6 du Dahir du 20 août 1935, portant réglementation sur les poursuites en matière d'impôts directs et taxes assimilées et des créances recouvrées par les agents du trésor (1). **Le contrôle de la déclaration est effectué a priori pour les forfaitaires et a posteriori pour les redevables relevant du régime du résultat net réel ou simplifié.**

Si le contribuable cesse d'avoir au Maroc sa résidence habituelle, l'impôt devient exigible immédiatement en totalité et ne peut être inférieure à une cotisation minimale (art. 4, L.F. de 1992). Les contribuables relevant du régime du forfait ne sont pas redevables de **la cotisation minimale** à l'exception de ceux qui en sont exclus et qui ont adhéré à une convention signée avec l'administration fiscale.

Ce sont les produits d'exploitation qui permettent de déterminer la base de calcul de **la cotisation minimale**. Cette dernière se fonde sur les éléments suivants (art. 104 bis de l'IGR) :

- **le chiffre d'affaires** constitué par les recettes et les créances acquises se rapportant aux produits livrés, aux services rendus ;
- **les produits accessoires et les produits financiers** ;
- **les subventions, primes et dons** reçus de l'Etat, des collectivités locales ou des tiers.

Les taux de la cotisation minimale diffèrent selon que le contribuable a une activité libérale, de service ou une autre activité :

---

(1) Une nouvelle loi sur le recouvrement des créances de l'Etat, vient d'être adoptée par les deux Chambres du Parlement. La principale innovation est que la peine d'emprisonnement pour défaut de règlement est désormais prononcée par le juge. La nouvelle loi privilégie les règlements à l'amiable.

– pour les professions libérales et autres prestations de services comme le courtage, le transport, l'hébergement, et la restauration, le taux est de **6 %** (1) ;

– pour les activités industrielles et commerciales **0,5 %**. Les produits de première nécessité sont frappés d'un taux réduit **0,25 %** (eau, électricité, farine, gaz, etc.).

La cotisation minimale n'est pas payée par le contribuable pendant les trois premiers exercices comptables suivant la date du début de son activité.

Le principe du recouvrement par voie de rôle connaît certains cas particuliers cités plus haut, tels que les revenus salariés, les revenus versés à des entreprises étrangères, ainsi que les rémunérations occasionnelles qui sont retenues à la source.

Exemple de CM :

L'exploitant d'un restaurant marocain à Marrakech, a réalisé en 1997 les résultats suivants :

Chiffre d'affaires, TVA comprise	900 000 Dh
Revenu professionnel :	250 000 Dh
Cotisation minimale due 900 000 x 6 % =	54 000 Dh
IGR du 250 000 x 44 % - 14 960 =	95 040 Dh

Le complément de l'IGR à recouvrer par voi de rôle sera de

95 040 - 54 000 = 41 040 Dh

N.B. : Si le montant de l'IGR correspondant au revenu professionnel s'avère inférieur en montant de la cotisation minimale, la différence reste acquise au Trésor public (L.F. 1992- Art. 4).

N.B. : L'IGR a connu un accroissement de 12,7 % en moyenne annuelle pendant la décennie 1990, avec un coefficient de 1,8 pour la même période. Cette productivité fiscale provient essentiellement de la retenue à la source, qui est une technique fiscale assez productive mais qui peut se révéler également particulièrement injuste !

---

(1) *Cf.* article 10 de l'IGR. Le législateur considère l'hébergement et la restauration comme des services et les taxes à 6 %. La restauration doit être considérée comme une activité de production puisque tous les produits sont transformés et produits sur place. A ce titre, la restauration serait passible d'une CM au taux de 0,5 %. Quant aux produits de première nécessité, ils doivent tout simplement être exonérés.

Chapitre II
L'imposition des revenus professionnels

Section I
Champ d'application

La catégorie de revenus la plus large, soumise à l'IGR est constituée par **les revenus professionnels** (1). L'article 10 de l'IGR délimite les revenus professionnels qui procurent **90 % des recettes** de cet impôt et qui sont :

– Les bénéfices réalisés par les personnes physiques ou certaines sociétés de personnes et provenant de l'exercice :

- des professions commerciales, industrielles et artisanales ;
- des professions de promoteur immobilier, de lotisseur de terrains, ou de marchand de biens au sens de l'article 11 de l'IGR (2) ;
- d'une profession libérale ou de toute profession autre que celles visées ci-dessus :

---

(1) Lorsque les revenus professionnels sont réalisés par des patentables, ils sont soumis à la déclaration du mois de mars. Lorsqu'ils sont réalisés par des non patentables, des salariés, ils sont imposables mais dispensés de déclaration car le mode de prélèvement est la retenue à la source.

(2) **Promoteur immobilier :** toute personne qui conçoit et édifie un ou plusieurs bâtiments en vue de les vendre en totalité ou en partie.

Lotisseur : toute personne qui procède à la viabilisation des terrains destinés à la construction en vue de leur vente en totalité ou par lot, quel que soit le mode d'acquisition de ces terrains.

Marchand de biens : toute personne qui réalise des ventes d'immeubles bâtis ou non bâtis acquis à titre onéreux ou par donation. *Cf.* art. 11 de l'IGR, voir également l'article 11 bis (L.F. Transitoire 1996, art. 9-I). Voir rapport de la commission des finances établit par nos soins. Voir également les atténuations fiscales, *B.O.* n° 4391 du 1/7/1996.

– Les revenus ayant un caractère répétitif et ne se rattachant pas aux autres catégories de revenus soumis à l'IGR à l'exclusion des bourses d'études. Exemple : opérations de bourse réalisées par les particuliers, exploitation des établissements privés d'enseignement, droits d'auteurs perçus par les auteurs...

– Les produits bruts, perçus par les personnes physiques ou les personnes morales ne relevant pas de l'impôt sur les sociétés et n'ayant pas leur résidence habituelle ou leur siège au Maroc, en contrepartie de travaux exécutés ou de services rendus pour le compte de personnes physiques ou morales domiciliées ou exerçant une activité au Maroc, lorsque ces travaux et services ne se rattachent pas à l'activité d'un établissement au Maroc de la personne physique ou morale non résidente (1).

Section II

Détermination du résultat fiscal

En principe, le résultat fiscal est déterminé selon **le régime du bénéfice net réel**. Toutefois, des possibilités d'options existent pour certains contribuables qui exercent leur activité à titre individuel ou dans le cadre d'une société de fait. Ces contribuables ont la possibilité d'opter, soit pour **le régime du bénéfice forfaitaire**, soit pour **le régime du résultat net simplifié**. Les régimes du résultat net réel, du résultat net simplifié et du forfait concernent exclusivement la catégorie des revenus professionnels. Les revenus fonciers, salariaux et mobiliers ne sont pas concernés par ce régime d'imposition lorsqu'ils sont acquis par des non patentés.

§1. Le régime du résultat net réel

Le bénéfice imposable est déterminé à partir d'une comptabilité appuyée par les justifications utiles. D'après le régime du résultat net réel, l'exercice comptable doit être **clôturé au 31 décembre** de chaque année (2). **Le bénéfice imposable est le bénéfice net**. Pour obtenir ce dernier, il faut déduire du montant du revenu brut imposable, les éléments exemptés :

---

(1) Ces dispositions s'appliquent dans le cas de travaux et services exécutés à l'étranger par une personne physique, une société ou une association ne relevant pas de l'impôt sur les sociétés, pour le compte d'une succursale qu'elle a au Maroc.

(2) L'exercice fiscal coïncide obligatoirement avec l'année civile.

1. **Toutes les charges** engagées ou supportées pour les besoins de l'exploitation **sont en principe déductibles** à l'exclusion de l'IGR lui-même, des amendes, pénalités et majorations pour infraction aux dispositions légales ou réglementaires.

Les dépenses afférentes aux charges relatives aux achats, aux frais généraux et aux frais d'établissements et les dons en argent qui lorsque leur montant est égal ou supérieur à 10 000 Dh, et qui n'ont pas fait l'objet de paiement, par chèque barré non endossable, effet de commerce ou virement bancaire, ne sont déductibles qu'à concurrence de 75 % de leur montant.

2. **Les retenues** supportées pour la constitution **de pensions ou de retraites** : pensions civiles et militaires, régime de sécurité sociale, mutuelle, etc.

Pour la détermination du revenu net imposable en matière de pensions et rentes viagères, il est appliqué **un abattement de 40 %** sur le montant brut imposable.

Le résultat net réel de chaque exercice comptable est déterminé d'après l'excédent des produits, profits et gains provenant de l'exercice d'une ou plusieurs professions sur les charges engagées ou supportées (art. 13).

Une définition plus synthétique du bénéfice se fonde sur la comparaison de deux bilans successifs, toute variation positive de l'actif net dégage un bénéfice imposable ; toute variation négative dégage à l'inverse un déficit (2). Cette définition synthétique à travers le bilan de l'entreprise, tout en montrant que le résultat fiscal est égal au résultat net comptable, laisse la latitude nécessaire pour opérer les corrections indispensables : admettre certaines exonérations ou exclure la déduction de certaines charges. **Le bénéfice net imposable est égal au bénéfice brut d'exploitation, moins les "charges déductibles"**.

A. Les produits imposables

a. Les stocks

Pour calculer le bénéfice, il faut tenir compte de **la variation des stocks** entre l'ouverture et la clôture de l'exercice :

- les stocks et travaux en cours à la date de clôture de l'exercice sont ajoutés aux produits, profits et gains ;
- les stocks et travaux en cours à l'ouverture des comptes sont ajoutés aux charges.

1. La composition des stocks

- Les marchandises ;

- Les approvisionnements : matières premières, matières et fournitures consommables ;
- Les produits : produits intermédiaires, produits finis, produits semi-œuvrés, produits en cours, travaux en cours ;
- Les emballages récupérables.

Les stocks peuvent avoir une incidence importante sur le résultat d'exploitation, à travers la méthode d'évaluation choisie, particulièrement lorsqu'ils représentent une part importante de l'actif. Certaines entreprises peuvent, par exemple être tentées de minorer leur résultat imposable à travers la minoration des stocks de fin d'exercice. Ce qui n'est pas sans danger puisque cela se répercute en sens inverse sur les stocks au début de l'exercice suivant. **Ceci se traduit par un gonflement artificiel des résultats de cet exercice, ce qui oblige l'entreprise à recourir à des méthodes frauduleuses pour rétablir l'équilibre !** En général, les entreprises recourent à des méthodes de cadrage de la comptabilité des stocks d'entrée et de sortie.

2. L'évaluation des stocks

Les stocks sont évalués au prix de revient ou au cours du jour si ce dernier lui est inférieur et les travaux en cours sont évalués au prix de revient.

2.1. L'évaluation au prix de revient

Le prix de revient des produits achetés est égal à leur prix d'achat (déduction faite de la TVA récupérable) augmenté des frais accessoires, tels que frais de transport, d'assurance, droits de douane ou de commission, etc.

Les produits fabriqués, les produits semi-œuvrés et les productions en cours doivent être évalués à leur coût de revient ; celui-ci comprend :

- le coût des matières premières et fournitures utilisées ;
- les charges directes ou indirectes qui se rapportent aux facteurs de production (charges salariales, amortissements (1), etc.).

2.2. L'évaluation au cours du jour de la clôture de l'exercice si ce cours est inférieur au prix de revient. C'est la date de l'inventaire qui détermine le cours du jour, c'est-à-dire le prix de vente des produits envisagés.

---

(1) Les amortissements des moyens de production ne peuvent être retenus que s'ils correspondent à une dépréciation réelle. La dépréciation fait l'objet d'une provision puisque le stock est présenté à partir du coût d'entrée.

b. Le chiffre d'affaires

Est constitué par les recettes et créances acquises se rapportant aux produits livrés, aux services rendus et aux travaux immobiliers ayant fait l'objet d'une réception partielle ou totale, qu'elle soit provisoire ou définitive (1).

Le principe de la comptabilité d'engagement implique qu'il faut rattacher à chaque exercice tout ce qui lui revient et rien d'autre. La fiscalité de l'entreprise se fondant sur la comptabilité d'engagement **tient compte de ses facturations et non de ses encaissements**.

Pour les produits livrés, par exemple, les créances sont à rattacher à l'exercice au cours duquel intervient la livraison des biens et particulièrement les biens immobiliers.

Les prestations de services, sont imposables dès leur facturation, c'est-à-dire après l'achèvement de la prestation. Il faut cependant bien préciser que la réalisation des grands travaux se fait en général sous forme de marché dont le règlement intervient après la réalisation de chaque tranche, c'est-à-dire au fur et à mesure de l'avancement des travaux. **La facturation n'est établie qu'une fois les travaux réceptionnés**.

Si les travaux sont réalisés au cours de la même année, le montant acquis sera déclaré au plus tard le 31 mars de l'exercice suivant. Si la réalisation du marché s'étale sur plusieurs années, **le contribuable risque de payer l'impôt sur des décomptes qu'il n'a pas encaissés** ! Ceci est particulièrement vrai dans le cas de certains marchés passés avec les collectivités locales. Ces dernières souffrent souvent de difficultés de trésorerie et cela peut causer un grand préjudice financier à l'entreprise qui doit payer l'impôt sur des décomptes qu'elle ne risque d'encaisser que deux ou trois années plus tard !

c. Les produits accessoires

Les produits accessoires proviennent de sources très variées et **ne se rattachent pas à l'objet principal de l'entreprise**. Ils proviennent de la mise en valeur de certains éléments de l'actif. Ce sont, par exemple :

- revenus fonciers (location d'immeubles non affectés à la production) ;
- les jetons de présence perçus par les sociétés en nom collectif et les sociétés en commandite simple ;

(1) L'encaissement ou la livraison et la réception constituent le fait générateur.

- les produits provenant de la propriété industrielle (droits d'auteurs sur des œuvres littéraires, scientifiques ou artistiques, qui sont propriété de l'entreprise) ;
- profits et gains divers, provenant de la concession de brevets, de licences d'exploitation, dessins et modèles, formules, plus-values de change, subventions, etc.

d. Les produits financiers

Ce sont des produits qui proviennent essentiellement **de valeurs mobilières,** soit à revenu variable (dividendes, tantièmes), soit à revenu fixe (intérêts provenant de comptes bancaires de créances de certificats de dépôt ou de bons du trésor, etc.) et qui sont pris en compte pour le calcul du résultat imposable de l'entreprise.

Il est à rappeler que les produits de valeurs mobilières à **revenu variable** sont soumis à la taxe sur les produits des actions (TPA) **au taux de 10 % libératoire** de l'IGR. Les produits de valeurs mobilières à **revenu fixe** sont quant à eux soumis à la taxe sur les produits de placement à revenu fixe (TPPRF). Le taux de cette taxe est soit de **30 % libératoire de l'IGR**, soit **20 % non libératoire** de l'IGR, mais imputable sur ce dernier avec droit à restitution, si le contribuable s'estime lésé.

e. Les travaux immobiliers

Ce sont des travaux relatifs à des biens immobiliers réalisés par l'entreprise elle-même et qui ont pour objet soit **l'accroissement** soit **la valorisation des éléments de l'actif**.

L'entreprise doit déclarer le prix de revient de ces travaux. Si ces derniers sont étalés sur plusieurs exercices, chaque exercice supportera sa part.

f. Les profits et gains exceptionnels

1. Définition

Les plus-values sont définies comme **un excédent constaté** de la valeur évaluée d'un élément retiré de **l'actif immobilisé** sur la valeur nette comptable de cet élément. Les plus-values sont retenues pour la détermination du résultat imposable. Le principe de leur imposition est acquis depuis longtemps.

L'actif immobilisé est constitué par tous les éléments permanents d'exploitation (terrain, matériel, titres de participation, fonds de commerce, etc.).

Les plus-values sont calculées d'après la valeur d'origine des immobilisations cédées. Il y a profit, lorsque la valeur résiduelle, diminué de l'amortissement cumulé à la date de cession est inférieure au prix de cession. Le profit est calculé élément par élément. C'est donc la somme des profits (ou pertes) dégagée par l'ensemble de ces éléments qui constitue **le profit net global** (ou la perte). Trop souvent les plus-values ne font que traduire la dépréciation de la monnaie et ne présentent dès lors qu'un caractère purement nominal.

Le moyen le plus sûr pour déterminer si une plus-value est réelle ou si elle est fictive est de procéder à **une réévaluation permanente du bilan**. L'inflation fausse, en effet, la cohérence des bilans. On risque de dégager des résultats comptables partiellement fictifs et par conséquent des résultats imposables exagérés. **Dans ces conditions, les ressources propres des entreprises se trouvent entamées par l'impôt. Les plus-values imposables en cas de cession doivent être calculées à partir de valeurs réévaluées.**

2. Régime d'imposition

Dès qu'une immobilisation disparaît du bilan, pour quelque cause que ce soit, le régime des plus-values s'applique. Peu importe que la cause soit volontaire ou involontaire. Lorsque les plus-values sont constatées et les profits sont réalisés **en cours d'exploitation**, deux possibilités d'exonérations s'annoncent : l'exonération totale et l'exonération partielle.

2.1. Exonération totale

• Exonération totale pendant 5 ans pour les entreprises exportatrices de biens et services. Au-delà une réduction de 50 % est accordée.

• Le contribuable peut bénéficier de l'exonération totale du profit net global des cessions s'il s'engage, par écrit, à réinvestir le produit global des cessions effectuées au cours d'un même exercice dans **un délai maximum de trois années**, suivant la date de clôture de l'exercice en cours, duquel la cession a eu lieu.

• Le contribuable peut également réinvestir le produit global en biens d'équipement ou en immeubles réservés à sa propre exploitation.

• Lorsqu'il s'agit de terrains non bâtis, acquis dans le cadre du réinvestissement précité, l'exonération prévue ci-dessus est subordonnée à l'affectation desdits terrains à la propre exploitation professionnelle de l'entreprise ou à l'édification de constructions destinées au même usage. Les investissements réalisés doivent être conservés dans l'actif pendant **un délai de cinq ans** qui court à compter de la date d'acquisition des biens et immeubles précités.

Lorsque l'une des deux dernières conditions n'est pas remplie, **le profit global de cession est imposé au prorata** des montants non réinvestis sous réserve des abattements prévus en cas de non option pour le réinvestissement. Cette réintégration est rapportée à l'exercice au cours duquel la cession a eu lieu. En cas de prescription, la réintégration est rapportée au plus ancien des exercices de la période non prescrite (1).

A compter de la loi de finances 1998-1999, les personnes physiques qui exécutent des marchés de services financés par des dons de l'UE, sont exonérées de l'IGR au titre de leurs revenus professionnels provenant desdits marchés.

2.2. Exonération partielle

L'exonération partielle est accordée lorsque le contribuable n'opte pas pour le réinvestissement du profit global de cession. Dans ce cas, l'abattement sur le montant net des profits et des plus-values est de :

- 25 % si le délai écoulé entre l'année d'acquisition et l'année de cession ou de retrait est égal au moins à deux ans et inférieur ou égal à 4 ans ;
- 50 % si ce délai est supérieur à 4 ans et inférieur à 8 ans (2) ;
- 70 % si ce délai est supérieur à 8 ans.

g. Les subventions, les primes et dons reçus de l'Etat, des collectivités locales ou des tiers

Ces subventions, primes et dons visent à rétablir l'équilibre d'une gestion déficitaire. Ils sont rapportés à l'exercice au cours duquel, ils ont été perçus. Toutefois, s'il s'agit de primes d'équipement, le contribuable peut les repartir sur cinq exercices au maximum.

Ces subventions, primes et dons concernent principalement les entreprises publiques ou semi-publiques.

B. Les charges déductibles (art. 15)

Une fois le revenu imposable déterminé, il faut appliquer la déduction des charges, en vue de son acquisition et de sa conservation. Les frais et charges

---

(1) *Cf.*, loi de finances transitoire 1996, art. 9-III.

(2) **Exonération partielle : 50 % pendant 5 ans** aux entreprises implantées dans certaines régions + entreprises artisanales + entreprises minières exportatrices et celles qui vendent leurs produits à des entreprises qui les exportent après leur valorisation + établissement d'enseignement privé (L.F. 97-98).

doivent être en conformité avec les exigences de loi et **répondre aux intérêts d'une gestion normale et sincère** de l'entreprise.

Pour être admises en déduction, les charges doivent répondre **aux besoins effectifs** de l'entreprise et être **appuyées des justifications** nécessaires pour pouvoir les inscrire de façon régulière dans la comptabilité.

Les charges ne peuvent se traduire par une augmentation de l'actif net de l'entreprise, par la disparition d'une dette au passif ou la naissance d'une créance à l'actif.

Les charges doivent être **affectées à l'exercice qui est à l'origine du fait générateur**. On dénombre généralement, trois grandes catégories de charges : les frais généraux, les amortissements et les provisions.

a. Les frais généraux

Les frais généraux sont des charges d'exploitation qui normalement doivent correspondre à des dépenses nécessaires pour le développement de l'entreprise.

Ils doivent être effectivement supportés par cette dernière. La variété des frais généraux pose le problème leur contrôle (1). Une charge n'est déductible qu'à partir du moment où elle est engagée dans l'intérêt stricte de la gestion de l'entreprise, excluant ainsi les dépenses personnelles, les actes anormaux de gestion et les dépenses somptuaires. L'énumération des charges n'est pas limitative.

1. Les frais d'établissement

La constitution de l'entreprise suppose un certain nombre de frais nécessaires au démarrage de la société et à l'acquisition par celle-ci de ses moyens permanents d'exploitation.

Les frais d'établissement n'entraînent aucun accroissement des valeurs d'actif de l'entreprise et peuvent être imputés sur le ou les premiers exercices bénéficiaires à moins qu'ils ne soient amortis à taux constant sur cinq ans à partir du premier exercice de leur constatation.

---

(1) Toute une littérature sur le contrôle des frais généraux. Se reférer essentiellement : *A la fraude fiscale*, Bruno Taddei, Litec, droit Paris 1974 ; v. également : *Face au fisc, contribuables et contrateurs*, par Pierre Courtois, éd. Stock, 1976, voir aussi *F... comme fraude fiscale*, Christian de Bric et Pierre Charpentier, éd. A. Moreau, Paris, 1975.

2. Les achats

Sont considérés comme charges déductibles tous les achats (1) de matières et de produits dès lors qu'ils ne constituent pas des immobilisations. Les achats sont à comptabiliser au prix de revient (TVA non comprise) conformément aux prescriptions du code de la normalisation comptable.

3. Les frais de personnel (art. 15)

Les frais de personnel et de main-d'œuvre et les charges sociales y afférentes (2), versés au personnel proprement dit sont, bien entendu **déductibles du bénéfice imposable**, dans la mesure où ils correspondent à un travail effectif et ne sont pas excessifs eu égard à l'importance du service rendu.

Les rémunérations des associés non dirigeants des sociétés ne peuvent être comprises dans les charges déductibles que lorsqu'elles sont la contrepartie de services effectivement rendus à l'entreprise en leur qualité de salarié. La rémunération des membres dirigeants de l'entreprise n'est pas admise en déduction.

4. Les primes d'assurance

Sont déductibles, les primes d'assurances couvrant les risques de l'entreprise.

Les primes d'assurance sur la vie contractées au profit de l'entreprise elle-même sur le titre de personnel dirigeant ou autres ne sont pas déductibles. Par contre, les cotisations d'assurance-vie versées au profit d'un membre du personnel nommément désigné sont considérées comme charges déductibles.

---

(1) **L'article 16** précise que lorsqu'elles dépassent **le montant de 10 000 Dh**, ces charges ne peuvent être déductibles du résultat net réel qu'à concurrence de 50 % de leur montant, à moins qu'elles ne **soient réglées par un chèque barré non endossable**, un effet de commerce, un moyen magnétique de paiement ou par virement bancaire et dans ces cas elles sont déductibles à 100 %. (Règlements effectués à compte du 1er janvier 1997).
Cette disposition ne s'applique pas aux transactions concernant les animaux vivants et les produits agricoles non transofrmés (L.F. 1996/1997 transitoire art. 9. VI).

(2) **Les charges sociales sont constituées par :**
- la part patronale des cotisations obligatoires de sécurité sociale ;
- la part patronale versée pour la constitution de pension de retraite ;
- la part patronale des primes d'assurance groupe couvrant la maladie.

5. Les frais financiers

Les intérêts financiers servis aux associés autres que l'associé principal sont déductibles à la condition que le capital soit entièrement libéré et que les intérêts déductibles ne portent que sur une somme totale n'excédant pas le capital de la société et qu'ils ne dépassent pas le taux fixé annuellement par arrêté du ministre des Finances.

Sont également déductibles, les agios bancaires et les intérêts payés à des tiers ou à des organismes agréés en rémunération d'opérations de crédit ou d'emprunt.

Sont aussi déductibles les intérêts des bons ou billets de caisse ou de trésorerie.

Les intérêts des comptes courants d'associés, des sociétés en nom collectif et des sociétés en commandite simple, à l'exclusion de l'associé principal, sont déductibles, à la condition que le capital social soit entièrement libéré. Par contre, les intérêts servis aux associés des sociétés de fait et aux membres des associations en participation ne sont pas admis dans les charges déductibles.

6. Les frais fiscaux

Les impôts et taxes qui se rapportent à l'exploitation constituent par principe des charges déductibles lorsqu'ils sont mis en recouvrement au cours de l'exercice.

Sont exclus de cette déduction l'impôt général sur le revenu, la taxe urbaine afférente aux biens donnés en location par les entreprises de crédit-bail.

La TVA non récupérable versée au percepteur est considérée comme une charge d'exploitation déductible.

7. Dépenses et pertes diverses

Entrent également dans le cadre des frais généraux ouvrant droit à déduction :

- les loyers et charges locatives;
- les redevances payées au titre du crédit-bail ;
- les redevances payées pour l'exploitation des brevets, marques et valeurs similaires ;
- les dépenses de réparation, sauf celles qui se traduisent par l'entrée d'un nouvel élément dans l'actif immobilisé de l'entreprise ;
- les dépenses de transport et de déplacement ;
- les frais d'études et de documentation, etc. ;

- les cadeaux publicitaires distribués gratuitement, à condition que leur valeur unitaire ne dépasse pas 10 Dh et qu'ils portent soit le nom ou le sigle de l'entreprise, soit la marque des produits qu'elle fabrique ;
- les pertes diverses se rapportant à l'exploitation, telles que : inondation, incendie, pertes de change, vols ou détournements, etc.

8. Report déficitaire

Le déficit d'un exercice peut être déduit du bénéfice du ou des exercices suivants jusqu'au quatrième exercice qui suit l'exercice déficitaire.

Toutefois, la limitation du délai de déduction n'est pas applicable au déficit ou à la fraction du déficit fiscal provenant des amortissements régulièrement comptabilisés et compris dans les charges déductibles de l'exercice. La déduction est subordonnée à la condition que les biens en cause soient inscrits à un compte de l'actif immobilisé et que leur amortissement soit régulièrement constaté en comptabilité.

b. Les amortissements

D'un point de vue économique et comptable, l'amortissement est la constatation de la dépréciation subie par certains éléments du patrimoine de l'entreprise, du fait du temps et de l'usage.

D'un point de vue purement fiscal, **l'amortissement est une déduction opérée sur le bénéfice pour tenir compte de la diminution de valeur ou de la dépréciation subie par un élément figurant à l'actif de l'entreprise.**

L'objet de l'amortissement est de constater et de compenser la dépréciation subie par l'inscription de la perte correspondante dans les charges de l'entreprise. Parmi les immobilisations corporelles, il n'y a guère que les terrains qui ne se déprécient pas avec le temps et ne sauraient donc être amortis. Pour le reste, il convient de préciser que **l'amortissement est, en principe, limité au prix de revient du bien tel qu'il figure en comptabilité** : l'amortissement exclut en principe les éléments incorporels, fond de commerce, par exemple. Toutefois, certains éléments incorporels peuvent très bien être amortis, par exemple, les brevets d'invention ainsi que les fonds de commerce appelés à disparaître à la fin d'une concession.

Si un élément de l'actif de l'entreprise fait l'objet d'une réévaluation, l'amortissement sera calculé dans ce cas sur la base de la nouvelle valeur comptable.

Dans ces conditions, il s'agit de préciser dans le cadre de la définition des principes généraux, les conditions de déduction et la base de calcul des amortissements.

1. Les conditions de déduction

- Seule une dépréciation affective d'un élément de l'actif ouvre droit à déduction.
- Dans ces conditions, la comptabilisation de l'amortissement est obligatoire.
- L'amortissement doit être calculé à partir du premier jour du mois d'acquisition des biens.
- Les véhicules de transport des personnes ne sont pas admis en déduction.
- Pour les véhicules utilisés pour le transport public ou collectif du personnel de l'entreprise, la base à amortir ne peut dépasser 200 000 Dh quant au taux autorisé, il est de 20 %.

2. La base de calcul des amortissements

Le principe de base consiste à **calculer l'amortissement sur la valeur d'origine**. Celle-ci comprend le prix d'achat et les frais accessoires (droits de douane, frais d'installation, de transport, etc.).

Le prix de revient est calculé hors TVA dans la mesure où cette dernière est récupérable. Si par contre, l'immobilisation n'ouvre pas droit à déduction, la TVA est incluse dans le prix de revient.

3. Les techniques de l'amortissement

• Amortissement linéaire

C'est en principe le régime de droit commun. C'est aussi le plus simple, l'annuité est constante et est calculée sur la durée normale d'utilisation de l'immobilisation. Si par exemple, la durée probable de l'utilisation d'une machine est de 10 ans, le taux sera de 10 %.

Le taux d'amortissement des véhicules de transport, de personnes par exemple, ne peut être inférieur à 20 % par an et la valeur totale (TTC) fiscalement déductible, répartie sur cinq ans à parts égales, ne peut être supérieur à 200 000 Dh par véhicule (neuf ou d'occasion).

D'autres taux sont prévus pour d'autres éléments amortissables : micro-ordinateurs 15 %, constructions légères 10 %, etc.

• **L'amortissement accéléré** (1)

Il concerne **les biens d'équipement acquis à compter du 1er janvier 1994** à l'exclusion des immeubles et des véhicules de transport de personnes.

Cet amortissement est pratiqué sur **option irrévocable** du contribuable.

Le taux d'amortissement est égal au taux normalement admis d'après les usages de chaque profession, auquel sont appliqués les coefficients ci-dessous :

– 1,5 % lorsque la durée d'amortissement est de 3 ou 4 ans ;

– 2 % lorsque la durée d'amortissement est de 5 ou 6 ans ;

– 3 % lorsque la durée d'amortissement est supérieure à 6 ans.

Cet amortissement doit être appliqué dès la première année d'acquisition, sur la base du coût d'acquisition pour la première année, et sur la valeur résiduelle pour les années suivantes.

• **Amortissement exceptionnel**

Les entreprises qui ont reçu **une prime d'équipement** rapportée intégralement à l'exercice au cours duquel elle a été reçue, peuvent pratiquer, au titre de l'exercice comptable au cours duquel les équipements en cause ont été acquis, un **amortissement exceptionnel** d'un montant égal à celui de la prime.

L'entreprise qui n'inscrit pas en comptabilité la dotation aux amortissements se rapportant à un exercice comptable déterminé perd le droit de déduire l'annuité ainsi omise sur le résultat de cet exercice, mais elle conserve le droit de pratiquer cette déduction à partir de l'exercice qui suit la période normale d'amortissement. Lorsque le prix d'acquisition de biens amortissables a été compris par erreur dans les frais généraux d'un exercice non prescrit et que cette erreur est relevée soit par l'administration, soit par le contribuable lui-même, la situation de l'entreprise est régularisée et les amortissements normaux sont pratiqués à partir de l'exercice suivant la date de la régularisation.

c. Les provisions

La notion de provision relève essentiellement du droit comptable. Elle présente un caractère provisoire, c'est une charge qui n'est pas encore effective à la date de clôture de l'exercice, mais que des événements en cours rendent probable et non pas simplement éventuelle. **La provision doit être précise quant**

(1) Art. 15 ter, L.F. 1994, article 12 § VIII.

à son objet : défaillance d'un client, baisse des cours, procédure de licenciement et..., même si elle est indéterminée quant à son montant. Il y a dans toute provision quelque chose d'approximatif.

1. Conditions de déduction des provisions

Les provisions constituées en vue de faire face soit à la dépréciation des éléments de l'actif (créance, fonds de commerce), soit à des charges ou des pertes non encore réalisées et que des événements en cours rendent probables (frais de procès) :

- les charges et les pertes doivent être nettement précisées et individualisées quant à leur nature et susceptibles d'une évaluation approximative quant à leur montant ;
- la probabilité des charges et pertes doit trouver son origine dans l'exercice en cours, c'est-à-dire avant la clôture de l'exercice ;
- les pertes et charges provisionnées doivent être déductibles ;
- la provision doit être effectivement constatée en comptabilité.

2. La variété des provisions

Sont déductibles :

- Les provisions pour dépréciation d'une immobilisation : fonds de commerce (retrait de licence).

– Provision pour dépréciation des stocks : si le cours est inférieur au prix de revient, l'entreprise peut constituer une provision pour dépréciation.

– Provisions pour créances douteuses ou litigieuses.

– Provisions pour impôts à payer, à condition que l'impôt soit déductible.

– Provision pour pertes et charges (provisions pour frais de personnel, indemnités de licensciement).

– Les entreprises sont autorisées à constituer des **provisions pour investissement**, en franchise d'impôt, à la clôture de chaque exercice, à raison de 20 % du bénéfice fiscal, avant impôt, en vue de la réalisation d'investissement en biens d'équipement, matériels outillage, et ce, dans la limite de 30 % dudit investissement à l'exclusion des terrains, des constructions autres qu'à usage professionnel et des véhicules de tourisme.

La provision pour investissement doit être inscrite au passif du bilan, sous une rubrique spéciale, faisant connaître par exercice le montant de chaque dotation.

La provision constituée à la clôture de chaque exercice fiscal doit être utilisée avant l'expiration de la troisième année suivant celle de la constitution.

Toutefois, en ce qui concerne les entreprises de transport maritime [et de pêche côtière], cette provision doit être utilisée avant l'expiration de la **cinquième** année suivant celle de sa constitution.

– Les entreprises peuvent constituer des provisions dans la limite de 3 % du résultat fiscal, avant impôt, en vue d'alimenter un fonds destiné à :

• **L'acquisition** ou la construction par l'employeur de logements affectés aux salariés de l'entreprise à titre d'habitation principale.

• Ou **l'octroi** auxdits salariés de **prêts** en vue de la construction ou l'acquisition de ces logements.

Les provisions constituées doivent être affectées en priorité et à concurrence de **50 % au moins** de leur montant aux logements économiques (visés par le décret Royal n° 552-67 du 17 décembre 1968). Elles doivent être utilisées dans les **3 années** de leur constitution. Il en est de même pour les remboursements des prêts accordés sur ces provisions. La part de la provision non utilisée dans le délai et conformément à son objet doit être rapportée d'office à l'exercice au titre duquel elle a été constituée ou le cas échéant, sur le premier exercice non prescrit.

– Les entreprises minières peuvent constituer des provisions pour reconstitution de gisement à hauteur de 50 % du bénéfice fiscal sans dépasser 30 % du montant de leur chiffre d'affaires.

3. La régularisation des provisions

Lorsque au cours d'un exercice ultérieur, ces provisions reçoivent en tout ou en partie un emploi non conforme à leur destination ou deviennent sans objet, elles sont rapportées aux résultats dudit exercice. Lorsque la régularisation n'a pas été effectuée par le contribuable lui-même, l'administration procède aux redressements nécessaires.

Toute provision irrégulièrement constituée, constatée dans les écritures d'un exercice non prescrit doit, quelle que soit la date de sa constitution, être réintégrée dans les résultats de l'exercice au cours duquel elle a été portée à tort en comptabilité.

Lorsque l'exercice auquel doit être rapportée la provision devenue sans objet ou irrégulièrement constituée est prescrit, la régularisation est effectuée sur le premier exercice de la période non prescrite.

C. Les charges non déductibles

Ne sont pas déductibles du résultat net réel, les amendes, pénalités et majorations de toute nature mises à la charge des contribuables pour infraction aux dispositions légales ou réglementaires notamment les infractions commises en matière d'assiette des impôts directs et indirects, du paiement tardif desdits impôts, de législation du travail, de réglementation de la circulation et de contrôle des changes ou des prix.

D. Le déficit reportable

Le déficit d'un exercice peut être déduit du bénéfice de l'exercice suivant. A défaut de bénéfice ou en cas de bénéfice insuffisant pour que la déduction puisse être opérée en totalité, le déficit ou le reliquat de déficit peut être déduit des bénéfices des exercices suivants jusqu'au quatrième exercice qui suit l'exercice déficitaire.

Cette limitation du délai de déduction ne s'applique pas au déficit ou à la fraction du déficit correspondant à des amortissements régulièrement comptabilisés et compris dans les charges déductibles de l'exercice.

Le contribuable ne peut vivre perpétuellement de déficits fiscaux ; si une telle situation se prolongeait, il faudrait que le législateur marocain réfléchisse à une forme de taxation d'un revenu forfaitaire reconstitué à partir des dépenses personnelles, ostensibles ou notoires, ou encore à partir de certains éléments de son train de vie.

L'IGR ne doit pas être inférieur à une cotisation minimale (CM) pour les titulaires de revenus professionnels déterminés suivant la comptabilité.

E. L'obligation comptable

Le régime fiscal de chaque exercice est déterminé à partir du résultat du compte de pertes et profits de la comptabilité tenue par le contribuable conformément aux prescriptions du code de commerce et organisée par le contribuable de manière à permettre à l'administration d'exercer les contrôles prévus par la loi.

Les opérations relatives aux recettes doivent être individualisées et donner lieu à la délivrance de factures numérotées et comportant les numéros d'articles d'imposition à l'impôt des patentes. Dans le cas de vente au détail et à défaut de factures, le contribuable doit délivrer des tickets de caisse.

La loi de finances 1997/1998 a introduit une nouvelle exigence, **pour les cliniques et établissements assimilés**, de délivrer à leurs patients des factures comportant le montant global des honoraires et autres rémunérations de même nature qui leur sont versés par lesdits patients.

En outre, le contribuable est tenu d'établir, à la fin de chaque exercice, des inventaires détaillés en quantités et en valeurs, des marchandises, des produits divers, des emballages ainsi que des matières consommables qu'il achète en vue de la revente ou pour les besoins de la profession.

Les doubles des factures ou des tickets de caisse sont conservés pendant les dix années suivant celle de leur établissement.

§2. Le régime du résultat net simplifié

A. Les conditions d'application

Le régime du résultat net simplifié **est applicable sur option formulée par les contribuables intéressés**. Toutefois, en sont exclues les entreprises dont le chiffre d'affaires annuel dépasse :

– 4 000 000 Dh s'il s'agit d'activités de fabrication et vente de produits artisanaux, de vente en gros des denrées alimentaires et d'armateurs de pêche.

– 2 000 000 Dh, s'il s'agit de professions commerciales, industrielles ou artisanales, autres que celles versées ci-dessus.

– 500 000 Dh, s'il s'agit de professions libérales et de revenus ayant un caractère répétitif et ne se rattachant pas aux revenus salariaux, fonciers, agricoles ou de capitaux mobiliers.

L'option reste valable tant que le chiffre d'affaires n'a pas dépassé, pendant deux années consécutives, les limites ci-dessus.

En ce qui concerne la forme, une demande doit être formulée par écrit et adressée par lettre recommandée à l'inspecteur des impôts directs et taxes assimilées, avant le 1er mai de l'année, en cas de début d'activité avant le 1er mai de la 2e année d'activité.

Ne peuvent prétendre à ce régime les sociétés en nom collectif, les sociétés en commodité simple et les associations en participation.

B. La détermination du résultat net simplifié

Le résultat net simplifié de chaque exercice est déterminé d'après **l'excédent des produits, profits et gains, sur les charges déductibles à l'exclusion des provisions**. En cas de déficit, le report n'est pas admis.

Les stocks et travaux en cours à la date de clôture des comptes sont ajoutés aux produits, profits et gains.

Les stocks et travaux en cours à la date d'ouverture des comptes sont ajoutés aux charges.

Les stocks sont évalués au prix de revient ou au cours du jour si ce dernier lui est inférieur et les travaux en cours sont évalués au prix de revient.

Les exercices comptables des contribuables dont les revenus professionnels sont déterminés d'après le régime du résultat net simplifié sont clôturés au **31 décembre** de chaque année.

C. Les obligations comptables

Le résultat net simplifié de chaque exercice est déterminé à partir d'un ou plusieurs registres tenus régulièrement et sur lesquels sont enregistrées toutes les sommes perçues au titre des ventes, des travaux et des services effectués ainsi que celles qui sont versées au titre des achats, des frais de personnel et des autres charges d'exploitation.

En outre, les contribuables sont tenus :

a. De délivrer à leurs clients des factures ou des tickets de caisse ou reçus dont les doubles sont conservés pendant les dix années suivant celle de leur établissement.

b. Etablir à la fin de chaque exercice :

• la liste des tiers débiteurs et créditeurs avec l'indication de la nature, de la référence et du montant détaillé des créances et des dettes ;

• les inventaires détaillés des stocks, en quantité et en valeurs, des marchandises, des produits, des emballages ainsi que des matières consommables qu'ils achètent en vue de la revente ou pour les besoins de la profession.

c. D'avoir un registre pour l'inscription des biens d'exploitation amortissables, visé par le chef du service local d'assiette et dont les pages sont numérotées.

La déduction des annuités d'amortissement est admise à condition que ces annuités soient inscrites sur le registre précité.

Les obligations comptables, dans le cadre du régime net simplifié, sont allégées du fait que durant l'exercice, il peut tenir une simple comptabilité de trésorerie et non pas une comptabilité respectant le principe de la créance acquise, avec toutefois, l'obligation de régulariser en fin d'exercice pour tenir compte des factures restant à encaisser ou à payer.

Les différentes pièces justifiant la comptabilité doivent être conservées pendant dix ans.

D. Pouvoir d'appréciation de l'administration

I. Lorsque les écritures d'un exercice comptable présentent des irrégularités graves de nature à mettre en cause la valeur probante de la comptabilité, l'administration peut déterminer le revenu professionnel de cet exercice d'après les éléments dont elle dispose.

Sont considérés comme irrégularités graves :

- le défaut de présentation d'une comptabilité tenue conformément aux dispositions de l'article 29 ;
- l'absence des inventaires prévus par le même article ;
- la dissimulation d'achats ou de ventes dont la preuve est établie par l'administration ;
- les erreurs, omissions ou inexactitudes graves et répétées constatées dans la comptabilisation des opérations ;
- l'absence de pièces justificatives privant la comptabilité de toute valeur probante ;
- la non comptabilisation d'opérations effectuées par le contribuable ;
- la comptabilisation d'opérations fictives.

Si la comptabilité présentée ne comporte aucune des irrégularités graves énoncées ci-dessus, l'administration ne peut remettre en cause ladite comptabilité et reconstituer le chiffre d'affaires que si elle apporte la preuve de l'insuffisance des chiffres déclarés.

II. Lorsqu'une **entreprise marocaine a directement ou indirectement des liens de dépendance avec des entreprises situées hors du Maroc**, les bénéfices indirectement transférés à ces dernières, soit par voie de majoration ou de diminution des prix d'achat ou de vente, soit par tout autre moyen, sont rapportés au résultat net déclaré.

En vue de cette rectification, les prix d'achat et de vente de l'entreprise concernés sont comparés avec ceux des entreprises similaires.

§3. Le régime du bénéfice forfaitaire

A. Conditions d'application

Le régime forfaitaire est applicable sur option formulée dans les conditions de forme et de délai. En sont toutefois exclus :

a. Les contribuables exerçant une des professions ou activités prévues par voie réglementaire.

b. Les contribuables dont le chiffre d'affaires annuel ou porté à l'année dépasse :

1. – 2 000 000 de dirhams, s'il s'agit des activités suivantes :

– fabrication et vente de produits artisanaux ;

– vente en gros des denrées alimentaires dont les prix sont fixés conformément à la législation et à la réglementation en vigueur concernant le contrôle des prix et les conditions de détention et de vente des produits et marchandises ;

– armateur pour la pêche.

2. – 1 000 000 dirhams s'il s'agit de professions commerciales, industrielles ou artisanales autres que celles visées au 1° ci-dessus.

3. – 250 000 dirhams s'il s'agit de professions ou sources de revenus définies respectivement au 1° c. et 2° de l'article 10 de la loi (1).

L'option pour le régime du bénéfice forfaitaire reste valable tant que le chiffre d'affaires réalisé n'a pas dépassé pendant deux années consécutives les limites prévues ci-dessus.

B. Détermination du bénéfice forfaitaire

Le bénéfice forfaitaire est déterminé par application au chiffre d'affaires de chaque année civile d'un coefficient fixé pour chaque profession conformément au tableau annexé à la loi sur l'IGR.

A ce bénéfice doivent s'ajouter les plus-values ou profits de cession ou de retrait d'éléments d'actifs. Sauf pour les terrains et construction (avec le cas échéant, application des mêmes abattements ou l'exonération prévue pour le régime du résultat net réel).

(1) *Cf.*, « Les revenus professionnels », champ d'application.

En ce qui concerne les biens amortissables autres que les terrains et les constructions, le profit ou la plus-value est égal à l'excédent du prix de cession – ou de la valeur vénale – sur le prix de revient, ce dernier étant diminué :

- des amortissements qui auraient été pratiqués sous le régime du résultat net réel ou celui du résultat net simplifié ;
- des amortissements considérés avoir été pratiqués en période d'imposition sous le régime du bénéfice forfaitaire aux taux annuels suivants :
  - 10 % pour le matériel, l'outillage et le mobilier ;
  - 20 % pour les véhicules.
- les primes, subventions et dons reçus de l'Etat, des collectivités locales ou des tiers. Ces primes, subventions et dons sont rapportés à l'année au cours de laquelle ils ont été perçus.

Exemple de calcul du bénéfice forfaitaire.

Soit un apiculteur, classé au tableau A, classe 5 (A5) de l'impôt des patentes (1).

Cet apiculteur a réalisé en 1997 un chiffre d'affaires égal à 900 000 Dh.

Son bénéfice forfaitaire sera de :

900 000 x 25 % = 225 000 Dh

N.B. : En vertu de l'article 22 de l'IGR, l'administration fiscale compare ce bénéfice forfaitaire au bénéfice minimum et retient en définitive le terme le plus élevé.

C. La règle du bénéfice minimum

Le bénéfice annuel des contribuables ayant opté pour le régime du bénéfice forfaitaire ne peut être inférieur au total de deux éléments, l'un fixe et l'autre variable, déterminés en fonction des bases retenues à l'impôt des patentes pour l'année précédente.

L'élément fixe est déterminé pour chaque établissement compte tenu de la classification des professions dans les tableaux A et B suivants :

L'élément variable est déterminé pour chaque établissement en appliquant à la valeur locative annuelle un coefficient variant de 1 à 5 compte tenu de l'importance de l'établissement, de l'achalandage et du niveau d'activité.

---

(1) *Cf.* annexe n° 3 à la loi 17-89 relative à l'IGR, tableau des coefficients applicables au chiffre d'affaires pour la détermination du bénéfice forfaitaire (art. 21).

Tableau A

Hors	classe	....	50 000 Dh
1re	classe	....	40 000 Dh
2e	classe	....	30 000 Dh
3e	classe	....	25 000 Dh
4e	classe	....	10 000 Dh
5e	classe	....	5 000 Dh
6e	classe	....	2 500 Dh
7e	classe	....	1 500 Dh

Tableau B

1re	classe	....	30 000 Dh
2e	classe	....	45 000 Dh
Redevable exploitant un établissement de minime importance		....	2 500 Dh

A ce bénéfice minimum s'ajoutent, le cas échéant, les profits, les plus-values, indemnités, primes, subventions et dons en tenant compte des mêmes abattements que ceux prévus par le régime du résultat net réel, ainsi que des amortissements forfaitaires.

La cotisation minimale n'est pas due pendant les 3 premiers exercices comptables qui suivent le début de l'activité professionnelle.

§4. Déclaration des rémunérations versées à des tiers

Dans le cadre du contrôle des rémunérations versées par les entreprises, lors du dépôt de la déclaration annuelle des revenus soumis à l'IGR, le contribuable doit faire parvenir à l'administration fiscale une déclaration contenant toutes les informations sur les honoraires, les commissions, courtages et autres rémunérations de même nature versés à des contribuables inscrits à l'impôt des patentes ou des rabais, remises et ristournes accordés après facturation.

Cette déclaration doit contenir, pour chacun des bénéficiaires, les indications suivantes :

- nom, prénom ou raison sociale ;
- profession ou nature de l'activité et adresse ;
- numéro de l'inscription à l'impôt des patentes ou à impôt sur les sociétés et numéro d'identification à la taxe sur la valeur ajoutée ;
- numéro d'inscription à la Caisse nationale de sécurité sociale ;
- montant par catégorie, des sommes versées ou accordées au titre :
  - des honoraires ;
  - des commissions, courtage et autres rémunérations de même nature.
- des rabais, remises et ristournes accordés après facturation.

En cas de défaut de déclaration, l'entreprise contrevenante perd le droit d'inclure dans ses charges **25 %** des sommes non déclarées.

§5. Versement du produit de l'impôt retenu à la source

L'impôt retenu à la source sur les rémunérations visées à l'article 19 de l'IGR, payées aux personnes physiques non résidentes doit être versé dans le mois suivant celui du paiement, à la caisse du percepteur du lieu de la résidence habituelle ou du siège social ou du principal établissement de l'entreprise qui a effectué la retenue.

Lorsque la personne physique non résidente est payée par un tiers non résident, l'impôt, est dû par l'entreprise ou l'organisme client au Maroc (art. 34). Le versement de l'impôt doit être effectué dans le mois qui suit celui prévu, pour les paiements des rémunérations, dans le contrat de travaux ou de services.

Chaque versement est accompagné d'un bordereau-avis daté et signé par la partie versante, indiquant :

- l'identité de la partie versante :
  - nom ou raison sociale ;
  - profession ou nature de l'activité ;
  - adresse ;
  - numéro d'imposition à l'impôt des patentes ;
  - numéro d'identification à la taxe sur la valeur ajoutée.
- la raison sociale et l'adresse de l'organisme financier intervenant dans le paiement ;
- l'identité de la personne physique étrangère non résidente ayant exécuté les travaux ou les services au titre desquels l'impôt est dû ;
- les éléments chiffrés de l'imposition :
  - date et montant des paiements ;
  - montant de l'impôt.

Chapitre III
L'imposition des autres catégories de revenus

Section I
Les revenus agricoles

§1. Champ d'application et base imposable

Sont considérés, au sens de l'article 38, comme revenus agricoles, les bénéfices provenant d'exploitations agricoles et de toutes autres activités agricoles non soumises à l'impôt des patentes.

Au sens de la présente loi, est considéré comme exploitant agricole, celui qui est engagé dans la mise en culture des terrains à usage agricole à titre de propriétaire exploitant lui-même, d'usufruitier, de locataire ou d'occupant.

Toutefois, certaines plantations sylvestres ne dépassant pas un hectare, ainsi que l'élevage non industriel et certaines plantations sylvestres, destinées à préserver les sols de l'érosion, sont exonérés de l'impôt.

Il faut également rappeler que les revenus de l'agriculture sont exonérés de tout impôt jusqu'à la fin de l'an 2020 (1).

Lorsque le revenu imposable dépasse deux millions de dirhams, l'exploitant est soumis obligatoirement au régime du résultat net réel (art. 41). Dans le cas contraire, l'exploitant est soumis au régime du bénéfice forfaitaire. **Le régime du forfait constitue en principe le régime de droit commun**.

---

(1) *Cf.* Dahir portant loi n° 1.84.46 du 21 mars 1984. Feu SM le roi Hassan II a prorogé ce délai jusqu'à l'an 2020, dans un discours officiel.

§2. Détermination du bénéfice forfaitaire

Le bénéfice forfaitaire annuel de chaque exploitation est calculé sur la base du nombre d'hectares exploités en ce qui concerne les terres de cultures et autres plantations régulières et sur la base du nombre de pieds de chaque essence en ce qui concerne les arbres fruitiers et forestiers en plantations irrégulières, pour les seuls pieds ayant atteint l'âge de production ou d'exploitation fixé par voie réglementaire.

Le bénéfice forfaitaire par hectare ou par essence et par pied est fixé annuellement dans chaque préfecture ou province, sur proposition de l'administration fiscale par une commission dite **commission locale communale**.

Ce bénéfice est fixé distinctement par commune et éventuellement dans chaque commune par catégorie de terre.

I. Pour la détermination du bénéfice forfaitaire à l'hectare, il est fait distinction entre les catégories de terres suivantes :

– Les terres de culture non irriguées et non complantées.

Ces terres sont considérées comme affectées aux cultures annuelles en usage dans la commune, la préfecture ou la province. Il est tenu compte, dans la limite du **taux maximum de 40 %** de la jachère si elle est pratiquée dans la commune concernée.

– Les terres de culture irriguées, non complantées et non affectées à la riziculture, aux cultures maraîchères, aux cultures sous serre, aux cultures florales et des plantes à essence ou à parfum, aux pépinières arboricoles et viticoles et aux cultures de tabac.

Le bénéfice forfaitaire est déterminé compte tenu de la situation des terres concernées.

Il est fait distinction entre :

Les terres situées à l'intérieur d'un périmètre de mise en valeur et irriguées par des barrages de retenue.

Les terres irriguées par prise d'eau dans la nappe phréatique ou les rivières.

Les autres terres irriguées.

• les terres de cultures irriguées affectées aux cultures, autres que la riziculture ;

• les rizières ;

• les plantations régulières irriguées ;

II. Pour la détermination du bénéfice forfaitaire par essence et par pied des plantations irrégulières fruitières et forestières, il est fait distinction entre :

– les plantations irriguées ;

– les plantations non irriguées.

Les décisions de la commission locale communale peuvent faire l'objet d'un recours devant la commission nationale du recours fiscal (art. 41 de la loi sur l'IS), soit par le président de la chambre d'agriculture, soit par le directeur des impôts dans un délai de 60 jours, en cas de litige entre le contribuable et l'administration.

Il est appliqué au bénéfice forfaitaire ainsi déterminé, **un abattement de 50 %** lorsque ledit bénéfice provient d'exploitations sur lesquelles sont pratiquées :

– les cultures céréalières ;

– les cultures oléagineuses ;

– les cultures sucrières ;

– les cultures fourragères ;

– les cultures cotonnières.

§3. Régime du résultat net réel

L'article 41 de la loi précise la possibilité pour les agriculteurs exploitants **d'opter pour le régime du bénéfice net réel** pour l'année au titre de laquelle la demande est formulée et pour les deux années suivantes.

Le bénéfice imposable des exploitations agricoles est déterminé pour chaque année civile dans les mêmes conditions que la catégorie des revenus professionnels. Lorsque l'exploitant opte pour le résultat net réel, il est tenu d'avoir une comptabilité précise de ses opérations avec enregistrement de toutes les dépenses engagées ainsi que toutes les créances acquises et non pas seulement des dépenses et des recettes.

Des dispositions particulières ont été prises par le législateur afin de s'adapter à l'environnement de la production agricole marqué par des délais de maturation pour certaines spéculations :

– amortissement des frais de plantation et d'entretien des arbres fruitiers pendant la période précédant la production (1) ;

– déduction accélérée de la prime d'équipement.

En effet, la totalité de la prime d'équipement peut faire l'objet de dotations exceptionnelles aux amortissements des bénéfices de l'exercice au cours duquel ont été acquis les équipements en cause.

§4. Cession des biens de l'exploitation agricole

Les profits réalisés et les plus-values constatées à l'occasion de cession ou de retrait des éléments amortissables de l'actif immobilisé, y compris les plantations, **sont compris dans le résultat net réel** de l'exercice après application d'un abattement calculé dans les mêmes conditions que pour les revenus professionnels.

En ce qui concerne les profits réalisés à l'occasion de la vente des terres agricoles, leur montant est compris dans le résultat imposable après réévaluation du prix de revient par application d'un coefficient de réévaluation prévu par la loi réglementant la taxe sur les profits immobiliers.

Toutefois, le profit ainsi déterminé après réévaluation du prix de revient n'est imposable qu'à concurrence de 50 % de son montant.

---

(1) En ce qui concerne les frais de plantation et d'entretien des arbres fruitiers engagés pendant la période précédant la production, l'amortissement est admis à partir de la première année de production dans la limite des taux en usage dans le domaine agricole.

La déduction est subordonnée à la condition que les biens en cause soient inscrits à un compte de l'actif immobilisé et que leur amortissement soit régulièrement constaté en comptabilité. Lorsque la comptabilité ne permet pas de distinguer entre les frais afférents aux plantations existantes et ceux concernant les plantations en cours, ces derniers sont évalués par l'administration dans la limite des normes applicables par la Caisse nationale de crédit agricole.

Par dérogation aux dispositions ci-dessus, les exploitants qui ont reçu une prime d'équipement rapportée intégralement à l'exercice au cours duquel elle a été perçue peuvent pratiquer au titre de l'exercice au cours duquel ont été acquis les équipements en cause un amortissement exceptionnel d'un montant égal à celui de la prime.

L'exploitant qui n'inscrit pas en comptabilité la dotation aux amortissement se rapportant à un exercice déterminé perd le droit de déduire l'annuité ainsi omise sur le résultat dudit exercice mais conserve le droit de pratiquer cette déduction à partir du premier exercice qui suit la période normale d'amortissement. Lorsque le prix d'acquisition de biens amortissables a été compris par erreur dans les frais généraux d'un exercice non prescrit et que cette erreur est relevée soit par l'administration, soit par l'exploitant lui-même, la situation de l'exploitant est régularisée et les amortissements normaux sont pratiqués à partir de l'exercice qui suit la date de la régularisation.

Lorsque le contrat de cession prévoit un prix global pour la terre et pour les plantations, le prix de revient de la terre est réévalué comme ci-dessus et il est appliqué au profit total l'abattement prévu en matière de revenus professionnels.

§5. Déficit reportable (1)

Section II
Les revenus fonciers

§1. Définition des revenus fonciers

L'article 82 de l'IGR, précise la catégorie des revenus fonciers, lorsqu'ils ne rentrent pas dans la catégorie des revenus professionnels :

a. Les revenus provenant de la location :

- des immeubles bâtis ou non bâtis et des constructions de toute nature ;
- des propriétés agricoles y compris les constructions et le matériel fixe et mobile y attachés.

b. La valeur locative des immeubles et constructions que les propriétaires mettent gratuitement à la disposition de tiers autres que les biens ci-après exclus du champ de l'IGR.

Le législateur a exclu du champ d'application de l'IGR les revenus fonciers suivants :

- les valeurs locatives des immeubles que les propriétaires mettent gratuitement à la disposition :
- de leurs ascendants et descendants et habités par ses derniers ;
- des administrations de l'Etat et des collectivités locales, des hôpitaux publics ;
- des œuvres privées d'assistance et de bienfaisance soumises au contrôle de l'Etat ;
- des associations reconnues d'utilité publique et les institutions charitables à but non lucratif.

---

(1) Voir supra, « Les revenus professionnels ».

Les revenus provenant de la location des constructions nouvelles, sont exemptés de l'impôt pendant les trois années qui suivent celle de l'achèvement desdites constructions. Exemptions temporaires (art. 84).

Exonération des promoteurs immobiliers :

S'ils réalisent leurs opérations dans le cadre d'une convention conclue avec l'Etat pour un programme de construction de 3 500 logements sociaux étalés sur une période maximum de 5 ans.

§2. Le revenu foncier net imposable

Le revenu foncier brut imposable est constitué par **le montant brut total des loyers** ou de la valeur locative totale **augmenté** des dépenses incombant normalement au propriétaire ou à l'usufrutier et mises à la charge des locataires notamment les grosses réparations. Ce même montant **est diminué** des charges supportées par le propriétaire pour le compte des locataires.

Les conditions de détermination du revenu net imposable diffèrent selon que l'immeuble est urbain ou agricole :

– Pour **les immeubles non agricoles**, mis gratuitement à la disposition des tiers, à l'exception des exemptions permanentes, le revenu net imposable est égal au montant du revenu foncier brut **diminué d'un abattement forfaitaire de 40 %**(1).

– Pour **les propriétés agricoles** données en location (y compris les constructions et le matériel fixe et mobile y attaché), le revenu net imposable est égal :

- soit au montant du loyer ou fermage stipulé en argent dans le contrat ;
- soit au montant obtenu en multipliant le cours moyen de la culture pratiqué par les quantités prévus dans le contrat, en cas de location rémunérée en nature ;
- soit à la fraction du revenu agricole forfaitaire déterminé par application des règles propres aux revenus des exploitations agricoles, dans le cadre des locations à part de fruits.

– Dégrèvements pour perte de loyer

En cas de perte de loyers, établie par tout moyen de preuve, le contribuable peut obtenir la réduction ou la décharge de l'impôt afférent aux loyers non recouvrés, à

(1) Loi de finances 1993, art. 6.

condition d'adresser sa requête au Directeur des impôts dans les quatre mois à partir de la date d'émission du rôle d'imposition.

§3. Obligation des propriétaires

– Renseignements annexes à la déclaration annuelle du revenu global :

Les propriétaires ou usufruitiers sont tenus de joindre à leur déclaration annuelle du revenu global une annexe modèle de l'administration réservée aux revenus fonciers.

– Déclaration de transfert de propriété

Les propriétaires ou usufruitiers doivent déclarer les mutations intervenues dans les immeubles ou partie d'immeuble leur appartenant par suite de vente, échange, partage ou tout autre acte translatif de propriété ou d'usufruit, à l'inspecteur des impôts directs et taxes assimilées du lieu de situation de l'immeuble dans les 60 jours de la date de l'opération.

Comme tous les autres revenus catégoriels, le revenu net imposable ainsi déterminé pour les revenus fonciers est intégré au revenu global de l'année et soumis à l'impôt général sur le revenu, dans les mêmes conditions de barème, de déclaration, de contentieux, etc.

Section III
Les revenus salariaux et assimilés

Sont définis comme revenus salariaux pour l'application de l'IGR :

- les traitements privés et publics ;
- les indemnités et émoluments ;
- les salaires ;
- les pensions ;
- les rentes viagères.

§1. Détermination du revenu net imposable

Cette définition inclue également les avantages en argent ou en nature accordés en sus des revenus précités.

Pour mieux préciser ces revenus, **il faut diminuer le revenu brut des exemptions autorisées par la loi** :

– Les allocations familiales ou d'assistance à la famille.

– Les majorations de retraite ou de pension pour charges de famille ayant cause.

– Les rentes viagères et allocations temporaires accordées aux victimes d'accidents de travail.

– Les indemnités journalières de maladie, d'accidents et de maternité et les allocations décès servies par la CNSS.

– Les indemnités de licenciement dans la limite fixée par la législation du travail, ainsi que les indemnités pour dommages et intérêts accordés par les tribunaux en cas de licenciement.

– Les pensions alimentaires.

– Les pensions de retraite complémentaires, encaissées en contrepartie de cotisations non déduites initialement du revenu imposable du salarié.

– la part patronale des cotisations de retraite, de sécurité sociale et des primes d'assurance groupe maladie, maternité, invalidité et décès.

Ouvrier d'imprimerie de journaux travaillant la nuit, ouvriers mineurs	35 %
Personnel des casinos et cercles supportant des frais de représentation et de veillée ou de double résidence	25 %
Personnel des casinos et cercles supportant des frais de représentation et de la veillée et des frais de double résidence	35 %
Artistes dramatiques, lyriques, cinématographiques ou chorégraphiques, artistes musiciens, chefs d'orchestre	35 %
Journalistes, rédacteurs, photographes, directeurs de journaux	45 %[1]
Agents de placement de l'assurance-vie, inspecteurs et contrôleurs des compagnies d'assurances des branches-vie, capitalisation et épargne	35 %
Personnel naviguant de l'aviation marchande comprenant : pilotes, radios, mécaniciens et personnel de cabine naviguants des compagnies de transport aérien ; pilotes et mécaniciens employés par les maisons de construction d'avions et de moteurs pour l'essai de prototypes ; pilotes moniteurs d'aéro-clubs et des écoles d'aviation civile.	45 %
Voyageurs représentants et placiers de commerce et d'industrie	45 %
Pour le personnel naviguant de la marine marchande et de la pêche maritime	40 %
Les autres catégories professionnelles	17 %

Ces différentes exemptions permettent de déterminer le revenu brut. Pour passer **au revenu net imposable**, la loi autorise un certain nombre d'abattement et de déductions.

Un abattement forfaitaire pour frais inhérents à la fonction ou à l'emploi. **La déduction des frais ne peut excéder le plafond de 24 000 Dh par an, au taux forfaitaire de 17 % du revenu brut imposable**. Le taux de 17 % ne s'applique pas aux avantages en nature et en argent.

Pour les catégories professionnelles suivantes la déduction se fait aux taux suivants sans plafond (voir tableau précédent).

§2. Taux et recouvrement de l'impôt

Tous les revenus qui entrent dans le champs d'application de l'IGR, sont soumis au taux progressif du barème. Cependant, ce barème annuel pose certains problèmes quant aux revenus salariaux à cause d'une périodicité plus réduite (mois, quinzaine, semaine) :

Barème pour les salariés payés à :

La quinzaine

Revenu de quinzaine en Dh situé entre			Taux	Somme à déduire
0	et	833,33	0 %	0
833,34	et	1 000	13 %	108,33
1 001	et	1 500	21 %	188,33
1 501	et	2 500	35 %	398,33
Au-delà	et	2 500	44 %	623,33

La semaine

Revenu hebdomadaire en Dh situé entre			Taux	Somme à déduire*
0	et	400	0 %	0
401	et	480	13 %	52,00
481	et	720	21 %	90,40
721	et	1 200	35 %	191,20
Au-delà	et	1 200	44 %	299,20

Au jour

Revenu journalier en Dh situé entre			Taux	Somme à déduire*
0	et	66,67	0 %	0
66,68	et	80	13 %	8,67
81	et	120	21 %	15,07
121	et	200	35 %	31,87
Au-delà	et	200	44 %	49,87

NB. : Pour déterminer le régime fiscal de la pension, il faut lui appliquer un abattement de 40 % avant l'application des taux du barème (L.F. 99/2000).

Au-delà du barème, le législateur a prévu un taux forfaitaire libératoire.

Les rémunérations et indemnités, occasionnelles ou non, imposables dans la catégorie du salaire, qui sont versées à des personnes ne faisant pas partie de personnel salarié de l'organisme payeur sont passibles de la retenue à la source au taux proportionnel de 30 % applicable à la rémunération brute, sans aucun abattement. Mais ce taux n'est libératoire que dans le cas des rémunérations versées par les cliniques à des médecins non patentables ; pour les autres catégories il est imputable sur l'IGR.

Si lesdites rémunérations sont versées par des établissements publics ou privés d'enseignement, ce taux est de 17 %.

10 % pour les produits versés à des étrangers.

Dans tous les cas où l'employeur est établi au Maroc, l'impôt doit être prélevé par ce dernier sous sa responsabilité et réservé au percepteur dans le mois qui suit celui du paiement du salaire.

Les personnes bénéficiant de salaires auprès de plus d'un employeur ou dont l'employeur n'est pas établi au Maroc, sont tenues de procéder eux-mêmes à la déclaration de leur revenu et l'impôt est émis par voie de rôle.

Section IV

Les revenus de capitaux mobiliers (1)

Sous le vocable de valeurs mobilières, il faut entendre les revenus de capitaux comme les actions, les parts sociales, les bons de caisse, les bons de Trésor. La distribution de ces revenus est soumise à taxation.

(1) N.B. : il est à noter qu'en vertu des dispositions de la loi n° 18-88 du 23 octobre 1989, les revenus mobiliers (produits des actions, parts sociales et revenus assimilés) sont soumis à une taxe libératoire de 30 % qui exclut lesdits revenus du champs d'application de l'IGR.

§1. Champ d'application

Sont considérés comme revenus de capitaux **mobiliers pour l'application de l'IGR** :

a. Les produits des placements à revenus variables, lorsqu'ils n'ont pas supporté **la taxe sur les produits des actions, les parts sociales** (1), retenue à la source.

– **Les dividendes, intérêts du capital** et autres produits de participation similaires.

– **Les tantièmes, allocations spéciales**, remboursements forfaitaires de frais et autres rémunérations allouées aux dirigeants des sociétés sauf pour la fraction de ces revenus considérée comme un salaire et soumise en tant que tel à l'impôt.

– **Les sommes prélevés sur les bénéfices** pour l'amortissement du capital ou le rachat d'actions, de parts bénéficiaires ou de parts de fondateurs des sociétés autres que celles qui sont concessionnaires d'un service public.

– **Le boni de liquidation** des sociétés augmenté des réserves constituées depuis moins de dix ans, même si elles ont été incorporées au capital et diminué de la fraction amortie du capital à condition que l'amortissement ait déjà donné lieu au prélèvement de la TPA.

b. Les produits des placements à revenu fixe (T.P.P.R.F.).

Contenu des nouvelles dispositions (2) :

Afin d'éviter les distorsions résultant des problèmes posés par les principes de l'anonymat ou de l'identification, les dispositions de l'article 17 de la loi de finances n° 26-99 pour l'année budgétaire 1999-2000 ont prévu pour les bénéficiaires, y compris les actionnaires et porteurs de parts d'OPCVM de distributions, le taux de :

---

(1) Les produits des actions ou parts sociales et revenus assimilés distribués par les sociétés à des particuliers subissent un prélèvement à la source au taux de 10 % libératoire de l'IGR. Lorsque ce prélèvement est réalisé à la source, il se trouve hors du champ d'application de l'IGR.

(2) *Cf.*, L.F. de 1992, le versement des 30 % est libératoire de l'IGR à condition que les bénéficiaires soient anonymes. 20 % pour les bénéficiaires qui déclinent au payeur leur identité. Ce prélèvement n'est pas libératoire de l'IGR pour le contribuable qui a d'autres sources de revenu soumis à l'IGR (revenu salarial au revenu foncier...). Les dispositions de l'article 6 de la loi de finances pour 1992 instituant une taxe sur les produits de placements à revenu fixe (TPPRF) ont été modifiées par l'article 17 de la loi de finances pour l'année budgétaire 1999-2000. Les modifications introduites concernent le champ d'application des taux de la taxe.

– 30 % libératoire de l'IGR pour les personnes physiques qui ne sont pas soumises à l'IGR selon le régime du résultat net réel (RNR) ou du résultat net simplifié (RNS) ;

– et de 20 % imputable sur la cotisation de l'IGR ou de l'IS avec droit à restitution pour les personnes morales et les personnes physiques soumises à l'IGR d'après le RNR ou le RNS.

Les bénéficiaires, soumis à la taxe au taux de 20 % susvisé, doivent décliner et produire lors de l'encaissement des intérêts et autres produits similaires :

1. S'il s'agit d'une personne physique :

– les nom, prénoms et adresse et le numéro de la carte d'identité nationale ou de la carte d'étranger ;

– le numéro d'article d'imposition à l'impôt général sur le revenu ;

– un document établi par l'administration fiscale attestant que le bénéficiaire est soumis à l'IGR d'après le régime du résultat net réel ou celui du résultat net simplifié.

Ce document doit être conservé pendant les quatre années qui suivent celle au titre de laquelle la taxe est due et ce, conformément aux dispositions du paragraphe V de l'article VI de la loi de finances pour l'année 1992.

Lorsque la personne bénéficiaire des intérêts ne produit pas le document visé ci-dessus, le débiteur desdits intérêts opère la retenue de la taxe au taux de 30 %.

2. S'il s'agit d'une personne morale :

– la raison ou la dénomination sociale ;

– l'adresse du siège ;

– le numéro du registre de commerce ;

– le numéro de l'article d'imposition à l'impôt sur les sociétés ou à l'impôt général sur le revenu pour celles qui n'ont pas opté pour l'IS.

§2. Détermination du revenu net imposable

Le revenu net imposable est déterminé en déduisant du montant brut des revenus ci-dessus les agios et frais supportés pour l'encaissement, la tenue de comptes ou la garde des droits et titres.

Les revenus des placements à revenus fixes sont compris dans le revenu global de l'année de leur encaissement ou de leur inscription au crédit du compte du bénéficiaire.

§3. Recouvrement et taux

La taxe est perçue par voie de retenue à la source, opérée pour le compte du Trésor, par les sociétés débitrices des produits imposables ou par les établissements bancaires délégués par lesdits sociétés.

Le taux de la taxe est fixé à 10 % sachant que la retenue à la source de cette taxe est libératoire de l'impôt sur les sociétés et de l'impôt général sur le revenu.

Section V

La taxe sur les profits de cessions de valeurs mobilières et autres titres de capital et de créances (TPCVM)

§1. Champ d'application

La taxe sur les profits nets de cessions d'actions et de parts sociales a été instituée par la loi de finances transitoire (1). Elle concerne les personnes physiques résidant au Maroc (2), lorsqu'elles opèrent des cessions d'actions ou de parts sociales **et agissent à titre individuel**. La TPCVM (3) a élargi le champ d'application aux profits nets réalisés par des personnes physiques résidentes au Maroc à l'occasion de la cession de valeurs mobilières.

Sont imposables à la taxe sur les profits de cession des valeurs mobilières (TPCVM), les profits nets réalisés par les personnes physiques résidentes sur les cessions d'actions ou de parts sociales.

Sont également imposables :

- les sociétés à prépondérance immobilière (4) ;
- les sociétés immobilières transparentes (Cf., art. 2 de l'I.S.) ;
- les organismes de placements collectif en valeurs mobilières (OPCVM) distribuant leurs revenus (5) ;

---

(1) Loi de finances transitoire, 1er janvier 1996 au 30 juin 1996, article 14.

(2) Une personne physique a sa résidence habituelle au Maroc lorsqu'elle a au Maroc son foyer permanent d'habitation, le centre de ses intérêts économiques ou lorsque la durée continue ou discontinue de ses séjours, au Maroc dépasse 183 jours pour toute période de 365 jours.

(3) La TPCVM a été introduite par la loi de finances 1999-2000, article 16.

(4) Dont l'actif brut immobilisé est constitué pour 75 % par des immeubles ou des titres émis par d'autres sociétés à prépondérance immobilière. Cf. *Loi de finances*, 1995, art. 20.

(5) NB. ne pas confondre les profits de cession distribués avec le produit des actions de ces organismes.

- les OPCVM capitalisant leurs revenus pour les profits nets résultant de la cession d'actions cotées à la bourse des valeurs.

Ne sont pas imposables à cette taxe, les profits de cessions des actions cotées à la bourse des valeurs, émises par les sociétés et les OPCVM.

Ne sont également pas imposables à la taxe, les profits nets correspondant à un montant de cessions, effectuées au cours d'une année civile, n'excédant pas 20 000 Dh. Toutefois, la loi de finances 1999/2000 a généralisé le retenue à la source et les contribuables réalisant des ventes à l'année n'excédant pas 20 000 Dh peuvent présenter des demandes de restitution.

Sont assimilés à des valeurs mobilières et rentrent dans le champ d'application de la TPCVM, tous droits détachés desdites valeurs mobilières notamment, les droits de souscription et d'attribution.

Sont considérées comme titres de capital toutes les catégories d'actions formant le capital d'une société ainsi que toutes autres valeurs émanant de ces actions sous une quelconque forme ou appellation et conférant un droit de propriété sur le patrimoine de la société notamment les actions, actions de jouissance, parts sociales, certificats d'investissements, etc.

Les actions de jouissance sont des actions intégralement amorties. Elles rentrent dans le champ d'application de la TPCVM en prenant comme prix d'acquisition la valeur réelle d'acquisition ou de souscription pour les titres non cotés et la valeur la plus élevée entre le 1er juillet 1998 et le 30 juin 1999 pour les titres cotés.

§2. Assiette et taux de la taxe

L'assiette est constituée par la différence entre :

- d'une part, le prix de cession, d'apport en société ou d'échange, diminué le cas échéant, des frais supportés par le cédant à l'occasion de cette cession (frais de courtage et de commission…) ;
- et d'autre part, le prix d'acquisition majoré, le cas échéant, des frais engagés à l'occasion de cette acquisition (courtage et commission).

La taxe est due par le cédant. Les taux de la TPCVM, diffèrent selon les titres :

- les actions et parts sociales .... 10 %
- les actions et autres titres de capital cotés .... 10 %
- les OPCVM "actions" .... 10 %

– les obligations et autres titres de créance .... 20 %

– les OPCVM "obligations" .... 20 %

– les OPCVM diversifiés .... 15 %

La déclaration est en principe accompagnée du versement. La TPCVM doit être versée spontanément à la caisse du receveur de l'enregistrement dans un délai de deux mois suivant celui de la cession.

Exemple de liquidation (récapitulation)

Catégorie des titres	Montant total des cessions	Profit net taxable	Profits en %	Taux de la taxe	Taxe due
Action	255 000 Dh	32 500 Dh	83 %	10 %	3 250 Dh
Obligations	201 000 Dh	600 Dh	1,5 %	20 %	120 Dh
Diversifié	42 000 Dh	6 140 Dh	15,5 %	15 %	921 Dh
Total	498 000 Dh	39 240 Dh	100 %	–	4 291 Dh

En matière de fiscalité des valeurs mobilières, il y a une législation à caractère général, IGR pour les personnes physiques et I.S. pour les personnes morales et des textes spécifiques tenant compte de la nature parfois particulière de ces produits. Malgré cette imbrication textuelle, qui se manifeste à travers l'imposition catégorielle des valeurs mobilières, on peut dire que le droit fiscal colle à la réalité et appréhende ces revenus spécifiques de façon efficace lors de leurs cessions ou de leurs distributions ainsi qu'au moment des redressements fiscaux qui peuvent donner lieu **à des réintégrations au résultat fiscal** et soumettent ces revenus soit à l'IGR, soit à l'I.S. Ces réintégrations peuvent être assimilées à des phénomènes de distribution non déclarée, lorsqu'on examine leur nature.

N.B. : A compter du 1er janvier 2001 sont abrogées les dispositions de l'article 6 de la L.F. de 1992 relatif à la TPPRF, ainsi que la loi 18-88 relative à la TPA. A compter également du 1er janvier 2001, la référence à la TPA ainsi qu'a la TPPRF est remplacée par les dispositions correspondantes qui s'insèrent dans la loi sur l'IGR et dans la loi sur l'IS. Cf. annexe I.

Titre II

La fiscalité de l'entreprise sociétaire *

Chapitre I

L'imposition des bénéfices réalisés

La Chambre des représentants a adopté le 26 juin 1986, le projet de loi relatif à l'impôt sur les sociétés **qui vise le profit net des personnes morales**. L'objectif du nouvel impôt est d'une part, de clarifier et d'harmoniser toutes les dispositions afin d'éviter les confusions et les imprécisions dues à une imposition suivant la nature des revenus et d'autre part, accorder aux sociétés faisant l'objet d'un contrôle toutes les garanties nécessaires.

L'impôt sur les sociétés (1) est assis sur l'ensemble des bénéfices ou des revenus des sociétés et autres personnes morales ne relevant pas des exclusions de l'article 2 de l'I.S. **Est imposé à l'I.S., le bénéfice réalisé par la société, qu'il soit distribué ou pas**, tel qu'il est prévu à l'article 5 de la présente loi.

Si le bénéfice imposable englobe les profits de toute origine réalisés par la personne morale, **le potentiel productif et compétitif de l'entreprise est préservé** puisque les plus-values de cession d'actif immobilisé sont sous-imposées. Le législateur leur a accordé un régime de faveur.

Le rendement de l'I.S. n'est pas en corrélation avec le grand capital qu'il impose. L'évolution de l'I.S. est relativement lente. Son coefficient par rapport au P.I.B. n'a pas réussi à atteindre 0,5 pendant la décennie 1990. Cependant, des pics importants sont constatés au niveau de l'I.S. lors de l'adoption des amnisties fiscales.

*** Cf. modifications introduites au niveau de l'I.S. par L.F. pour la période du 1/7/2000 au 31/12/2000 (annexe II).**

(1) Loi n° 24-86 promulguée par le Dahir 1/86/239 du 31 décembre 1986, *B.O.* n° 3873 du 21 janvier 1987 ; décret n° 2/87/911 du 30 décembre 1987, modifié ou complété par les lois de finances postérieures.

Section I

Champ d'application

§1. Les personnes imposables

Sont passibles de l'I.S., toutes les sociétés quels que soient leur forme et leur objet ainsi que tous les établissements publics et autres personnes morales qui se livrent à une exploitation ou à des opérations à caractère lucratif (1).

A. Les exclusions de l'article 2

Se trouvent hors du champ d'application de l'I.S. :

1. Les sociétés de fait ne comprenant que des personnes physiques (2).

2. Les sociétés immobilières transparentes à capital divisé en parts sociales ou actions nominatives :

– Lorsque leur actif est constitué soit d'une unité de logement occupée en totalité ou en majorité par les membres de la société ou certains d'entre eux ; soit d'un terrain destiné à ce but ;

– Lorsqu'elles ont pour objet l'acquisition ou la construction en leur nom, d'immeubles collectifs ou d'ensembles immobiliers, en vue d'accorder statutairement à chacun de leurs membres nommément désigné, la libre disposition de la fraction d'immeuble ou d'ensemble immobilier correspondant à ses droits sociaux.

3. Sont exclues, **mais peuvent opter pour l'imposition à l'I.S. de façon irrévocable :**

- les sociétés en nom collectif et les sociétés en commandite simple constituées au Maroc et ne comprenant que des personnes physiques ;
- les associations en participation. Les bénéfices de ces associations sont considérés comme des dividendes chez les associés et bénéficient des abattements prévus pour les valeurs mobilières ;

---

(1) Les entreprises publiques en tant que composante de l'Etat entrepreneur sont soumises à l'I.S. pour leurs opérations à caractère lucratif, de même que les régies et les autres organismes qui disposent de l'autonomie financière, à moins qu'ils ne soient exonérés par une disposition expresse pour les opérations relevant de l'I.S., comme les coopératives par exemple.

(2) *Cf.* loi de finances pour l'année 1990, art. 5.

– les sociétés en commandite simple.

Les sociétés exclues sont soumises à d'autres formes d'imposition.

B. Les exonérations

Sont exonérés de l'impôt sur les sociétés au sens de l'article 4 de l'I.S. :

– les associations sans but lucratif et les organismes assimilés. Toutefois, l'exonération ne s'applique pas en ce qui concerne les opérations de vente ou de service réalisées par ces organismes et ces associations ;

– les coopératives marocaines et leurs unions régulièrement autorisées (1) ;

– les sociétés qui se livrent à l'élevage de bétail pour les bénéfices provenant de cette activité ;

– les profits sur les cessions de valeurs mobilières réalisées par les sociétés étrangères (2) ;

– les sociétés qui exécutent des marchés de services financés par des dons de l'Union européenne (3).

L'exonération est limitée à 50 % pour :

– les sociétés agricoles au titre des bénéfices provenant des cultures céréalières, oléagineuses, sucrières, fourragères et cotonnières ;

– les entreprises exportatrices de produits ou de services (4), bénéficiant pour leur chiffre d'affaires à l'export d'une :

  • exonération totale pendant 5 ans pour la période consécutive à la première exportation ;

  • exonération de 50 % au-delà de ladite période.

– les entreprises minières qui vendent leurs produits à d'autres entreprises qui les exportent après valorisation bénéficient également d'une réduction de 50 % ;

– les entreprises qui acceptent de s'implanter dans certaines provinces ou préfectures (5) à travers les incitations de la charte des investissements

(1) A l'exception des banques régionales populaires, *cf.* loi de finances pour l'année 1988.

(2) *Cf.* loi de finances 1994.

(3) *Cf.* loi de finances 1998-1999.

(4) *Cf.* de finances transitoire 1996. Les services doivent être réglés en devises.

(5) Ces préfectures ou provinces sont déterminées par décret, cf. décret n° 2/98/520 du 30 juin 1998, *B.O.* n° 4599 bis du 1/7/1998.

bénéficient également d'une réduction de 50 % pendant les 5 années suivant le début de leur exploitation ;

– la même réduction de 50 % est accordée pour la même durée aux entreprises artisanales dont la production est le résultat d'un travail essentiellement manuel (1) ;

– la réduction de 50 % est accordée également aux établissements privés d'enseignement et de formation professionnelle pendant les cinq premiers exercices consécutifs à la première exploitation (2).

§2. La territorialité de l'impôt

Les sociétés, qu'elles aient ou non leur siège au Maroc, sont imposables en raison de l'ensemble des bénéfices ou revenus se rapportant aux biens qu'elles possèdent, aux activités qu'elles exercent et aux opérations lucratives qu'elles réalisent au Maroc, même à titre occasionnel.

L'impôt sur les sociétés ne frappe donc que les revenus de source marocaine, sous la réserve classique du respect d'un principe de la suprématie des conventions internationales par rapport à la loi interne (3).

Pour les sociétés ayant leur siège hors du Maroc, elles sont imposables, en plus de l'impôt sur les sociétés, sur :

– les produits bruts (art. 12 de l'I.S.), par exemple, rémunérations pour l'assistance technique ou pour la prestation de personnel, mis à la disposition d'entreprises domiciliées ou exerçant leur activité au Maroc, rémunération pour l'organisation de tournées artistiques ou sportives, etc. ;

– les travaux réalisés ou les services rendus par elle, soit pour le compte de leur propre succursale marocaine ou pour le compte de personnes physiques ou morales domiciliées ou exerçant une activité au Maroc.

Toutefois, les produits bruts ne sont pas imposables s'ils résultent de services ou prestations rendus par une succursale ou un établissement au Maroc de la société étrangère, sans l'intervention du siège étranger. Dans ces conditions, les rémunérations perçues à ce titre sont comprises dans le résultat fiscal de la

(1) *Cf.* loi de finances, transitoire, 1996.

(2) L.F. 1998, art. 8, §4 à compter du 1er janvier 1998.

(3) Pour toutes les questions relatives à la territoiralité de l'impôt voir les principes classiques dans *Droit fiscal international*, par Gilbert Tixier et Guy Gest, collection droit fondamental, PUF, Paris 1985.

succursale ou de l'établissement qui est, dans ce cas, imposé comme une société marocaine.

Section II
La base imposable

§1. Détermination du résultat fiscal

Le bénéfice imposable est le bénéfice net après déduction de toutes les charges, y compris la valeur locative des immeubles affectés à l'exploitation et les amortissements généralement admis, d'après les usages de chaque nature d'industrie ou de commerce. **Les articles 5 à 11 du nouveau texte de loi relatif à la détermination du résultat fiscal constituent le pivot de toute la réforme de l'imposition des sociétés** et contiennent des définitions plus détaillées – que celles antérieurement appliquées dans le cadre de l'I.B.P. – relatives aux opérations imposables et aux charges déductibles.

Du point de vue économique, **le bénéfice brut d'une entreprise est la valeur ajoutée que celle-ci affecte à un bien ou à un service**, qu'il s'agisse de production de biens, de transformation ou de simples achats pour revendre. Du point de vue fiscal et comptable, la détermination du **résultat fiscal est obtenue par soustraction du bénéfice brut des charges d'exploitation admise en déduction**. La fiscalité repose sur la comptabilité. **Le résultat fiscal est le résultat comptable corrigé** (1). Si certains produits ne sont pas imposables, il convient donc de les retrancher du résultat comptable. Il s'agit pour le fisc de passer du résultat comptable au résultat fiscal.

D'après l'article 5, « **le résultat fiscal** de chaque exercice est déterminé d'après l'excédent des produits d'exploitation, profits et gains provenant des opérations de toutes natures effectuées par la société sur les charges engagées ou supportées pour les besoins de l'activité imposable. D'après le même article sus-indiqué, aux produits, profits et gains ci-dessus s'ajoutent les montants des stocks et travaux en cours existant à la date de clôture des comptes de l'exercice. »

---

(1) Les corrections portent à la fois sur les produits (abattement sur les produits de participation) et sur les charges (intérêts de retard, dons non déductibles, etc.).

Corrélativement, s'ajoutent aux charges les stocks et travaux en cours à l'ouverture des comptes. Les stocks (1) et les travaux sont évalués au prix de revient.

Pour les sociétés immobilières qui deviennent soumises à l'I.S., c'est-à-dire qui cessent d'être transparentes, le résultat fiscal est déterminé selon le même principe. Toutefois, si les locaux sont occupés gratuitement par des membres de la société ou par des tiers, les produits correspondant à cet avantage sont évalués d'après la valeur locative normale et actuelle desdits locaux.

§2. Les produits imposables

Les produits imposables sont constitués par les produits d'exploitation, profits et gains qui comprennent :

– Le chiffre d'affaires, constitué par les créances acquises et les recettes se rapportant aux produits livrés, aux services rendus et aux travaux immobiliers ayant fait l'objet d'une réception partielle ou totale, qu'elle soit provisoire ou définitive.

– Les produits accessoires et les produits financiers.

– Le prix de revient des travaux relatifs à des biens immobilisés effectués par la Société pour elle-même.

– Les profits et gains exceptionnels y compris les dégrèvements d'impôts déductibles.

– Les indemnités pour transfert de clientèle ou pour cessation d'activité et les profits pour cession d'élément d'actif. Si le retrait d'un ou plusieurs éléments d'actif est fait sans contrepartie, l'évaluation peut être faite par l'administration afin de déterminer les profits de cession ; ces indemnités et ces profits sont imposables en tenant compte des abattements prévus à l'article 19, notamment dans ses paragraphes 2 et 7.

– Les subventions, primes et dons reçus de l'Etat, des collectivités locales ou des tiers. Ces subventions, primes et dons doivent être rapportés à l'exercice au cours duquel ils ont été perçus. S'il s'agit de primes d'équipement, la société peut les répartir sur cinq exercices au maximum.

(1) Les stocks sont aussi évalués au cours du jour si ce dernier est inférieur au prix de revient.

A. Les charges admises en déduction

D'après l'article 7 de la loi relative à l'impôt sur les sociétés on peut recenser trois grandes catégories de charges déductibles : **les frais généraux, les amortissements et les provisions**.

a. Les frais généraux

Les frais généraux ou charges d'exploitation regroupent l'ensemble des dépenses affectées à l'exploitation même de l'entreprise. Il est impossible d'établir une liste exhaustive des frais généraux ; on peut cependant citer certaines catégories telles que les frais d'établissement, les achats, les frais de personnel, les frais financiers, les charges fiscales, etc.

1. Les frais d'établissement

Par nature, les frais d'établissement constituent des charges qui doivent être comptabilisées et que la société « **peut imputer sur le ou les premiers exercices bénéficiaires à moins qu'ils ne soient amortis à taux constant sur cinq ans à partir du premier exercice d'activité** » (art. 7, alinéa 3). La règle de prudence exige que les frais d'établissement soient amortis aussi rapidement que possible. Le nouveau texte de loi prévoit un délai maximum de cinq ans. Toutefois, pour sauvegarder le "potentiel productif des entreprises", le nouveau texte de loi permet le report sans limitation dans le temps de la partie du déficit imputable aux amortissements.

2. Les achats de matières et produits (1)

3. Les frais de personnel

Les frais de personnel, de main-d'œuvre et les charges sociales y afférentes, y compris l'aide au logement, sont déductibles à l'exclusion des avantages en argent ou en nature et des indemnités de représentation accordées aux employés de la société pour la fraction de ces avantages et de ces indemnités excédant 25 % de la rémunération de chacun des bénéficiaires.

---

(1) Ces charges sont déductibles seulement à 50 % de leur montant, lorsque celui-ci dépasse 10 000 Dh et que le règlement n'est pas justifié par chèque barré non-endossable, effet de commerce, moyen magnétique de paiement ou par virement bancaire. Ces dispositions ne concernent pas les transactions sur les animaux vivants et les produits agricoles non transformés. Art. 8-2°/IS règlement effectués à compter du 1er janvier 1997.

4. Les frais financiers

Les intérêts des emprunts contractés pour les besoins de l'entreprise sont déductibles des résultats imposables. Les frais financiers comprennent :

– les agios bancaires et les intérêts payés à des tiers ou à des organismes agréés en rémunération d'opérations de crédit ou d'emprunt ;

– les intérêts servis aux associés en raison des sommes avancées par eux à la société, pour les besoins de l'exploitation, à condition que le capital social soit entièrement libéré ;

– les sommes payées au titre d'intérêt des bons de caisse.

5. Les frais fiscaux

Les impôts et taxes qui se rapportent à l'exploitation constituent par principe des charges déductibles. Sont également déductibles les cotisations supplémentaires émises au cours de l'exercice (1). D'une manière générale les impôts locaux sont déductibles : taxe urbaine, taxe d'édilité, droits d'enregistrement, etc. En ce qui concerne la TVA, que la société supporte en raison de ses dépenses, il est précisé que les modalités de sa déduction sont liées au mode de comptabilisation choisi par la société elle-même. **L'impôt sur les sociétés ne peut être considéré comme une charge déductible** ainsi que les pénalités et majorations de retard supportées par tous les autres impôts.

6. Les dons

Les sommes versées à titre de dons aux habous publics, aux organismes d'assistance et de bienfaisance, aux associations culturelles et sportives, au fonds national pour l'action culturelle lorsque ces organismes et ces associations sont subventionnés par l'Etat ou les collectivités locales.

La déduction est admise à concurrence de un pour mille du chiffre d'affaires, dans la limite de 20 000 Dh par an.

7. Les pertes diverses se rapportant à l'exploitation

Il s'agit de pertes en cours d'exercice résultant d'événements fortuits ou de circonstances exceptionnelles. Par exemple, la destruction de stocks par une

---

(1) Les intérêts et majorations pour paiement tardif des impôts ne sont plus déductibles. Ils ont été abrogé par la F.L. transitoire, de 1996.

catastrophe naturelle, un sinistre (incendie, vol) non couvert par les indemnités d'assurance, etc.

b. Les amortissements

Seuls les biens constituant des immobilisations peuvent être amortis (1). On entend par amortissement industriel, par opposition à l'amortissement financier (remboursement en capital et intérêt d'un emprunt), la constatation en écritures de la dépréciation réelle et définitive par le temps et par l'usage que subissent les biens corporels et incorporels affectés à l'exploitation même de l'entreprise.

La pratique de l'amortissement répond à la nécessité pour l'entreprise de remplacer les biens devenus obsolètes. **Aussi, l'amortissement pratiqué doit correspondre à la dépréciation subie**. L'article 7 du nouvel impôt sur les sociétés précise dans son alinéa 7 : « l'amortissement des biens corporels et incorporels qui se déprécient par le temps ou par l'usage est déductible à partir de la date d'acquisition des biens ». Toutefois, « s'il s'agit de biens meubles qui ne sont pas utilisés immédiatement, la société peut différer leur amortissement jusqu'à la date de l'utilisation effective. »

La déduction est effectuée dans les limites des taux admis d'après les usages de chaque profession, industrie ou branche d'activité. Elle est subordonnée à la condition que les biens en cause soient inscrits à un compte de l'actif immobilisé et que leur amortissement soit régulièrement constaté en comptabilité.

Toutefois, le taux d'amortissement comptable du coût d'acquisition des véhicules de transport de personnes, autres que ceux visés ci-dessous ne peut être inférieur à 20 % par an et la valeur totale fiscalement déductible, répartie sur cinq ans à parts égales ne peut être supérieure à 200 000 dirhams par véhicule.

En cas de cession ou de retrait de l'actif des véhicules dont l'amortissement est fixé comme prévu ci-dessus, les profits, pertes, plus-values ou moins-values sont déterminés compte tenu de la valeur nette comptable à la date de cession ou de retrait.

Lorsque lesdits véhicules sont utilisés par les entreprises dans le cadre d'un contrat de crédit-bail ou de location, la part de la redevance ou du montant de location, supportée par l'utilisateur et correspondant à l'amortissement au taux de

(1) Pour une étude approfondie, voir *les Grands principes de la fiscalité d'entreprise*, par Maurice Cozian, le document 8 « La distinction des immobilisations, des stocks et des frais généraux », ainsi que le document 19, les Biens soumis à l'amortissement, *op. cit.*, p. 370 et s.

20 % par an sur la partie du prix du véhicule excédant 200 000 dirhams n'est pas déductible pour la détermination du résultat fiscal de l'utilisateur.

Toutefois, la limitation de cette déduction ne s'applique pas dans le cas de location par période n'excédant pas trois mois non renouvelable.

Les dispositions des alinéas précédents ne sont pas applicables :

- aux véhicules utilisés pour le transport public ;
- aux véhicules de transport collectif du personnel de l'entreprise et de transport scolaire ;
- aux véhicules appartenant aux entreprises qui pratiquent la location des voitures et affectés conformément à leur objet ;
- aux ambulances (1).

Les sociétés qui ont reçu une prime d'équipement qui a été rapportée intégralement à l'exercice au cours duquel elle a été perçue, peuvent pratiquer, au titre de l'exercice ou de l'année d'acquisition des équipements en cause, un amortissement exceptionnel d'un montant égal à celui de la prime.

La société qui n'inscrit pas en comptabilité la dotation aux amortissements se rapportant à un exercice comptable déterminé perd le droit de déduire l'annuité ainsi omise sur le résultat dudit exercice mais conserve le droit de pratiquer cette déduction à partir du premier exercice qui suit la période normale d'amortissement. Lorsque le prix d'acquisition de biens amortissables a été compris, par erreur dans les frais généraux d'un exercice non prescrit et que cette erreur est relevée soit par l'administration soit par la société elle-même, la situation de la société est régularisée et les amortissements normaux sont pratiqués à partir de l'exercice qui suit la date de régularisation.

L'amortissement se calcule sur la valeur d'origine ; celle-ci comprend le prix d'achat, augmenté des frais de transport et d'assurance, droits de douane, frais d'installation, etc., lorsque l'entreprise récupère la TVA qui lui est facturée, l'amortissement se calcule sur la valeur hors taxe. Si l'immobilisation n'ouvre pas droit à déduction, l'amortissement se calcule sur la valeur, TVA incluse.

D'après le texte de base, la méthode d'amortissement de droit commun est l'amortissement linéaire. Cette technique est extrêmement simple : l'annuité d'amortissement est stable et se détermine en divisant le prix de revient par la durée probable d'utilisation. Soit un véhicule d'une valeur de 100 000 Dh

(1) L.F. pour l'année 1992, art. 3.

amortissable en cinq ans, ce qui donne un taux annuel d'amortissement de 20 %, soit en l'espèce 20 000 Dh par annuité.

Toutefois, **le législateur a introduit la notion d'amortissement accéléré** (1) pour les biens d'équipement acquis à compter du 1er janvier 1994 à l'exclusion des immeubles et des véhicules de transport de personnes. Cet amortissement est pratiqué sur option irrévocable de la société, dans les conditions suivantes (art. 7 ter) :

– La base de calcul de l'amortissement est constituée pour la première année par le coût d'acquisition du bien d'équipement et par sa valeur résiduelle pour les années suivantes ;

– Le taux de l'amortissement est déterminé en appliquant au taux de l'amortissement normal résultant de l'application du 7e de l'article 7 ci-dessus, les coefficients suivants :

• 1,5 pour les biens dont la durée d'amortissement est de 3 ou 4 ans ;

• 2 pour les biens dont la durée d'amortissement est de 5 ou 6 ans.

La société qui opte pour les amortissements précités doit les pratiquer dès la première année d'acquisition des biens.

La dotation aux amortissements doit être obligatoirement comptabilisée ; à défaut de cette comptabilisation, l'annuité ainsi omise ne peut être déduite du résultat de l'exercice, mais la société conserve le droit de pratiquer cette déduction à partir du premier exercice qui suit la période normale d'amortissement.

c. Les provisions

Les déductions provisionnelles sont destinées à éviter les à-coups dans la gestion financière de l'entreprise. La provision est une somme prélevée sur le bénéfice d'un exercice, inscrite en comptabilité, en vue de faire face à des charges ultérieures, telles que la dépréciation ou la perte d'un élément de l'actif (provisions pour créances douteuses, provisions pour dépréciation de stock, de titres, de hausse des prix) ou les provisions régulatrices du passif (provisions pour risques et litiges, pour grosses réparations, etc.).

---

(1) Voir loi de finances 1994, art. 11, voir également l'article 7 ter de l'I.S.

La provision est donc destinée à faire supporter à chaque exercice toutes les charges qui lui sont imputables (1), même si elles ne sont pas encore effectivement réalisées. La provision doit correspondre à des pertes et charges nettement précisées quant à leur nature et à leur montant. **L'existence des pertes et charges doit être probable et non simplement éventuelle.**

Les provisions présentent un caractère provisoire. On peut distinguer deux étapes dans leur existence : celle de leur constitution d'abord afin de pouvoir les déduire du résultat comptable et celle de leur disparition ensuite, c'est-à-dire leur réintégration dans les résultats soumis à l'impôt. **La régularisation doit intervenir dès que la provision n'a plus d'objet** ; si elle n'est pas effectuée par la société elle-même, l'administration peut procéder aux redressements nécessaires : « toute provision irrégulièrement constituée, doit être réintégrée dans les résultats de l'exercice au cours duquel elle a été portée à tort en comptabilité » (art. 7, alinéa 8).

Sont également déductibles :

– les provisions pour logement :

Les entreprises peuvent constituer **des provisions dans la limite de 3 % du résultat fiscal** avant impôt, en vue d'alimenter un fonds destiné à :

• l'acquisition ou la construction par employeurs de logements affectés aux salariés de l'entreprise à titre d'habitation principale ;

• ou l'octroi aux salariés de prêts en vue de la construction ou l'acquisition des logements prévus ci-dessus, dans ce cas, les remboursements de prêts précédemment octroyés à partir de ces provisions viennent alimenter le fonds.

Les provisions doivent être affectées en priorité et à concurrence de 50 % au moins de leur montant aux logements économiques (2).

---

(1) Lorsque au cours d'un exercice ultérieur, ces provisions reçoivent en tout ou en partie un emploi non conforme à leur destination ou deviennent sans objet, elles sont rapportées aux résultats dudit exercice. Lorsque la régularisation n'a pas été effectuée par le contribuable lui-même, l'administration procède aux redressements nécessaires.
Toute provision irrégulièrement constituée, constatée dans les écritures d'un exercice non prescrit doit, quelle que soit la date de sa constitution, être réintégrée dans les résultats de l'exercice au cours duquel elle a été portée à tort en comptabilité.

(2) *Cf.*, loi n° 17-89, relative à l'IGR et art. 7 bis de l'IS logements économiques visées par le décret du 17 décembre 1968, décret royal n° 552-67, fixant les conditions de l'octroi des prêts dont le montant ne peut dépasser 36 000 Dh, allocations familiales non comprises.

Le délai d'utilisation des provisions et des remboursements affectés au fonds est de trois ans, suivant l'année de constitution de la provision ou du remboursement des prêts.

En cas de cession ou de cessation d'entreprise, les sommes remboursées au titre de prêts octroyés sont rapportées au résultat fiscal des années au cours desquelles les remboursements ont eu lieu.

– Provision pour reconstitution de gisement :

Les entreprises minières peuvent constituer des provisions pour reconstitution de gisement à hauteur de 50 % du bénéfice fiscal sans dépasser 30 % du montant de leur chiffre d'affaires. Ces provisions doivent être inscrites dans un compte au passif du bilan de l'entreprise sous une rubrique spéciale faisant ressortir le montant des dotations de chaque exercice. Les provisions constituées à l'issue de chaque exercice doivent être employées avant l'expiration d'un délai de cinq ans à partir de la date de cette constitution à des opérations définies par la loi.

Cette provision est utilisée à hauteur de 20 % de son montant pour l'alimentation d'un fonds social affecté à la souscription de bons du trésor à 12 mois.

Exemple 1 : Provision pour reconstitution de gisement

L'entreprise "XLG" a dégagé au titre de l'exercice 1996, les résultats suivants :

- chiffre d'affaires (produits extraits).. 8 000 000 Dh
- produits financiers .... 480 000 Dh
- bénéfice fiscal .... 560 000 Dh

Provision pour reconstitution de gisement

(40 % du bénéfice fiscal) .... 224 000 Dh

Ce dernier montant est inférieur au plafond autorisé qui est dans ce cas de 8 000 000 x 30 % = 2 400 000 Dh

En 2003, il a été constaté que l'entreprise avait employé, en 1999, les provisions constituées de la manière suivante :

– Provision 1995 (96 000 Dh)

• Acquisition du matériel de forage .... 63 360 Dh

• Recherche et prospection sur des gisements non encore reconnus .... 32 640 Dh

Solde .... Néant

– Provision 1996 (224 000 Dh)

• prise de participation dans des entreprises de valorisation des substances minérales .... 160 000 Dh

• Solde non utilisé .... 63 360 Dh

A la date de l'intervention de l'administration (2003), la situation de l'entreprise est susceptible des redressements ci-après :

a. Provision de l'exercice 1995 (détournée de son objet) :

Une telle provision aurait du être utilisée à hauteur de 50 % aux recherches et prospections sur des gisements non encore reconnus (96 000 x 50 %) = 48 000 Dh, d'ou la réintégration de l'excédent de la provision indûment utilisée à l'acquisition du matériel de forage, soit :

Exercice 1999 : 63 360 - 48 000 = 15 360 Dh

b. Solde non utilisé

La provision de l'exercice 1996 aurait dû être employée au plus tard cinq ans après la clôture de cet exercice, c'est-à-dire en l'an 2001. Le solde non utilisé doit être rapporté au résultat fiscal de l'exercice 2002 sans préjudice de l'amende et des majorations prévues par les textes en vigueur.

– Provision pour investissement :

Les entreprises peuvent constituer **une provision égale à 20 % du bénéfice fiscal, en vue de la réalisation d'investissements en biens d'équipement, matériel et outillage, et ce, dans la limite de 30 % dudit investissement,** à l'exclusion des terrains, constructions autres qu'à usage professionnel et des véhicules de tourisme. La provision pour investissement doit être inscrite au passif du bilan, sous une rubrique spéciale faisant connaître par exercice le montant de chaque dotation. elles doivent être utilisées avant l'expiration de la troisième année suivant celle de sa constitution et de la cinquième année pour les entreprises de transport maritime.

10 % du montant de cette provision peut être affectée à la restructuration.

Les provisions pour logement, pour reconstitution de gisement ou pour investissement qui ne sont pas utilisées conformément à leur objet dans les délais prescrits doivent être rapportées d'office aux exercices au titre desquels elles ont été constituées, sans préjudice de l'application de l'amende et de la majoration prévues par la loi.

Exemple 2 : Provision pour investissement

Les déclarations fiscales souscrites par l'entreprise "XL" et relatives aux exercices 1996 à 2000 (dont la durée coïncide avec l'année civile) font ressortir les données suivantes :

Exercice	1996	1997	1998	1999	2000
a. Bénéfice fiscal avant impôt	12 800 000	20 000 000	14 400 000	10 240 000	8 800 000
b. Provisions pour investissement constituées (a x 20 %)	2 560 000	4 000 000	–	–	–
c. Biens immobilisés acquis par l'entreprise :					
• Matériel et outillage		1 600 000	1 200 000	11 200 000	–
• Terrains donnés en location		660 000	600 000	–	–

En l'an 2001, l'administration fiscale, en vérifiant les déclarations des exercices 1996 à 2000, fait les constatations ci-après :

1. Montant cumulé des provisions constituées durant les exercices 1996 à 2000 inclus :

2 560 000 + 4 000 000 = 6 560 000

2. Maximum du montant cumulé des provisions déductibles :

Investissement cumulé (non compris les terrains) x 30 %, soit :

(1 600 000 + 1 200 000 + 11 200 000) x 30 % = 4 200 000

(Montant supérieur à la provision de l'ex. 1996)

3. Montant maximum de la provision déductible de l'ex. 1997 :

4 200 000 - 2 560 000 (provision de l'ex. 1996) = 1 640 000 Dh

4. Dotation excédentaire à réintégrer au titre de l'ex. 1997 :

4 000 000 - 1 640 000 = 2 360 000

ou 6 560 000 - 4 200 000 = 2 360 000

La provision pour reconstitution de gisement et pour investissement ne sont pas cumulables.

En ce qui concerne la déductibilité des charges, on peut dire que la majoration des frais généraux est, dans tous les pays, l'un des moyens les plus fréquemment utilisés par les contribuables pour frauder le fisc et échapper à l'impôt en minimisant leurs dettes fiscales (1). La déductibilité des frais généraux présente un réel danger de fraude et d'évasion fiscales.

Dans le nouveau texte de loi sur l'impôt sur les sociétés, comme on peut le constater à la lecture des articles 7 et 8, **les charges déductibles sont déterminées d'une manière beaucoup plus stricte pour les sociétés, afin d'éviter les abus que pourraient commettre les dirigeants des entreprises, tant au détriment du fisc qu'au préjudice des associés.**

Pour limiter la pratique des frais généraux excessifs, le législateur a limité de façon importante la pratique de la déduction, par les établissements stables marocains des sociétés étrangères, de la quote part des frais engagés par ces sociétés.

La limitation concerne les frais de siège proprement dits et les charges financières se rapportant à des emprunts effectués par le siège auprès des tiers pour les besoins de toutes les unités.

Lorsque les frais sont justifiés par la société étrangère et reconnus nécessaires, l'établissement stable marocain peut les déduire de son résultat fiscal, dans la limite de 2 % du chiffre d'affaires dudit établissement.

B. Taxation réduite et exonération conditionnelle

• **Produits de participation (2)**

Les dividendes et autres produits de participation provenant de la distribution de bénéfices par des sociétés relevant de l'impôt sur les sociétés, même si ces dernières en sont expressément exonérées, sont compris dans les produits d'exploitation de la société bénéficiaire des dividendes et autres produits et bénéficient d'un abattement de 100 %.

• Les profits réalisés à l'occasion **de cession de valeurs mobilières**, en cours ou en fin d'exploitation sont comptés dans les produits d'exploitation de la société et bénéficient selon l'option choisie, soit d'un abattement se situant entre le 1/4 et les 2/3 selon les conditions de réalisation, soit d'une exonération totale.

---

(1) *Cf.* Bruno Taddei, *la Fraude fiscale*, Litec, Paris 1974 ; Christian de Brie et Pierre Charpentier, *F... comme fraude fiscale*, dossier Poche, éd. A. Moreau, Paris 1975, p. 275 à 304 ; J.-C. Martinez et P. di Malta, *Droit fiscal contemporain*, Litec, Paris 1986, p. 354 à 370 ; A.B. Zemrani, *la Fiscalité face au développement économique et social du Maroc*, LGDJ, Paris 1982, p. 323 et 324.

(2) Les produits de participation sont les dividendes, les intérêts des parts sociales des SARL et des sociétés de personnes ayant opté pour l'I.S., les tantièmes, les revenus des parts de fondateurs, ainsi que les produits de l'amortissement du capital social.

• L'exonération **des profits de cession d'élément d'actif** est subordonnée au réinvestissement en immobilisations ou en titres de participation dans des sociétés soumises à l'I.S., du produit global des cessions d'un même exercice dans le délai maximum de trois années suivant la date de clôture de cet exercice. La société a aussi la possibilité de conserver lesdits biens et titres dans son actif pendant un délai de cinq ans à compter de la date de leur acquisition. En cas de non respect de l'une ou l'autre des conditions, le profit net global de cession est imposable au prorata du montant non réinvesti.

C. Report déficitaire

Le report déficitaire est l'imputation du déficit d'un exercice sur les bénéfices des exercices ultérieurs. Une fois les charges déductibles (frais généraux, amortissements, provisions, pertes d'exploitation), sont déduites du bénéfice brut, on obtient le bénéfice net qui n'est pas nécessairement le bénéfice imposable. En effet, divers ajustements doivent être opérés sur le bénéfice net. Le principal ajustement est constitué par le report des déficits antérieurs. La soustraction de ces derniers donne le bénéfice imposable.

Le découpage de l'activité de l'entreprise en exercice a souvent un caractère artificiel ; c'est pourquoi la plupart des législations admettent le report des déficits à condition qu'ils soient régulièrement constatés en comptabilité.

L'article 11 du nouvel impôt sur les sociétés précise : « Le déficit d'un exercice peut être déduit du bénéfice de l'exercice suivant… sans que la période du report déficitaire puise être supérieure à quarante huit mois ». Toutefois, le législateur précise que cette limitation du report déficitaire n'est pas valable en ce qui concerne la fraction du déficit imputable aux amortissements régulièrement inscrits en comptabilité.

D. La réévaluation des bilans

L'entreprise comptabilise ses actifs selon leur coût d'acquisition ou valeur d'origine. **L'inflation permet difficilement de retracer de façon précise l'évolution du patrimoine des entreprises**. En effet, l'inflation conduit à une sous-évaluation des actifs de l'entreprise et donc à un sous-amortissement à travers une sur-estimation des stocks de clôture par rapport aux stocks d'ouverture et la réalisation de plus-values purement nominales. **La société se trouve sur-imposée du fait de la sur-évaluation du bénéfice imposable**.

Tenant compte de ces inconvénients, le législateur marocain a visé un double objectif à travers la réévaluation des bilans (1) :

– donner une présentation aussi proche que possible de la réalité du patrimoine de la société concernée ;

– permettre aux sociétés par le biais des dotations d'amortissement additionnelles, constituées en franchise d'impôt, de dégager les moyens de financement de nouveaux investissements.

Les nouvelles dispositions relatives à la réévaluation légale des éléments de l'actif (art. 21 à 25), ont été réaménagées afin de faciliter leur application. Le nouveau texte a clarifié les nuances entre l'amortissement comptable et l'amortissement fiscal et a essayé de limiter le domaine de la réévaluation dont le coût risque d'être élevé pour le Trésor public. En effet, l'incidence budgétaire a été évaluée à partir d'un échantillon représentatif de sociétés qui cotisent pour près de 80 % au rendement de l'impôt sur les sociétés. Il ressort de ces simulations sur ordinateur que la moins value fiscale résultant de la réévaluation pourrait correspondre à l'équivalent de trente mois de recettes. Aussi, il a été prévu de répartir cette moins value sur plusieurs exercices budgétaires en décidant :

– d'exclure des éléments amortissables de l'actif (constructions, matériel, mobilier et brevets), acquis depuis vingt ans à la date du bilan révisé (2), ainsi que la réévaluation des éléments qui sont amortis depuis plus de vingt quatre mois ;

– d'étaler sur une période de quatre ans, l'amortissement additionnel des éléments amortis.

NB. : La loi de finances 1997-1998 dans son article 9 a abrogé les articles 21 à 25 de l'I.S. sur la réévaluation des bilans. La loi de finances 1999-2000 a introduit une nouvelle notion : **la réévaluation libre des bilans**.

---

(1) La réévaluation légale des bilans a été instituée pour la première fois par le Dahir du 31 décembre 1959, régissant l'impôt sur les bénéfices professionnels. Le principe de ladite réévaluation a été repris par la loi n° 24-86 relative à l'IS.

(2) Cette mesure a un objectif beaucoup plus économique que fiscal dans la mesure où elle vise à inciter les sociétés à moderniser leurs équipements.

La réévaluation libre des bilans.

Article 12 bis

Dans le cadre des dispositions de l'article 14 de la loi n° 9-88 relative aux obligations comptables des commerçants, promulguée par le dahir n° 1-92-138 du 30 joumada II 1413 (25 décembre 1992), **les sociétés peuvent procéder à la réévaluation libre de l'ensemble de leurs immobilisations corporelles et financières** au titre de l'exercice clos en 1999 ou 2000, sous réserve que cette réévaluation n'ait pas d'incidence immédiate ou ultérieure sur le résultat fiscal.

Les modalités d'application des dispositions du présent article sont fixées par voie réglementaire, sous réserve des cas de fusion.

Cette nouvelle formule introduit certaines incertitudes quant à la réévaluation des bilans.

La restriction de la neutralité fiscale adossée à la **réévaluation libre des bilans** exclut de fait l'administration fiscale dans toute interprétation de la doctrine. Un débat avait traversé le milieu des professionnels et a **porté essentiellement sur l'affectation de l'écart de réévaluation** (1). En attendant les ouvertures éventuelles qu'apportera le décret d'application et les recommandations du CNC (Conseil national de la comptabilité), la marge de manœuvre est extrêmement limitée : la doctrine comptable (loi 9-88 relative aux obligations comptables des commerçants) interdit toute compensation des pertes. **Par ailleurs, l'écart de réévaluation ne constituant pas un bénéfice, il ne peut non plus être distribué (2)**. Dans le cas contraire, le dirigeant se sera rendu coupable d'une distribution de dividendes fictifs, acte qui peut le conduire au pénal. Dernière possibilité, l'incorporation dans le capital social, option qui se heurte aux dispositions de l'article 183 de la loi sur la SA traitant de modalités d'augmentation du capital et qui ne prévoient pas pareille possibilité financière.

Si en principe, les immobilisations d'une société temporairement déficitaire peuvent être réévaluées dans la mesure où elles représentent une potentialité de profits futurs, il n'en va pas de même pour celles qui sont structurellement déficitaires, sans espoir de rétablissement à moyen terme. Il appartient donc aux

(1) L'écart de réévaluation entre la valeur actuelle et la valeur comptable nette (valeur d'entrée corrigée des dépréciations, amortissements et provisions) ne peut-être utilisé à compenser les pertes ; il est inscrit distinctement au passif du bilan (art. 14 de la loi 9-88). Cependant, en l'absence de dispositions spécifiques déterminant le mode de traitement fiscal de la "plus-value de réévaluation", tout écart positif de réévaluation est normalement taxé comme étant une "plus-value".

(2) *Cf.*, article 328 de la loi 17-95 relative à la société anonyme.

dirigeants sociaux, sous le contrôle du ou des commissaires aux comptes, de procéder à une évaluation prudente des perspectives de redressement de leur entreprise avant d'entreprendre une réévaluation des actifs. En outre, le fait que les valeurs attribuées aux biens en l'absence d'un marché secondaire des immobilisations, n'exonère pas les dirigeants de leur responsabilité. Valeur d'aujourd'hui, c'est surtout les entreprises financières (compagnies d'assurances, banques, sociétés de gestion de portefeuille...) qui trouvent leur compte dans le dispositif tel qu'il est conçu. **A la limite, l'aspect fiscal ne les intéresse pas outre mesure**. En l'état actuel, la réévaluation libre est tout bénéfice pour elles, car elle leur permet de revaloriser leur portefeuille et dégager un écart qui conforterait leur situation nette. Ce sont du reste les compagnies d'assurances qui avaient exercé le lobbying pour faire inscrire cette mesure dans la Loi de Finances.

Le dispositif actuel ne répond pas – c'est le moins que l'on puisse dire – aux attentes de la CGEM (Confédération générale des entreprises du Maroc). Le patronat aurait voulu que le législateur maintienne **le principe de la réévaluation libre avec les avantages fiscaux inhérents à la réévaluation légale** telle qu'elle était régie par les articles 21 à 25 de la loi n° 24-86 relative à l'impôt sur les sociétés.

Section III

La liquidation de l'impôt sur les sociétés

Liquider l'impôt sur les sociétés revient à évaluer le montant du bénéfice imposable et à lui appliquer un tarif. La connaissance par l'administration du bénéfice imposable et de ses composantes résulte de la production par les sociétés d'une déclaration de résultats accompagnée de divers documents. Etant tenues d'avoir une comptabilité, **les sociétés sont soumises nécessairement au régime de l'évaluation réelle. Toutefois, les sociétés étrangères, n'exerçant pas une activité permanente au Maroc et adjudicataires de marchés de travaux, peuvent opter pour l'imposition forfaitaire au taux de 12 % sur le montant global du marché** (TVA incluse), libératoire de l'impôt sur les sociétés. L'institution du forfait (en option), concernant certaines sociétés étrangères offre l'avantage d'éviter les cas d'évasion fiscale et de mettre un terme au nombreux litiges nés de l'imposition des sociétés étrangères tout en garantissant les intérêts du trésor.

La liquidation de l'impôt sur les sociétés contrairement à celle de l'impôt général sur le revenu, est très simple. Le tarif de l'I.S., ne comporte ni personnalisation, ni progressivité, ni décote. L'I.S. a le caractère d'un impôt proportionnel, uniforme. Les sociétés sont imposées pour l'ensemble de leurs bénéfices, produits et gains au lieu de leur siège social ou de leur principal établissement au Maroc.

§1. Le taux de l'impôt sur les sociétés

L'impôt sur les sociétés est calculé d'après le bénéfice réalisé au cours de chaque exercice de douze mois **au taux proportionnel de 35 %**. Ce taux normal concerne toutes les sociétés soumises au régime général de l'impôt sur les sociétés. **Le nouveau taux de 35 %** traduit une nette diminution de la charge fiscale des sociétés, puisque la majorité des sociétés qui étaient à l'origine du rendement de l'I.B.P., étaient dans la tranche des 48 % et cotisaient en outre à la P.S.N. au taux de 4,8 %, soit une charge globale de 52,8 %, sans compter l'obligation d'emploi d'une partie de la réserve d'investissement en bons d'équipements. Le taux de l'impôt sur les sociétés a donc été fixé à 35 % à compter du 1er janvier 1996 tout en maintenant la participation à la solidarité nationale, pour certaines sociétés, ainsi que d'autres taux applicables aux régimes dérogatoires ou taux particuliers :

– **39,6 %** pour les établissements de crédit, Bank Al-Maghrib, la Caisse de dépôt et de gestion, les sociétés d'assurances et de réassurances à l'exclusion des établissements de crédit-bail ;

– **10 %** pour les produits bruts, perçus par les sociétés étrangères. Ce prélèvement est retenu à la source par l'établissement payeur et **est libératoire de tout autre impôt direct**, sous réserve des dispositions contraires prévues par les conventions fiscales internationales ;

– **12 %** pour **les sociétés étrangères adjudicataires au Maroc de marchés de construction ou de montage, de travaux immobiliers ou d'installations industrielles ou techniques, qui ont opté pour l'imposition forfaitaire conformément aux dispositions prévues à l'article 18 de la loi**.

Cette imposition forfaitaire est libératoire :

• de la taxe sur les produits des actions ou parts sociales revenus assimilés ;

• de la retenue à la source au taux de 10 % prévue aux articles 37 et 38.

Par contre, ces sociétés restent passibles de tous autres impôts directs en vigueur dans les conditions normales d'assiettes et de recouvrement prévues en la matière.

– **20 %** en ce qui concerne les produits de placement à revenu fixe énumérés à l'article 9 quater de la loi n° 24-86.

– **15 % sur option**, applicable aux profits de cession d'actions, parts ou titres de participation, réalisés en cours d'exploitation, par des sociétés soumises à l'impôt sur les sociétés, titres faisant partie des immobilisations financières de ladite société.

– **8,75 %** pour les entreprises installées dans les zones franches d'exportation, durant les cinq premières années consécutives à la date du début d'activité (1).

Zones franches d'exportation (8,75 %)

Afin de renforcer le caractère attractif des zones franches d'exportation, l'article 9 de la L.F. 1999/2000 a fixé ce taux à 8,75 %, pendant la période des cinq premières années, soit le montant de l'IS au taux de 35 % x 25 %. Après cinq ans le taux sera de 35 % x 50 %, soit 17,5 %.

Le taux de 8,75 % est applicable aux exercices pour lesquels le délai de déclaration du résultat fiscal expire à compter du 1er juillet 1999.

Exemples :

1. **L'entreprise "XGL"**, installée dans la zone franche d'exportation a déposé la déclaration de son résultat fiscal, pour la période allant du 1/7/1998 au 30/6/1999. le 30/9/1999, les données sont les suivantes :

– chiffre d'affaires déclaré .... 4 000 000 Dh

– résultat fiscal .... 1 200 000 Dh

– CM = 4 000 000 Dh x 0,50 % = ... 20 000 Dh

– montant de l'IS découlant du résultat fiscal :

1 200 000 x 8,75 % = 104 400 Dh

– impôt sur les sociétés du .... 104 400 Dh

Ce montant est supérieur à la CM

Le taux réduit de 8,75 % est applicable dans le cas d'espèce, car le délai de dépôt de la déclaration du résultat fiscal de l'exercice 1998/1999 expire après le 30 juin 1999, c'est-à-dire le 30/9/1999.

2. **La société "XGLA"**, implantée dans la zone franche d'exportation de Tanger a déposé la déclaration du résultat fiscal de l'exercice 2000 (période allant du 1/9/1999 au 31/8/2000). Les données sont les suivantes :

(1) Loi de finances 1999/2000, article 10 en modification de l'article 30 de la loi n° 19-94 relative au zones franches d'exportation, Dahir n° 1-95-1 du 26 janvier 1996.

– chiffre d'affaires déclaré .... 4 800 000 Dh
– résultat fiscal .... 960 000 Dh
– CM : 4 800 000 Dh x 0,50 % .... 24 000 Dh
– montant de l'IS, découlant du résultat
fiscal : 690 000 x 8,75 % .... 84 000 Dh
– impôt sur les sociétés dû
(montant supérieur à la CM) .... 84 000 Dh

3. En reprenant les mêmes données visées au 2 : ci-dessus, ou suppose que l'exercice concerné se rapporte à la période allant du 1er avril 1998 au 31 mars 1999. Dans ce cas, la déclaration du résultat fiscal a été souscrite le 30 juin 1999 et, de ce fait, le taux de l'impôt applicable est de 10 % au lieu de 8,75 %.

Le délai légal du dépôt de la déclaration arrive à expiration avant le 1er juillet 1999. Les droits sont les suivants :

Exercice 1998/1999 :

– CM 4 800 000 x 0,5 % .... 24 000 Dh

– IS découlant du résultat fiscal :

960 000 x 10 % .... 96 000 Dh

(montant supérieur à la CM)

§2. La cotisation minimale ou l'impôt sur les déficits !

Le nombre élevé de sociétés échappant à l'impôt en raison de leurs résultats négatifs ou nuls, qui peut s'expliquer par la situation difficile de certaines entreprises mais aussi par le gonflement abusif des charges déductibles (fraude et évasion fiscales) (1), a conduit le législateur marocain à instituer une cotisation annuelle minimale (art. 15). Le projet de réforme a prévu initialement l'institution d'une cotisation minimale de 1 % du chiffre d'affaires, exigible à partir de la quatrième année d'activité des sociétés, avec un plafond de 100 000 Dh. La commission des finances du plan et du développement régional a voté deux amendements visant :

(1) Cela prouve également son incapacité à appréhender les revenus réels des contribuables à travers un contrôle sérieux et performant. Insignifiante pour les fraudeurs, la cotisation minimale peut se révéler particulièrement lourde pour les contribuables sérieux.

– La substitution au taux proportionnel de 1 % **d'un barème progressif allant de 0,30 % à 0,75 % et l'institution d'un minimum de 1 500 Dh tout en maintenant le plafond de 100 000 Dh** (1) ;

Chiffre d'affaires **Tranche en dirhams**	**Taux**
1 à 1 000 000	0,30 %
1 000 001 à 10 000 000	0,50 %
au-delà de 10 000 000	0,75 %

– La propagation du délai d'exonération qui a été porté à trois ans à partir de la date de la constitution des sociétés concernées. En l'absence d'exploitation, ce délai est porté à cinq ans à partir de la date de la constitution de la société.

Ces taux ont été rectifiés par la loi de finances de 1992 qui a limité la cotisation minimale au taux de **0,50 %**.

La base de calcul de la cotisation minimale est constituée par le chiffre d'affaires, les produits accessoires, les produits financiers, les subventions, primes et dons reçus de l'Etat, des collectivités locales ou des tiers. En principe, la C.M. constitue une avance sur l'I.S. des personnes morales.

La loi de finances 1994 a ramené le taux sus-mentionné à **0,25 %** pour les ventes portant sur les produits pétroliers, le gaz, le beurre, l'huile, le sucre, la farine, l'eau et l'électricité, tout en maintenant le minimum de cotisation à **1 500 Dh** (produits de première nécessité).

L'impôt dû par les sociétés ne peut en aucun cas être inférieur à la cotisation minimale et cela quelque soit le résultat fiscal.

La cotisation minimale acquittée au titre d'un exercice déficitaire ainsi que la partie de la cotisation qui excède le montant de l'impôt acquitté au titre d'un exercice donné sont imputées sur le montant de l'impôt qui excède celui de la cotisation exigible au titre de l'exercice suivant.

A défaut de cet excédent, ou en cas d'excédent insuffisant pour que l'imputation puisse être opérée en totalité ou en partie, le reliquat de la cotisation minimale peut être déduit du montant de l'impôt sur les sociétés dû au titre des exercices suivants jusqu'au troisième exercice qui suit l'exercice déficitaire.

---

(1) *Cf. B.O.* n° 3873 du 21/1/1987.

• **Effets de la cotisation sur le report déficitaire :**

– La cotisation n'est pas déductible et ne fait pas partie du report déficitaire.

– La société ne perd pas le droit de reporter son déficit sur 4 ans.

Lorsque l'impôt dû par la société est supérieur à la cotisation minimale, le reliquat doit être versé spontanément par l'intéressé en deux parts égales exigibles :

– la première à l'expiration du délai de la déclaration, c'est-à-dire les trois mois qui suivent celui de la clôture de chaque exercice ;

– la seconde dans les deux mois suivant l'expiration de ce délai.

La déclaration comporte les références des paiements déjà effectués. Elle est accompagnée des pièces annexes dont la liste est établie par voie réglementaire.

La cotisation minimale a introduit une nouvelle notion au niveau du droit fiscal marocain : l'impôt sur les déficits ! Comme son nom l'indique, la cotisation minimale est le minimum d'impôt à payer aussi bien par les entreprises dégageant des bénéfices que par celles qui sont confrontées à des déficits, parfois chroniques. En principe, **l'impôt négatif n'existe pas** (1). Une activité déficitaire ne peut se maintenir durablement sauf si elle appartient à un groupe de sociétés, qui transfère les revenus d'une activité excédentaire vers une activité déficitaire. En principe, aucun groupe de société ne peut maintenir une telle pratique très longtemps, c'est-à-dire subventionner une activité qui ne rapporte pas. D'un autre côté, on remarque dans notre pays beaucoup de sociétés déficitaires qui arrivent à se maintenir ! Où est la logique économique ? La cotisation minimale essaie de remédier à cette situation en percevant un minimum ! La solution existe cependant, elle réside dans un contrôle efficace et performant qui ne peut être d'ailleurs que le fruit d'une action administrative elle-même efficace (2) !

Dans ces conditions, **la cotisation minimale** risque d'avoir une efficacité plus symbolique que réelle car comme le précisent MM G. Tixier et G. Gest : « **Légère pour les grandes sociétés, fiscalement déficitaires ou non, la charge supplémentaire qui en résulte peut se révéler plus lourde pour les petites entreprises réellement déficitaires et accélérer ainsi leur disparition** (3). »

---

(1) En Union européenne, la notion de l'impôt négatif existe bel et bien. Mais cet impôt a une autre signification. Ce sont des allocations à caractère social sous forme de **revenu minimum** garanti par le collectivité aux familles dont les revenus sont inférieurs à "un seuil de pauvreté" défini par l'OCDE. Cf., OCDE, l'impôt négatif sur le revenu, 1974.

(2) *Cf.* notre ouvrage *la Fiscalité face au développement économique et social du Maroc*, p. 345 à 352 l'amélioration des performances de « L'administration fiscale », éd. LGDJ, Paris 1981.

(3) *Cf. la Fiscalité face au développement économique et social au Maroc*, A.Z. Bensalah, voir le *Diagnostic du système fiscal marocain*, LGDJ, Paris 1982.

§3. Paiement de l'impôt sur les sociétés

A. Les acomptes

Contrairement à l'impôt sur le revenu, les problèmes de calcul du prélèvement et les modalités d'encaissement sont ici relativement simples. L'impôt doit être payé spontanément par les sociétés sans qu'elles reçoivent, en principe, d'avertissement, dans les trente jours suivant la date d'expiration de l'exercice comptable.

Les versements doivent être effectués de la façon suivante :

– Depuis le 1er janvier 1993, le montant de l'impôt est payé au cours de l'exercice comptable concerné par versement de 4 acomptes provisionnels, chacun égal à 25 % du montant de l'impôt dû au titre du dernier exercice clos, appelé exercice de référence. Ces versements sont spontanément effectués avant l'expiration du 3e, 6e, 9e et 12e mois suivant la date d'ouverture de l'exercice comptable en cours (1).

– L'excédent d'acomptes est imputé sur les acomptes suivants et le reliquat est restitué d'office un mois après le dernier acompte de l'exercice suivant.

– La société qui estime que le montant d'un ou de plusieurs acomptes visés au titre d'un exercice est égal ou supérieur à l'impôt dont elle sera finalement redevable pour cet exercice, peut se dispenser d'en effectuer de nouveaux.

– Elle doit faire parvenir à l'administration une déclaration quinze jours avant la date d'exigibilité du versement à effectuer.

– Pour les sociétés exonérées temporairement en partie ou en totalité du paiement de l'I.S. ou dispensées temporairement du paiement de la cotisation minimale : l'exercice de référence est le dernier exercice au titre duquel les exonérations ou la dispense ont été appliquées.

B. La régularisation

Avant l'expiration du délai de déclaration (2), les sociétés doivent procéder rapidement à la liquidation de l'impôt à sa régularisation en tenant compte des

(1) *Cf.* article 16 de la loi de finances rectificative pour 1990.

(2) Il s'agit de la déclaration du résultat fiscal et du chiffre d'affaires qui doit se faire dans les 3 mois qui suivent la clôture de chaque exercice comptable d'une part, et d'autre part, de la déclaration de cessation, fusion, scission, ou transformation de sociétés qui doit se faire dans les 45 jours à compter de la date de réalisation de l'un des changements précités.

acomptes provisionnels versés pour l'exercice en question, deux cas de figures se présentent :

– Dans la mesure où l'impôt dû est supérieur au montant des acomptes provisionnels déjà versés, la société doit acquitter le complément d'impôt au profit du trésor, dans les délais prévus par la loi.

– Dans le cas contraire où le montant des acomptes prévisionnels déjà versés est supérieur au montant de l'impôt effectivement dû, l'excédent versé est imputé automatiquement sur le premier acompte prévisionnel échu. Dans ce cas, le reliquat éventuel est restitué d'office par l'administration à la société dans le mois suivant la date du dépôt de la déclaration.

C. L'imposition par voie de rôle

Les sociétés sont imposées par voie de rôle :

– Lorsqu'elles ne paient pas spontanément au percepteur du lieu de leur siège social ou de leur principal établissement au Maroc l'impôt dont elles sont débitrices ainsi que, le cas échéant, les majorations et les pénalités y afférentes.

– Dans le cas de taxation d'office ou de rectification des impositions comme prévu respectivement aux articles 29, 39 et 42 de la loi sur l'I.S.

Section IV

Plus-values et profits résultant de cessations, cessions et transformations de la forme juridique de sociétés (art. 19 et 19 bis)

§1. Plus-values constatées et profits réalisés en cours d'exploitation

La société qui, en cours d'exploitation ou en cas de cession partielle d'entreprise, procède à des retraits ou à des cessions d'éléments corporels ou incorporels de l'actif immobilisé des titres de participation, **bénéficie sur option :**

A. Soit d'abattements appliqués sur la plus-value nette globale résultant des retraits ou sur le profit net global des cessions, obtenu après imputation des moins-values résultant des retraits ou des pertes provenant des cessions.

Le taux de l'abattement est égal à :

- 0 % si le délai entre la date d'acquisition du bien et celle de sa cession est inférieur ou égal à 2 ans ;
- 25 % si le délai écoulé entre l'année d'acquisition de chaque élément retiré de l'actif ou cédé et celle de son retrait ou de sa cession est supérieur à deux ans et inférieur ou égal à quatre ans ;
- 50 % si ce délai est supérieur à quatre ans et inférieur ou égal à huit ans ;
- 70 % si ce délai est égal ou supérieur à huit ans.

En cas de cessions multiples, **il est prévu un abattement dit pondéré**, qui vise à déterminer :

- les plus-values ou les moins-values élément par élément ;
- sommation des plus-values : PV ;
- Calcul des abattements élément par élément : A ;
- Calcul des plus-values nettes des moins-values : PVN ;
- Calcul de l'abattement pondéré $\mathbf{AP = A \times \frac{PVN}{PV}}$

Avant la clôture de l'exercice, les abattements sont les suivants :

- 0 % si le délai écoulé entre l'année de la création de l'entreprise et celle du retrait du bien est inférieur à 4 ans ;
- 50 % si ce délai est égal à 4 ans au moins et inférieur à 8 ans ;
- 33,3 % si le délai est égal ou supérieur à 8 ans.

Exemple :

La société FINA au capital de 2 000 000 Dh a réalisé un chiffre d'affaires 10 000 000 Dh. Le bénéfice comptable est de 1 700 000 Dh.

La société FINA a réalisé les opérations de cession suivantes :

– Le 5 juillet, cession d'une machine, acquise le 1/1/1995, moyennant 180 000 Dh, amortie correctement au taux linéaire de 20 % est cédée à la somme de 85 000 Dh.

– Au 30 septembre, cession d'une autre machine acquise en 1991, à la somme de 130 000 Dh, amortie à hauteur de 50 % au moment de la mise au rebut.

– Fin octobre 1995, perception d'une indemnité d'assurance de 80 000 Dh suite à l'incendie d'une voiture de service acquise pour 200 000 Dh en 1994.

– Cession d'un terrain qui appartenait à la société à la somme de 700 000 Dh acquis en 1995 et cédée à la somme de 780 000 Dh.

Il s'agit pour nous de déterminer le régime fiscal des différentes cessions dans un premier temps et de calculer le résultat fiscal et l'impôt dû dans un deuxième temps dans les situations suivantes :

– la société s'engage à réinvestir le produit de cession des éléments d'actif ;

– la société n'engage aucun investissement.

NB. : Au terme des travaux extra-comptables, les charges non déductibles se sont élevées à 19 950 Dh.

I. Détermination des plus-values et des abattements dans le cas où la société n'engage aucun investissement (voir tableau)

Calcul de l'abattement pondéré

1. Le montant de l'exonération dont bénéficiera l'entreprise lorsqu'elle s'engage par écrit à réinvestir le produit des cessions.

P.V. 130 000 Dh

A. 60 000 Dh

PVN 65 000 Dh

A. Pondéré 60 000 x 65 000/130 000 = 30 000 Dh

2. Dans le cas où l'entreprise ne prévoit pas de réinvestissement, elle bénéficiera d'une exonération partielle calculée à travers l'abattement pondéré, car elle dégage des plus-values et des moins values, comme l'explique le tableau suivant :

Immobilisations	Valeur d'origine	Somme amortie	V.C.N.	Prix de cession	Plus-value	Durée	Taux d'abattem-ent	Abattement
Machine vendue	180 000	120 000	60 000	80 000	+20 000	3 ans et demi	25 %	5 000 Dh
Machine mise en rebut	130 000	65 000	65 000	0	-65 000	–	–	–
Voiture de service	190 000	150 000	40 000	70 000	+30 000	7 ans	50 %	15 000
Cession d'un terrain	700 000	–	700 000	780 000	+80 000	7 ans	50 %	40 000
Total	–	–	–	**930 000**	**P.V.N. 65 000**	–	–	**60 000**

II. Calcul de l'impôt

a. Cas où l'entreprise s'engage au réinvestissement

Opérations	Réintégrations	Déductions
– Résultat comptable	345 700	
– Charges non déductibles	19 950	
– Plus-values exonérées car la société s'engage au réinvestissement		130 000
Total	**365 650**	**130 000**

Résultat fiscal : 365 650 - 130 000 = 235 650

Impôt dû IS : 235 650 x 0,35 = 82 477,5

b. Lorsque la société ne prévoit pas d'investissement

Opérations	Réintégrations	Déductions
– Résultat comptable	345 700	
– Charges non déductibles	19 950	
– Abattement partiel sur plus-values		30 000
Total	**365 650**	**30 000**

Résultat fiscal : 365 650 - 30 000 = 335 650 Dh

Impôt dû IS : 335 650 x 0,35 = 117 477,5 Dh

On constate donc l'importance de l'économie d'impôt que se procure l'entreprise lorsqu'elle s'engage au réinvestissement des produits de cessions.

L'économie d'impôt s'élève à : 117 477,5 - 82 477,5 = 35 000 Dh

L'entreprise améliore sa capacité de financement et par conséquent son potentiel productif.

B. Soit de l'exonération totale, si la société intéressée s'engage par écrit à :

• réinvestir le produit global des cessions effectuées au cours d'un même exercice, dans le délai maximum de trois années suivant la date de clôture dudit exercice en biens d'équipement ou en immeubles réservés à la propre exploitation professionnelle de la société. Toutefois, lorsqu'il s'agit de terrains non bâtis acquis dans le cadre du réinvestissement précité, l'exonération prévue ci-dessus est subordonnée à l'affectation desdits terrains à la propre exploitation professionnelle de la société ou à l'édification de constructions destinées au même usage.

• Conserver lesdits biens et immeubles dans son actif pendant un délai de cinq ans qui court à compter de la date de leur acquisition.

En cas d'absence ou d'insuffisance de réinvestissement dans le délai prévu ci-dessus ou si les biens et immeubles acquis ne sont pas conservés dans son actif pendant cinq ans, le profit net global de cession est imposé au prorata des montants non réinvestis ou du prix d'acquisition des biens et immeubles non conservés.

§2. Plus-values constatées et profits réalisés en fin d'exploitation

Dans le cas de retrait ou de cessions d'éléments corporels ou incorporels de l'actif immobilisé à l'occasion de la cessation de l'activité d'une société, le taux des abattements applicables sur la plus-value nette globale résultant des retraits ou le profit net global de cession est de :

– 50 % si le délai écoulé entre l'année de la constitution de la société et celle du retrait ou de la cession des biens est égal à quatre ans au moins et inférieur à huit ans ;

– deux tiers si ce délai est égal ou supérieur à huit ans.

En aucun cas, l'abattement ne peut s'appliquer sur le profit comptable correspondant à l'annulation d'une provision pour dépréciation.

Les indemnités perçues en contrepartie de la cessation de l'exercice de l'activité ou du transfert de la clientèle sont assimilées à des profits de cession et soumises aux conditions ci-dessus.

Les plus-values comptabilisées par la société ou constatées par l'administration à l'occasion de toute transformation de la forme juridique de la société entraînant son exclusion du domaine de l'impôt sur les sociétés ou la création d'une nouvelle personne morale sont assimilées à des profits de cession de fin d'exploitation et imposées dans les mêmes conditions.

La procédure de rectification prévue à l'article 39 de l'I.S. est applicable pour l'évaluation des plus-values constatées par l'administration.

Section V

Régime particulier des fusions de sociétés

Le développement économique, la mondialisation tendent vers la concentration des entreprises, ce qui favorise le développement des fusions absorptions des sociétés.

La formule de la fusion absorption est de loin la plus fréquente. Dans ce cas, la fusion n'entraîne pas cessation d'entreprise ; l'activité absorbée se poursuit au sein de la société absorbante qui se présente comme un successeur, comme un héritier qui reçoit le patrimoine du défunt.

Lorsque la fusion est réalisée, la prime de fusion réalisée par la société absorbante correspond à la plus-value sur sa participation dans la société absorbée. La prime en question est comprise, après application des abattements prévus ci-dessus (art. 19-5), dans le résultat fiscal de la société intéressée. **En principe, la fusion n'entraîne aucune imposition**.

Les sociétés fusionnées ne sont pas imposées sur le profit net de la fusion, à condition que la société absorbante ou la nouvelle société née de la fusion dépose une déclaration au service des impôts directs dans les 30 jours suivant la date de l'acte de fusion. Cette déclaration écrite doit être accompagnée :

– d'un état récapitulatif des éléments apportés comportant tous les détails relatifs aux profits réalisés ou aux pertes subies et dégageant le profit net qui ne sera pas imposé chez la ou les sociétés fusionnées ;

– d'un état concernant, pour chacune de ces sociétés :

• les provisions figurant au passif du bilan avec indication de celles qui n'ont pas fait l'objet de déduction fiscale ;

• la réserve spéciale de réévaluation.

– de l'acte de fusion dans lequel la société absorbante ou née de la fusion s'engage à :

• reprendre les provisions dont l'imposition est différée ;

• reprendre la réserve spéciale de réévaluation constituée en franchise d'impôt ;

• réintégrer dans ses bénéfices imposables le profit net réalisé par chacune des sociétés fusionnées sur leur apport ;

• ajouter aux plus-values et profits tout bénéfice réalisé ultérieurement à l'occasion d'une cession ou retrait d'un élément ayant bénéficié d'une intégration ou d'une imposition différée.

– si la déclaration n'est pas déposée dans le délai prescrit ou si cette déclaration n'est pas accompagnée des pièces annexes exigées, l'administration régularise la situation de la ou des sociétés fusionnées dans les conditions de droit commun applicables dans les cas de cession d'entreprise ou de cessation d'activité.

Section VI

Mise à niveau comptable et contribution libératoire (1)

Entre 1984 et 1999, trois amnisties fiscales ont été adoptées. Pour bénéficier de ces amnisties, il fallait souscrire au paiement d'une contribution libératoire. Cette dernière a été conditionnée en 1998-1999 par la mise à niveau comptable de l'entreprise candidate à l'amnistie fiscale.

§1. La mise à niveau des bilans

La procédure de **mise à niveau des bilans** permet de rectifier toutes les anomalies comptables et fiscales, volontaires ou involontaires, au titre d'un ou plusieurs exercices.

---

(1) Article 24 et 25 de la loi de finances 12-98 pour l'année budgétaire 1998-1999.

Les contribuables qui constatent des **omissions, erreurs ou insuffisances** dans leur comptabilité peuvent procéder **spontanément** à la régularisation de leur situation en matière d'I.S., d'I.G.R., de P.S.N. ou de contribution sur les revenus professionnels exonérés de la TVA, en souscrivant à cet effet une déclaration rectificative, au titre de l'exercice comptable clôturé au plus tard le **31 décembre 1997**. Les contribuables doivent produire également un état détaillant les régularisations comptables dans le cadre d'une déclaration qui doit être opérée au plus tard le **31 décembre 1998**, appuyée par une note explicative agréée par le commissaire au comptes.

Après imputation, le cas échéant, des déficits fiscalement reportables, le montant de l'impôt supplémentaire découlant des régularisations précitées **est réduit de 60 %**.

Pour bénéficier de la réduction de 60 %, le contribuable doit s'engager à utiliser au plus tard **le 31 décembre 2000**, le montant du bénéfice correspondant à **ladite réduction pour la réalisation d'investissements productifs** ou pour la construction de **logements économiques**.

A défaut de l'emploi, total ou partiel, du montant du bénéfice susvisé dans le délai précité **les droits correspondants sont émis par voie de rôle**.

§2. La contribution libératoire

A. Les contribuables et les redevables peuvent, sur option écrite et dans les conditions fixées ci-après, être dispensés du contrôle fiscal pour les déclarations, les actes et conventions qu'ils ont souscrits ou produits au titre de la période non atteinte par la prescription légale en matière :

- d'impôt sur les sociétés et de participation à la solidarité nationale y afférente ;
- impôt général sur le revenu afférent aux revenus professionnels et de contribution sur les revenus professionnels exonérés dudit impôt ;
- d'impôt général sur le revenu prélevé à la source sur les traitements, les indemnités et émoluments et les salaires versés au personnel salarié de l'entreprise ;
- de la taxe sur les profits immobiliers ;
- de la taxe sur les profits de cession d'actions et parts sociales ;
- des droits d'enregistrement ;
- de la taxe sur la valeur ajoutée.

B. En ce qui concerne les entreprises soumises au régime de la comptabilité, l'option prévue ci-dessus est subordonnée à ce que ces entreprises aient procédé, préalablement à cette option, à la mise à niveau de leur comptabilité dans les conditions prévues à l'article 24 de la loi de finances 1998/1999.

C. Les dispositions ci-dessus couvrent également :

– En ce qui concerne l'impôt sur les sociétés, l'impôt général sur le revenu et la taxe sur la valeur ajoutée, les périodes soumises à un contrôle fiscal lorsqu'à la date de la publication de la loi de finances, la procédure de rectification des impositions engagée par l'administration n'a pas abouti soit de la part du contribuable ou du redevable à un accord écrit soit de la part de l'administration à une taxation d'office, régulièrement établie, soit de la part de la commission nationale du recours fiscal à une décision portée à la connaissance du contribuable ou du redevable.

– En ce qui concerne la taxe sur les profits immobiliers et la taxe sur les profits de cession d'actions et parts sociales, les périodes au titre desquelles des procédures de rectification engagées par l'administration fiscale n'ont pas été menées à leur terme à la date de la publication de la présente loi de finances.

– En ce qui concerne les droits d'enregistrement, les actes, les conventions et les déclarations comportant une insuffisance de prix ou de valeur et qui n'ont pas fait l'objet à la date de publication de la présente loi de finances soit d'un accord de reconnaissance amiable soit d'un jugement définitif rendu en la matière, soit d'une décision rendue par la commission nationale d'évaluation, soit de l'exercice par l'Etat du droit de préemption prévu par l'article 32 du Dahir portant loi de finances pour l'année 1973 n° 1-73-532 du 3 hija 1392 (8 janvier 1973).

D. Procédure à respecter.

a. Pour bénéficier des dispositions précitées, les contribuables et redevables doivent produire, dans les conditions ci-dessus et au plus tard le 31 décembre 1998 une demande écrite établie d'après l'imprimé modèle fourni par l'administration fiscale et acquitter une contribution libératoire déterminée comme prévu ci-après.

Dans la demande visée ci-dessus, les contribuables et les redevables doivent s'engager à :

1. Se désister ou renoncer à toute réclamation ou à tout recours introduit devant l'administration fiscale, la commission locale de taxation, la commission locale d'évaluation, la commission nationale du recours fiscal, la commission nationale d'évaluation ou devant les tribunaux et ce, pour chaque impôt, droit ou taxe couvert par la contribution libératoire.

2. Annuler les crédits reportables ou remboursables en matière de taxe sur la valeur ajoutée se rapportant à la période antérieure à la date d'entrée en vigueur de la présente loi de finances et couverte par l'option.

Les entreprises exportatrices doivent en outre s'engager à renoncer aux demandes de remboursement en matière de taxe sur la valeur ajoutée introduites auprès de l'administration fiscale postérieurement à la date de la publication de la présente loi de finances dès lors que la période concernée par la demande de remboursement est couverte par l'option.

3. Annuler en matière d'impôt sur les sociétés ou d'impôt général sur le revenu, les déficits et les amortissements réputés différés en période déficitaire et figurant sur le bilan clôturé au plus tard le 31 décembre 1997.

b. Les annulations visées aux 2e et 3e ci-dessus doivent être constatées :

– dans le délai de la déclaration du chiffre d'affaires de la période au cours de laquelle l'option a été exercée en ce qui concerne les crédits reportables ou remboursables en matière de taxe sur la valeur ajoutée ;

– lors de la clôture de l'exercice comptable se rapportant à l'année de l'option en ce qui concerne les déficits et les amortissements différés en matière d'impôt sur les sociétés ou d'impôt général sur le revenu.

E. Détermination de la contribution libératoire.

En ce qui concerne les sociétés et les personnes physiques qui sont soumises à l'impôt sur les sociétés ou à l'impôt général sur le revenu selon le régime de la comptabilité, le montant de la contribution libératoire est égal pour toute période de 12 mois à 0,25 % du chiffre d'affaires hors taxe de chaque période concernée.

Le chiffre d'affaires servant au calcul de la contribution libératoire s'entend des produits visés au 1er, 2e et 6e de l'article 6 de la loi n° 24-86 instituant l'impôt sur les sociétés et englobe également les opérations exonérées totalement ou partiellement en vertu des mesures d'encouragement aux investissements et/ou à l'exportation.

Toutefois, le taux de 0,25 % visé ci-dessus est réduit de :

a. 75 % pour le chiffre d'affaires afférent aux activités bénéficiant d'une exonération totale en vertu des dispositions en matière d'encouragement aux investissements et à l'exportation.

b. 50 % pour le chiffre d'affaires afférent aux activités bénéficiant d'une exonération de 50 % en vertu des dispositions prévues au a. ci-dessus ainsi que pour les entreprises qui bénéficient de la réduction de 50 % applicable dans la province de Tanger.

c. En ce qui concerne les contribuables soumis à l'impôt général sur le revenu, selon le régime du bénéfice forfaitaire, la contribution libératoire est égale pour toute période de 12 mois à 25 % de la cotisation la plus élevée mise en recouvrement au titre des exercices 1994, 1995, 1996 et 1997 y compris les compléments de droits mis en recouvrement et déduction faite, le cas échéant, des dégrèvements accordés au contribuable.

d. En ce qui concerne les employeurs et débirentiers chargés d'opérer la retenue à la source au titre de l'impôt général sur le revenu, la contribution libératoire est égale pour toute période de 12 mois à 0,50 % du montant des rémunérations nettes imposables ayant servi de base à ladite retenue à la source au titre de chacune des années 1994, 1995, 1996 et 1997.

e. En ce qui concerne les redevables de la taxe sur les profits immobiliers, de la taxe sur les profits de cession d'actions et parts sociales, la contribution libératoire est égale à 2 % du prix de cession déclaré.

f. En ce qui concerne les assujettis à la taxe sur la valeur ajoutée, la contribution libératoire est égale pour toute période de 12 mois à 0,40 % du chiffre d'affaires taxable de chaque période concernée.

F. Paiement de la contribution libératoire

La contribution libératoire doit être acquittée spontanément à la caisse du percepteur, en trois versements égaux exigibles respectivement au plus tard avant le 31 décembre 1998, le 31 mars 1999 et le 31 mai 1999.

§3. La portée combinée de la contribution libératoire et de la mise à niveau des bilans

La contribution libératoire est conditionnée par la mise à niveau comptable de l'entreprise candidate à l'amnistie fiscale. **Ici, plusieurs questions nous interpellent sur le devenir de notre fiscalité, de notre nouveau droit des affaires** qui vise essentiellement à instaurer la transparence, condition indispensable pour intégrer, de façon efficace, les nouvelles formes de compétitivité qu'impose désormais la mondialisation.

En fait, la problématique de la mise à niveau comptable va au-delà de la contribution libératoire, qui malheureusement commence à se répéter régulièrement : 1984, 1990 et 1998. Cette pratique porte directement atteinte à notre civisme fiscal et **peut inciter les contribuables sérieux, qui ont une haute opinion de leur devoir fiscal**, à se ranger parmi ceux qui attendent ou qui provoquent l'apparition d'une nouvelle contribution libératoire ! **On ne peut développer le concept de l'entreprise citoyenne et réclamer régulièrement une amnistie fiscale !** Ceux qui parlent aujourd'hui de **"l'entreprise citoyenne"**, doivent militer, réclamer uniquement la mise à niveau comptable des entreprises. Si on veut crédibiliser davantage nos institutions fiscales, il convient de rayer définitivement la notion de contribution libératoire de nos différents projets de loi de Finances. Certes, le Parlement précédent a déjà lancé les bases d'un nouveau comportement fiscal à travers d'une part, la réduction des taux d'imposition, l'I.S., par exemple, est passé de 50 à 35 % et d'autre part, la pénalisation de la fraude fiscale, prévue dans le cadre de l'article 10 bis de la loi de finances 1997-1998.

Là, il faut rendre également hommage à l'administration fiscale qui a œuvré pour que la baisse de la pression fiscale ne s'accompagne pas d'une baisse globale du rendement fiscal.

Ceci veut dire que l'administration fiscale, tout en élargissant l'assiette imposable, a réalisé un important effort en matière de réduction de la fraude fiscale. Les taux d'imposition ayant baissé, cela a certainement incité certains contribuables à améliorer le niveau de leurs déclarations.

D'un côté comme de l'autre, cet effort doit continuer jusqu'au moment où l'I.S. se situera à 33 % afin d'atteindre les normes d'une fiscalité rationnelle de l'entreprise, un tiers pour l'Etat, un tiers pour le réinvestissement et un tiers pour les actionnaires.

Il faut, par ailleurs, aller vers une plus grande simplification du système fiscal qui reste dans sa globalité marqué par une multitude d'impôts et de taxes qui ne sont pas spécialement rentables pour l'Etat et qui imposent toute une gestion aussi bien à l'administration fiscale qu'à l'entreprise !

La rationalisation du prélèvement fiscal, ne peut être atteinte sans une mise à niveau comptable des entreprises.

La mise à niveau comptable des entreprises

La comptabilité d'une entreprise doit être d'abord un outil d'information sur la gestion. Elle est censée renseigner toutes les parties concernées par la gestion de l'entreprise. Elle peut servir de base à toutes les créances de l'entreprise : administration fiscale, actionnaires, banques, fournisseurs, etc. La mise à niveau comptable vise la correction des infractions et des irrégularités qui affectent le bilan, afin de renseigner sur les performances réelles de l'entreprise. **L'objectif est d'abord comptable et non fiscal. Un bilan sincère est opposable à toutes les parties concernées. C'est ce que cherche à atteindre le nouveau droit des affaires**. En effet, dans le nouvel environnement juridique de l'entreprise, chaque créancier a désormais le droit et la possibilité de saisir la juridiction compétente et de faire valoir ses droits en réclamant une sanction pénale à l'encontre de ceux qui gèrent l'entreprise en dehors du strict respect de la règle de droit. **Ceci veut dire tout simplement que l'amnistie fiscale n'est pas nécessairement une amnistie pénale**. Le parquet peut très bien évaluer l'abus de biens sociaux (ABS) (article 384 du code de la SA) sur la base des irrégularités révélées par le bilan et peut déclencher une action publique destinée à réprimer pénalement les auteurs des infractions qui visent à cacher la réalité financière de l'entreprise (1). Cette action peut très bien avoir lieu en dehors de l'amnistie fiscale.

L'environnement du droit des affaires a connu une évolution rapide depuis 1994. Adoption du nouveau plan comptable, adoption en 1996 du nouveau code sur la S.A. et du code de commerce, adoption en 1997 du nouveau code sur les autres formes de société, SARL, SNC, SCS, etc., pénalisation de la fraude fiscale la même année. Il faut faire remarquer qu'un code important manque à cet édifice : la réforme du code de travail.

L'ensemble des textes de loi précités vise essentiellement à assainir l'environnement juridique de l'entreprise, à éliminer ou du moins limiter les anomalies et les irrégularités comptables afin d'avoir une vision claire des résultats de l'entreprise et de sa situation financière.

L'objectif de transparence, que cherche à atteindre le nouveau droit des affaires, constitue le but de toutes les parties concernées : entreprises, administration fiscale, parquet, CNSS, etc. La normalisation ne doit pas se limiter aux bilans, elle doit au contraire s'intéresser à toutes les insuffisances qui caractérisent notre économie. La sincérité des bilans n'est qu'un élément parmi tant d'autres !

Une autre mise à niveau est absolument nécessaire et concerne cette fois l'administration fiscale. Cette dernière doit essayer de se remettre en cause et

---

(1) **L'abus de biens sociaux est devenu le délit le plus célèbre du droit des affaires**. Le dirigeant de l'entreprise peut être dénoncé par le commissaire aux comptes ou par un cadre licencié. Il peut également être mis en cause par des dissensions entre associés. Il risque une peine de prison dans le cas où il gère une S.A. ou une SARL.

essayer d'évaluer la portée de son action, corriger ses modes de gestion et de fonctionnement. Le manque à gagner au niveau du rendement fiscal peut aussi provenir des contradictions du système lui-même, de la difficulté de son administration et de l'insuffisance des investigations qu'opèrent les contrôleurs du fisc. Le nombre de ces derniers est insuffisant par rapport à la tâche. A titre d'exemple, le Japon pour 70 millions de contribuables dispose de 60 000 vérificateurs, le Maroc pour 3 millions de contribuables dispose de moins de 307 vérificateurs. L'administration fiscale marocaine dans son ensemble dispose de 4 700 fonctionnaires. **Ceci explique aisément le recours à la contribution libératoire et la pratique de la fraude et de l'évasion fiscales**.

Si la mise à niveau nécessite le paiement d'un impôt supplémentaire, après imputation, le cas échéant, des déficits fiscalement reportables, l'entreprise bénéficiera d'un abattement fiscal de 60 %. L'abattement fiscal de 60 % n'est justifié que dans la mesure où le contribuable s'engage à utiliser au plus tard le 31 décembre 1999, le montant du bénéfice correspondant à la réduction précitée pour les réalisations d'investissements productifs ou pour la construction de logements économiques.

Concrètement, cette mesure allège les entreprises des pénalités et majorations de retard. Elles ne paieront désormais que le principal de l'impôt dû.

La contribution libératoire

Une fois les **contributions** de la mise à niveau comptable des entreprises satisfaites, le contribuable ou le redevable peut être dispensé du contrôle fiscal pour les déclarations qu'il a souscrites à condition que ces dernières ne soient pas atteintes par la prescription légale (art. 25, §III, A). Cette démarche se situe au niveau du contrôle puisque l'entreprise peut éviter tout éventuel contrôle jusqu'en décembre 1997. En contrepartie, une contribution libératoire est exigée pour toute période de 12 mois à 0,25 % du chiffre d'affaires hors taxes, en ce qui concerne l'IS et l'IGR. Ce taux peut être réduit de 75 % ou 50 %, selon que l'activité bénéficie d'une exonération totale ou partielle.

En ce qui concerne les assujettis à la taxe sur la valeur ajoutée, la contribution libératoire se situe à 0,40 % du chiffre d'affaires taxable, pour chaque période de 12 mois, avec une possibilité de réduction de 75 % dans le cas des opérateurs exonérés et ouvrant droit à déduction ou à remboursement ainsi que les livraisons à soi-même de constructions.

D'autres impôts sont intégrés à la contribution libératoire avec des taux spécifiques tels que les droits d'enregistrement, la T.P.I., etc.

Le bénéfice de la contribution libératoire, annule les créances relatives à certains impôts et notamment ceux mis en recouvrement avant janvier 1971. Il annule également les majorations de retard, frais de poursuite, pénalités, amendes, majorations et intérêts de retard à la condition de régler le principal avant le 1er décembre 1998.

Le bénéfice de ces différentes mesures implique la renonciation de la part du redevable à tout recours ou réclamation afférents aux cotes d'impôts sus-mentionnés.

La mise à niveau comptable des entreprises assortie d'une contribution libératoire ne se justifie que si le Parlement précise dans la prochaine loi de finances que c'est la dernière amnistie que l'administration fiscale accorde. **On ne peut se permettre de vivre régulièrement ce genre de feuilletons, car il y va de la crédibilité de nos institutions et de l'avenir de nos recettes fiscales**. Ces dernières ne peuvent dans ces conditions qu'aller en diminuant, car plus le contribuable fraude et moins il paiera. **Si le contribuable sait qu'une contribution libératoire revient régulièrement, il n'aura aucun intérêt à traiter avec sérieux son dossier fiscal**. Ce comportement peut avoir des effets particulièrement nocifs et pervers sur la mobilisation de notre potentiel fiscal et sur le principe sacro-saint de l'égalité des citoyens devant l'impôt. **En sapant les conditions objectives et réelles de la justice fiscale, la contribution libératoire répétitive accentue le caractère régressif de notre système fiscal et pose sérieusement le problème de la constitutionnalité de l'article 25 inclus dans le projet de loi de finances 1998-1999**. Il n'est pas du tout normal que le gouvernement encourage les fraudes de cette façon.

La contribution libératoire n'est normalement acceptable que si elle est conçue par le législateur comme une dernière chance pour une mise à niveau comptable réelle, donnant la possibilité aux entreprises d'apurer leurs comptes une bonne fois pour toutes. Le contribuable marocain doit comprendre que ce n'est pas en maquillant sa comptabilité et en trichant avec le fisc qu'il va relever les défis des nouvelles formes de compétitivité et de la mondialisation. Le fisc de son côté, dans le cadre de sa propre mise à niveau, doit mener de front rationalisation du prélèvement fiscal, simplification du système et des procédures d'imposition et renforcement des contrôles.

Section VII
Les obligations des sociétés

§1. Les obligations d'ordre comptable

La société **doit tenir une comptabilité** conforme aux obligations du code de commerce et de la loi comptable (n° 9-88), afin de permettre à l'administration d'exercer les contrôles prévus par la loi. Elle doit :

– **assurer des comptes périodiques** (bilan, compte d'exploitation générale, compte pertes et profits) ;

– établir, à la fin de chaque exercice comptable, **des inventaires détaillés**, en quantité et en valeur des biens d'actif, du passif et des stocks ;

– **individualiser les opérations de recettes** enregistrées sur des factures prénumérotées, mentionnant le numéro d'article de la patente ou de l'I.S., dans le cadre de la vente au détail et à défaut de factures, la société doit délivrer des tickets de caisse ;

– produire des pièces justificatives qui répondent aux normes exigées par la loi :

- les achats doivent êtres effectués auprès des fournisseurs patentables ;
- nécessité d'avoir des factures régulières ou des pièces probantes au nom de la société ;
- la facture doit comporter l'identité du vendeur et les détails des opérations facturées ;
- elle doit être complétée par la société en y portant les références de paiement.

Sans ces conditions, la société perd le droit de déduire la facture dans ses charges mais elle peut compléter les factures pendant le contrôle fiscal dans le cadre de la procédure contradictoire :

– Conserver des documents comptables pendant un délai de 10 ans ; ils doivent être conservés dans les lieux d'imposition. En cas de perte d'un document, nécessité d'informer l'inspecteur par lettre recommandée avec accusé de réception dans les quinze jours de la perte.

– Les sociétés dont le siège se trouve à l'étranger doivent tenir au lieu de leur principal établissement marocain, la comptabilité de leurs opérations effectuées au Maroc. Celles qui ont opté pour l'imposition forfaitaire doivent tenir un registre des encaissements et des transferts, un registre des salaires et des charges, un registre des honoraires, commissions et courtages et autres rémunérations (article 34 de l'I.S.).

– Tenir un livre journal coté et paraphé par le juge du tribunal de première instance.

§2. Les déclarations fiscales

I. La déclaration d'existence

Les sociétés, qu'elles soient soumises à l'impôt sur les sociétés ou qu'elles en soient exemptées, doivent adresser, par lettre recommandée avec accusé de réception ou remettre contre récépissé à l'inspecteur des impôts directs et taxes assimilées du lieu de leur siège social ou de leur principal établissement au Maroc, dans **un délai maximum de trois mois à compter de la date de leur constitution** s'il s'agit de sociétés marocaines ou de leur installation s'il s'agit de sociétés étrangères, une déclaration d'existence établie sur un imprimé-modèle fourni par l'administration.

A. S'il s'agit d'une société marocaine, cette déclaration comporte

1. La raison sociale et le lieu du siège de la société.
2. Le lieu de tous les établissements et succursales de la société situés au Maroc, et, le cas échéant, à l'étranger.
3. Le numéro de téléphone du siège social et, le cas échéant, celui du principal établissement au Maroc.
4. Les professions et activités exercées dans chaque établissement et succursale mentionnés dans la déclaration.
5. Les numéros d'inscription au registre de commerce, à la caisse nationale de sécurité sociale, à la taxe urbaine et, le cas échéant, à l'impôt des patentes.
6. Les nom et prénoms, la qualité et l'adresse des dirigeants ou représentants de la société habilités à agir au nom de celle-ci.
7. Les nom et prénoms ou la raison sociale ainsi que l'adresse de la personne physique ou morale qui s'est chargée des formalités de constitution.
8. La mention, le cas échéant, de l'option pour l'imposition à l'impôt sur les sociétés en ce qui concerne les sociétés et associations visées au 1er du A de l'article 2 de l'IS. Cette option est irrévocable.

La déclaration est accompagnée des statuts de la société et de la liste des actionnaires fondateurs.

B. S'il s'agit d'une société étrangère, la déclaration doit comporter, outre les renseignements prévus :

– le lieu de tous les établissements et succursales de la société situés au Maroc ;

– les nom et prénoms ou la raison sociale, la profession ou l'activité ainsi que l'adresse de la personne physique ou morale résidente au Maroc accréditée auprès de l'administration fiscale ;

– la mention, le cas échéant, de l'option pour l'imposition forfaitaire prévue au 1er alinéa de l'article 18 de l'IS.

C. **Toute société passible de l'impôt sur les sociétés qui procède à un transfert de son siège social** ou de son établissement principal situé au Maroc doit en aviser, dans le mois suivant celui du transfert, **l'inspecteur des impôts directs et taxes assimilées** du lieu où elle est imposée.

II. La déclaration du résultat fiscal et du chiffre d'affaires

A. Les sociétés, à l'exception des sociétés étrangères, doivent adresser à l'inspecteur des impôts directs et taxes assimilées du lieu de leur siège social ou de leur principal établissement au Maroc, **dans les trois mois qui suivent la date de clôture de chaque exercice comptable, une déclaration de leur résultat fiscal** établie sur ou d'après un imprimé-modèle fourni par l'administration.

Cette déclaration comporte les références, des paiements déjà effectués en vertu des dispositions de l'article 16 de l'I.S. et doit être accompagnée des pièces annexes dont la liste est établie par voie réglementaire.

B. Les sociétés étrangères imposées forfaitairement, en application des dispositions de l'article 18, doivent produire, **avant le 1er avril de chaque année,** une déclaration de leur chiffre d'affaires établie sur un imprimé-modèle fourni par l'administration comportant, outre leur raison sociale, la nature de leur activité et le lieu de leur principal établissement au Maroc.

• Le nom ou la raison sociale, la profession ou la nature de l'activité et l'adresse de leurs clients au Maroc.

• Le montant de chacun des marchés en cours d'exécution.

• Le montant des sommes encaissées au titre de chaque marché, au cours de l'année civile précédente, en distinguant les avances financières des encaissements correspondant à des travaux ayant fait l'objet de décomptes.

• Le montant des sommes pour lesquelles une autorisation de transfert a été obtenue de l'office des changes avec les références de cette autorisation.

• Les références des paiements de l'impôt exigible.

III. Déclaration des rémunérations allouées à des tiers

– Les sociétés concernées par cette déclaration sont toutes les sociétés, même les sociétés étrangères qui auraient opté pour l'imposition forfaitaire.

– Les rémunérations qui doivent être déclarées sont les honoraires, commissions, courtages et autres rémunérations de même nature, ou les rabais, remises et ristournes accordés après facturation. Cette obligation a été étendue aux cliniques privées à partir du 1er janvier 1998.

– Délai de déclaration : dans les délais de 3 mois ou de 45 jours selon les cas.

– Montant à déclarer : les sommes comptabilisées au cours de l'exercice comptable même si les sommes n'ont pas été effectivement réglées.

IV. Déclaration de cessation, fusion, scission ou transformation de la société

En cas de cessation totale ou partielle d'activité, fusion, scission ou transformation de la forme juridique de la société, entraînant son exclusion de l'I.S. ou la création d'une nouvelle personne morale.

Dans ce cas, la déclaration du résultat fiscal de la dernière période d'activité, et éventuellement celle de l'exercice comptable précédent doivent être faites dans les 45 jours qui suivent la date du changement opéré.

Lorsque la cessation d'activité est totale et est suivie d'une liquidation, la déclaration doit comporter en plus, les noms, prénoms, adresse ainsi que la nature et l'étendue des pouvoirs conférés au liquidateur qui doit souscrire :

– dans le délai de 3 mois, à partir de la date de clôture de chaque exercice, une déclaration des résultats provisoires pour chaque période de 12 mois ;

– dans le délai de 45 jours, à partir de la date de clôture des opérations de liquidation, une déclaration du résultat final.

V. La taxation d'office

La société qui n'a pas souscrit la déclaration de son résultat fiscal ou de son chiffre d'affaires, dans les délais prévus aux articles 27 et 28, est invitée, par lettre recommandée avec accusé de réception, à déposer cette déclaration dans le délai de 30 jours suivant la date de la réception de ladite lettre.

Si la société ne dépose pas sa déclaration dans le **délai de 30 jours** précité, l'administration l'informe, par lettre recommandée avec accusé de réception, des bases qu'elle a évaluées et sur lesquelles la société sera imposée d'office si cette dernière ne dépose pas sa déclaration dans un **deuxième délai de trente** jours suivant la date de la réception de ladite lettre d'information.

Les droits résultant de cette taxation ainsi que les majorations y afférentes sont émis par voie de rôle et ne peuvent être contestés que dans les conditions prévues à l'article 52 de la présente loi.

Cette taxation d'office tient compte des versements spontanés effectués, éventuellement, par la société avant l'émission du rôle.

Section VIII

L'assujettissement à la P.S.N. sur l'I.S.

La PSN est un impôt, qui a comme base imposable un autre impôt ! Elle applique un pourcentage sur des taux existants.

Rentrent dans le champ d'application de la participation à la solidarité nationale **les bénéfices et revenus relevant de l'impôt sur les sociétés** et exonérés temporairement ou en totalité dudit impôt.

La base imposable servant au calcul de la P.S.N. sur les bénéfices et les revenus relevant de l'impôt sur les sociétés, **est constituée par les bénéfices passibles de l'I.S. en l'absence d'exonération**.

La P.S.N. prévoit, pour les bénéfices et revenus des sociétés passible de l'I.S. un taux de 25 %.

La P.S.N., basée sur l'I.S. doit être **payée spontanément** dans les mêmes conditions prévues à l'I.S.

En cas de retard, une majoration de 25 % ainsi que des amendes sont prévues en fonction du nombre de mois de retard.

Abattement sur la base imposable des établissements hôteliers

Article 4 bis de l'I.S.

Article 11 quater de l'IGR

Loi de finances pour la période du 1/7/2000 au 31/12/2000. Les établissements hôteliers bénéficient en vertu des dispositions des articles 11 quater et 4 bis relatifs respectivement aux lois n° 17-89 et n° 24-86 instituant l'impôt général sur le revenu et l'impôt sur les sociétés d'un abattement de 50 % de la base imposable correspondant à la partie du chiffre d'affaires réalisé en devises dûment rapatriées, à condition que l'établissement concerné réalise au moins 50 % de son chiffre d'affaires total en devises.

Ainsi, et pour consolider le développement de ce secteur et lui permettre de jouer pleinement son rôle de locomotive du développement économique et social du pays, **il est accordé une exonération totale de l'IGR et de l'IS pour les établissements hôteliers nouvellement créés et dont le début d'exploitation commence à compter du 1er juillet 2000** et ce, pendant les cinq premières années suivant celle au cours de laquelle la première opération en devises a été réalisée, et d'une réduction de 50 % au-delà de cette période.

Néanmoins, les entreprises hôtelières existantes à la date d'entrée en vigueur de la présente loi continueront à bénéficier de la réduction de 50 % susvisée et ce, quel que soit le montant du chiffre d'affaire réalisé en devises.

N.B. : Des modifications importantes ont été introduites par la loi de finances pour la période du 1/7/2000 au 31/12/2000. Voir annexe I et II.

Chapitre II

Fiscalité des valeurs mobilières *

Les mesures fiscales en faveur de l'épargne financière, en vue d'assurer des besoins liés à la croissance et à la création d'emplois ont commencé à voir le jour depuis 1992. Elles ont formé in fine une fiscalité spécifique à l'épargne.

L'imposition des valeurs mobilières vise les revenus de capitaux comme les actions, les parts sociales, les bons de caisse, les bons de Trésor. Cette forme d'imposition est réglementée par trois lois :

– la taxe sur le produit des actions (TPA) (1) ;

– la taxe sur le revenu des produits de placement à revenu fixe (TPPRF) (2) ;

– la taxe sur les profits de cession de valeurs mobilières (3) ;

Les revenus des valeurs mobilières font l'objet d'un traitement fiscal différencié. Ces revenus peuvent être imposés à la source, soumis à déclaration ou exonérés selon les cas. Ce traitement différencié se fonde sur la notion de résidence et sur les personnes : personne physique ou personne morale. **Un résident marocain, qu'il soit marocain ou étranger est soumis à l'impôt sur l'ensemble de ses revenus, qu'ils soient de source marocaine ou étrangère**. Sa déclaration annuelle doit comprendre l'ensemble de ses revenus qu'ils aient acquitté un impôt à l'étranger ou non (4).

*** Les valeurs mobilières seront assujetties à l'I.G.R. dans le cadre de la loi de finances 2001 !**

(1) *Cf.* loi n° 18-88, Dahir n° 1/89/145 du 23 octobre 1989, publiée au *B.O.* n° 4023 du 6 décembre 1989.

(2) Art. 6 Dahir n° 1/91/321 du 30 décembre 1991, portant L.F. pour l'année 1992.

(3) La TPCA est devenue TPCVM, art. 16, L.F. 1999/2000, *B.O.* n° 4704 du 1er juillet 1999.

(4) Ceci vise à éviter le problème de la double imposition à travers les conventions fiscales que le Maroc a conclues avec beaucoup de pays.

L'impôt de distribution appréhende les revenus des valeurs mobilières lors de leur distribution, de leur cession ou de leur réintégration au résultat fiscal, s'ils font l'objet d'un redressement fiscal. Cette réintégration peut être assimilée à un phénomène de distribution non déclaré !

Les revenus de capitaux mobiliers bénéficient à des personnes physiques ou morales, quelles soient résidentes ou non résidentes. Selon les cas, ces revenus peuvent être soumis à déclaration, imposés à la source ou exonérés. Seuls les revenus de source marocaine sont appréhendés par le fisc.

De façon plus générale, si les actifs financiers sont imposés lors de leur cession ou lors de la distribution de leurs revenus, ils peuvent également être imposés dans le cadre de redressements fiscaux. Ces derniers peuvent se traduire par des réintégrations au résultat fiscal dans le cadre de l'IGR ou de l'IS.

Pour ces différentes taxes, **le mode de perception privilégié est celui de la retenue à la source**. Cependant, lorsque la société bénéficiaire dispose de valeurs mobilières nominatives et plus généralement lorsqu'elle délivre à l'organisme payeur une attestation de propriété des titres, comportant son numéro d'imposition à l'impôt sur les sociétés, elle est dispensée de ce mode de prélèvement (art. 4 de la TPA).

Ce mode de prélèvement implique trois catégories de personnes : l'organisme émetteur, l'organisme distributeur et le bénéficiaire. Parfois, l'organisme émetteur est en même temps l'organisme distributeur. Cela arrive dans le cas des sociétés non cotées en bourse ou des sociétés familiales. Ceci a poussé le législateur à déclencher le fait générateur de la retenue à la source, soit à la date de paiement des dividendes, soit à celle de leur inscription au compte des bénéficiaires.

Pour une meilleure appréhension du régime fiscal applicable aux revenus des valeurs mobilières, il convient de distinguer entre les revenus fixes générés par les droits de créances (intérêts), les produits de participation rémunérant les droits sociaux (dividendes) et les plus-values de cession des valeurs mobilières.

Section I

La taxe sur les produits des actions ou parts sociales et revenus assimilés (T.P.A.)

Les sociétés sont imposées en fonction des bénéfices qu'elles réalisent. En principe, **est distribué un résultat qui a été appréhendé par l'impôt (I.S.)**. Il arrive que la société distribue des bénéfices qui vont directement dans le patrimoine de chaque associé provenant du patrimoine social. Le revenu distribué (1) n'est pas prélevé sur les bénéfices de la société. **A ce titre, il bénéficie d'un traitement fiscal différent.**

Sous-Section I

Les revenus soumis à la taxe sur les produits des actions ou parts sociales et revenus assimilés (2)

§1. Champ d'application

Sont imposables à cette taxe :

A. Les produits des actions, parts sociales et revenus assimilés distribués par les sociétés ayant leur siège au Maroc et relevant de l'impôt sur les sociétés.

Ces produits comprennent :

– **La répartition des bénéfices annuels.** Il s'agit des dividendes, intérêt du capital, tantièmes, allocations spéciales, remboursements forfaitaires de frais et autres rémunérations alloués aux membres du conseil d'administration des sociétés, sauf pour la fonction de ces rémunérations considérée comme un salaire et soumise à ce titre à l'I.G.R.

– **Répartition des réserves.**

– **Les distributions à titre exceptionnel**, tels que les prélèvements sur les bénéfices pour l'amortissement du capital ou le rachat d'action. Dans le cas de liquidation d'une société, **le boni de liquidation** est augmenté des réserves constituées depuis moins de 10 ans.

B. Les bénéfices réalisés au Maroc par les établissements de sociétés, a**yant leur siège à l'étranger**, lorsque ces bénéfices sont mis à la disposition de ces sociétés à l'étranger.

---

(1) Le bénéfice distribué n'est ni incorporé au capital, ni mis en réserve.
(2) Dahir n° 1-89-145 du 23 octobre 1989, *B.O.* n° 4023 du 6 décembre 1989.

§2. Les exonérations

Ne sont pas soumis à la taxe :

– Les personnes morales ayant leur siège au Maroc, ainsi que les établissements au Maroc des sociétés étrangères, lorsqu'ils présentent à la société distributrice une attestation de propriété des titres comportant le numéro d'article de leur imposition à l'I.S.

– Les produits des actions, parts sociales et revenus assimilés perçus par l'Etat et les collectivités locales.

– Les produits des actions appartenant à la Banque européenne d'investissement (BEI), suite aux financements accordés par celles-ci au bénéfice d'investisseurs marocains et européens dans le cadre de programmes approuvés par le gouvernement (1).

Sous-Section II

La liquidation de la taxe

Le taux de la taxe est de 10 % (2). La taxe est perçue par voie de retenue à la source. Le paiement de la taxe est libératoire de l'I.S. et de l'I.G.R. Le prélèvement de la taxe est opéré pour le compte du trésor public par les sociétés débitrices des produits imposables.

Lorsque le bénéficiaire de ces produits est une personne physique ou morale non résidente, ressortissant d'un Etat avec lequel le Maroc a conclu une convention fiscale, le taux de la taxe est de 10 %, sauf si la convention fiscale internationale stipule un autre taux.

Pour les revenus, provenant d'actions marocaines cotées à la bourse des valeurs et les revenus de placement des fonds gérés par les OPCVM, **la taxe est réduite de 50 %, elle devient donc de 5 %**. Cette réduction n'est pas cumulable avec les déductions touchant les dividendes et les achats nets d'actions cotées à la bourse prévues en matière d'I.G.R. (3).

Les sociétés distributrices de produits d'actions ou revenus assimilés **doivent établir chaque année une déclaration (modèle 1307) des revenus distribués**.

(1) *Cf.*, article 15ter de la loi de finances 1996/1997.
(2) *Cf.* article 24 de la loi de finances 1995.
(3) Cette disposition a été abrogée par la loi de finances 1999/2000.

Cette déclaration doit être déposée au service des impôts avec une attestation de propriété des titres, contre récépissé avant le 31 mars. En cas de non versement ou de retard, une amende de 10 % est appliquée. En cas de non dépôt de la déclaration une majoration de 15 % est prévue.

Section II

L'imposition des produits de placements à revenu fixe (1)

La taxe sur les produits de placements à revenu fixe (TPPRF), a remplacé la taxe sur les intérêts des dépôts à termes et des bons de caisse prévu par la loi de finances de 1987.

Sous-Section I

Champ d'application de la taxe

La taxe sur les produits de placements à revenu fixe **s'applique aux intérêts et autres produits similaires** versés à des personnes physiques ou morales ayant au Maroc, leur résidence habituelle, leur domicile fiscal ou un établissement stable.

Sont imposables à cette taxe :

– les obligations, bons de caisse et autres titres d'emprunts émis par toute personne physique ou toute personne morale (2) ;

– les dépôts à terme, à vue et sur carnet auprès des organismes bancaires et de crédit ;

– les prêts et avances consentis par des personnes physiques ou morales, autres que les établissements de crédit, à toute autre personne passible de l'I.S. ou de l'IGR selon le régime du résultat net réel ;

– les prêts consentis, par l'intermédiaire d'organismes bancaires et de crédit, par des personnes physiques ou morales à d'autres personnes.

Sont exonérés de cette taxe :

---

(1) *Cf.* article 6 du dahir n° 1-91-321 du 30 décembre 1991, portant loi de finances pour l'année 1992.

(2) *Cf.* loi de finances 1994, art. 14.

Les intérêts servis à des personnes physiques ou morales non résidentes ou n'ayant pas d'établissement stable au Maroc.

Sous-Section II

La liquidation et le taux de la taxe

Le taux de la retenue à la source est de 30 ou 20 %, selon qu'il est libératoire ou non libératoire.

A. Le prélèvement est libératoire

Le taux de 30 % est libératoire de l'I.S. et de l'IGR lorsqu'il concerne les bénéficiaires qui ne déclinent pas leur identité lors de l'encaissement des intérêts et des produits sus-visés.

B. Le prélèvement est non libératoire

Lorsque les bénéficiaires des produits de placements à revenu fixe **déclinent** leur identité, **le taux de la retenue à la source est de 20 % non libératoire**. La taxe dans ce cas constitue un crédit d'impôt, imputable selon les cas sur l'I.S. ou sur l'IGR, dont ils sont redevables avec droit à restitution.

La taxe est perçue par voie de retenue à la source, opérée pour le compte du Trésor par les comptables publics, les organismes bancaires et de crédit, les sociétés et entreprises qui servent les intérêts et autres produits similaires.

La déclaration et le versement de la taxe est à effectuer dans le mois suivant celui au cours duquel les intérêts ont été payés ou inscrits en compte.

Le défaut de dépôt de la déclaration annuelle récapitulative, dans les délais prescrits est passible d'une majoration de 15 % du montant inexact ou non déclaré.

Section III

Taxe sur les profits de cession de valeurs mobilières et autres titres de capital et de créance (TPCVM)

Les modifications introduites par la TPCVM, concernent :

– le champ d'application de la taxe ;

– la détermination des profits imposables ;

– les taux de la taxe ;

– et les modalités de déclaration et de liquidation de la taxe.

Le champ d'application de la TPCA est élargi aux profits nets réalisés par les personnes physiques résidant au Maroc à l'occasion de la cession de valeurs mobilières et autre titres de capital et de créance émis par les personnes morales de droit public ou privé, ayant leur siège au Maroc ou à l'étranger, et les organismes de placement collectif en valeurs mobilières (OPCVM).

L'imposition des profits sur cession de valeurs mobilières, diffère selon qu'il s'agisse d'une personne physique ou d'une personne morale.

§1. Profits sur cession réalisés par des personnes physiques

A. Les profits réalisés par les personnes physiques résidentes sont assujettis à la taxe sur les profits de cession de valeurs mobilières **au taux de 10 %** (1).

Tableau comparatif entre la TPCA et la TPCVM (2)

Titres	TPCA	TPCVM	Observations
Actions, parts sociales et autres titres de capital non cotés	10 %	10 %	TPCA par voie déclarative.
Actions et autres titres de capital cotés	Hors champ d'application.	10 %	TPCVM par voie de retenue à la source.
OPCVM "Actions"	10 % avec exonération du profit afférent aux actions cotées.	10 %	Exonération de la TPCA pour les OPCVM distribuant.
Obligations et autres titres de créance	Hors champ d'application.	20 %	Taxation à la TPCVM des profits nets hors coupons courus.
OPCVM "Obligataires"	10 % avec exonération du profit afférent aux actions cotées.	20 %	Exonération de la TPCA pour les OPCVM distribuant.
OPCVM "Diversifiés"	10 % avec exonération du profit afférent aux actions cotées.	15 %	Exonération de la TPCA pour les OPCVM distribuant.

(1) La TPCA, instituée par la loi de finances transitoire pour l'année 1996, est devenue la TPCVM art. 16 L.F. 1999/2000.

(2) *Cf.* note circulaire relative aux dispositions fiscales de la loi de finances 1999-2000, n° 707, p. 111.

Afin de rationaliser le traitement fiscal réservé aux personnes physiques, la loi a exonéré l'investissement opéré directement à la Bourse des valeurs de Casablanca ou par l'intermédiaire d'une OPCVM. Cette exonération bénéficie aux :

- OPCVM de distribution ;
- OPCVM de capitalisation si les profits sont générés par les actions cotées à la bourse des valeurs.

B. Les profits sur cessions réalisés par **des personnes physiques non résidentes ne sont assujettis à aucun impôt**.

§2. Les profits sur cessions réalisés par des personnes morales

Les actions ou autres valeurs mobilières génératrices de ces profits sont généralement considérées comme des valeurs mobilières de placement à l'exception des actions (SICAV de capitalisation) qui sont traitées comme des titres de participation dans la mesure où leur possession durable est estimée utile à la société.

A. Imposition des personnes morales résidentes

Les profits sur cessions réalisés par ces personnes sont inclus dans l'assiette d'imposition à l'I.S. dans les conditions suivantes :

1. Les profits réalisés **en cours d'exploitation** bénéficient sur option :

- d'abattements modulés selon la durée de détention des actions :

• de 2 à 4 ans → 25 % (abattement) ;
• de 4 à 8 ans → 50 % (abattement) ;
• plus de 8 ans → 70 % (abattement).

- l'exonération totale est possible dans la mesure où la société bénéficiaire s'engage par écrit à réinvestir le prix global des cessions des actions d'OPCVM réalisées au cours de la même année. Cet investissement doit être conservé pendant un délai de 5 ans.

Par ailleurs, **les profits de cession des titres** inscrits en immobilisations financières sont soumis à **un taux de 15 % libératoire sur option**.

2. Les profits réalisés en fin d'exploitation bénéficient sans conditions des abattements suivants :

- 50 % si le délai de détention est compris entre 4 et 8 ans ;
- 2/3 si le délai de détention est supérieur à 8 ans.

B. Imposition des personnes morales non résidentes

L'article 4 de l'I.S. précise dans son 4e paragraphe que les profits sur cessions de valeurs mobilières réalisés par les sociétés étrangères sont exonérés de l'impôt sur les sociétés (1).

Ne sont pas imposables à la TPCVM :

– **les sociétés à prépondérance immobilière**, dont l'actif brut immobilisé est constitué pour **75 %** par des immeubles ou des titres émis par d'autres sociétés à prépondérance immobilière ;

– **les sociétés immobilières transparentes** (société de fait, société en nom collectif et société à objet immobilier).

La loi de finances 1999/2000 a entériné la fiscalité des plus-values sur les valeurs mobilières au niveau de la bourse en crééant la TPCVM (2). Si le principe de l'imposition est acquis, un certain nombre de problèmes peuvent se poser au niveau de l'application, notamment au niveau de l'assiette et du calcul de la TPCVM.

Exonérations

Sont exonérés de la taxe les profits ou la fraction du profit afférent à la partie de la valeur ou des valeurs des cessions réalisées au cours d'une année civile qui n'excèdent pas **le seuil de 20 000 Dh**.

§3. Assiette, taux et calcul de la TPCVM

Le profit net de cession est calculé par référence aux cessions effectuées sur chaque valeur ou titre. Il est obtenu par la différence entre :

– d'une part, **le prix de cession diminué**, la cas échéant, des frais supportés par le cédant à l'occasion de cette cession notamment les frais de courtage et de commission ;

– d'autre part, **le prix d'acquisition majoré**, le cas échéant, des frais supportés à l'occasion de cette acquisition notamment les frais de courtage et de commission.

---

(1) Loi de finances 1994, article 11.

(2) L'article 16 de la loi de finances 1999-2000 a modifié et complété les dispositions de l'article 14 de la loi de finances transitoire pour le 1er semestre 1996 qui a institué une taxe sur les profits de cession d'actions et parts sociales (TPCA), ainsi que l'intitulé de ladite taxe qui devient taxe sur les profits de cession de valeurs mobilières et autres titres de capital et de créances (TPCVM).

La liquidation de la taxe se fait soit par voie déclarative, soit par retenue à la source par les intermédiaires financiers, habilités à tenir des comptes titres.

Les taux de la taxe varient selon les catégories de titres cédés :

– **10 % sur les profits** nets des cessions d'actions, autres que ceux des OPCVM ;

– **20 % sur les profits** nets des cessions d'obligations, autres que ceux des OPCVM ;

Pour les OPCVM dont l'actif est investi en permanence à hauteur d'au moins 60 % d'actions, **le taux est de 10 %**. Pour les OPCVM dont l'actif est investi en permanence à hauteur de 90 % d'obligations **le taux est de 20 %**.

Un taux de 15 % est prévu sur les profits nets d'OPCVM qui ne relèvent pas des deux catégories ci-dessus.

Tout d'abord, la nouvelle taxe est calculée sur les profits réalisés sur cession des parts sociales à l'exclusion des actions cotées à la bourse et des parts sociales des OPCVM.

On comprend difficilement l'exonération des parts sociales des OPCVM ! Ces dernières constituent en fait de simples parts qui ont les mêmes caractéristiques juridiques que celles des sociétés non cotées à la bourse. **En fait, le législateur n'a pas fait une distinction, pourtant capitale, entre le capital de l'OPCVM et son portefeuille-titres !**

Le législateur n'a pas précisé non plus la méthode permettant de calculer le prix d'acquisition des actions distribuées gratuitement aux actionnaires. Faut-il utiliser **la méthode du coût moyen pondéré** ou retenir une valeur nominale, par exemple de 100 Dh ! La méthode du coût moyen pondéré tire automatiquement le prix global vers le bas, ce qui augmente le coût fiscal des plus-values boursières.

D'un autre côté, le prix d'acquisition des actions cédées **n'inclut pas les droits de garde** facturés par le dépositaire qui constituent des charges financières au même titre que les frais de courtage et de commissions. Les droits de garde doivent normalement figurer dans la composition du prix d'acquisition.

Exemple de calcul de la T.P.C.V.M. (1)

(1) TPCVM, introduite par la loi de finances 1999/2000.

Cession d'actions

Un contribuable a acquis en septembre 1999, 600 actions d'une société cotée en bourse à 200 Dh l'action et 150 actions à 160 Dh l'action. La commission d'acquisition est de 0,3 % TTC. Au mois de novembre 1999, notre contribuable a décidé de céder 450 actions à 290 Dh l'action. La commission de cession est de 0,3 % TTC.

Calcul de la T.P.C.V.M.

– Prix d'acquisition des actions, soit :

(600 x 200) + (150 x 160) = 144 000 Dh

– Frais globaux d'acquisition

144 000 x 0,3 % = 432 Dh

– Coût moyen pondéré des actions acquises

144 000 : 750 = 192 Dh

– Prix d'acquisition des actions cédées

450 x 192 Dh = 86 400 Dh

– Frais d'acquisition des actions cédées

86 400 x 0,3 % = 259,2 Dh

– Prix de cession des actions cédées

450 x 290 = 130 500 Dh

– Frais de cession

130 500 x 0,3 % = 391,5 Dh

– Le profit réalisé

(130 500 - 391,5) - (86 400 - 259,2) = 43 967,7 arrondi à 43 967 Dh

– Montant de la retenue à la source

43 967 x 10 % = 4 396,70 arrondi à 4 396 Dh

Supposons que cet épargnant n'a cédé que ces titres. En fin d'année, en produisant sa déclaration annuelle, il bénéficiera du droit à restitution relatif à la taxe afférente au seuil exonéré de 20 000 Dh.

- Profit exonéré $43\,967 \times \frac{20\,000}{130\,500} = 6\,738{,}23$ arrondi 6 738 Dh

- Taxe y afférente à restituer

6 738 x 10 % = 673 Dh

On remarque d'une façon globale, que la fiscalité de l'épargne pénalise ce secteur au lieu de l'encourager.

Par exemple, en matière d'imposition des produits de placement, on a prévu un taux de 30 % libératoire et un taux de 20 % non libératoire. C'est d'abord, un retour à la cédularité au moment où on cherche de plus en plus à aller vers plus de synthèse au niveau du prélèvement fiscal. **Cela peut se traduire aussi par une grande injustice** ! Un revenu professionnel de 20 000 Dh est exonéré. Par contre ce même revenu sous forme d'intérêts doit payer 30 % libératoire !

Prenons par exemple, le cas d'une veuve qui n'a pas d'activité professionnelle et qui a mis le peu d'argent qu'elle a hérité en bons du trésor. Elle dispose d'un revenu annuel de 36 000 Dh, soit 3 000 Dh par mois. Ce revenu est assujetti à un prélèvement libératoire de 30 %, soit 10 800 sur 36 000 Dh. Si cette même veuve avec le même revenu, avait opté pour l'assujettissement à l'IGR à travers des revenus locatifs par exemple, **elle n'aurait payé au fisc que 3 040 Dh au lieu de 10 800 Dh**.

Une épargne utilisée en bons du trésor ou en placement à revenu fixe est pénalisée par un prélèvement fiscal excessif ! Où se trouvent donc l'équité fiscale et l'équité sociale !

La politique fiscale de l'épargne doit viser essentiellement à :

– accroître le volume de l'épargne en vue de développer l'investissement productif ;

– traiter l'épargne à long terme de façon plus favorable, dans le cadre d'une taxation réduite par rapport à l'épargne à court terme ;

– protéger et encourager l'épargne populaire ;

– renforcer l'attrait des placements financiers par des encouragements spécifiques ;

– favoriser le placement des titres au niveau des sociétés holding dont les revenus d'actions constituent l'essentiel de leurs ressources ;

– améliorer le cadre incitatif pour la promotion de l'investissement des entreprises. Dans ce cadre on peut citer par exemple :

- la possibilité pour les entreprises qui le désirent, d'opter pour l'amortissement des biens d'équipement acquis à compter du premier janvier 1994 ;

- l'avènement en 1995 de la charte d'investissement qui généralise à toutes les entreprises les avantages concédés à travers les codes des investissements sectoriels ;
- la possibilité de constituer, à partir de 1996, des **"provisions pour investissement"**, en franchise d'impôt (1).

Si au niveau de la fiscalité, des efforts importants sont déployés pour aider la bourse à devenir une place financière importante, on peut se demander si le cours en bourse, représente la valeur réelle d'une société ? Mais cela ne relève plus de la fiscalité !

Section IV

Régime fiscal des organismes de placement collectifs en valeurs mobilières OPCVM (2)

§1. Définition des OPCVM

Les OPCVM sont des intermédiaires entre l'épargnant et les marchés financiers. Ce sont des collecteurs d'épargne à travers le réseau bancaire. L'épargne collectée est investie en valeurs mobilières, cotées à la bourse et en liquidités.

Les OPCVM doivent en principe être agréés par le ministère des Finances, après avis du conseil déontologique des valeurs mobilières.

Il existe deux types d'OPCVM :

– les sociétés d'investissement à capital variable (SICAV) (3) ;

– les fonds communs de placement (FCP) (4).

(1) *Cf.* « provisions pour investissements », p. 288.

(2) *Cf.* Dahir portant loi n° 1.93.213 du rabia II, 1414 (21 septembre 1993).

(3) La SICAV est une société anonyme à capital variable, **qui a pour objet exclusif la gestion d'un portefeuille de valeurs mobilières :** actions, obligations et liquidités.

(4) Le FCP est une copropriété de valeurs mobilières, dont les parts sont émises et rachetées à tout moment et à la demande de tout souscripteur. Il ne dispose pas de la personnalité morale. Il fonctionne à travers un établissement de gestion.

Le régime fiscal applicable aux OPCVM est caractérisé par la notion de la transparence fiscale en vertu de laquelle l'OPCVM agissant comme intermédiaire entre l'épargnant et les marchés financiers, est exonéré de toute imposition dans la mesure où les revenus générés par ses placements sont considérés comme des revenus des capitaux mobiliers pour les actionnaires ou les porteurs de parts desdits organismes et assujettis en tant que tels à la fiscalité marocaine.

§2. Régime fiscal des OPCVM

L'article 25 de la loi de finances transitoire de 1996 a introduit deux modifications importantes :

– la transparence fiscale des OPCVM est instituée ;

– les taxes retenues à la source sont désormais effectuées par l'OPCVM à condition qu'il dispose d'un agrément du ministère des finances et que son statut soit visé par le conseil déontologique des valeurs mobilières (le CDVM).

Le régime fiscal change selon qu'il s'agisse d'impôts directs ou indirects (TVA).

A. Le régime applicable en matière d'impôts directs

Ce régime diffère selon qu'il s'agisse des OPCVM, ou des actionnaires et porteurs de parts.

1. Les OPCVM sont exonérés en vertu de la loi n° 1/93/213 :

– des droits d'enregistrement et de timbre sur les actes relatifs aux variations du capital ou aux modifications des statuts ou des règlements de gestion ;

– de l'impôt des patentes ;

– de l'impôt sur les sociétés et de la PSN pour les bénéfices réalisés dans le cadre de leur objet légal.

Les OPCVM sont tenus de respecter les obligations fiscales prévues par la loi n° 24-86 relative à l'IS, **notamment toutes les déclarations** ainsi que le respect des obligations en matière de terme et de conservation des documents comptables et des pièces justificatives, ainsi que le respect des dispositions relatives à la retenue à la source sur les produits perçus par les sociétés étrangères.

En cas d'infractions, ces dernières sont réprimées par les articles 43, 44, 46 à 50 de l'IS.

2. En ce qui concerne les actionnaires et porteurs de parts d'OPCVM, l'imposition de leurs produits doit être ventilée en deux catégories de revenus, **provenant des OPCVM de distribution** à savoir :

– les produits de placement à revenu fixe ;

– les produits des actions et revenus assimilés.

2.1. Au regard de la TPPRF :

2.1.1. Pour les personnes résidentes

– **une retenue à la source au taux de 30 % libératoire de l'IS et de** l'IGR pour les personnes qui ne déclinent pas leur identité ;

– **une retenue à la source au taux de 20 % avec droit à restitution** pour les personnes qui déclinent leur identité lors de l'encaissement desdits intérêts et produits.

2.1.2. Les personnes non résidentes **sont exonérées** de la TPPRF

2.2. Au regard de la TPA :

2.2.1. Les personnes résidentes sont soumises en matière de TPA à **une retenue à la source de 10 %, libératoire de l'IS.** Les personnes qui fournissent une attestation de propriété de titres **sont exonérés** de cette taxe.

Quant aux produits des actions et revenus assimilés perçus par les personnes physiques résidentes, **il font l'objet d'une taxation réduite au taux de 5 % au titre de la TPA**.

2.2.2. Pour les personnes non résidentes, une retenue à la source est prévue au taux de 10 % au titre de la TPA.

Exemple :

Soit une "SICAV" de distribution, ayant réalisé en 1998 un bénéfice de **2 millions de dirhams**. Ce bénéfice sera réparti, comme suit :

Dividendes :

– **1 500 000 Dh**, dont :

– 500 000 Dh pour les personnes physiques résidentes ;

– 500 000 Dh pour les personnes morales résidentes qui présentent **l'attestation de propriété des titres** ;

– 300 000 Dh pour les personnes morales résidentes qui ne présentent pas d'attestation de propriété des titres ;

– 200 000 Dh pour les personnes non résidentes.

Intérêts : – **5 000 000 Dh**, dont :

– 260 000 Dh pour les personnes résidentes qui gardent l'anonymat ;

– 200 000 Dh pour les personnes résidentes qui déclinent leur identité ;

– 40 000 pour les personnes non résidentes.

Calcul des droits

Rappel : En vertu de l'article 106 de la loi n° 1.93.213, relative aux OPCVM, **les "SICAV" sont exonérés de l'IS**. Elles doivent cependant, prélever la TPA et la TPPRF.

1. TPA prélevée par la SICAV

– pour les personnes physiques résidentes

500 000 Dh x 5 % = 25 000 Dh

– pour les personnes morales résidentes qui ne présentent pas une attestation de propriété des titres

300 000 Dh x 10 % = 30 000 Dh

– pour les personnes morales résidentes qui présentent une attestation de propriété des titres Néant

– pour les personnes non résidentes

200 000 Dh x 10 % = 20 000 Dh

Total des retenues opérés au niveau de la TPA 75 000 Dh

2. TPPRF prélevée par la SICAV

– pour les personnes résidentes qui gardent l'anonymat

260 000 Dh x 30 % = 78 000 Dh

– pour les personnes résidentes qui déclinent leur identité

200 000 Dh x 20 % = 40 000 Dh

– pour les personnes non résidentes Néant

Total des retenues opérées au titre de la TPPRF 118 000 Dh

Montant total des retenues opérées par la SICAV, au titre de la TPA et de la TPPRF :

75 000 Dh + 118 000 Dh = 193 000 Dh

Bénéfice net à distribuer par la SICAV

2 000 000 Dh - 193000 Dh **= 1 807 000 Dh**

3. Produits provenant des OPCVM de capitalisation

Les profits réalisés par les personnes physiques résidentes, lors de la cession ou du rachat de leurs actions ou parts sociales, sont soumis à la taxe sur les profits de cession des actions et parts (TPCA). **Cette taxe a été remplacée par la taxe sur les profits de cession de valeurs mobilières (TPCVM)** (1).

B. Régime fiscal applicable en matière de TVA

Pour assurer son rôle d'intermédiaire financier, l'OPCVM est amené à désigner **un réseau placeur** chargé, entre autres, de recevoir les souscriptions et d'effectuer les rachats d'actions ou de parts d'OPCVM.

A chaque souscription ou rachat d'actions et de parts d'OPCVM, des droits et commissions sont en principe exigés.

Les droits d'entrée ou de sortie sont acquis à l'OPCVM ; quant aux commissions, elles sont prélevées par le réseau placeur.

Les droits d'entrée et de sortie acquis par l'OPCVM n'entrent pas dans le champ d'application de la TVA. Par contre, les commissions correspondant à une rémunération de prestation de service sont passibles de la TVA au taux normal de 20 %, et c'est le réseau placeur qui est redevable de la TV collectée.

N'étant pas redevable de la TVA, l'OPCVM n'a pas droit à la déduction de la taxe ayant grevé ses frais de gestion.

N.B. : A compter du 1er janvier 2001, la référence à la TPA ainsi qu'à la TPPRF est remplacée par les dispositions correspondantes contenues dans la loi relative à l'impôt général sur le revenu et la loi relative à l'impôt sur les sociétés.

(1) *Cf.* TPCVM, article 16 de la loi de finances 1999/2000, voir supra, p. 330

Cinquième partie

L'entreprise face à la problématique de la fiscalité locale (loi 30-89)

L'entreprise individuelle ou sociétaire est également soumise aux impôts et taxes locaux (1).

La loi de décembre 1989, relative à la fiscalité des collectivités locales et de leurs groupements est présentée sous forme de code, visant trois objectifs :

- l'amélioration de l'ancienne fiscalité locale ;
- la création de nouveaux impôts et taxes ;
- l'amélioration et la modernisation des procédures en matière de contentieux et de recouvrement.

---

(1) Nous nous intéresserons uniquement aux impôts et taxes qui concernent l'activité des entreprises. Le premier Dahir après l'indépendance, sur la fiscalité locale date du 23 mars 1962. En 1989, les promoteurs de la réforme ont nourri l'illusion d'avoir mené à terme la modernisation de la fiscalité locale, l'explosion des impôts locaux a rapidement balayé cette illusion.

N.B. : Bien que les impôts et taxes locaux, font partie des finances publiques et non pas des finances de l'Etat, nous avons quant même pris la décision de les intégrer à notre ouvrage, afin que notre travail soit assez exhaustif.

Les principaux impôts et taxes locaux, susceptibles de concerner l'activité des entreprises

Loi 30-89

Intitulé de la taxe locale	Référence textuelle
Taxe d'édilité	art. 26 à 29
La taxe sur la dégradation des chaussées	art. 40 et 41
Contribution des riverains au dépenses d'équipements et d'aménagement	art. 76 à 81
Redevances sur les ventes dans les marchés de gros et halles aux poissons	art. 82 à 85
Taxe sur les terrains urbains non batis	art. 86 à 93
La taxe de séjour	art. 119 à 125
Taxe sur les établissements d'enseignement privé	art. 131 à 137
Taxe additionnelle à la redevance pour licence de pêche en mer	art. 142 à 144
Taxe sur les opérations de construction	art. 156 à 161
Taxe sur les opérations de morcellement	art. 162 à 167
Taxe sur les opérations de lotissement............................	art. 168 à 174
La redevance d'occupation temporaire du domaine public communal pour un usage lié à la construction	art. 180 à 184
Redevance d'occupation temporaire du domaine public communal pour un usage commercial, industriel ou professionnel	art. 185 à 188
Redevance d'occupation temporaire du DPC par des biens meubles et immeubles liés à l'exercice d'un commerce, d'une industrie ou d'une profession	art. 189 à 204
La taxe additionnelle à la taxe sur les contrats d'assurance	art. 199 à 204
Taxe sur l'extraction des produits de carrières	art. 205 à 210

Les autres impôts et taxes locaux.

– Au profit des communes urbaines et rurales :

• taxe sur les spectacles ;

• taxe sur les colporteurs vendant sur la voie publique ;

• taxe de légalisation des signatures ;

• taxe pour fermetures tardives ou pour ouvertures matinales ;

- taxe sur les débits de boissons ;
- taxe sur les motocylettes dont la cylindrée est égale ou supérieure à 125 cm^3 ;
- taxe sur les licences de taxis et cars de transport public de voyageurs ;
- taxe sur les billets d'accès aux manifestations sportives et aux piscines privées ouvertes au public ;
- taxe sur les eaux minérales et de table ;
- taxe sur les permis de chasse ;
- surtaxe d'estampillage des tapis ;
- droits d'abattage ;
- surtaxe d'abattage au profit de la bienfaisance ;
- droits perçus sur les marchés et lieux de vente publics ;
- droit de fourrière ;
- droit de stationnement sur les véhicules affectés à un transport public de voyageurs ;
- droits d'état civil ;
- redevance sur les saillies situées sur le domaine public communal.

– Au profit des préfectures et provinces

- taxe sur les permis de conduire ;
- taxe de vérification des véhicules automobiles dont l'âge excède 10 ans ;
- taxe sur la vente des produits forestiers.

– Au profit des communautés urbaines

- la moitié du produit de la taxe d'édilité ;
- le produit des droits d'abattage ;
- le produit du droit de stationnement sur les véhicules affectés à un transport public de voyageurs ;
- le produit de la taxe sur la dégradation des chaussées, lorsque la réparation desdites chaussées est effectuée par la communauté urbaine.

Chapitre I
Les objectifs de la réforme de 1989

§1. Simplification et amélioration de l'ancienne fiscalité locale !

La nouvelle loi relative à la fiscalité des collectivités locales s'est évertuée à améliorer l'ancienne fiscalité locale, à créer de nouveaux impôts et taxes et à introduire de nouvelles procédures en matière de contentieux et de recouvrement.

La loi de 1989 a institué **41 impôts et taxes** touchant les domaines les plus divers. On peut noter à travers cette multiplication d'impôts et de taxes sur le plan local **l'institution d'une nouvelle complexité dans l'administration de la fiscalité locale**, qui multiplie les contacts avec les contribuables locaux potentiels et rend la mission du Président du conseil communal encore plus ardue. Par ailleurs, cette multiplicité risque de nuire au rendement dans la mesure où les contribuables potentiels feront l'objet d'une surimposition provenant d'impôts locaux et d'une fiscalité d'Etat de plus en plus lourde. ne risque-t-on pas tout simplement de tuer ou au moins d'affaiblir la poule aux œufs d'or ? Une autre incompatibilité provient cette fois du décalage existant entre un système de plus en plus difficile à administrer et des élus locaux souvent incompétents, parfois analphabètes. **Une révision de la nouvelle loi s'avérera tôt ou tard nécessaire dans le sens d'une meilleure synthèse.**

Cette nouvelle fiscalité nécessite un effort important de la part des responsables locaux qui doivent expliquer le sens de cette nouvelle fiscalité, sensibiliser les élus locaux et les associer à une véritable campagne de conscientisation des contribuables. **L'application des nouvelles taxes exige une restructuration de l'administration fiscale locale et une meilleure coordination entre ordonnateurs et percepteurs sur le plan local.**

Les ordonnateurs doivent faire un effort important au niveau du recensement de la matière imposable afin d'exploiter toutes les possibilités offertes par la nouvelle loi. **Harmoniser la fiscalité locale et la fiscalité nationale afin de ne pas grever la capacité d'investissement des opérateurs économiques** et surtout, asseoir les impôts locaux, comme les impôts d'Etat (IGR, IS, TVA) sur des valeurs économiques incontournables et compréhensibles des citoyens.

Plusieurs acteurs interviennent dans la réalisation des ressources des collectivités locales. A côté des impôts et des taxes perçus, l'Etat subventionne car les ressources locales ne peuvent pas faire face à l'immensité des besoins. Les services rendus sont souvent payés. **Mais le rapport entre le service rendu et le prix payé est souvent lâche.** Les prêts accordés aux collectivités locales par le FEC (fonds d'équipement communal) supportent des taux d'intérêt exorbitants, 12 % et plus ! **Devant cette problématique, on a essayé de multiplier le nombre de taxes locales pour faire face à l'immensité des besoins.** Cela n'a fait que compliquer la gestion de la fiscalité locale, sans apporter des solutions concrètes à l'insuffisance des recettes au niveau local.

§2. Création de nouveaux impôts et taxes et introduction de nouvelles procédures en matière de contentieux et de recouvrement

La loi de 1989 a été à l'origine d'une véritable explosion des impôts et taxes locaux sur les secteurs de l'immobilier, l'automobile-transport, loisir-détente, enseignement libre, etc.

L'explosion des impôts locaux a été à l'origine de nouvelles difficultés pour les présidents de communes chargés d'administrer cette nouvelle fiscalité, marquée par une complexité très importante, sans le rendement nécessaire au développement des recettes fiscales. La multiplicité des taxes n'est pas spécialement à l'origine d'une meilleure mobilisation des ressources.

Il est grand temps de repenser la fiscalité locale dans son ensemble dans le sens d'une plus grande simplification. D'un autre côté, s'il y a un domaine particulièrement sensible aux changements, c'est bien le domaine fiscal. Ce dernier ne supporte guère les changements trop brutaux. **Le changement est nécessaire au niveau de la fiscalité locale, mais il doit se faire de façon graduelle (1) dans le**

(1) *Cf., les Grandes questions posées par les impôts locaux,* par M. Bouvin, M.C. Escalssan et J.P. Lassale, *in Finances publiques*, éd. LGDJ, 1993, p. 588 à 616.

sens d'une plus grande simplification afin de rendre le système compatible avec le développement de l'entreprise ! Il est urgent de proposer une nouvelle stratégie susceptible de lever les obstacles qui, depuis plus d'une décennie, maintiennent en l'état un système qui s'éloigne de plus en plus de toute rationalité !

§3. Des impôts locaux de plus en plus exposés à la mondialisation de l'économie

Les impôts locaux n'ont jamais été coupés de l'économie, mais il s'agissait d'une économie locale relativement autonome et fermée.

Aujourd'hui, **l'élu local est directement l'interlocuteur de l'entreprise nationale ou étrangère** (1). On assiste à une mondialisation des marchés et des flux économiques, qui échappent aux contrôles des Etats eux-mêmes, de moins en moins capables de répondre aux sollicitations des responsables territoriaux. Les espaces locaux sont dans une économie beaucoup plus fluide, pour laquelle il faut inventer de nouveaux outils de gestion et **un système local d'imposition beaucoup plus attrayant et surtout plus simple**, car la capacité d'adaptation et de réaction va être plus déterminante que le respect de la régularité !

Ceci met les collectivités locales au défi d'adapter leur système d'imposition, d'améliorer la formation des agents locaux chargés de mettre en œuvre la fiscalité locale. Les Maires doivent désormais déployer beaucoup d'imagination pour simplifier les procédures et diminuer le nombre de taxes, tout en rendant celles qui restent plus rentables et plus acceptables.

Dans un tel contexte où **le Maire doit normalement chercher à encourager l'investissement**, les principes et les objectifs de la gestion fiscale sont faciles à énoncer : il convient de rechercher en permanence une situation qui préserve une certaine marge de manœuvre et qui concilie à la fois une certaine aptitude à l'anticipation et une grande souplesse de réaction.

Certes, les nouvelles procédures visent à instituer un équilibre juste et équitable dans les rapports entre l'administration fiscale locale et les redevables en instituant une commission dite « commission préfectorale ou provinciale du recours fiscal ».

La loi de 1989 a repris les dispositions du Décret Royal du 22 octobre 1966 sur le recouvrement des créances des collectivités locales et de leurs regroupements.

En contrepartie des nouvelles garanties reconnues aux redevables, la nouvelle loi a, parallèlement et pour préserver les droits des collectivités locales, prévu

---

(1) *Cf.*, le président de la commune, animateur du développement local, par Anas Bensalah Zemrani, voir RMFPE, spécial décentralisation/déconcentration, n° 8 1992, p. 113 et s.

certaines procédures de contrainte sous forme de taxations d'office, de redressements, d'amendes et de majorations de retard.

Malgré toutes les améliorations introduites, l'entreprise aura beaucoup de peine à faire face à toutes ses obligations fiscales sur le plan local. Au cas où elle y arrivera, ce sera au détriment de la compétitivité à laquelle elle doit faire face.

Chapitre II

Principales dispositions qui régissent les impôts et taxes locaux, susceptibles de concerner l'activité des entreprises

Section I

La taxe d'édilité (1)

§1. Domaine d'application

La taxe d'édilité est établie annuellement sur les immeubles bâtis, les constructions de toute nature ainsi que les machines et appareils situés dans le champ d'application de la taxe urbaine, y compris ceux qui en sont exonérés **temporairement**.

§2. Assiette et exonérations

_ Lorsque les immeubles **sont soumis** à la taxe urbaine, la taxe d'édilité est calculée sur la même valeur locative servant de base de calcul à la taxe urbaine en tenant compte des abattements éventuels.

– Lorsque les immeubles **ne sont pas soumis** à la taxe urbaine, la taxe d'édilité **est calculée sur le montant total des loyers**, en cas de location ou sur la valeur locative en cas de mise à la disposition de tiers à titre gratuit.

Les immeubles exonérés de façon permanente de la taxe urbaine ne peuvent pas faire l'objet d'une imposition à la taxe d'édilité.

---

(1) *Cf.* articles 26 à 29 du Dahir 21 novembre 1989, modifié par le Dahir du 30 décembre 1989, *B.O.* n° 4027 du 3 janvier 1990.

§3. Taux de la taxe

L'article 28 prévoit un taux de **10 %** dans les communes urbaines et **6 %** dans les zones périphériques des communes urbaines.

§4. Liquidation et recouvrement de la taxe

La gestion de la taxe d'édilité incombe à la direction des impôts qui assure la liquidation et le recouvrement dans les mêmes conditions applicables à la taxe urbaine. Le receveur verse le montant de la taxe d'édilité au percepteur de la commune ou de la communauté urbaine selon les cas.

Section II

La taxe sur la dégradation des chaussées

§1. Personnes imposables

Sont assujettis à la taxe sur la dégradation des chaussées, les établissements ou les personnes physiques qui **effectuent des opérations de toute nature entraînant la dégradation des chaussées**.

§2. Constatation de la dégradation

La dégradation des chaussées est constatée par procès-verbal établi par l'ingénieur municipal ou des agents compétents désignés à cet effet par l'ordonnateur.

Ce procès-verbal doit clairement mentionner :

- la nature et l'importance de la dégradation ;
- l'identité exacte de l'établissement ou de la personne physique responsable de la dégradation.

Royaume du Maroc	Procès-verbal constatant la dégradation des chaussées communales	A compléter par le service communal de l'assiette
Préfecture ou province :		N° procès-verbal :
Commune :		Reçu le :
		Pour l'ordonnateur : Signature

DECLARATION

– Je soussigné .... en qualité d'ingénieur ....
.... de la commune ....
déclare m'être rendu à (route, avenue, rue)..
et avoir constaté la dégradation subie par la chaussée au lieu précisé ci-dessus.....
niveau .... (voir schéma explicatif au verso)

– Profondeur ....

– Longueur ....

– Largueur ....

– Autres caractéristiques de la dégradation ....

Est considéré responsable de cette dégradation ....

– Nom et prénom ou raison sociale ....

– Adresse de la résidence habituelle ou de l'établissement principal ou du siège social ....

– Autres renseignements sur les circonstances des faits ....

Compte tenu de l'importance de la dégradation, le montant des frais de réparation est estimé à .... Dh en prenant en considération les éléments suivants ....

L'ingénieur municipal ....

Cachet et signature ....

§3. Montant de la taxe

La taxe est égale à la totalité des frais de réparation des chaussées **majorée d'un montant de 25 %** des frais dus.

Exemple : Pour des frais de réparation d'une chaussée qui s'élèvent au total à 11 700 Dh, le montant de la taxe due sera égal à :

11 700 + (11 700 x 0,25) = 14 625 Dh

Section III

Contribution des riverains aux dépenses d'équipement et d'aménagement

§1. Champ d'application et modalités d'assiette

Sont assujettis d'une manière générale, **les propriétaires dont les immeubles** (bâtis ou non bâtis) **bénéficient de travaux d'équipement** de premier établissement se rapportant à la construction des chaussées à l'aménagement des trottoirs et à l'assainissement par égout.

A. Construction des chaussées

– Les propriétaires riverains sont tenus de supporter les frais de construction des chaussées, y compris le revêtement bitumeux, au droit de leurs immeubles, dans les conditions ci-après :

– a. Lorsque la largeur des voies est inférieure ou égale à douze mètres, en totalité.

– b. Lorsque la largeur des voies est supérieure à douze mètres, en totalité pour une largeur de douze mètres et à concurrence de moitié pour la portion des voies excédant cette largeur.

B. Aménagement des trottoirs

– Les propriétaires riverains sont tenus de supporter la totalité des frais d'aménagement des trottoirs, au droit de leurs immeubles, dans la limite d'une **largeur maximum de quatre mètres**.

Ils sont tenus de supporter la totalité des frais de construction des bordures de trottoirs et des caniveaux.

C. Assainissement par égout

Les propriétaires de terrains ou immeubles susceptibles d'être assainis par un égoût sont tenus de contribuer aux frais de construction de cet égout. Le montant de la contribution dont est redevable chaque propriétaire est déterminé en procédant aux opérations suivantes :

a. Calcul, pour chaque diamètre de collecteur en usage dans le réseau, de la longueur de canalisation existant au 31 décembre de chaque année. Il est tenu compte, dans ce calcul des canalisations devant être posées entre la date à laquelle il est effectué et le 31 décembre suivant.

b. Fixation, d'après les derniers prix connus des travaux, du prix du mètre linéaire des canalisations de chaque diamètre.

c. Détermination de la somme qu'aurait coûté l'exécution du réseau d'égout, si celui-ci avait été posé en totalité au cours de l'année considérée. Cette somme est calculée en multipliant la longueur des canalisations dans chaque diamètre par le prix linéaire correspondant et en additionnant ensuite les produits ainsi obtenus.

d. Déterminant du prix moyen du mètre linéaire du réseau en divisant le coût total du réseau par la longueur totale des canalisations.

e. Détermination de la contribution afférente aux immeubles riverains en appliquant le prix moyen ainsi obtenu à la longueur d'égout au droit des immeubles des propriétaires riverains.

f. Ventilation de la contribution ainsi calculée, entre les propriétaires riverains, proportionnellement à la longueur des façades de leurs terrains ou immeubles.

§2. Les modalités de paiement

Le paiement des contributions afférentes aux travaux de premier établissement citées ci-dessus peut être réparti en cinq annuités au maximum, lorsque pour une même propriété et pour l'ensemble des ordres de recettes émis au cours d'un même exercice, le montant des contributions excède 5 000 dirhams.

Le bénéfice du paiement fractionné peut être accordé sur la demande du contribuable, par décision du président du conseil communal en faveur des personnes physiques propriétaires d'immeubles riverains et reconnues ne disposer que de ressources modestes, selon le barème ci-après :

- créance totale comprise entre 5 000 et 10 000 dirhams : **paiement en deux annuités** ;
- créance totale supérieure à 10 000 dirhams et inférieure ou égale à 15 000 dirhams : **paiement en trois annuités** ;

- créance totale supérieure à 15 000 dirhams et inférieure ou égale à 20 000 dirhams : **paiement en quatre annuités** ;
- créance totale supérieure à 20 000 dirhams : **paiement en cinq annuités**.

Les fractions de la créance, autre que celle immédiatement exigible, sont majorées des intérêts simples calculés, au taux de base pratiqué par Bank Al Maghrib pour le réescompte des effets privés à court terme, d'après le temps écoulé entre la date d'émission de l'ordre de recettes afférent à la fraction immédiatement exigible et la date d'émission de chacun des ordres de recettes annuels afférents aux fractions suivantes.

§3. Le recouvrement

En matière de recouvrement de ces droits, les dispositions ci-après appliquées par les receveurs communaux ont été reconduites de la manière suivante :

– Lorsque le propriétaire du sol est différent du propriétaire de la construction, la contribution est due par chacun des intéressés au prorata des avantages respectivement retirés de l'immeuble, mais chacun est solidairement tenu au paiement de la cote entière, sauf son recours personnel contre tout codébiteur de la contribution. La même solidarité existe en cas d'indivision de propriété.

– En cas de succession et tant que cette succession reste dans l'indivision, les héritiers ou les légataires, ou leurs représentants ou successeurs, sont actionnés solidairement à raison des contributions dues par ceux dont ils ont hérité ou à qui ils ont succédé.

– En cas de mutation survenue dans les propriétés, les propriétaires successifs sont solidaires du paiement de la totalité de la contribution. Celle-ci devient immédiatement et intégralement exigible en cas de cession à titre onéreux.

Section IV

Redevances sur les ventes dans les marchés de gros et halles aux poissons

§1. Champ d'application

La redevance porte sur le montant des ventes effectuées aux marchés de gros de légumes, fruits et poissons. Cette redevance est perçue au profit des communes où se trouvent les marchés de gros.

§2. Taux de la redevance

La première catégorie de la redevance aux **taux de 7 % du prix brut** de la vente en gros est perçue soit directement soit le plus souvent par l'intermédiaire d'un mandataire.

La deuxième catégorie de la même redevance **au taux de 3 %** pour les ventes de poissons effectués dans les halles situées dans le domaine maritime. Cette redevance est perçue par l'office national des pêches qui en reverse le montant au profit du régisseur de la commune concernée, dans **un délai de 10 jours**.

§3. Modalités de paiement

Pour **les ventes directes**, le paiement de la redevance est effectué, **séance tenante**, entre les mains du régisseur communal ou de son représentant.

Pour ce qui est des ventes réalisées par l'intermédiaire **d'un mandataire**, qui doit reverser le produit de la redevance au régisseur de la commune concernée dans un **délai maximum de 10 jours**.

Section V
Taxe sur les terrains urbains non bâtis

La taxe sur les terrains urbains non bâtis a été créée par la loi de décembre 1989 pour venir en remplacement de la taxe d'édilité dont le taux était fixé au mètre linéaire de façade et ce à partir du 1er janvier de la troisième année qui suit celle de la publication de la loi au bulletin officiel.

La nouvelle taxe est assise sur la superficie du terrain non bâti selon des taux maximum au mètre carré fixés suivant les délibérations des conseils communaux.

§1. Champ d'application

La taxe porte sur les terrains urbains non bâtis situés à l'intérieur des périmètres des communes urbaines (municipalités et centres autonomes).

A. Exemptions permanentes

Les terrains urbains non bâtis appartenant à l'Etat, aux collectivités locales, aux Habous publics ainsi que les terres Guich et les terres collectives ne sont pas soumis à la taxe sur les terrains urbains non bâtis.

En ce qui concerne l'Etat, il convient d'éviter toute confusion avec les offices, les établissements publics et sociétés étatiques qui ne sont pas exemptés.

Par Habous publics, il faut entendre ceux gérés par l'administration des habous et non ceux sur lesquels cette même administration exerce un droit de surveillance (Habous privés).

Par terres Guich, il faut entendre celles qui sont occupées et exploitées par les "collectivités guich".

Par terres collectives, il faut entendre celles qui sont régies par les dispositions du Dahir du 27 avril 1919 organisant la tutelle administrative des collectivités et réglementant la gestion et l'aliénation des biens collectifs.

B. Exemptions temporaires

Sont exonérés temporairement de la taxe sur les terrains urbains non bâtis :

- les terrains situés dans les zones **non desservies** par les réseaux de distribution d'eau et d'électricité ;
- les terrains situés dans les zones **frappées d'interdiction** de construire ;
- les terrains **soumis à la taxe d'édilité** et exploités par les entreprises en activité ;
- les terrains **acquis depuis moins de 3 ans.**

En ce qui concerne la durée de l'exemption temporaire, seule celle relative aux terrains acquis depuis moins de 3 ans est connue. Dans ce cas précis et suivant le principe général de l'annualité de la taxe sur les terrains urbains non bâtis, les terrains concernés ne seront imposables qu'à partir du 1er janvier de la quatrième année qui suit celle de leur acquisition.

Dans les autres cas, l'exemption temporaire prend fin dès que les changements suivants interviennent :

- les zones de situation des terrains concernés sont desservies par les réseaux de distribution d'eau et d'électricité ;
- les zones de situation des terrains concernés ne sont plus frappées d'interdiction de construire ;
- les terrains concernés ne sont plus exploités par les entreprises en activité.

Si l'exemption temporaire accordée pour les terrains, visés ci-dessus, prend fin entre le 1er janvier et le 31 décembre, elle est sans influence sur la taxe sur les terrains urbains non bâtis établie au titre de l'année considérée. Par conséquent, lesdits terrains ne seront imposables qu'à compter du 1er janvier de l'année suivante.

§2. Assiette et taux d'imposition

La taxe sur les terrains urbains non bâtis est assise sur la superficie du terrain au mètre carré.

Chaque fraction de mètre carré est comptée pour un mètre carré entier.

Les taux maximums de la taxe sont fixés pour les terrains situés dans **une zone villa à 2 dirhams le mètre carré et** pour les terrains situés dans **une zone immeuble à 4 dirhams le mètre carré**.

Les cotes inférieures ou égales à **200 dirhams** ne sont pas mises en recouvrement.

§3. Le paiement de la taxe

La taxe sur les terrains urbains non bâtis est due par le propriétaire et, à défaut de propriétaire connu, par le possesseur.

En cas d'indivision de propriété, la taxe est due par chacun des propriétaires au prorata de sa part connue, mais chacun est solidairement tenu au paiement de la cote entière, sauf son recours personnel contre tout codébiteur de la taxe.

Tant qu'une succession reste dans l'indivision, les héritiers et légataires peuvent être actionnés solidairement à raison de la taxe due par ceux dont ils ont hérité ou à qui ils ont succédé.

Section VI
La taxe de séjour

§1. Champ d'application de la taxe

A. Les établissements d'hébergement touristiques imposables

La taxe de séjour est perçue par nuitée dans les établissements d'hébergement touristiques appartenant tant à des personnes morales qu'à des personnes physiques.

Par établissements d'hébergement touristiques, il faut entendre les hôtels qui offrent en location des chambres ou des appartements équipés et meublés à une clientèle de passage ou de séjour, les clubs privés, les motels, les villages de vacances et les résidences touristiques.

N'entrent pas dans le champ d'application de la taxe de séjour, **les hôtels non classés, les pensions, les camping-caravaning et les auberges de jeunesse**.

La taxe de séjour vient en supplément du prix de la chambre et du montant de la taxe de promotion touristique instituée au profit de l'Office national de tourisme.

B. Les personnes imposables

La taxe de séjour est due par les personnes hébergées dans les établissements imposables, visés ci-dessus, à raison du nombre de nuitées réalisées.

Toute nuitée commencée est comptée pour une nuitée entière.

C. Exonérations

L'hébergement des enfants de moins de dix ans n'est pas soumis à la taxe de séjour.

Par conséquent, à partir de l'âge de dix ans les enfants deviennent redevables de la taxe de séjour lors de tout hébergement dans l'un des établissements soumis à la taxe.

§2. Liquidation de la taxe

La taxe de séjour est calculée par personne et par nuitée selon **les tarifs maximum** ci-après :

- pour les hôtels classés dans la catégories "luxe" .... 30 dirhams ;
- pour les hôtels classés dans la catégorie "cinq étoiles" et les clubs privés .... 25 dirhams ;
- pour les hôtels classés dans la catégorie "quatre étoiles" et les villages de vacances .... 7 dirhams ;
- pour les hôtels classés dans la catégorie "trois étoiles", les résidences touristiques et les motels .... 5 dirhams
- pour les hôtels classés dans les catégories "deux étoiles" et "une étoile" .... 3 dirhams.

En ce qui concerne les hôtels classés dans la catégorie “luxe” et “cinq étoiles” ainsi que les clubs privés, le tarif de la taxe ne doit pas dépasser 10 % du prix de la nuitée par personne.

Les conseils communaux arrêtent par délibération les taux qui leurs semblent convenir dans la limite de ces taux maximums.

Cette disposition implique la nécessité de s'informer des prix pratiqués dans les établissements d'hébergement touristiques précités.

Les conseils communaux peuvent donc moduler le taux de la taxe en fonction du maximum fixé par la loi et en tenant compte de la réserve ci-dessus relative aux hôtels classés dans la catégorie “luxe” et “cinq étoiles” ainsi que les clubs privés.

§3. Obligations des exploitants d'établissements d'hébergement touristiques

A. Recouvrement de la taxe

Les exploitants (propriétaires, directeurs ou gérants) des établissements d'hébergement touristiques doivent percevoir la taxe de séjour pour le compte des communes concernées, sur chaque nuitée réalisée et par personne en application des taux arrêtés par lesdites communes et qui leur sont notifiés.

Cette obligation fait des exploitants les seuls responsables du recouvrement de la taxe auprès des personnes hébergées.

De plus, les exploitants sont tenus de faire figurer distinctement le montant de la taxe de séjour sur les factures établies par séjour.

Les documents permettant la reconstitution des éléments de calcul de la taxe de séjour, doivent être conservés pendant un délai de un an à compter de la date de la mention du dernier client portée sur lesdits documents.

B. Versement du produit de la taxe aux communes concernées

Les exploitants (propriétaires, directeurs ou gérants) des établissements d'hébergement touristiques doivent verser, dans les vingt premiers jours de chaque trimestre, pour le produit de la taxe perçue au titre du trimestre précédent.

Section VII

Taxe sur les établissements d'enseignement privé

§1. Le champ d'application de la taxe

Sont assujettis à la taxe, **les établissements qui assurent les différentes catégories d'enseignement privé** ci-après :

- enseignement primaire ;
- enseignement secondaire général et technique ;
- enseignement supérieur général et technique ;
- enseignement par correspondance ;
- enseignement des langues ;
- enseignement des arts.

Par contre, s**ont exclus du champ d'application de la taxe**, les garderies et les établissements assurant les catégories d'enseignement suivantes :

- enseignement coranique ;
- enseignement professionnel ;
- enseignement spécialisé pour handicapés ;
- tout enseignement **assuré à titre gratuit.**

Ainsi, si un établissement assure une formation professionnelle et parallèlement un enseignement secondaire général et technique, il ne sera assujetti à la taxe que pour l'activité relative à l'enseignement secondaire général et technique.

En ce qui concerne les établissements assujettis à la taxe mais qui relèvent d'Etat étrangers, la loi prévoit qu'ils **sont soumis aux dispositions prévues dans le cadre des conventions internationales** publiées au bulletin officiel telles qu'elles sont conclues entre ces Etats étrangers et le royaume du Maroc.

La taxe est due par les titulaires d'autorisation d'ouverture d'un ou plusieurs établissements soumis à la taxe.

§2. Liquidation de la taxe

La taxe comprend deux droits :

- **un droit fixe** de premier établissement dû à l'occasion de l'ouverture de l'établissement ;

– **un droit mensuel** fixé par élève inscrit.

Ces droits varient en fonction de la catégorie de l'établissement d'enseignement conformément aux dispositions examinées ci-dessous.

A. Tarif de la taxe

Les tarifs de la taxe sont fixés par la loi selon le barème suivant :

a. Pour le droit fixe de premier établissement

– Etablissements d'enseignement primaire .... 10 000 dirhams.

– Etablissement d'enseignement secondaire général et technique, établissements d'enseignement par correspondance, établissements d'enseignement des langues et établissements d'enseignement des arts .... 14 000 dirhams.

– Etablissements d'enseignement supérieur général et technique .... 16 000 dirhams.

b. Pour le droit mensuel

– Etablissement d'enseignement primaire .... 3 dirhams par élève.

– Etablissements d'enseignement secondaire général et technique, établissements d'enseignement par correspondance, établissements d'enseignement des langues et établissements d'enseignement des arts .... 4 dirhams par élève.

– Etablissements d'enseignement supérieur général et technique .... 4 dirhams par élève.

B. Application du taux de la taxe lorsque plusieurs catégories d'enseignement sont assurés par un seul établissement

Pour les établissements dans lesquels plusieurs catégories d'enseignement sont assurées, la loi prévoit :

a. Le droit fixe de premier établissement est celui qui se rapporte à la catégorie d'enseignement comportant le tarif le plus élevé

Exemple :

Soit un établissement qui assure un enseignement des langues en même temps qu'un enseignement supérieur général et technique. Le tarif du droit fixe de premier établissement correspondant à l'enseignement des langues est fixé à 14 000 dirhams et celui relatif à l'enseignement supérieur général et technique est fixé à 16 000 dirhams. Le titulaire de l'autorisation d'ouverture de cet établissement, redevable de la taxe, sera imposé au tarif le plus élevé, soit 16 000 dirhams.

b. Le droit mensuel est calculé en fonction des tarifs fixés pour chaque catégorie d'enseignement assuré

Exemple :

Soit un établissement qui assure à un effectif de 100 élèves un enseignement primaire, et à un effectif de 120 élèves un enseignement secondaire général et technique. Le droit mensuel dû par le redevable sera égal à : (100 x 3 dirhams) + (120 x 4 dirhams) = 780 dirhams

§3. Modalités et délai de paiement

La taxe est acquittée spontanément par le redevable à la caisse du régisseur de la commune du lieu de situation de l'établissement dans les conditions examinées ci-après.

A. Le droit fixe de premier établissement

Lors du dépôt de cette déclaration, la loi prévoit pour les redevables qui en formulent la demande, la possibilité d'obtenir un fractionnement du paiement de ce droit.

Ainsi, le droit fixe de premier établissement peut être acquitté en quatre versements d'égal montant effectués comme suit :

- 25 % au moment du dépôt de la déclaration ;
- 25 % avant le 31 mars de l'année civile suivant celle d'ouverture de l'établissement ;

- 25 % avant le 30 septembre de la même année ;
- 25 % avant le 31 mars de l'année suivante.

B. Le droit mensuel

Le droit mensuel est liquidé et versé en totalité dans le courant des quinze premiers jours qui suivent chaque mois.

Pour s'acquitter du droit mensuel, la loi accorde donc au redevable un délai de quinze jours qui se décompte à partir du mois suivant celui au cours duquel le droit est dû.

Chaque versement est effectué sur la base d'une déclaration établie sur un imprimé dont **modèle n° 16** fourni par la commune concernée.

Cette déclaration permet à l'administration fiscale locale de recueillir toutes les indications nécessaires à la liquidation de ce droit et qui pourront faire l'objet d'une vérification éventuelle (droit de communication).

Section VIII

Taxe additionnelle à la redevance pour licence de pêche en mer

Cette taxe figure parmi les taxes locales nouvellement créées.

§1. Champ d'application de la taxe

A la redevance pour licence de pêche en mer, prévue par le décret n° 2-73-167 du 28 chaoual 1393 (24 novembre 1973) relatif à la délivrance et au renouvellement de la licence de pêche tel qu'il a été modifié et complété, s'ajoute une taxe additionnelle qui est régie par les dispositions du chapitre 25 de la loi relative à la fiscalité des collectivités locales et de leurs groupements.

La gestion de cette taxe additionnelle est assurée par l'administration chargée du recouvrement de la redevance précitée à savoir : le quartier maritime et la recette des douanes pour le compte des communes ou des communautés urbaines concernées.

A. Opérations imposables

La taxe additionnelle est due à l'occasion de la délivrance et de chaque renouvellement de la licence de pêche.

B. Personnes imposables

La taxe additionnelle est due par les redevables de la redevance pour licence de pêche en mer, c'est-à-dire par les bénéficiaires de ladite licence.

§2. Liquidation et recouvrement de la taxe

A. Assiette de la taxe

La taxe additionnelle est instituée sur le montant de la redevance due au titre de la délivrance et du renouvellement de la licence de pêche. Ce montant est fixé à l'article 2 du décret précité, relatif à la délivrance et au renouvellement de la licence de pêche et tel qu'il a été modifié.

B. Taux de la taxe

Le taux de la taxe est fixé, d'après la jauge brute des bateaux, comme suit :

– jusqu'à 50 tonneaux inclus	5 % ;
– au-dessus de 50 tonneaux et jusqu'à 150 tonneaux inclus	10 % ;
– au-dessus de 150 tonneaux et jusqu'à 250 tonneaux inclus	15 % ;
– au-dessus de 250 tonneaux et jusqu'à 500 tonneaux inclus	20 % ;
– au-dessus de 500 tonneaux et jusqu'à 1 000 tonneaux	30 %.

La taxe additionnelle, dont l'assiette et le taux sont définis par la loi, est liquidée et recouvrée dans les mêmes conditions et en même temps **que la redevance pour licence de pêche** (article 3 du Dahir du 24 novembre 1973 précité) à savoir :

- liquidation par le chef du quartier maritime ;
- recouvrement par la recette des douanes sur présentation du titre de recettes délivré par le chef du quartier maritime.

Ce titre de recettes doit indiquer distinctement, la part revenant à la commune ou à la communauté urbaine concernée. Le montant de cette part est reversé mensuellement dans les conditions ci-après :

§3. Modalités de versement de la taxe

Le produit de la taxe est **reversé par la recette des douanes, à la caisse du régisseur** de la commune ou de la communauté urbaine du lieu de situation du quartier maritime.

Ce versement est opéré **mensuellement** et doit à chaque fois être accompagné d'un bordereau-avis daté et signé par la partie versante et qui doit indiquer, pour chaque catégorie de bateaux, le montant de la taxe correspondante.

Le régisseur communal doit lors de chaque versement, enregistrer le montant encaissé sur la base des indications du bordereau-avis susvisé.

Section IX

Taxe sur les opérations de construction

§1. Champ d'application de la taxe

A. Les opérations imposables

La taxe porte sur **les opérations relatives à la construction, la reconstruction, l'agrandissement** de toute nature ainsi que sur les opérations de restauration dont la réalisation est subordonnée à **autorisation de construire**.

La condition essentielle, qui rend ces différentes opérations imposables, est qu'elles doivent faire **l'objet d'une autorisation de construire** délivrée conformément aux dispositions du Dahir du 7 kaada 1371 (30 juillet 1952) relatif à l'urbanisme, tel qu'il a été modifié ou complété.

a. Opérations de construction

Ces opérations visent toute construction effectuée sur un terrain non encore bâti et qui doit être fixée au sol, c'est-à-dire implantée au moyen de fondations en maçonnerie ou en ciment et qu'il serait impossible de déplacer sans la démolir.

b. Opérations de reconstruction

La reconstruction doit porter sur toute opération concernant une nouvelle édification sur un immeuble ou une partie d'immeuble démoli.

c. Opérations d'agrandissement

Ces opérations se rapportent à un changement de consistance qui vise toute transformation en vue d'une addition de construction à un local existant. Exemple : surélévation d'une construction.

d. Opérations de restauration

La restauration concerne tous les travaux de réparation ou de réfection entrepris pour remettre en état un immeuble ou une partie d'immeuble sans qu'il y ait démolition et dont la réalisation est subordonnée à autorisation de construire. **Exemple** : restauration d'une façade, d'un toit,...

B. Les opérations de construction non imposables

La loi exclut du champ d'application de la taxe toutes les opérations de construction visées ci-dessus, se rapportant aux logements économiques (1).

Ces crédits sont destinés à assurer le logement de personnes modestes.

Les conditions d'octroi de ces crédits par les établissements agrées dont le crédit immobilier et hôtelier (C.I.H.) sont fixées par une convention entre le ministère des Finances et lesdits établissements. Le ministre des Finances fixe par arrêté les conditions d'accès au bénéfice des prêts à la construction des logements économiques compte tenu de la situation de famille et du revenu des emprunteurs. Il détermine de même les bases devant servir à la fixation de la durée, du montant et du taux d'intérêt des prêts.

S'agissant de conditions qui risquent de connaître des changements constants, les ordonnateurs communaux sont invités à se rapprocher tous les ans des services locaux ou provinciaux du C.I.H. pour connaître avec exactitude les catégories de logements pouvant bénéficier de l'exonération prévue par la nouvelle loi sur la fiscalité locale (article 157).

C. Les personnes imposables

Les redevables de la taxe sont les bénéficiaires des autorisations de construire.

---

(1) *Cf.* Décret Royal portant loi n° 552-67 du 17 décembre 1968 relatif au crédit foncier, au crédit à la construction et au crédit à l'hôtellerie.

§2. Liquidation de la taxe

A. Assiette de la taxe

En ce qui concerne les opérations de construction, de reconstruction et d'agrandissement, **la taxe est calculée sur la superficie au mètre carré couvert**. Chaque fraction de mètre carré étant comptée pour un mètre carré entier.

Pour ce qui est des opérations de restauration, la taxe est perçue sous forme d'une redevance dont le montant est examiné ci-après.

B. Taux de la taxe

La loi fixe, pour les opérations imposées au mètre carré couvert, des montants maximums variant en fonction du type de construction comme suit :

- immeubles collectifs de logements ou ensembles immobiliers .... 20 dirhams au m^2 couvert ;
- immeubles à usage industriel, commercial, professionnel ou administratif .... 20 dirhams au m^2 couvert ;
- logements individuels.. 30 dirhams au m^2 couvert.

Pour les opérations de restauration, la loi prévoit **un droit fixe dont le montant maximum est égal à 500 dirhams**.

Les conseils communaux disposent ainsi de la faculté de moduler les taux de la taxe dans la limite des montants maximums fixés par la loi. Cette modulation se fait en fonction des préoccupations de chaque commune, mais dans la limite du raisonnable.

§3. Modalités de paiement et exigibilité de la taxe

La taxe est acquittée spontanément à la caisse du régisseur de la commune du lieu de réalisation de la construction, **au moment de la délivrance de l'autorisation de construire**.

Bien que la loi ne le stipule pas expressément, les redevables de la taxe doivent déclarer, au moment de la demande de l'autorisation de construire, la nature de l'opération de construction envisagée ainsi que la superficie couverte s'il s'agit d'une opération autre que celle relative à la restauration.

Pour recevoir ces éléments, un imprimé dont **modèle n° 20** est à joindre à l'appui du plan et de la demande d'autorisation de construire.

De même, l'ordonnateur peut désigner un agent pour vérifier que les éléments déclarés concordent avec les travaux réalisés.

Les réajustements éventuels peuvent être opérés de préférence avant la délivrance du permis d'habiter.

Section X

Taxe sur les opérations de morcellement

§1. Champ d'application

A. Les opérations imposables

La taxe porte sur **toute opération de morcellement subordonnée à une autorisation administrative** délivrée par l'autorité communale conformément aux dispositions du Dahir du 20 moharrem 1373 (30 septembre 1953) relatif aux lotissements et aux morcellements tel qu'il a été modifié ou complété.

Il convient de signaler que dans quelques communes, **les opérations de morcellement étaient autorisées moyennant un droit prélevé conformément aux dispositions** permettant l'établissement des taxes de voirie et ce, en vertu de l'article 21 du Dahir du 30 septembre 1953 précité.

La loi relative à la fiscalité locale a donc légalisé et généralisé cette imposition qui porte désormais sur toute opération de morcellement visée ci-dessus.

B. Les personnes imposables

Les redevables de la taxe sont les bénéficiaires des autorisations de morceler.

§2. Liquidation de la taxe

A. Assiette de la taxe

La taxe sur les opérations de morcellement est assise sur la valeur vénale qui sert de base de calcul pour la participation à la solidarité nationale sur les terrains urbains non bâtis.

B. Taux de la taxe

La loi fixe **le taux maximum de la taxe à 5 % de la valeur vénale visée ci-dessus**.

Les conseils communaux peuvent, en conséquence, moduler le taux de la taxe dans la limite du taux maximum fixé par la loi.

§3. Les obligations des redevables et le contrôle de l'administration

A. La déclaration

Afin de permettre au service communal compétent de procéder à la liquidation de la taxe, les redevables doivent déclarer auprès de ce service, au moment du **dépôt de la demande de l'autorisation de morceler,** la valeur telle qu'elle est déclarée au titre de la participation à la solidarité nationale sur les terrains urbains non bâtis.

B. Contrôle de l'administration

La division des impôts directs et taxes assimilées, est appelée à vérifier, au titre de la participation à la solidarité nationale sur les terrains urbains non bâtis, la valeur vénale desdits terrains déclarée par les redevables.

Le service communal compétent est informé des résultats de cette vérification et dans le cas où la base de la déclaration présente une quelconque insuffisance, **il doit procéder au redressement nécessaire**.

§4. Exigibilité de la taxe

La taxe est exigible au moment de la délivrance de l'autorisation de morceler et elle doit être acquittée à la caisse du régisseur de la commune concernée.

Section XI

Taxe sur les opérations de lotissement

§1. Champ d'application

A. Les opérations imposables

La taxe porte sur toutes les opérations de lotissement. Elle est calculée sur la base du coût total des travaux de viabilisation, d'assainissement et d'électrification du lotissement.

Ces opérations de lotissement ne sont réalisées qu'après l'obtention d'une **autorisation** délivrée par la commune concernée.

B. Les personnes imposables

La taxe est due par les bénéficiaires des autorisations de lotir.

Toutefois, la taxe étant acquittée définitivement à l'occasion de la délivrance du certificat de conformité, la loi prévoit, en cas de cession du terrain à lotir avant la délivrance de ce certificat, **que le cessionnaire qui bénéficie du permis de conformité, est solidairement redevable du paiement du solde du montant de la taxe exigible**.

§2. Liquidation de la taxe

A. Assiette de la taxe

La taxe est assise sur le coût total réel des travaux de viabilisation, d'assainissement et d'électrification du lotissement tel qu'il est calculé une fois que lesdits travaux ont tous été réalisés et justifiés par le permis de conformité.

B. Taux de la taxe

Le taux maximum de la taxe est fixé à 5 % du coût total des travaux de viabilisation, d'assainissement et d'électrification.

Ainsi, les conseils communaux disposent de la faculté **de moduler le taux de la taxe** en fonction de ce maximum.

§3. Les modalités de paiement de la taxe

Une déclaration doit être déposée par le redevable à la commune intéressée. Elle porte sur **le coût total estimatif** des travaux de viabilisation, d'assainissement et d'électrification du lotissement, au moment du dépôt de la demande de l'autorisation de lotir. Elle porte également sur le **coût total réel des travaux** précités, au moment de la délivrance du **permis de conformité**.

Le paiement est réalisé en deux versements. :

– Le premier versement est perçu sous forme d'un acompte égal à 75 % du montant de la taxe exigible. Il est liquidé sur la base du coût total estimatif des travaux, déclaré comme prévu au III ci-dessus.

– Le second versement correspond au solde du montant de la taxe exigible et il est liquidé sur la base de la déclaration, examinée plus haut, afférente au coût total réel des travaux entrepris qui est définitivement connu au moment de la délivrance du permis de conformité.

Exemple :

Soit une opération de lotissement autorisée dans une commune où le taux d'imposition a été voté à 5 %.

Le lotisseur a indiqué dans ses déclarations que :
– le coût total estimatif des travaux s'élève à 250 000 dirhams ;
– le coût total réel des travaux s'est, finalement, élevé à 340 000 dirhams.

Ce redevable devra acquitter :

a. Au moment de la délivrance de l'autorisation de lotir, l'acompte égal à **75 % du montant de la taxe exigible liquidé sur la base du coût total estimatif**, soit :

(250 000 x 5 %) x 75 % = 9 375 dirhams

b. Au moment de la délivrance du **permis de conformité**, le solde du montant de la taxe exigible, liquidé sur la base du coût total réel et obtenu de la façon suivante :

340 000 x 5 % = 17 000 Dh

Le premier versement s'étant élevé à 9 375 Dh, le second versement sera de 17 000 - 9 375 = 7 625 Dh

Section XII

Redevance d'occupation temporaire du domaine public communal pour un usage lié à la construction

§1. Champ d'application de la redevance

La redevance d'occupation temporaire du domaine public communal pour un usage lié à la construction est **perçue lors de toute occupation temporaire** du domaine public communal effectuée en rapport avec une construction.

Cette occupation nécessite **une autorisation délivrée par la commune**, à la demande du redevable.

Cette occupation, sur le sol ou au-dessus du sol de la voie publique et qui porte sur les dépôts de matériel ou matériaux, les clôtures, les saillies dues aux échafaudages est imposable.

Sont redevables de la redevance **les bénéficiaires de l'autorisation** de l'occupation temporaire du domaine public communal.

§2. Liquidation de la redevance

La redevance est calculée **sur la base de la superficie**, au mètre carré, du domaine public communal occupé.

La loi fixe **le taux maximum de la redevance à 40 dirhams par mètre carré**.

Ainsi, les conseils communaux disposent de **la faculté de moduler le taux de la redevance** dans la limite du taux maximum fixé par la loi.

La redevance est due par trimestre. Les trimestres partent du 1er janvier, 1er avril, 1er juillet, 1er octobre. Tout trimestre commencé est compté pour un trimestre entier.

La liquidation de la redevance est effectuée, comme il est prévu ci-dessus, à la caisse du régisseur communal.

Aussi, pour procéder à la liquidation et bien que la loi ne le précise pas expressément, les redevables doivent déclarer auprès du régisseur communal la nature de l'occupation ainsi que la superficie occupée du domaine public communal.

§3. Paiement de la redevance

La redevance d'occupation temporaire du domaine public communal pour un usage lié à la construction est versée à la caisse du régisseur communal. Ce versement doit être effectué d'avance, au moment de la délivrance de l'autorisation.

Section XIII

Redevance d'occupation temporaire du domaine public communal pour un usage commercial, industriel ou professionnel

§1. Champ d'application de la redevance

Sont soumises à la redevance les occupations temporaires du domaine public communal effectuées pour l'exercice d'une activité commerciale, industrielle ou professionnelle.

Ces occupations nécessitent **une autorisation préalable** délivrée par la commune, à titre précaire et révocable.

Les occupations doivent porter sur tous les emplacements, y compris les étalages, aménagés sur le domaine public communal en vue d'y exercer une activité commerciale, industrielle ou professionnelle. A titre d'exemple, on peut citer : kiosques, cirques, étalages, etc.

La taxe est due par le bénéficiaire de l'autorisation d'occupation temporaire du domaine public communal pour l'exercice d'une activité commerciale, industrielle ou professionnelle.

§2. Liquidation de la redevance

La redevance est calculée **en tenant compte de la superficie occupée, de l'emplacement et de la nature de l'occupation**.

La fixation du tarif de la redevance est laissée à l'appréciation des conseils communaux.

Les tarifs que les communes auront à fixer tiendront compte de :

- la valeur commerciale de l'emplacement (qui peut varier d'un quartier à un autre et d'une artère à une autre) ;

– la valeur commerciale liée à la nature de l'activité ;
– la superficie autorisée.

La redevance est payable trimestriellement à la caisse du régisseur communal.

Section XIV

Redevance d'occupation temporaire du domaine public communal par des biens meubles et immeubles liés à l'exercice d'un commerce, d'une industrie ou d'une profession

§1. Champ d'application

La redevance d'occupation temporaire du domaine public communal par **des biens meubles et immeubles** liés à l'exercice d'un commerce, d'une industrie ou d'une profession.

Sont soumises à la redevance toutes les occupations temporaires du domaine public effectuées, suite à une autorisation délivrée par l'autorité communale et qui portent sur l'installation de certains biens meubles et immeubles rattachés à une activité commerciale, industrielle ou professionnelle exercée, à titre principal, à l'intérieur d'un local.

Les biens meubles ou immeubles, objets de l'occupation, doivent constituer un complément de l'activité exercée. La loi prévoit la nature de ces biens mais il revient aux présidents des conseils communaux de procéder à l'établissement d'une liste plus exhaustive qui sera établie par assimilation aux biens cités par la loi.

§2. Liquidation de la redevance

A. Assiette de la redevance

La redevance est assise sur la valeur locative qui sert de base de calcul de l'impôt des patentes.

Cette valeur locative est fixée lors du recensement des propriétés soumises à la taxe d'édilité.

L'assiette, ainsi définie, est obtenue auprès des services des impôts directs de rattachement.

B. Taux de la redevance

Les taux de la redevance sont fixés par la loi comme suit :

Biens meubles et immeubles	Unité de taxation	Taux de la redevance par rapport à la valeur locative
– Marquise, paravents des boutiques	mètre carré	0,50 %
– Store vertical suspendu à une marquise	mètre linéaire	0,20 %
– Borne	mètre linéaire	0,20 %
– Store de croisées pour abriter	mètre carré	0,10 %
– Vitrine	mètre carré	0,50 %
– Rampe d'illumination	mètre carré	0,10 %
– Etalage suspendu à la devanture ou au mur de façade	mètre carré	0,10 %
– Etalage devant la boutique	mètre carré	0,40 %
– Enseigne et préenseigne		
• superficie inférieure à 0,50 m²	fixe	150 dirhams
• pour le surplus de superficie	mètre carré	0,25 %

La liquidation de la redevance est donc effectuée sur la base des éléments examinés ci-dessus.

L'ensemble de ces éléments d'assiette seront demandés aux bénéficiaires des autorisations d'occupation du domaine public qui rempliront une fiche à cet effet reprenant les éléments de taxation indiqués ci-dessus.

En ce qui concerne les anciennes autorisations, il conviendrait d'inviter les bénéficiaires des autorisations à se plier à cette formalité.

Pour la mise à jour de leurs fichiers, les agents locaux de l'assiette auront à procéder, dès l'entrée en vigueur de la nouvelle loi, à un recensement systématique des occupations imposables.

La loi prévoit par ailleurs que le recouvrement de la redevance doit être effectué dans les mêmes conditions que celles prévues pour la redevance d'occupation temporaire du domaine public communal pour un usage commercial, industriel ou professionnel examinée plus haut.

Par conséquent, **la redevance est perçue trimestriellement** et elle doit être acquittée à la caisse du receveur de la régie communale.

Exemple :

– Un store de croisées pour abriter occupe, devant une boutique 20 m².

– La valeur locative qui sert de base de calcul de l'impôt des patentes, telle qu'elle a été fixée lors du recensement des propriétés soumises à la taxe d'édilité, s'élève à 24 000 dirhams par an. La valeur locative trimestrielle est égale à 6 000 dirhams.

La loi prévoit pour cette nature d'occupation, établie au mètre carré, un taux d'imposition, par rapport à la valeur locative, égal à 0,10 %. Par conséquent, le redevable devra acquitter :

(6 000 x 0,10 %) x 20 m², soit 20 dirhams par trimestre.

Section XV

Taxe additionnelle à la taxe sur les contrats d'assurance

§1. Champ d'application

A la taxe sur les contrats d'assurances, prévue à l'annexe II du décret n° 2-58-1151 du 12 joumada II 1378 (24 décembre 1958) portant codification des textes sur l'enregistrement et le timbre, **s'ajoute une taxe additionnelle** qui est régie par la loi relative à la fiscalité des collectivités locales et de leurs groupements.

Cette nouvelle taxe additionnelle est gérée, pour le compte des collectivités locales et de leurs groupements, par l'administration chargée du recouvrement de la taxe sur les contrats d'assurances à savoir le service de l'enregistrement et du timbre.

La taxe additionnelle porte sur toutes les opérations soumises à la taxe sur les contrats d'assurances.

La taxe additionnelle est due par **les redevables de la taxe sur les contrats d'assurances.**

§2. Liquidation et recouvrement de la taxe

Les modalités régissant la liquidation, le recouvrement et le contentieux de la taxe sur les contrats d'assurances, s'appliquent à la taxe additionnelle **qui est égale à 15 % du montant de la taxe sur les contrats d'assurances**.

Le produit de la taxe additionnelle est versé, mensuellement, par le service de l'enregistrement et du timbre, à la caisse du trésorier général du royaume.

Chaque versement doit être effectué dans les 10 premiers jours qui suivent la fin de chaque mois.

Après chaque versement, le trésorier général doit affecter les montants encaissés **au compte spécial de dépenses sur dotation n° 36-09** relatif au fonds de développement des collectivités locales créé par le décret n° 2-76-578 du 5 chaoual 1396 (30 septembre 1976).

Le produit de cette taxe sera réparti au profit des communes.

Section XVI

Taxe sur l'extraction des produits de carrières

§1. Champ d'application

A. Les produits extraits assujettis à la taxe

Cette nouvelle taxe porte sur **les produits extraits des carrières** situées dans le territoire de chaque commune.

Par produits de carrières, il faut entendre les roches à usage ornemental et cosmétique, les variétés de marbre, les roches destinées à la construction et celles destinées à un usage industriel.

Le tableau ci-après énumère quelques produits de carrières visés par la loi :

Entre, également, dans le champ d'application de la taxe, le sable dragué à partir de la mer ou des oueds.

Gammes d'utilisation des roches	Roches utilisées
• Roches ornementales :	vanadinite, agate, corail, dolomie, émeraude, corindon (saphir, rubis...)
• Roches cosmétiques :	ghassoul...
• Marbres et roches de revêtement :	travertin, pyrophylite, calcaire serpentinisé, calcaire marmonisé, calcaire fossilifère, brèches calcaires calcaire oolithique, onyx, granite, diorite, basalte...
• Roches destinées à la construction ardoise	pierre, sable, gypse, tout-venant, argile, tuffes, terres réfractaires...
• Roches destinées à un usage industriel	calcaire, argile, pouzzolane, ocre, bentonite, kaolin, dolomite...

B. La taxe est due par l'exploitant autorisé, quel que soit le régime de propriété de la carrière.

Par régime de propriété de la carrière, il faut entendre **le régime d'appartenance de la carrière** qui peut relever de l'un ou l'autre des domaines ci-après :

- domaine collectif ;
- domaine public ;
- domaine des habous ;
- domaine du M.A.R.A. ;
- domaine communal ;
- domaine privé.

§2. La liquidation de la taxe

A. Assiette de la taxe

La taxe est due annuellement au profit des communes dans le territoire desquelles sont extraits les produits de carrières.

La taxe est assise sur les quantités de produits extraits exprimés en mètres cubes.

B. Tarif d'imposition

La taxe sur l'extraction des produits de carrières est calculée en appliquant aux différents produits de carrières les tarifs fixes ci-après :

- pour les roches à usage ornemental et cosmétique . . . 20 dirhams par m^3 extrait ;
- pour les variétés de marbre . . . . 15 dirhams par m^3 extrait ;
- pour les roches destinées à la construction . . . . . . 3 dirhams par m^3 extrait ;
- pour les roches destinées à un usage industriel . . . . 3 dirhams par m^3 extrait ;

§3. Déclaration et paiement de la taxe

Le redevable doit déposer une déclaration auprès de l'administration de la commune dans le territoire de laquelle sont extraits les produits de carrières.

La déclaration souscrite par le redevable doit comporter le nombre de m^3 par catégorie de produits extraits l'année précédente. Elle est établie sur un imprimé dont **modèle n° 29**.

La déclaration doit être déposée avant le 1er avril de chaque année.

La taxe est payée, spontanément, à la caisse du régisseur de la commune concernée, dans le même délai que celui prévu pour le dépôt de la déclaration examinée ci-après.

Le défaut de déclaration implique une pénalité égale au triple du montant des droits dus.

Déclaration tardive

Pour tout redevable qui dépose spontanément sa déclaration mais, **hors délai**, il est appliqué sur le montant de la taxe exigible **une majoration de 25 %**.

Exemple :

– montant de la taxe exigible .... 400 dirhams ;

– date de dépôt de la déclaration, prévue par la loi .... avant le 1er avril 1989 ;

– date à laquelle le redevable a déposé sa déclaration............. le 1er mai 1989.

Sanctions :

– majoration de 25 % .... (400 x 25 %) = 100 dirhams.

Ainsi, dans ce cas, le redevable sera tenu à payer, en plus du montant de la taxe exigible égal à 400 dirhams, un droit supplémentaire qui s'élève à 100 dirhams.

Indépendamment de la taxation d'office qui peut être encourue, les insuffisances constatées dans la déclaration sont sanctionnées par le paiement d'une majoration de 50 %.

Si on reprend les données de l'exemple précité, le redevable sera tenu à payer, en plus du montant de la taxe exigible égal à 400 dirhams, un droit supplémentaire qui s'élève à 200 dirhams.

§4. Contrôles

S'agissant d'une nouvelle taxe dont la matière imposable peut être répartie sur l'ensemble du territoire communal, il est recommandé aux ordonateurs communaux d'assurer.

Un recensement exhaustif de toutes les carrières se trouvant sur leur territoire et d'en contrôler l'exploitation notamment en se faisant communiquer les contrats de location liant les carrières aux propriétaires de terrains (domaines, terres collectives, habous, etc.).

Sixième partie

Face au fisc : entreprises et contrôleurs

Les droits et les obligations des uns et des autres

L'analyse des recours en matière fiscale revêt une importance capitale, car elle permet de rétablir et d'assurer le respect de la règle de droit. L'évolution du prélèvement fiscal au Maroc est dominée par une certaine instabilité. Les modifications fréquentes peuvent conduire à des difficultés d'application et d'interprétation des textes de lois. Cela pousse la direction générale de l'impôt (D.G.I.), à interpréter la loi fiscale et à fournir des explications dans le cadre d'instructions et de circulaires d'application qui peuvent être en contradiction avec la loi. Ceci provoque l'opposition des contribuables qui veulent s'assurer du respect de la loi fiscale, telle qu'elle a été votée par le législateur. Les positions de l'administration, de ses contrôleurs et des redevables, souvent contradictoires, mènent au contentieux.

En fait, l'organisation du contentieux fiscal vise l'instauration d'un équilibre entre **la contestation et l'acceptation de l'impôt par la société civile. Il y va des rapports de l'Etat avec les individus. Ces derniers sont à la fois souverains et enchaînés**.

Le contentieux fiscal vise la réalisation de plusieurs objectifs :

– équilibrer les pouvoirs de l'administration fiscale par des garanties et des voies de recours ;

– contrôler l'administration fiscale ;

– s'assurer de la légalité de l'impôt et du respect de la procédure ;

– mettre le contribuable devant ses obligations fiscales ;

– s'assurer de l'efficacité de l'appareil administratif chargé de l'établissement de l'assiette, de la liquidation de recouvrement de l'impôt.

Ces différents objectifs nécessitent l'organisation de deux éléments essentiels pour rétablir l'équilibre rompu par le pouvoir fiscal ;

– l'organisation **de recours administratifs** dans le cadre de procédures spécifiques destinées essentiellement à éviter de juridictionnaliser les conflits ;

– l'organisation **de recours juridictionnels** destinés à trancher définitivement les conflits au cas où le recours administratif se révèle insuffisant.

L'administration fiscale a évolué. Elle cherche de plus en plus à contrôler ses propres décisions afin de s'assurer de leur légalité. Ce n'est pas toujours facile, car l'enchevêtrement des interventions et des rôles complique le contrôle interne de l'administration fiscale sur ses propres décisions et diminue l'efficacité de son action. Cependant, il faut reconnaître que l'administration fiscale a davantage aujourd'hui un rôle de contrôle et de régulation et non plus un rôle essentiellement d'émission comme par le passé.

L'existence d'un service important chargé du contentieux administratif et judiciaire dénote les efforts et la volonté de l'administration fiscale de traiter et de trouver des solutions aux problèmes contentieux. La déconcentration des services fiscaux a aidé à améliorer l'efficacité des services extérieurs au niveau des régions. Ces derniers ont réussi à régler plus de 80 % des litiges pendant l'année 1999 (1), grâce à une meilleure restructuration de ses services et l'établissement d'un nouvel organigramme (p. 386).

Si l'administration fiscale, au niveau de la procédure administrative de règlement des litiges, considérée par beaucoup de contribuables comme juge et partie, on peut dire que lors du contentieux juridictionnel, le juge fiscal paraît plus neutre et plus indépendant. Il peut à ce titre imposer un contrôle judiciaire sur le comportement fiscal de la D.G.I. et sur son action lors de l'instruction et du jugement des affaires fiscales. Ce que l'on regrette par contre, c'est le manque de spécialisation des juges marocains qui recourent souvent aux experts. Ces derniers peuvent facilement les conduire à commettre des erreurs difficilement rattrapables.

Ceci dit, on peut affirmer valablement que l'entreprise dispose aujourd'hui de voies de recours qui lui permettent de mieux se défendre, mêmes si elles ne lui assurent pas la rapidité nécessaire. Ces voies de recours ont le mérite d'apaiser les tensions.

Aujourd'hui, les questions de droit sont tranchées par des juridictions spécialisées de façon claire entre contribuables et contrôleurs. Quant aux problèmes de fait, le bras de fer va perdurer jusqu'à ce que la bonne foi de l'un l'emporte sur celle de l'autre.

---

(1) Les services extérieurs sont compétents sans limite de montant pour prononcer les dégrèvements d'office en vue de réparer les erreurs matérielles, les faux emplois ou les doubles emplois.
En ce qui concerne le contentieux de droit ce sont les sous-directeurs régionaux et préfectoraux des impôts qui sont compétents pour prononcer les dégrèvements à hauteur de 100 000 Dh de droits en principal. (Ce seuil est de 200 000 Dh en ce qui concerne le SDR de la Wilaya du grand Casablanca). Les chefs de services régionaux ont la même délégation pour un montant de 50 000 Dh.

Organigramme de la D.G.I.

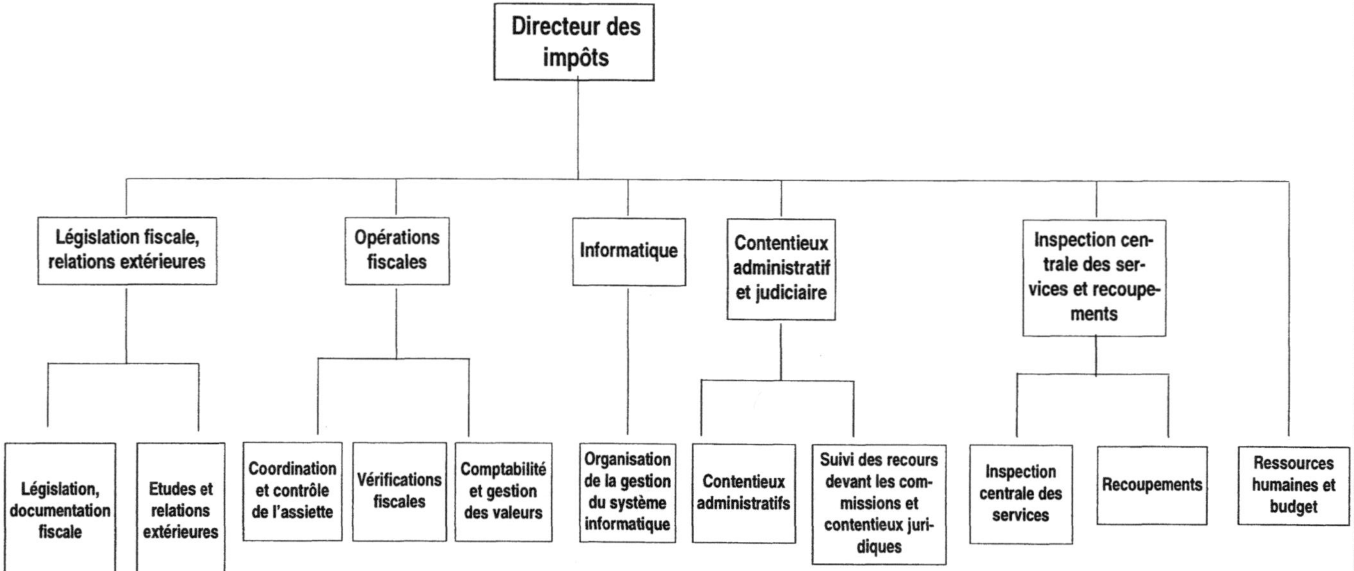

L'organigramme inclut également les autres services tels : enregistrement et timbres, I.G.R., études et prévisions fiscales, conventions fiscales internationales, relations publiques, organisation et méthode, brigade nationale de vérification, suivi des dossiers, suivi des gestions comptable et statistique, organisation du système informatique, etc.

Chapitre I

Les attributions fiscales de l'administration

Afin de répondre aux différents impératifs de la gestion fiscale, la DGI est dotée de prérogatives de puissance publique. Cela lui permet d'exercer son droit de contrôle et de communication ainsi que la rectification des impositions.

En cas d'infraction en matière de déclaration et de paiement de l'impôt, l'administration fiscale use de son droit de sanction.

Section I

Le droit de contrôle

« *Le combat du fisc contre la fraude ressemble à la lutte qui s'institue entre la cuirasse et le canon, le renforcement du blindage ne cessant de répondre à la puissance des explosifs* (1). »

Une fois la déclaration souscrite, l'agent du fisc devrait en principe procéder à un examen critique permettant de s'assurer de la sincérité de cette dernière.

« Le contrôle est à la fois le support vital du système déclaratif et le témoignage du caractère relatif de la déclaration (2). »

Pour assurer sa mission de contrôle, l'administration dispose de deux moyens principaux :

---

(1) *Cf.* Gabriel Ardant, *Histoire de l'impôt*, Fayard.

(2) Voir J.P. Casimir, *les Signes extérieurs de revenus*, LGDJ, 1979, Paris, p. 114.

– droit de communication ;
– droit de vérification.

Le droit de contrôle est prévu par la loi.

Droit de contrôle

Impôts	Obligations prévues par articles	Sanctions prévues par articles	N° loi
TVA	42	50	30-85
IGR	105	111	17-89
IS	33	47	24-86
TPA	8	10	18-88
TPPRF	articles 6 à 14 TPA	articles 6 à 14 TPA	article 6 LF 92
TPI	paragraphe 8	paragraphes 8-10	article 5 LF 78
PSN/TNB	paragraphe 20	paragraphe 23 articles 39-42-IS	article 1 LF 80
Patente	19 bis	20 à 23	dahir n° 1-61-442
TPCVM	art. 107 ou 108 IGR	art. 107 à 115 de l'IGR	17-89

§1. Droit de communication

Si les agents du fisc sont astreints à respecter la règle du secret professionnel vis-à-vis des tiers, ils ont en contrepartie le droit d'obtenir communication de certains documents pour assurer le contrôle de la sincérité des déclarations souscrites par les contribuables. Le droit de communication consiste à recueillir des informations dans les documents détenus par certaines personnes ou organismes en vue d'effectuer le contrôle des déclarations des contribuables. L'administration fiscale peut demander aux entreprises privées, aux administrations et établissements publics, de lui communiquer les documents et les livres comptables dont la tenue est rendue légalement obligatoire.

A. Entreprises soumises au droit de communication

Toute personne, physique ou morale, exerçant une activité passible d'impôts directs, **doit communiquer aux agents assermentés du fisc** ayant au moins le grade d'inspecteur-adjoint les documents et livres comptables dont la tenue est légalement obligatoire (1).

Le droit de communication ne peut pas être global c'est-à-dire porter sur l'ensemble du dossier **lorsqu'il s'agit des professions libérales** dont l'exercice implique le respect du secret professionnel et qui comportent des prestations de services à caractères juridique, fiscal ou comptable.

Le législateur a ainsi contraint l'administration à préciser le ou les documents dont la consultation est souhaitée préalablement à l'exercice de son droit de communication. Il ne peut donc être demandé à un assujetti agissant dans le cadre d'une profession libérale le dossier complet de l'un de ses clients.

B. Les administrations de l'Etat, les collectivités locales, les établissements publics et tout organisme soumis au contrôle de l'Etat

Les administrations et les établissements publics, doivent fournir toutes les communications nécessaires à l'administration fiscale dans le cas où cette dernière les réclame. **En aucun cas, les administrations publiques ne peuvent opposer à l'administration fiscale le secret professionnel.**

Droit de communication

Impôts	Obligations prévues par articles	Sanctions prévues par articles	N° loi
IS	36	48	24-86
TVA	39	51-53	30-85
IGR	106	111	17-89

((1) Ces documents doivent être conservés par l'entreprise pour une durée de 10 ans au lieu où elle est imposée.

Le droit de communication s'exerce normalement dans les locaux des assujettis concernés. Les redevables peuvent refuser de laisser les agents de l'administration fiscale emporter les documents comptables de l'entreprise. S'ils consentent à le faire, ils doivent réclamer un récépissé pour tout document confié aux agents du fisc. Les redevables doivent être informés du jour et de l'heure de l'exercice du droit de communication.

§2. Droit de vérification

A. Procédure normale

C'est le droit reconnu aux agents des impôts de vérifier les déclarations souscrites par les redevables. Ce droit trouve son fondement légal dans les dispositions de la loi qui font obligation aux assujettis de fournir aux agents assermentés du fisc, qui ont au moins le grade d'inspecteur-adjoint toutes les justifications et les informations nécessaires pour procéder au contrôle fiscal.

L'agent chargé du contrôle peut, de son bureau, procéder à un examen critique des déclarations à l'aide des renseignements et documents qui figurent dans les dossiers contrôlés. **C'est ce qu'on appelle le contrôle sur pièces.** Le contrôle sur pièces a pour but de redresser les erreurs, les inexactitudes ou dissimulations à partir de la déclaration elle-même et des documents figurant au dossier ou en la possession du service. Cette vérification permet de s'assurer que le revenu déclaré est cohérent avec ce que l'on sait du contribuable, et ce pour toutes les années non prescrites. Si l'agent du service n'arrive pas à cette conclusion, il lui appartient de prendre des mesures nécessaires pour passer au second stade du contrôle : la vérification de comptabilité. Lorsque les bases d'imposition sont établies à partir de documents comptables, l'administration en plus du simple examen du dossier, est habilitée à procéder à une vérification sur place de ces documents. Cela permet à l'agent du fisc de s'assurer que toutes les énonciations de la comptabilité correspondent bien à la réalité. **Si des doutes subsistent, le vérificateur peut étendre ses investigations en dehors même de la comptabilité. Pour s'assurer que tous les achats et ventes ont bien été comptabilisés**, l'agent du fisc peut être amené à procéder à un inventaire extra-comptable des quantités en stock. La **vérification de la comptabilité d'une entreprise peut entraîner l'examen de la situation personnelle de ses dirigeants ou principaux associés**, afin de vérifier s'il n'y a pas des incohérences entre les résultats de la vérification et le montant apparent des revenus dont ont bénéficiés les contribuables en cause.

La vérification de la comptabilité peut être effectuée par tout agent de la division des impôts dûment mandaté pour exercer cette mission.

1. Les garanties accordées au redevable vérifié

Si les obligations fiscales de l'assujetti sont nombreuses, en contrepartie, les garanties qu'il possède doivent être renforcées. Il importe de préciser tout d'abord que **les garanties sont réservées aux seules vérifications** et que les assujettis ne peuvent s'en prévaloir lorsque **l'administration procède à de simples recherches de renseignements en vertu de son droit de communication.**

L'entreprise dont la comptabilité est vérifiée doit être informée du début du contrôle par un **avis de vérification**, 15 jours au moins avant la date fixée pour le contrôle. **L'avis de vérification** doit être envoyé par lettre recommandée avec accusé de réception. Il doit normalement préciser les années soumises à vérification. Les lois relatives à l'IS, l'IGR et la TVA ne précisent pas si cet avis doit mentionner expressément la faculté pour le redevable de se faire assister par un conseil fiscal lors des vérifications. Toutefois, l'administration fiscale admet lors des vérifications la présence d'un conseil fiscal. Ce dernier peut même s'il est mandaté par le redevable vérifié, le remplacer en cas d'absence pendant le contrôle (1). **L'avis de vérification a un caractère impératif. Si le redevable n'accuse pas légalement réception de l'avis, la vérification est nulle. Il doit être motivé de manière à mettre le redevable en état de pouvoir formuler ses observations et faire connaître son acceptation.**

L'administration a le droit de procéder à un nouvel examen d'une comptabilité déjà vérifiée. Toutefois, elle ne peut modifier les impositions découlant du premier contrôle. **La vérification ne peut concerner une période couverte par la prescription**, à part si le redevable dispose d'un crédit de taxe trouvant son origine dans des périodes couvertes par la prescription. Indépendamment des garanties prévues par la loi, il serait souhaitable que l'administration remette à chaque redevable vérifié, une "charte" résumant la législation et la réglementation relatives au contrôle fiscal, ainsi que les droits et devoirs de l'administration fiscale et des assujettis (2).

---

(1) Cf. instruction générale sur la TVA, op. cit., p. 246.

(2) Pour plus de détails sur la « charte du contribuable vérifié », voir Pierre Courtois, *Face au fisc,* éd. Stock, 1976, p. 169 à 174.

2. La procédure d'exécution de la vérification

Quinze jours après l'envoi recommandé de l'avis de vérification adressé au redevable, l'agent du fisc peut commencer son travail de contrôle. La vérification a lieu chez le redevable ou au siège de l'entreprise. Le redevable n'est pas tenu d'envoyer ou d'apporter ses livres et documents comptables au bureau du vérificateur. **De son côté, le vérificateur ne peut les emporter qu'avec l'accord du redevable en lui remettant un reçu détaillé** de ces pièces dont l'administration devient dépositaire. Lorsque ces règles ne sont pas respectées, la vérification se trouve entachée d'irrégularité.

Comme nous l'avons déjà souligné **le redevable doit conserver pendant au moins 10 ans**, les doubles des factures de ventes ou des tickets de caisse, les pièces justificatives des dépenses et des investissements, le livre journal, les livres où sont enregistrés toutes les opérations.

3. Pouvoir d'appréciation de l'administration fiscale

Il appartient à l'administration d'apprécier les bases d'imposition des redevables. Lorsque l'agent du fisc décèle des irrégularités, "la valeur probante de la comptabilité" est mise en cause, l'administration peut alors déterminer la base d'imposition d'après les éléments dont elle dispose.

Sont considérées comme irrégularités graves d'après les dispositions de l'article 38, premier alinéa (TVA) :

- « Le défaut de présentation d'une comptabilité tenue conformément aux dispositions de l'article 36. »
- L'absence d'inventaires prévus par la législation en vigueur ;
- La dissimulation d'achats ou de ventes établie par l'administration.
- Les erreurs, omissions ou inexactitudes graves et répétées constatées dans la comptabilisation des opérations.
- **L'absence de pièces justificatives** privant la comptabilité de toute valeur probante.
- La non comptabilisation d'opérations effectuées par le redevable.
- La comptabilisation d'opérations fictives.

Lorsque **le rejet de comptabilité** est prononcé, les procédés de détermination de la base d'imposition ne trouvent plus leurs sources dans la loi, mais dans la

Pièces justificatives de dépenses

Impôts	Obligations prescription prévues par articles	Sanctions prévues par articles	N° loi
IS	32	8-47-49 bis	24-86
TVA	40	49 bis	30-85
IGR	29-30	16-33-111 bis	17-89

pratique administrative et doivent s'adapter aux conditions propres à chaque affaire. Si le vérificateur a des raisons sérieuses de contester la sincérité d'une comptabilité apparemment régulière, **il ne peut dans cette hypothèse rectifier les bases d'imposition que dans le cadre de la procédure contradictoire de redressement**. Cette procédure permet au redevable de recevoir de l'agent du fisc des explications suffisantes lui permettant de comprendre le bien-fondé des méthodes utilisées par l'administration fiscale. Le vérificateur peut utiliser divers procédés, notamment celui qui consiste à reconstituer le montant des recettes dissimulées en appliquant un coefficient de bénéfice brut sur achats ou prix de revient des marchandises vendues.

4. Conclusion de la vérification

La vérification peut aboutir à deux résultats :

– Si l'inspecteur-vérificateur conclut qu'il n'y a pas d'anomalie pour ce qui est de la détermination du résultat fiscal en matière d'IS du revenu professionnel ou global en matière d'IGR et de la taxe dûe en matière de TVA, il prend normalement la décision de ne pas rectifier les impositions initiales et doit le faire savoir au redevable par lettre recommandée avec accusé de réception.

– Si au contraire, la vérification de l'entreprise aboutit à la constatation d'anomalies, **l'inspecteur-vérificateur doit procéder au redressement des impositions initiales**. Pour cela, il doit aviser le redevable par une lettre recommandée avec accusé de réception en **expliquant les motifs du redressement effectué**, ainsi que le montant détaillé par chef de rappel et par année. **Le redevable dispose d'un délai de 30 jours pour faire parvenir à l'administration fiscale dont il dépend ses observations.** La notification au redevable des éléments qui ont permis à l'inspecteur-vérificateur d'opérer le redressement est une formalité essentielle. Son omission peut rendre la procédure de redressement irrégulière.

La notification de redressement peut produire trois effets :

• **Interruption du délai de prescription**. Cette interruption fait courir un délai de même nature et de même durée que celui interrompu.

• Ouverture d'un délai de réponse de 30 jours à dater de la réception de la notification. **Si l'assujetti ne fait pas parvenir ses observations, les bases d'impositions notifiées sont retenues d'office**. Si au contraire, l'assujetti répond dans le délai légal en acceptant certains chefs de redressement et en contestant d'autres, **un dialogue s'ouvre entre l'inspecteur-vérificateur et le redevable**. Ce dialogue aboutit à une deuxième notification sur la base des chefs de redressement acceptés par le redevable, e**n respectant le délai de 60 jours prévu par la loi**.

• **Fixation des limites de l'imposition**. L'administration ne peut procéder à une nouvelle vérification concernant la même période et les mêmes opérations taxables (article 42).

B. Procédure accélérée (Art. 47 TVA et art. 42 IS)

Si le redevable qui a cessé ses activités, ne souscrit pas une déclaration contenant les indications nécessaires à la liquidation de l'impôt, une procédure de rectification accélérée est applicable. **L'imposition retenue est notifiée au redevable qui dispose d'un délai de 30 jours pour formuler ses observations et s'il y a lieu des justifications**.

Si la réponse du redevable n'arrive pas dans le délai prescrit, l'imposition retenue par l'agent du fisc devient définitive et ne peut être contestée que par voie contentieuse, selon les dispositions légales.

Si le redevable fait parvenir ses observations dans le délai prescrit et qu'il ne parvient pas à convaincre l'inspecteur du bien-fondé de sa position, ce dernier établit l'imposition selon les éléments dont il dispose. Le redevable a la possibilité de contester la décision de l'inspecteur de l'administration fiscale dans les deux mois qui suivent la mise en recouvrement, devant la commission locale de taxation.

Section II

Le pouvoir de sanction à l'encontre de l'entreprise

Le pouvoir de contrôle de l'administration trouve son prolongement naturel et nécessaire dans un pouvoir de sanction. A côté des sanctions fiscales, des sanctions pénales ont été prévues par la loi de finances de 1996 (1).

§1. Les sanctions fiscales

Les sanctions fiscales, sanctions pécuniaires appliquées par l'administration, en vertu de la loi, sont principalement constituées par des majorations de droits, des intérêts ou indemnités de retard et des amendes fiscales. Lorsque l'administration applique une sanction, elle doit motiver sa décision par écrit, en indiquant les considérations de droit et de fait qui en constituent le fondement.

Les sanctions fiscales sont établies en fonction de la bonne ou de la mauvaise foi du redevable. **La règle en la matière est que la bonne foi est présumée**. Si l'administration entend appliquer les sanctions en cas de mauvaise foi, il lui appartient d'établir celle-ci pour chaque chef d'insuffisance. La mauvaise foi peut être démontrée par l'existence de manœuvres frauduleuses, d'insuffisances, d'inexactitudes ou d'omissions. Les infractions prévues et sanctionnées par la loi sont établies par tous les moyens de preuves de droit commun et constatées par des procès-verbaux dressés par les agents compétents des impôts sur le chiffre d'affaires.

Les pénalités prévues par la loi s'articulent autour de :

1. Majorations

Exemple de majoration TVA

En cas de retard n'excédant pas un mois, dans le dépôt de la déclaration et le paiement de la taxe, les droits sont majorés de 10 % au niveau de la TVA et de 15 % au niveau de l'IS.

Exemple relatif à la TVA :

Si la date d'échéance du dépôt d'une déclaration, pour le paiement d'un impôt dont le montant est de 1 800 Dh, par exemple, est le 31 mai pour les

---

(1) *B.O.* n° 4391 bis, du 1/7/1996. Les dispositions de la loi sont applicables aux faits commis à compter du 1/7/1997.

opérations réalisées au mois d'avril et que la déclaration n'est souscrite que le 30 juin, le fisc procède à une majoration de 10 %. **Le retard n'ayant pas excédé un mois, la somme à verser au Trésor sera de 1 800 + 180 = 1 980 Dh.**

2. Amende variable entre 25 et 100 % du montant de la taxe fraudée

Variant en fonction de la bonne ou mauvaise foi du redevable, cette amende s'applique aux infractions suivantes :

- défaut de déclaration du chiffre d'affaires ;
- retard excédant un mois dans le dépôt de la déclaration et le paiement de la taxe exigible ;
- l'omission, l'insuffisance ou la minoration dans des déclarations de recettes ou d'opérations taxables ;
- déduction abusive ;
- manœuvre tendant à obtenir indûment le bénéfice d'exonération ou de remboursement.

3. Majoration de retard

Le 3e alinéa de l'article 48 précise :

« Lorsque les impositions sont émises par état de produits, il est appliqué, en outre, un supplément de 3 % par mois de retard et de 1 % par mois ou fraction de mois supplémentaire écoulé entre la date d'exigibilité de l'impôt et celle de l'émission de l'état de produit. »

L'indemnité de retard est calculée par période de 30 jours, toute période d'un mois commencé, étant retenue entièrement.

Exemple :

Soit un redevable de la TVA, devant acquitter la taxe due au titre d'avril, d'un montant de 1 740 Dh. L'indemnité de retard sera égale à 3 % si le paiement intervient après le 31 mai, soit 1 740 + 52,2 = 1 792,2 Dh. Si le paiement n'intervient que le 31 juillet l'indemnité sera de :

1 740 + (1 740 x 5 %) = 1 827 Dh

4. Amende pour fraude et complicité de fraude

Amende d'un minimum égal à 1 000 Dh et d'un maximum de 100 % du montant de la taxe éludée.

Cette amende est infligée à toute personne convaincue d'avoir participé à des manœuvres frauduleuses destinées à éluder le paiement de la taxe. L'assistance portée à des assujettis en vue de les aider à éluder le montant de la taxe est passible des mêmes pénalités.

Amende de 2 000 Dh et astreinte de 100 Dh par jour de retard dans la limite de 100 Dh.

Cette amende s'applique dans les cas suivants :

– défaut de présentation d'une comptabilité régulière ;

– refus de se soumettre au contrôle fiscal prévu à l'article 42 de la loi ;

– défaut de production par les redevables soumis au régimes du bénéfice net réel en matière d'impôts directs, dans les trois mois qui suivent la clôture de l'exercice, d'une copie du bilan, du compte d'exploitation, de compte, de résultat et des Etats de synthèse (tableau des amortissements, tableau des provisions, tableau des baux et locations, tableau des biens acquis en crédit-bail, tableau répartition du capital, etc.).

Sachant que la TVA est l'un des impôts des plus fraudés dans les pays qui ont adopté cette forme d'imposition du chiffre d'affaires, on peut noter l'insuffisance des sanctions fiscales et l'inexistence des sanctions pénales.

Amendes pour complicité de fraude

Impôts	Sanctions prévues par articles	N° loi
IGR	112	17-89
TVA	49	30-85
IS	50	24-86
PSN/TU	paragraphe 25 PSN	article 1 LF 1980
PSN/TNB	paragraphe 25 PSN	article 1 LF 1980

Sanctions fiscales : tableau synoptique (1) TVA

Infractions	Articles concernés	Sanctions
• La déclaration mensuelle (trimestrielle) doit être souscrite avant l'expiration du mois suivant la période en cause, la taxe correspondante doit être versée dans le délai.	Article 48 1°	Majoration de 10 % du montant des droits dus.
• Taxe déclarée et réglée en dehors de ce délai sans que ce retard n'excède un mois. • Défaut de déclaration de chiffre d'affaires. • Retard excédant un mois dans le dépôt de ces déclarations ou dans le paiement de la taxe exigible. • Omission. • Insuffisance. • Minoration dans les déclarations de recettes ou d'opérations taxables. • Déduction abusive. • Manœuvre tendant à obtenir indûment le bénéfice d'exonération ou de remboursements.	Article 48 2° et 3°	Amende égale au moins à 25% et à 100% au maximum des droits dus. + Supplément de 3%pour le 1er mois de retard eet de 1% par mois ou fraction de mois supplémentaire écoulé entre la date d'exigiblité de l'impôt et celle de l'émission de l'atat de produits sur lequel figure l'imposition en cause.
• Toute personne convaincue d'avoir participé aux manœuvres destinées à éluer le paiement de la taxe, assisté ou conseillé les parties dans l'exécution de telles manœuvres.	Article 49	Amende égale au minimum à 1 000 Dh et au maximum à 100% du montant de la taxe éludé.
• Défaut de présentation des documents comptables dans les délais prescrits par la loi (15 jours suivant la date de la 2e lettre mise en demure de l'administration). • Défaut de justifications de présentation de ces documents comptables.	Article 50 2° alinéa	Amende de 2 000 Dh. Astreinte de 100 Dh par jour de retard dans la limite de 1 000 Dh.
• Opposition à l'exercice du droit de communication prévu par l'article 39.	Article 50 3° alinéa Article 51	Amende de 2 000 Dh. Astreinte de 100 Dh par jour de retard dans la limite de 1 000 Dh.

A la différence des pénalités fiscales, dont la portée demeure limitée au contribuable, le législateur a prévu des sanctions pénales qui, comme le souligne P. Courtois permettent de concilier « l'effet coercitif au niveau de l'individu et dissuasif sur le plan de la collectivité (2). »

Les poursuites judiciaires relèvent désormais de la compétence des juges (3).

(1) *Cf.* instruction générale sur la TVA, *op. cit.*, p. 290 et 291.

(2) *Cf.* P. Courtois, *face au fisc, op. cit.*, p. 187.

(3) Le recouvrement des créances de l'Etat est actuellement réglementé par deux dahirs (dahir du 21 août 1935 et dahir du 22 novembre 1924) dont l'hétérogéneité conduit à une grande confusion. Cette confusion doit normalement disparaître, dès la mise en vigueur du nouveau code de recouvrement des créances de l'Etat.

L'élargissement du contrôle fiscal, l'adoption de sanctions fiscales et pénales sévères, posent cependant un problème d'équilibre entre une administration disposant des privilèges et prérogatives de puissance publique et des contribuables souvent mal informés et dont il faut garantir les droits.

Sanctions fiscales : tableau synoptique (1) IGR

Les articles les plus cités sont les articles 37-103-109-110-111-111 bis

	Libellé des articles	**Articles**
1	Charges non déductibles en totalité ou en partie	16
2	Pouvoir d'appréciation de l'administration	33
3	Déclaration des rémunérations versées à des tiers	36
4	Sanctions: retenue à la source	37
5	Taxation d'office	79
6	Procédure de vérification des impositions	80
7	Sanctions des employeurs et débirentiers	81
8	Imposition d'office	103
9	Procédure de rectification des impositions en cas de départ ou de décès	108
10	Infractions en matière de déclaration et de paiement de l'impôt	109
11	Amende pour déclaration comportant des inexactitudes	110
12	Sanctions relatives au droit de contrôle et de communication	111
13	Sanctions pénales	111 bis
14	Amende pour complicité de fraude	112

§2. Les sanctions pénales (articles 12, 13 et 14 de la L.F. 1996-1997) (2)

Indépendamment des sanctions fiscales édictées par la présente loi, est punie **d'une amende de 5 000 à 50 000 dirhams**, toute personne qui en vue de se soustraire à sa qualité de redevable ou au paiement de l'impôt ou en vue d'obtenir des déductions ou remboursements indus, utilise l'un des moyens suivants :

(1) *Cf. Sanctions fiscales*, Jamal Laouina, éd. Chatr S.A., Marrakech.

(2) *Cf.* rapport de la commission des finances 1996-1997, établi par nos soins, Chambre des représentants avril-juin, 1996.

Impôt sur les sociétés loi n° 24-86
Sanctions

Les articles les plus cités sont les articles 28 et 49 bis

	Libellé des articles	Articles
1	Charges non déductibles	8
2	Taxation d'office	29
3	Pouvoir d'appréciation de l'administration	35
4	Notification préalable et contestation	39
5	Procédure accélérée de rectification des impositions	42
6	Sanctions pour infraction en matière de déclaration d'existence ou de transfert de siège	43
7	Sanctions en matière de déclaration du résultat fiscal	44
8	Sanctions pour défaut ou insuffisance de versement de l'impôt	45
9	Sanctions en matière de déclaration des rémunérations allouées à des tiers	46
10	Obligations concernant les sociétés à prépondérance immobilière	46 bis
11	Sanctions pour infractions aux dispositions relatives au droit de contrôle	47
12	Infractions aux dispositions relatives au droit de communication	48
13	Infractions aux dispositions relatives à la retenue à la source	49
14	Sanctions pénales	49 bis
15	Sanctions pour complicité de fraude	50

– délivrance ou production de factures fictives ;
– production d'écritures comptables fausses ou fictives ;
– ventes sans facture de manière répétitive ;
– soustraction ou destruction de pièces comptables légalement exigibles ;
– dissimulation de tout ou partie de l'actif de la société ou de l'entreprise ou augmentation frauduleuse de son passif en vue d'organiser son insolvabilité.

En cas de récidive, avant l'expiration d'un délai de cinq ans qui suit un jugement de condamnation à l'amende précitée, ayant acquis l'autorité de la chose jugée, le contrevenant est puni, outre l'amende prévue ci-dessus, **d'une peine d'emprisonnement de 1 à 3 mois**.

Les infractions prévues sont constatées par procès-verbal établi par deux agents de l'administration fiscale, ayant au moins le grade d'inspecteur, spécialement commissionnés à cet effet et assermentés conformément à la législation en vigueur.

Quelque soit le statut juridique du redevable, **la peine d'emprisonnement** prévue ci-dessus ne peut être prononcée qu'à l'encontre de la personne physique qui a commis l'infraction ou à l'encontre de tout responsable s'il est prouvé que l'infraction a été commise sur ses instructions et avec son accord. Est passible de la même peine, toute personne convaincue d'avoir participé à l'accomplissement des faits précités, assisté ou conseillé les parties dans leur exécution. Les infractions visées au présent article ne peuvent être constatées que lors d'un contrôle fiscal.

La plainte tendant à l'application des sanctions prévues à l'article 49 bis de la TVA doit, au préalable, être présentée par le ministre des finances ou la personne déléguée par lui à cet effet, à titre consultatif, à l'avis d'une commission des infractions fiscales présidée par un magistrat et comprenant deux représentants de l'administration fiscale et deux représentants des redevables choisis sur des listes présentées par les organisations professionnelles les plus représentatives. Les membres de la commission sont désignés par arrêté du premier ministre.

Après consultation de la commission précitée, le ministre des finances ou la personne déléguée par lui à cet effet, peut saisir de la plainte tendant à l'application des sanctions pénales prévues à l'article 49 le procureur du Roi compétent à raison du lieu de l'infraction.

Les sanctions pénales viennent se superposer à un ensemble de règles dissuasives qui existent déjà. Le conflit entre la norme fiscale et la norme comptable à ce niveau se consume. Il est des choses que la comptabilité tolère mais que le fisc réprime car elles se traduisent par des pertes de recettes pour le Trésor.

Impôts	**Sanctions prévues par articles**	**N° loi**
IS	49 bis-49 ter	24-86
IGR	111 bis-111ter	17-89
TVA	49 bis-49ter	30-85

Section III
Le pouvoir de rectification des impositions

L'administration fiscale peut être amenée à apporter des rectifications d'impositions, soit à la suite d'une réclamation du redevable qui introduit un recours gracieux devant l'administration, soit à la suite des contrôles exercés par l'administration. La procédure de rectification peut être aussi imposée à l'administration, soit par les commissions de taxation soit par un tribunal administratif.

§1. Recours fiscal devant l'administration

Ce type de recours préalable interpelle l'administration. Les dispositions de la loi permettent au redevable d'adresser une réclamation au directeur des impôts.

La réclamation adressée au directeur des impôts, peut viser l'un des objectifs suivants :

- rectification des impositions mises à la charge du redevable, dans le cas où ce dernier estime avoir été surtaxé, imposé à tort ou avoir effectué des versements indus ;
- bénéfice d'un droit résultant d'une disposition légale ou réglementaire ;
- solliciter à titre gracieux la réduction ou la décharge du principal et des pénalités ou majoration de retard.

A partir de la date de paiement de l'impôt contesté ou de la mise en recouvrement, **le redevable dispose des quatre mois qui suivent celui de la mise en recouvrement du rôle (IGR)** pour adresser sa réclamation, **formulée par écrit sous la forme d'une lettre**, au directeur des impôts. Le contenu de la réclamation doit faire apparaître les arguments pour appuyer ou justifier la requête du redevable, et faire apparaître clairement les éléments sur lesquels porte la contestation. La réclamation doit porter la signature du redevable ou d'une personne dûment mandatée par lui.

Pour faire l'objet d'une instruction, avant la décision la réclamation ne doit être entachée ni de déchéance (inobservation de délai), ni d'un vice de forme. En cas de rejet, la décision motivée, est adressée au redevable. Lorsque la réclamation respecte les règles de forme, l'agent instructeur se livre à un examen de fond de cette dernière.

L'agent instructeur doit ainsi vérifier, **l'exactitude des faits** exposés dans la réclamation et examiner **le bien-fondé des motifs de droit** invoqués par le réclamant. Lorsque l'agent termine l'instruction de la réclamation, il doit la transmettre **selon les niveaux de compétence de décision en la matière (1).**, accompagnée d'un rapport appelé "fiche de renseignements". La "fiche de renseignements" doit porter l'avis motivé sur la suite à donner à la réclamation (rejet ou admission). Le directeur des impôts dispose d'un délai de six mois pour se prononcer sur la réclamation. La décision prise par le directeur des impôts doit être notifiée avant l'expiration de ce délai. **En cas de rejet, en cas d'omission du bien-fondé de la réclamation**, il est établi en faveur du redevable, soit un ordre de restitution, soit un titre de dégrèvement du montant de l'impôt.

§2. La procédure normale de redressement

Lorsque la comptabilité de l'entreprise révèle de graves irrégularités, le vérificateur est en droit d'effectuer les redressements nécessaires. Il doit adresser une notification à l'entreprise concernée par lettre recommandée avec accusé de réception, contenant **les motifs de fait et de droit**, ainsi que la nature et le montant de chaque chef de redressement. L'entreprise dispose alors d'un **délai de 30 jours** pour faire valoir ses observations et formuler ses réponses et éventuellement des justifications.

Les observations de l'entreprise doivent être formulées par écrit, dûment signé par le représentant légal de l'entreprise et adressé à l'inspecteur dans le délai imparti. Si l'inspecteur est convaincu par les arguments de l'entreprise, il doit en principe abandonner le redressement envisagé. Dans le cas contraire, l'inspecteur notifie à l'entreprise par lettre recommandée avec accusé de réception, dans **un délai maximum de 60 jours**, les motifs de son rejet, partiel ou total, ainsi que la base d'imposition qui lui paraît devoir être retenue de façon définitive. L'entreprise a la possibilité de se pourvoir devant la commission locale de taxation (article 40 de l'IS), dans un délai de trente jours, suivant la date de réception de la deuxième notification.

L'inspecteur reçoit les réclamations adressées à **la commission locale de taxation** et notifie les décisions de celle-ci au contribuable par lettre recommandée avec accusé de réception.

---

(1) Selon les niveaux de compétence la décision doit être transmise soit au chef de service régional, soit au sous-directeur régional au prefectoral ou enfin à la direction centrale.

Les décisions de la commission locale de taxation peuvent faire l'objet, soit par le contribuable soit par l'administration, d'un recours devant **la commission nationale du recours fiscal** (art. 41 de l'IS). Si un désaccord persiste, le contribuable pourrait aisément saisir **la voie de recours juridictionnelle que sont les tribunaux administratifs**.

§3. Procédure accélérée de rectification des impositions

Cette procédure est engagée dans le cas de cession, cessation ou transformation de la forme juridique d'une société ou la création d'une personne morale nouvelle entraînant l'exclusion du domaine de l'IS.

A la différence de la procédure normale, le recours devant la commission locale ne peut avoir lieu qu'après la mise en recouvrement de l'impôt supplémentaire proposé dans le cadre de la deuxième notification.

§4. La taxation d'office

La société qui n'a pas souscrit la déclaration de son résultat fiscal ou de son chiffre d'affaires, dans les délais prévus aux articles 27 et 28 de l'IS est invitée, par lettre recommandée avec accusé de réception, à déposer cette déclaration dans le délai de 30 jours suivant la date de la réception de ladite lettre.

Si la société ne dépose pas sa déclaration dans le délai de 30 jours précité, l'administration l'informe, par lettre recommandée avec accusé de réception, des bases qu'elle a évaluées et sur lesquelles la société sera imposée d'office si cette dernière ne dépose pas sa déclaration dans un deuxième délai de trente jours suivant la date de la réception de ladite lettre d'information.

Les droits résultant de cette taxation ainsi que les majorations y afférentes sont émis par voie de rôle et ne peuvent être contestés que dans les conditions prévues à l'article 52 de l'IS.

Cette taxation d'office tient compte des versements spontanés effectués, éventuellement, par la société avant l'émission du rôle. L'imposition établie d'office est exécutoire, sauf appel par voie de réclamation contentieux. Elle est assortie de pénalités.

Section IV
Action en recouvrement

Le recouvrement des recettes fiscales procède d'un certain nombre de formalités qui vont de la mise en recouvrement de la créance à l'apurement des sommes à la charge du redevable. Lorsque le contribuable n'acquitte pas dans les délais légaux les taxes dont ils est redevable, **les agents de l'administration peuvent** engager des poursuites à son encontre.

§1. Les poursuites (Dahir du 21 août 1935)

Les poursuites ne sont généralement engagées par le percepteur qu'après la date d'application de la majoration de 10 %. Avant l'engagement des poursuites proprement dites **le percepteur adresse au contribuable une lettre de rappel**. La lettre de rappel doit précéder d'au moins vingt jours **le commandement c'est-à-dire la notification du premier acte de poursuite**. Le commandement s'analyse en une mise en demeure notifiée au redevable d'avoir à acquitter le montant de sa dette dans un délai de vingt jours sous peine **d'y être contraint par la saisie ou la vente forcée de ses biens**. Le commandement entraîne des frais à la charge du redevable. Si dans un délai de vingt jours de la notification du commandement, le redevable n'a pas acquitté sa dette, le percepteur peut procéder à la saisie de ses biens. **La saisie porte sur tous les meubles et effets appartenant au redevable et trouvés sur les lieux**. Certains objets sont déclarés néanmoins insaisissables par la loi (article 315 du code de procédure civile).

Il existe une autre forme de poursuite très coercitive : **l'incarcération pour dette fiscale. Le Dahir du 6 mars 1961** met à la disposition du percepteur la possibilité de demander l'incarcération du redevable. Cette procédure dérogatoire du droit commun est entourée d'un certain nombre de conditions destinées à protéger le redevable en particulier : visa obligatoire du receveur des finances de la circonscription, accord de l'autorité locale, rappel avant incarcération, etc. **L'incarcération ne libère pas pour autant le redevable de sa dette**.

§2. La prescription des créances fiscales

Le percepteur qui n'a fait aucune poursuite contre un redevable retardataire **pendant quatre ans** à partir du 1er janvier de l'année au titre de laquelle la taxe est due, **est déchu de tout droit et de toute action. Il y a prescription**.

§3. La réforme du code de recouvrement des créances publiques

Le parlement a adopté un nouveau code de recouvrement des créances publiques (1). Ce nouveau code modernise la législation économique, puisque les textes en vigueur dans ce domaine datent de la période du protectorat.

(1) Ce code a pris beaucoup de temps à cause précisement du système de la navette entre les deux chambres et a fini par être adopté le 3 janvier 2000. Sa promulgation est imminente. *Cf. la Vie économique* du 7 janvier 2000.

L'objectif principal du nouveau code de recouvrement est de créer un nouveau climat de transparence et de confiance, entre l'administration et les opérateurs économiques. Il vise également à alléger et à simplifier les procédures dans le cadre du respect des droits de l'homme. En cas de saisie, le contribuable sera autorisé à vendre lui-même ses biens, s'il le souhaite. Il a le droit désormais de choisir les biens à vendre en priorité pouvant ainsi conserver ceux qui ont une valeur affective.

Il est interdit de saisir le logement qui abrite la famille, s'il a le caractère d'un logement économique, dont la valeur ne dépasse pas 200 000 Dh. Il est également interdit de saisir le matériel des handicapés ou celui nécessaire aux soins des malades.

L'innovation majeure réside dans un réaménagement de la procédure de contrainte par corps. Cette dernière, est utilisée comme ultime recours. Elle est désormais du seul ressort de la justice et non plus de l'administration. Cette dernière doit dorénavant saisir la justice pour toute créance atteignant 8 000 Dh au lieu de 1 000 Dh auparavant.

La contrainte par corps ne peut être effectuée contre les jeunes mineurs et les femmes qui allaitent.

Les intérêts du trésor sont également préservés. Le système de majoration qui fonctionnait dans les anciens textes avec un taux de 3 % pour le premier mois de retard et 1 % pour les mois qui suivent, a été abandonné. **Le nouveau texte a adopté un taux unique de 8 % pour les impôts et taxes et 6 % pour les autres créances publiques**.

Pour ceux qui organisent délibérément leur insolvabilité, ils sont passibles du délit pénal : « toutes manœuvres ou actes entrepris dans le but de soustraire les biens du redevable, qui constituent le gage du trésor, à l'action de recouvrement des créances publiques. »

La nouvelle loi privilégie les règlements à l'amiable, même dans le cas extrême de la saisie. En outre, l'administration est sollicitée de manière légale à accepter des règlements par tranches en cas de difficultés financières chez le redevable.

Par ailleurs, le responsable qui n'a pas payé ses impôts sera suspendu de ses fonctions, comme le précise l'article 142 bis. Il ne peut exercer une mission officielle ou représentative. Cette incompatibilité ne peut être levée que suite au règlement des sommes dues.

Le nouveau code vise à améliorer l'environnement de l'entreprise, qui dispose désormais d'un tableau de bord clair et d'une réglementation précise à observer.

Chapitre II

Les droits et les garanties accordés à l'entreprise

L'entreprise bénéficie de droits et de garanties accordés par le législateur, afin d'introduire un certain équilibre dans les relations entre contribuables et contrôleurs.

Section I

La prescription du pouvoir de reprise de l'administration

L'administration fiscale n'a pas matériellement la possibilité de vérifier la sincérité des déclarations de tous les assujettis chaque année. Il convient donc **d'accorder aux vérificateurs un délai, dit de reprise, ou de répétition** pour réparer les omissions, totales ou partielles, les erreurs ou les insuffisances commises dans l'établissement de l'impôt. D'un autre côté, ou ne peut demander à l'entreprise de fournir des justifications correspondant à une situation trop ancienne ou de payer des arriérés d'impôt accumulés pendant de nombreuses années. Cela peut être à l'origine de pires difficultés pour l'entreprise. **C'est donc pour éviter la menace permanente d'un rappel d'impôt que le législateur a prévu la prescription du droit de reprise au bénéfice de l'entreprise à l'encontre du Trésor**.

En principe, le délai de reprise permet à l'administration de remettre en cause des impositions déjà établies ou d'établir de nouvelles impositions en cas de défaut de déclaration ou de versement spontané de l'impôt. **Le délai de reprise** expire en principe le 31 décembre de la quatrième année suivant celle de la clôture de l'exercice.

L'expiration de ce délai de reprise empêche l'administration d'établir une imposition supplémentaire à part si **une notification de redressement vient interrompre ce délai** (1). Le délai de reprise peut être également interrompu dans la mesure où les périodes non prescrites.

Le délai de prescription peut être suspendu entre la date de saisine de la commission locale de taxation à la fin du troisième mois où normalement doit intervenir soit la décision de la CLT devenue définitive, soit la décision prise en dernier ressort par le CNRF.

Section II

La relativité du droit de compensation de l'administration

L'administration a le droit d'opposer la compensation, nonobstant l'expiration du délai de prescription, entre les dégrèvements reconnus justifiés et les omissions ou insuffisances constatées lors de la réclamation contentieuse (2).

Cependant, le droit de compensation **souffre de certaines limites** qui protègent l'entreprise contre l'utilisation abusive de ce droit. En effet, l'entreprise **bénéficie d'un droit d'information** par lettre recommandée avant que l'administration puisse opérer toute compensation. Ce droit d'information donne à l'entreprise la possibilité de produire ses observations ou de contester l'imposition (art. 52 de l'IS), dans un délai de trente jours. Si l'entreprise ne répond pas dans le délai imparti ou si un accord intervient entretemps, l'administration peut exercer son droit à la compensation. Ce dernier est aussi limité par le délai de prescription vis-à-vis de l'entreprise.

---

(1) La prescription est interrompue par la notification suite à la vérification prévue aux articles 39 et 42 de l'IS.

(2) *Cf.* Gilbert Tixier et Buy Gest, *Droit fiscal*, éd. LGDJ, 1978, p. 179 à 184.

Section III

Le secret fiscal (art. 56 de l'IS)

Les fonctionnaires des impôts ont accès à des renseignements confidentiels, la plupart d'ordre patrimonial. Le législateur a imposé aux agents du fisc le respect du secret professionnel en ce qui concerne les renseignements recueillis auprès de l'entreprise. Les membres des CLT ou de la CNRF, sont également tenus de respecter le secret professionnel.

Le non respect du secret professionnel par les agents du fisc est considéré comme un délit pénal.

Les sanctions prévues dans ce domaine sont de 1 à 6 mois d'emprisonnement et d'une amende de 120 à 1 000 Dh.

L'entreprise bénéficie de certaines garanties comme on vient de le voir, mais elle a également des obligations.

Section IV

Les obligations de l'entreprise

Les obligations de l'entreprise sont de deux ordres : l'obligation de déclaration et l'obligation comptable.

§1. L'obligation de déclaration

L'entreprise doit opérer quatre types de déclarations selon les circonstances. **Toute société doit déclarer son existence**, qu'elle soit soumise ou non à l'impôt (art. 26 de l'IS), qu'elle soit nationale ou étrangère. L'entreprise ne déclare le transfert de son siège que si elle est passible de l'impôt sur les sociétés.

L'entreprise doit également déclarer son résultat fiscal et son chiffre d'affaires. En cas de cessation, fusion, scission ou transformation de société, **l'entreprise doit déclarer le résultat fiscal de la dernière période d'activité**. Si l'entreprise alloue à des contribuables inscrits à l'impôt des patentes ou à l'impôt sur les sociétés, des honoraires, commissions, courtages, etc., la partie versante a l'obligation de déclarer les rémunérations versées à des tiers. Cette obligation doit également être respectée, dans le cas où l'impôt est retenu à la source sur les rémunérations versées aux sociétés étrangères non résidentes.

§2. L'obligation d'ordre comptable

Le résultat fiscal de chaque exercice comptable est déterminé à partir du résultat du compte de pertes et profits de la comptabilité tenue par la société conformément aux prescriptions du code de commerce et organisée par cette dernière, de manière à permettre à l'administration d'exercer les contrôles prévus par la présente loi.

Les opérations relatives aux recettes doivent être individualisées et donner lieu à la délivrance de factures numérotées et comportant les numéros d'articles d'imposition à l'impôt des patentes et, le cas échéant, à l'impôt sur les sociétés. Dans le cas de vente au détail et à défaut de factures, la société doit délivrer des tickets de caisse.

Toute société qui pratique des tournées en vue de la vente directe de ses produits à des patentables, doit mentionner sur les factures ou les documents en tenant lieu qu'elle délivre à ses clients, le numéro d'article du rôle d'imposition desdits clients à l'impôt des patentes.

En outre, la société est tenue d'établir, à la fin de chaque exercice comptable, des inventaires détaillés, en quantités et en valeurs, des marchandises, des produits divers, des emballages ainsi que des matières consommables qu'elle achète en vue de la revente ou pour les besoins de l'exploitation.

Tout achat de biens ou services effectué par une société auprès d'un fournisseur patentable doit être justifié par une facture régulière ou toute autre pièce probante établie au nom de l'intéressé.

Les sociétés étrangères dont le siège est situé à l'étranger et qui ont au Maroc une activité permanente doivent tenir, au lieu de leur principal établissement marocain, la comptabilité de l'ensemble de leurs opérations effectuées au Maroc.

Les sociétés étrangères qui ont opté pour l'imposition forfaitaire doivent tenir :

- un registre des encaissements et des transferts ;
- un registre, visé par l'inspecteur du travail, des salaires payés au personnel marocain et étranger, y compris les charges sociales y afférentes ;
- un registre des honoraires, commissions, courtages et autres rémunérations similaires alloués à des tiers, au Maroc ou à l'étranger.

Chapitre III
Le contentieux fiscal

Le système fiscal marocain repose pour l'essentiel sur **le principe de la déclaration** du contribuable ou de l'entreprise pour ses revenus et son chiffre d'affaires. La déclaration de cette dernière revêt une importance capitale car elle permet d'éviter la taxation d'office dont la généralisation peut devenir rapidement une source d'arbitraire et d'injustice. La déclaration permet donc de limiter les recours à la taxation d'office par l'administration et à la procédure contentieuse par le contribuable et **renseigne sur la bonne foi du redevable** et sur sa volonté de s'acquitter de sa dette fiscale.

Ceci dit, l'administration fiscale frappe parfois de "manière aveugle sinon très partiale certains contribuables" (1). Il est donc nécessaire de sauvegarder les droits des contribuables, mais aussi ceux de l'administration en imposant la règle de droit aussi bien aux administrateurs qu'aux administrés. L'avènement des tribunaux administratifs a assurément imposé la force probante de la règle de droit aux uns et aux autres et a poussé les protagonistes à chercher d'abord des solutions amiables dans le cadre de recours préalable ou gracieux devant l'administration fiscale. Ce recours constitue souvent une occasion pour l'administration fiscale de réparer ses propres erreurs et de mieux apprécier son efficacité interne. Ce recours gracieux dépend de la compétence exclusive de l'administration fiscale et de sa bienveillance et peut porter aussi bien sur le principal que sur les pénalités et les majorations de retard.

---

(1) *Cf.* Abdellah Boudahrain, *le Contentieux fiscal*, EDEMAR, 1983, p. 11.

Le recours gracieux peut laisser entrevoir un recours para-juridictionnel devant les commissions de taxation ou para-juridictionnel devant les tribunaux administratifs, qui relève du contentieux de l'excès de pouvoir, de la responsabilité et de la répression pénale. **Le recours dépend souvent du mode d'imposition.**

Section I

Le recours contentieux administratif ou la réclamation préalable (1)

On ne peut introduire un recours devant le tribunal administratif qu'à partir de la contestation d'une décision de l'administration fiscale (2). Le recours gracieux ou la réclamation préalable devant l'administration fiscale sont indispensables. Ils constituent peut-être la voie la plus rapide de règlement du différend opposant le contribuable ou l'entreprise au fisc.

La réclamation préalable est une voie de recours allant contre les impositions émises, prenant en considération les capacités contributives des individus. C'est une voie de recours qui peut traiter à la fois le contentieux de l'assiette et du recouvrement. Le recours administratif ou la réclamation préalable sont régis par les dispositions de l'article 114 de l'IGR.

La réclamation préalable est adressée au directeur des impôts dans les quatre mois qui suivent celui de la mise en recouvrement du rôle. Son introduction par l'entreprise vise à obtenir le dégrèvement partiel ou total des cotes qui sont reconnues former surtaxe, double emploi ou faux emploi. **Seul le ministre des Finances ou une personne déléguée** par lui peut accorder ce dégrèvement, ainsi qu'une remise ou modération des pénalités ou majoration de retard (3). **La réclamation préalable** devant les services des impôts doit en principe donner lieu à une décision motivée. Lorsque la réclamation est fondée, le ministre a le pouvoir de prononcer le dégrèvement justifié, mais il peut aussi opérer toutes compensations avec les insuffisances d'impositions éventuelles dans le cadre de l'imposition contestée. **La décision motivée est notifiée à l'entreprise.** Lorsqu'elle ne lui donne pas entière satisfaction, l'entreprise peut intenter

(1) Ces deux titres sont utilisés indistinctements, ils permettent la même finalité.

(2) *Cf.* article 28 de la loi n° 41-90, organisant les tribunaux administratifs, *B.O.* 4227, du 3 novembre 1993.

(3) *Cf.* article 53 de l'IS, ainsi que l'article 5 de la loi de finances pour l'année 1990 et article 114 de l'IGR.

directement un recours devant le tribunal administratif, étant entendu qu'un litige ne peut être réglé à la fois par le service du contentieux de l'administration fiscale et par les commissions à cause des règles de forme liées à la procédure (délai).

Section II
Le contentieux para-juridictionnel (CPJ)

Le recours para-juridictionnel est régi par les dispositions des articles 39, 40 et 41 de l'impôt sur les sociétés. C'est une voie de recours qui concerne des impôts modernes : TVA, IS, IGR, etc. Ces textes régissent les modalités d'introduction de ce recours. C'est un recours qui se base sur l'équilibre des forces en présence, à savoir l'entreprise et l'administration fiscale, devant les commissions de taxation (1). Ces deux protagonistes peuvent être les réclamants. La procédure suivie est assez respectueuse des intérêts et des droits de l'entreprise. L'administration fiscale s'est engagée dans cette voie en demandant aux commissions « un peu plus de célérité dans leurs décisions et une plus grande fréquence dans leurs réunions » (2).

§1. La commission locale de taxation (C.L.T.) (3)

En cas de désaccord entre l'inspecteur vérificateur et le redevable vérifié, ce dernier peut porter le différend devant la commission locale de taxation, après la deuxième notification recommandée de l'inspecteur vérificateur, dans un délai de 30 jours. Cette demande est adressée à l'inspecteur-vérificateur. La compétence de la commission locale de taxation s'étend aux redevables qui ont leur établissement principal ou leur siège social à l'intérieur de la province de son ressort. Elle statue sur les litiges qui lui sont soumis et doit se déclarer incompétente sur l'interprétation des dispositions légales ou réglementaires.

La commission locale de taxation est présidée par un magistrat et se compose d'un représentant de l'autorité locale, du chef du service local des impôts sur le chiffre d'affaires ou de son représentant, un représentant de la branche professionnelle la plus représentative de l'activité exercée par le redevable.

---

(1) D'après les arrêts de la Cour suprême, la réclamation peut intenter directement un recours pour excès de pouvoir en matière fiscale sans passer par les commissions de taxation. Ces dernières rendent des décisions qui ont un caractère administratif et non pas judiciaire. *Cf.* société "A" contre la CLT et la CNRF, le 12/7/1962, jugement n° 246, voir RMD, 1963, p. 200.
(2) *Cf.* Jamal Laouina, *les Voies de recours en matière fiscale*, éd. Al Watania, Mantrach, p. 11.
(3) *Cf. B.O.* n° 4391 bis du 1/7/1996.

Normalement, la commission statue sur pièces. Elle peut entendre le redevable à la demande de ce dernier ou si elle estime que cette condition est nécessaire. Le redevable a aussi la possibilité de se faire représenter par un mandataire ou envoyer les justifications nécessaires par écrit. La commission peut également entendre l'agent qui a notifié le redressement ou confronter l'agent et le redevable lorsqu'elle estime que cette confrontation est nécessaire. En cas de partage des voix entre les quatre membres de la commission, **la voie du président est prépondérante**. La décision de la commission locale de taxation doit comporter le visa des membres. Elle doit être notifiée par le président au redevable concerné par lettre recommandée avec accusé de réception.

La décision de la commission locale est susceptible d'appel dans un **délai maximum de soixante jours** suivant la date de la notification de la décision devant la commission nationale du recours fiscal.

§2. Commission nationale du recours fiscal CNRF (1)

La commission nationale du recours fiscal siège à Rabat, elle est placée sous l'autorité du Premier ministre.

La CNRF statue sur les litiges qui lui sont soumis et à laquelle sont adressés les recours contre les décisions des commissions locales de taxation. Elle ne peut connaître de questions portant sur l'interprétation des dispositions légales et réglementaires.

La CNRF comprend 5 magistrats, 25 fonctionnaires et 100 personnes du monde des affaires, tous désignés par le Premier ministre. Le fonctionnement de la commission est assuré par un magistrat désigné par le Premier ministre sur proposition du ministre de la Justice.

La CNRF se subdivise en cinq sous-commissions délibérantes. La requête déposée par le redevable doit comporter un exposé des moyens et des arguments juridiques invoqués à l'appui de cette requête. Les décisions de la CNRF doivent obligatoirement être motivées et prononcées dans un délai maximum de 12 mois à compter de la date d'introduction du recours devant la CNRF.

Lorsque le président est saisi par l'une des parties, il doit en informer l'autre partie en lui communiquant une copie de la requête dans un délai de trois mois suivant la date de réception du recours. L'administration doit produire le dossier fiscal afférent à la période litigieuse. Une fois le dossier examiné en sous-

(1) *Cf.* Pour l'organisation détaillée de la CNRF, voir *B.O.* n° 4391 bis du 1/7/1996.

commission, la CNRF fixe le montant de la base d'imposition (IGR ou IS) ou de l'impôt (TVA).

La motivation de la décision est particulièrement importante, car elle permet au redevable comme à l'administration de contester éventuellement auprès des tribunaux la décision de la CNRF. Il faut préciser que le droit de recourir devant les juridictions est reconnu à l'administration dans le seul cas où cette dernière estime que la CNRF a statué à tort sur les questions portant sur l'interprétation des dispositions légales et réglementaires.

Les impositions émises à la suite de la décision de la commission nationale du recours fiscal et celles établies d'office par l'administration d'après la base qu'elle a notifiée du fait de la reconnaissance par ladite commission de son incompétence, peuvent être contestées par la société par voie judiciaire, dans un délai de deux mois suivant la date de mise en recouvrement du rôle.

L'administration peut contester par voie judiciaire, dans le même délai, les décisions de la commission nationale du recours fiscal lorsqu'elle estime que cette dernière a statué à tort sur des questions de droit.

Section III

Le contentieux juridictionnel

Le recours administratif et le recours para-juridictionnel prévoient cette possibilité comme la dernière issue au litige qui oppose l'entreprise à l'administration. Cette voie de recours peut traiter à la fois du contentieux de recouvrement et du contentieux d'assiette. **Le terme contentieux trouve ici toute sa plénitude, car l'administration fiscale n'est plus juge et partie**. Le tribunal administratif spécialisé en la matière jouit pleinement de son indépendance. Son jugement met fin au différend qui oppose l'entreprise et le fisc et confère au contribuable la certitude qu'il va recouvrir tous ses droits.

Le juge administratif a la responsabilité de trancher le différend, alors que l'administration fiscale n'intervenait dans les étapes précédentes que de façon bienveillante. Le tribunal a la responsabilité de protéger les contribuables contre les abus éventuels de l'administration (1) et de sauvegarder les intérêts financiers du Trésor public. L'expérience a prouvé que c'est souvent l'entreprise qui intente

(1) *Cf.* M. Fadel Smires, Réflexions à propos du projet de loi relatif à la création des tribunaux administratifs, Association marocaine des sciences adminstratives. La justice administrative, bilan et perspectives : 3 et 4 mai 1991.

le procès et non pas le fisc. Ce dernier dispose de plusieurs prérogatives de puissance publique. En contrepartie, on peut dire que **la procédure judiciaire en matière de contentieux fiscal accorde aux contribuables un certain nombre de garanties susceptibles d'introduire des éléments d'équilibre entre l'administration fiscale et l'entreprise ou le contribuable.**

§1. La procédure judiciaire en matière de contentieux fiscal

Le respect des règles de procédure en matière de contentieux fiscal constitue une garantie importante pour l'entreprise. La procédure fiscale est différente de la procédure civile ou commerciale et se distingue de la procédure administrative par sa rapidité, et ceci pour protéger aussi bien les intérêts du Trésor que ceux de l'entreprise.

Pour cela, **le législateur a imposé la présence du contribuable dans le cadre d'une procédure écrite et contradictoire**. Mais avant d'étudier **les caractéristiques de cette procédure**, il convient aussi de respecter **le formalisme inhérent à l'introduction du recours** en matière fiscale.

A. Le formalisme de l'introduction du recours

Le formalisme inhérent à l'introduction du recours porte sur les conditions de forme, à savoir **la présentation du premier recours administratif devant l'administration fiscale**, ainsi que le respect des règles générales de la procédure civile, notamment **l'article premier du code de procédure civile**, et sur les conditions concernant la qualité du réclamant ainsi que les conditions de délais.

1. La qualité du réclamant

Le recours n'est accepté par le tribunal que dans la mesure où **le contribuable a fait l'objet d'une imposition personnelle**. Le contribuable peut se faire représenter par une autre personne disposant d'une procuration établie en bonne et due forme.

L'entreprise peut se faire représenter dans les mêmes conditions. L'associé peut introduire un recours sans procuration ; dans ces conditions, les conséquences de ce recours ne concernent que l'associé qui a intenté le recours et non pas les autres associés. L'article 3 de la loi sur les tribunaux administratifs (1) a imposé au

(1) *Cf.* loi n° 41-90 sur les tribunaux administratifs adoptée en juillet 1991, *B.O.* n° 4227, du 3 novembre 1993.

réclamant de recourir aux services d'un avocat inscrit au barreau au Maroc et de payer la taxe judiciaire.

L'Administration fiscale (DEI) a aussi le droit de recourir aux tribunaux administratifs pour imposer sa position, son point de vue. L'expérience a montré que la DGI est souvent en position de défenderesse en matière de contentieux fiscal. Beaucoup de contribuables se trompent d'adversaire. Ils intentent des procès à la Trésorerie générale du Royaume, alors que cette dernière n'a pas la responsabilité de l'établissement de l'assiette (1).

La responsabilité en matière d'établissement de l'assiette, de liquidation et de dégrèvement est du ressort de la DGI et non pas de la direction de la TGR. Cette dernière est chargée uniquement du recouvrement. Les procès intentés à la DGI doivent l'être au nom du Premier ministre. Ce dernier peut se faire représenter par le ministre des Finances (2).

Cette procédure est trop lente et peut être à l'origine de retards importants. Il aurait été mieux d'impliquer directement le directeur général des impôts, car c'est lui qui est à l'origine de la décision fiscale contestée devant les tribunaux.

2. Le délai légal pour intenter le recours

L'entreprise dispose d'un délai d'un mois, à partir de la notification de la décision préalable, pour intenter un recours contentieux devant le tribunal administratif (3). L'entreprise doit donc attendre la modification pour intenter son recours. En attendant, rien n'empêche l'administration d'exécuter sa décision puisqu'elle dispose du privilège de l'exécution préalable (4). Si les commissions de taxation sont saisies, le délai d'un mois court à partir de la date de notification des décisions prises par les commissions. **Ce délai peut se révéler insuffisant** par rapport aux contribuables qui n'ont ni domicile, ni résidence au Maroc. Au cas où le réclamant se trompe de tribunal, le législateur ne dit pas si ce délai doit être prorogé ou pas. Le juge administratif de l'impôt doit en principe accepter la suspension du délai de recours. Cette tendance est néanmoins affirmée par la

---

(1) *Cf.* un certain nombre de jugements prononcés dans ce sens : Tribunal de 1re instance à Agadir, dossier civil n° 346/92, voir également jugement de 1re instance à Rabat, dossier n° 109/91 en date du 20/2/1992. Voir avec intérêt l'ouvrage de MM. Merzak et Ablila : *le Contentieux fiscal*, éd. Al Oumnia, 1996, p. 215 et s.

(2) *Cf.* article 5/5 du code de la procédure civile.

(3) Voir article 4 du Dahir du 22 novembre 1922.

(4) *Cf.* Abdellah Boudahrain, *le Contentieux fiscal, op. cit.*, p. 105 et s.

jurisprudence : « Si l'exception (d'incompétence) est accueillie, le dossier est transmis à la juridiction compétente, et celle-ci se trouve saisie de plein droit et sans frais (1). »

B. L'introduction du recours

D'après l'article 32 du code de procédure civile, la requête doit être écrite et signée par l'entreprise ou son mandataire. La requête doit contenir l'appellation de l'entreprise, son adresse, sa forme ainsi que sa raison sociale. La requête doit contenir, en outre, l'exposé sommaire des faits et moyens ainsi que les conclusions. La requête doit être également accompagnée de la décision contestée et de l'avis de sa notification.

Une fois la requête enregistrée au secrétariat du greffe, le magistrat désigné convoque immédiatement par écrit les parties à l'audience et en fixe la date.

§2. L'instruction des litiges

Si l'entreprise est lésée, elle doit défendre l'objet de sa requête à partir de positions et de preuves tangibles. Le juge-arbitre, impartial et compétent, se trouve parfois dans l'incapacité de trancher vu le foisonnement des arguments des uns et des autres ou parce que l'affaire traitée est particulièrement obscure, probablement à cause de la complexité de notre système fiscal. Dans ce cas, le juge peut ordonner de façon spontanée ou à la demande de l'une des parties avant dire droit au fond l'approfondissement de l'instruction à travers une expertise, une enquête ou toute autre mesure d'instruction (2).

A. La charge de la preuve en matière fiscale

La procédure écrite ne facilite pas spécialement la conclusion rapide qu'exigent en principe les affaires fiscales. Le mémoire en défense présenté par le fisc ainsi que les pièces justificatives prennent beaucoup de temps. **Les délais sont souvent dépassés et ne souffrent d'aucune sanction** qui peut éventuellement altérer la stratégie défensive du fisc. Le greffe n'est pas non plus pressé pour remplir ces

---

(1) *Cf.* A. Boudahrain, Décision de la Cour d'appel de Casablanca du 29/7/1980, dossier 731/4, *op. cit.*, p. 106.
(2) *Cf.* article 55 du CPC.

diligences. Cette procédure peut être particulièrement dommageable pour l'entreprise et aussi pour le pays. **Car les entreprises qui gagnent n'ont pas de temps à perdre**. Le juge unique s'accommode assez bien de ces lenteurs. Il peut produire à souhait des demandes de témoignage, de pièces justificatives ou autres mesures d'instruction, « par lesquelles il peut orienter le débat au profit de l'une ou l'autre partie » (1). Le juge a la faculté de trancher immédiatement ou ultérieurement, parfois sans motif valable.

Dans ce débat lent et souvent inquisitorial pour le contribuable, seules des preuves irréfutables peuvent changer le cours de l'audience. **La charge de la preuve incombe souvent à l'entreprise**. Il est rare que la DGI soit tenue de justifier sa décision. Il incombe souvent à l'entreprise de produire les preuves nécessaires à travers les éléments comptables pour que le juge puisse apprécier l'équivalence qui doit normalement exister entre le bénéfice réalisé par l'entreprise et l'impôt qu'elle a acquitté. **Une expertise** (2) **ordonnée par le juge**, dans des cas précis, vient conforter la position de l'entreprise ou la désavouer et permet au juge de prendre une décision qui clôt la procédure contentieuse, qu'elle soit initiée par l'entreprise ou par l'administration fiscale (DGI).

B. Notification du jugement et exécution

La cour rend en principe un jugement public. Toutefois, les circonstances de l'entreprise peuvent conduire le juge à prononcer un jugement à huis clos afin de ne pas divilguer les secrets des redevables (3).

Le jugement, daté et signé par le juge et le greffier, est **notifié à la partie condamnée, pour être exécuté à son encontre**. La notification du jugement est accompagnée d'une expédition dûment certifiée conforme de ce jugement.

En cas de condamnation du fisc, il appartient à la DGI d'exécuter la décision de justice en prononçant l'exécution des dégrèvements arrêtés par la justice.

Dans le cas contraire, c'est-à-dire la condamnation de l'entreprise, dans la mesure où cette dernière a déjà opéré le paiement au profit du fisc, probablement en raison du privilège de l'exécution préalable, la décision prononcée par le juge de l'impôt devient une simple ratification d'une situation pré-existante. Si l'entreprise a réussi à obtenir le sursis au paiement, elle doit dans ce cas régulariser

(1) *Cf.* Abdellah Boudahrain, *op. cit.*, p. 109.
(2) A la fin de l'expertise, l'expert présente le rapport sur les travaux de l'expertise. En aucun cas le juge n'est obligé de suivre l'avis ou les avis des experts, art. 66 du CPC.
(3) La législation française impose le jugement à huis clos en matière d'impôt sur le revenu. *Cf.* « secret et publicité de l'impôt », in *Droit fiscal*, G. Tixier et Guy Gest, *op. cit.*, p. 178.

sa situation en payant le principal de la dette contestée, augmenté des intérêts et des majorations de retard. Rien n'empêche l'entreprise de contester le jugement devant une juridiction supérieure ou de faire opposition (1). La combinaison de l'appel et de l'opposition est interdite. L'appel ne suspend pas l'exécution en matière fiscale.

Les dispositions textuelles régissant les voies de recours en matière fiscale

Impôts	Recours contentieux administratif	Recours para-juridictionnel	Recours juridictionnel
IGR rôle	Le II de l'art. 114 de l'IGR	art. 105 art. 107-11 art. 108 2° alinéa art. 39 II IS art. 40 IS	1141-de l'IGR art. 41 IV de l'IS 2° et 3° B de l'art. 52 de l'IS
IS	2° de l'art. 53 IS	art. 39-40-41-42	2° et 3° B art. 52 art. 41 IV
TVA	art. 52 TVA	art. 45-46 art. 43 II art. 44-3°	(47-3) et 46 IV
Taxe urbaine Taxe d'édilité	art. 24 TU par assimilation	Non prévu	art. 20
Patente et taxe de licence	art. 24 patente par assimilation	Non prévu	3° alinéa art. 24
PSN	§21-PSN par assimilation	§20 art. 39 et 42 de l'IS art. 40 et 41 de l'IS	article 52 de l'IS logiquement
TPI	2° du B du para 11 dernier ali. du para 8 de la TPI	Non prévu	dernier alinéa de l'art. 13 bis du code
TPA	art. 13 par assimilation de la TPA	Non prévu	Non prévu
TPCA	Le II de l'art. 114 de l'IGR	art. 105 IGR art. 107 II art. 108 2° alinéa art. 39 et 40 IS	1141 de l'IGR art. 41 IV de l'IS 2° et 3° du B de l'art. 52 IS
TPPRF	art. 13 de la TPA par assimilation	Non prévu	Non prévu
IGR source	Le II de l'art. 114 de l'IGR	2° ali. art. 80 art. 105 art. 107 II art. 39 II - IS art. 40 IS	Non prévu art. 41 IV IS 52-2 et 3 du b-S

(1) L'article 130 du CPC précise que les jugements par défaut rendus en dernier ressort peuvent être attaqués par voie d'opposition, à condition que le montant contesté ne dépasse pas 3 000 dirhams.

Bibliographie

A

Aktaou Abdelmajd, *Traité de la taxe sur la valeur ajoutée (TVA)*, Collection Al Misbah, 1999.

Aktaou Abdelmajid, *Traité de l'impôt général sur le revenu (IGR)*, Collection de Misbah, 1998.

Azam Jean-Paul, *Tax incidence ou agriculture in Morocco (1985-1989)*.

Anma (Ass. marocaine des sociétés), *Tarif fiscal*, 18e édition, janvier 1999.

Akesbi Najib, *l'Impôt, l'Etat et l'ajustement*, Editions Actes, 1993.

Adler J., *la Politique fiscale dans un pays en voie de développement*, BIRD, Paris 1963.

Al Mawardi, *Al Ahkam-Soultania, traité de droit public musulman*, Librairie de l'Université, Alger, 1915.

Ardant Gabriel, *Théorie sociologique de l'impôt*, éd. SEVPEN, Paris 1965 (2 tomes).

Ardant Gabriel, *Histoire de l'impôt*, Fayard.

B

Bernard Bobe et Pierre Llau, *Fiscalité et choix économiques*, Calman-Levy, Paris 1978.

Brachet Bernard, *le Système fiscal français*, LGDJ, 1986.

Beltrame Pierre, *les Systèmes fiscaux*, Collection Que sais-je ? PUF, 1975.

Bensalah Zemrani Anas, *la Fiscalité face au développement économique et social du Maroc*, éd. LGDJ, Paris, 1981 (La Porte-Rabat).

- *La TVA marocaine*, éd. Al Madaris, Casablanca, 1986.
- *Finances publiques*, Editions Al-Hiwar, Marrakech, 1989 (en arabe).
- *Les Finances de l'Etat, politique financière et droit budgétaire*, Editions l'Harmattan, Paris 1998.

Boudahrain Abdellah, *le Contentieux fiscal*, Edemar, 1984.

Brochier Hubert, *Structures nationales et systèmes fiscaux*, RSF, 1952.

Bigaut Christian, *le Budget de l'Etat (finances publiques, Droit budgétaire)*, Editions, Ellipses, Paris 1995.

C

Cozian Maurice, *Précis de fiscalité des entreprises*, Collection Droit et gestion, Librairie technique, 9e Edition, Paris 1986.

Cozian Maurice, *Principes de fiscalité immobilière*, LITEC, Paris 1973.

Courtois Pierre, *Face au fisc, contribuables et contrôleurs*, Ed. Stock, Paris 1976.

Charpentier Pierre et Christian de Brie, *F... comme fraude fiscale*, Ed. Alain Moreau, Paris 1975.

Chakiri Abd Saheb, *les Dévotions financières en Islam*, Ed. technologiques, Londres 1999.

Cazimir J.P., *les Signes extérieurs de revenus*, LGDJ, Paris 1979.

D

Deruel François, *Droit fiscal (finances publiques)*, Mémentos Dalloz, cinquième édition, 1985.

Duverger M., *Finances publiques*, PUF 1975.

DGI (Royaume du Maroc), TVA, questions-réponses, 1986.

DGI. Note circulaire relative aux dispositions fiscales de la loi de finances 1999/2000, n° 707.

DGI. Note circulaire relative aux dispositions de la loi de finances transitoire pour la période du 1er janvier au 30 juin 1996, n° 702 bis.

DGI. Note circulaire relative aux dispositions de la loi de finances 1997/1998, n° 704 bis (mars 1998).

DGI. Assises nationales sur la fiscalité, 26 et 27 novembre 1999.

E

El Ktiri Mustapha, Najib Akesbi, *la Réforme de la fiscalité marocaine à l'heure de l'ajustement structurel*, Ed. Toubkal 1987.

Egret Georges, *la TVA*, PUF, Que sais-je ? N° 1748, 1982.

F

Francis Lefebvre, *Mémento pratique, fiscal, de 1989 à 1998*, Ed. F. Lefebvre.

Foutaneau P., *Fiscalité et investissement*, dossiers thémis, PUF, 1972.

Frenkel A., « La genèse de la taxe sur la valeur ajoutée », thèse, Paris II, 1976.

G

Gadi Abdelhamid, *Une fiscalité moderne pour une entreprise performante face au défi de la mondialisation.* Ed. AG, 1999.

Galavielle J.P., *la TVA impôt moderne*, dossiers Thémis, PUF, 1972.

Gaudemet PM, *Finances publiques, emprunt et impôt*, tome 2, Ed. Montchrestien, 1975.

Gendarme René, *la Pauvreté des nations*, Ed. Cujas, 1963.

H

Harvard Law School, *Agricultural taxation and economic development*, Cambridge, Massachusetts (Ce livre contient 16 rapports sur les différents problèmes qui affectent l'imposition de l'agriculture).

Hicks UK, *Développement finance, planning and control*, Clarendon Press, Oxford, 1965.

J

Jacob Yves, *Mandrin le voleur d'impôts*, Collection J'ai lu, Editions Tallandier, 1983.

Jadaud Bernard, *Fiscalité immobilière*, Dalloz (2e édition), Paris 1978.

Jouanet J., *Evolution de la fiscalité marocaine depuis l'instauration du protectorat*, 3 volumes, LGDJ, Paris, 1953.

K

Kaldor N., Will under developed countries learn to tax ? Foreing affaires, UK.

Kaldor N., *le Rôle de la fiscalité dans le développement économique*, dans AISE, éd. Cujas, 1968.

L

Laouina Jamal, *Mode d'emploi fiscal,* 1250 questions réponses, Tome 1 et 2, 2e édition, 1998.

Laufenberger H., *Théorie économique et psychologique des finances publiques*, Tome 1, Ed. Sirey, 1956.

Lauré Maurice, *Traité de politique fiscale*, PUF, 1967 (M. Lauré est considéré comme le père de la TVA).

Lecaillon J., *Inégalités des revenus*, Cujas, Paris 1970.

Loïc Philip, *Finances publiques, Synthèse*, Editions Cujas, 1983.

Loyer J., *la Douane et le commerce extérieur*, collection Administration nouvelle, Editions Benger-Levrault, Paris 1977.

M

Martinez J.C. et Dimalta P., *Droit fiscal contemporain*, tome 1 *l'Impôt, le fisc, le Contribuable*, Edition LITEC Droit, Paris 1986.

Martinez (J.C.), *la Révolution fiscale à refaire*, LITEC, Paris 1986.

Marzak Mohamed, *Fiscalité marocaine de l'entreprise*, 3e édition, 1998.

Mokhlis Khalil, « La fraude et l'évasion fiscales au Maroc », thèse de 3e cycle, Marrakech, 1996.

Ministère du budget (France), *Précis de fiscalité*, tome 1 et 2, Paris 1995.

Mrani Alaoui Abdelali, *Guide pratique de la fiscalité marocaine, 1999/2000*, Editions les Guides de l'entreprise.

Mrani Alaoui Abdelali, Editions Legisplus : *TVA, IS, IGR et Nouveau plan comptable général.*

N

Ngaosyvathn Pheuiphanh, *le Rôle de l'impôt dans les pays en voie de développement*, éd. LGDJ, Paris, 1978 (deuxième tirage).

Nurske R., *les Problèmes de la formation du capital dans les pays sous-développés*, BIRD, 1963.

O

OCDE, *l'Impôt négatif sur le revenu, un instrument de coordination des politiques fiscales et sociales*, Paris 1974.

P

Percebois Jaques, *Fiscalité et croissance*, Economica, Paris 1977.

Picard Jean-François, *Finances publiques*, Editions LITEC, 1989.

Pilon M., *Principes et techniques des droits d'enregistrement*, Dalloz, tome 1, n° 696.

R

Rkia Guetit El Hassani, « Les Réformes fiscales au Maroc », thèse Toulouse, 1978.

Rivoli Jean, Vive l'impôt, Editions Seuil, 1972.

T

Taddei Bruno, *la Fraude fiscale*, éd. Litec, Droit, Paris 1974.

Tixier Gilbert et Guy Gest, *Droit fiscal*, 4e édition, Paris 1986.

Turq André, *Fiscalité de l'entreprise*, 4e édition, Sirey, 1977.

Trotabas L. et Cotteret J.M., *Voir la Contribution des patentes dans finances publiques*, 3e édition, Dalloz, 1969.

V

Vinay Bernard, *Epargne, fiscalité, développement*, Editions Armand Colin, HIAP, 1970.

W

World Bank, *Tax effects on investment in Morocco*, by David Sewell, tomes Tsiopoulos and Jack Mintz, august 1995, Discussion paper series.

❑ Revues

Revue française de finances publiques (RFFP)

- « Où en est l'impôt ? », n° 1, 1983.
- « La famille et l'impôt », n° 14, 1986.
- « La parafiscalité », n° 21, 1988.
- « Fiscalité aux Etats-Unis », n° 24, 1988.
- « La gestion de la fiscalité locale », n° 33, 1991.
- « Budget et fiscalité : quelles réformes ? », n° 60, 1997.

Revue marocaine de finances publiques et d'économie du n° 1 au n° 9.

Lexique fiscal

❍ Abattement

En matière fiscale c'est la fraction de l'assiette de l'impôt qui est exemptée de l'impôt. Il peut s'agir d'une somme fixe (cas de l'abattement sur les parts successorales en ligne directe ou entre époux) ou d'une somme évaluée en pourcentage de la matière imposable (cas de l'abattement de 20 % sur les salaires nets de frais professionnels). L'abattement est utilisé pour des raisons sociales (cf. abattement par enfant à charge), pour des raisons d'équité fiscale (meilleure connaissance des revenus salariaux que des non salariaux d'où la nécessité d'accorder un abattement aux salariés pour rétablir une certaine équité) ou pour des raisons économiques incitatives (encourager le réinvestissement de certains profits).

❍ Accises

Ensemble des impôts indirects hors impôts ad valorem (c'est-à-dire en fait hors TVA). Il s'agit d'impôts généralement évalués en unités monétaires par unité de quantité de la base d'imposition (taxes sur les tabacs, alcools, huiles minérales...). Le plus célèbre en France est la TIPP (taxe intérieure sur les produits pétroliers).

❍ Administration fiscale

Ensemble des services de la Direction générale des impôts, chargés pour le compte de l'Etat et des collectivités territoriales des tâches d'assiette, de liquidation et de contrôle des impôts.

L'administration fiscale (centre des impôts) a la possibilité de vérifier les déclarations sur les 3 dernières années et d'opérer des redressements sur cette période de quatre ans. Ainsi une déclaration portant sur les revenus de l'année 1993 pourra être contrôlée jusqu'au 31 décembre 1996.

L'administration utilise deux techniques de contrôle : le contrôle sur pièces et le contrôle sur place. Le contrôle sur pièces est utilisé vis-à-vis des déclarations de revenu (examen du dossier avec parfois contrôle approfondi du type ESFP : examen contradictoire de l'ensemble de la situation fiscale personnelle du contribuable).

Le contrôle sur place est surtout utilisé pour l'impôt sur les sociétés, la TVA et l'imposition des bénéfices industriels et commerciaux (vérification sur place de la comptabilité de l'entreprise).

❍ Assiette fiscale

Base sur laquelle est appliqué le taux de l'impôt ; ce peut être un revenu, le prix d'une transaction, un patrimoine.

❍ Avoir fiscal

Créance sur le Trésor détenue par un contribuable bénéficiaire de dividendes et égale à la moitié des dividendes reçus. Cette technique permet d'atténuer la double imposition des profits distribués.

❍ Butoir

Il y a butoir lorsque le montant des déductions auxquelles l'assujetti a droit dépasse celui des taxes qu'il doit payer sur les produits qu'il a vendus ou les services qu'il a rendus. Le remboursement n'est possible d'après l'article 19 de la loi sur la TVA que « dans le cas des exonérations réalisées sous le bénéfice des exonérations ou du régime suspensif… ». Le législateur a limité le remboursement, craignant une charge financière importante pour le Trésor.

Pour certaines entreprises le butoir risque de revêtir un caractère permanent et structurel, en raison d'une différence de taux, les produits acquis en amont (matières premières, services, etc.) supportant un taux plus élevé que les produits revendus après transformation ou les services fournis.

❍ Base d'imposition

Base sur laquelle est appliqué le taux de l'impôt pour obtenir le montant dû par la personne imposée (Assiette fiscale).

❍ Bénéfice fiscal

Bénéfice déterminé d'après les résultats d'ensemble des opérations de toute nature effectuées par les entreprises, y compris les cessions d'actif. Le bénéfice net est constitué par la différence entre les valeurs de l'actif net à la clôture et à l'ouverture de l'exercice.

❍ Cédules

Catégories de revenus perçues par les contribuables et imposées selon des règles spécifiques d'assiette et de taux. Jusqu'en 1914 les revenus des personnes physiques étaient frappés d'impôts différents selon l'origine des revenus (salaires, dividendes, bénéfices industriels, bénéfices agricoles, intérêts, etc.). Le revenu global du contribuable était d'ailleurs censé (au XIXe siècle) être appréhendé par un impôt de type indiciaire : la contribution sur les portes et les fenêtres.

❍ Coin fiscal (salarial)

Le coin fiscal salarial est l'écart relatif entre le coût salarial total et le revenu net disponible du salarié. Il est égal à la différence entre le montant total payé par l'employeur d'une part et la somme des cotisations sociales et impôts nets payés par l'employeur et le salarié du fait de cette activité salariée d'autre part.

❍ Consentement à l'impôt

Principe fondamental selon lequel seuls les représentants du peuple ont le droit de créer un impôt et d'autoriser chaque année le gouvernement à lever l'impôt en appliquant la loi fiscale en vigueur. Ce principe trouve sa source, en France, dans l'article 14 de la Déclaration des droits de l'Homme et du citoyen qui affirme : « Tous les citoyens ont le droit de constater par eux-mêmes ou par leurs représentants la nécessité de la contribution publique, de la consentir librement, d'en suivre l'emploi et d'en déterminer la quotité, l'assiette, le recouvrement et la durée. »

❍ Contrôle fiscal

Contrôle assuré par l'administration fiscale et qui porte sur les déclarations faites au titre de l'impôt sur le revenu, de l'impôt sur les sociétés et de la TVA. Le contrôle sur pièces est utilisé vis-à-vis des déclarations à l'impôt sur le revenu. Le contrôle sur place est surtout utilisé pour l'impôt sur les sociétés, la TVA et l'imposition des bénéfices industriels et commerciaux (déplacement dans les locaux professionnels du contribuable pour vérifier sa comptabilité).

❍ Dépenses fiscales

Concept introduit par S. Surrey pour désigner les avantages fiscaux accordés par l'Etat aux divers agents économiques (réductions d'impôt pour motifs sociaux ou économiques, exonérations diverses). Cela correspond en fait à des "non-rentrées fiscales" (on parle aussi parfois de recettes négatives). Depuis 1980 les documents annexés à la loi de finances font apparaître explicitement la masse d'avantages fiscaux ainsi consentis.

❍ Distorsions fiscales

Modifications des prix absolus et relatifs induites par l'introduction de la fiscalité. C'est le cas notamment avec l'impôt indirect (TVA et accises).

L'introduction de taux différenciés selon les produits peut entraîner des distorsions de concurrence en favorisant ou pénalisant tel produit par rapport à tel autre. Une fiscalité non génératrice de distorsions est dite "neutre".

❍ Crédit d'impôt

Créance fiscale dont bénéficie un contribuable et qui vient normalement en déduction de sa dette d'impôt. Exemple : Crédit TVA, avoir fiscal.

❍ Décote

Réduction d'impôt dégressive accordée en matière de TVA ou d'IRPP aux petits contribuables dont l'imposition ne dépasse pas un certain montant.

❍ Effort fiscal

Le terme effort fiscal, dont le sens commun n'appelle aucun commentaire, désigne dans la terminologie officielle, un indicateur particulier de la pression fiscale imposée par une collectivité locale aux ménages contribuables.

❍ Equité (fiscale)

Le fardeau fiscal doit être équitable ce qui revient à dire que chacun doit payer sa "juste part". On peut retenir deux approches possibles :

– Le principe d'équivalence ou du contrat volontaire qui enseigne que chaque contribuable doit payer un montant d'impôt correspondant aux avantages qu'il retire des prestations fournies par l'Etat (logique de la justice commutative c'est-à-dire d'une justice fondée sur un échange juste).

– Le principe de la capacité contributive qui affirme que la charge fiscale doit être répartie entre les agents conformément à leur capacité à contribuer au financement des dépenses de l'Etat. L'impôt doit donc être une contrainte publique, laquelle se traduit notamment par des prélèvements obligatoires et des prestations légales. Ces prélèvements et ces prestations s'exercent de façon privilégiée dans la sphère monétaire et financière : les finances publiques constituent dès lors le canal principal de la plupart des modalités d'action de l'Etat. Mais le rôle de l'Etat ne se limite pas à la gestion des finances publiques. Les finances publiques ne se limitent pas non plus aux finances de l'Etat puisqu'elles concernent aussi les finances locales et, au sens large, celles de la Sécurité sociale. L'Etat peut se faire banquier, assureur ou entrepreneur. L'Etat considère qu'il a également une mission de régulation des grands équilibres macro-économiques à court et moyen terme.

❍ Evasion fiscale

Action visant à soustraire à l'impôt tout ou partie de la matière imposable, en utilisant les défauts ou silences de la loi et sans enfreindre formellement les règles en vigueur. L'évasion se distingue de la fraude en ce sens qu'il n'y a pas formellement violation de la loi mais l'intention est la même.

❍ Fisc

Ensemble des administrations chargées d'établir, de recouvrer et de contrôler les impôts et taxes.

❍ Fiscalité

Ensemble des règles relatives à l'impôt (Impôt, Prélèvements obligatoires).

❍ Fiscalité locale

Ce qui caractérise la fiscalité locale française, c'est d'une part, un certain degré de décentralisation, et d'autre part, une grande complexité, aboutissant à une grande opacité donc éventuellement à une certaine illusion fiscale chez les contribuables.

L'opacité résulte d'abord du nombre des taxes perçues : pas moins de 40, qui se répartissent grossièrement entre directes obligatoires ou facultatives, indirectes obligatoires ou facultatives, contreparties de prestations de services, taxes d'enregistrement et assimilées (toutefois les contributions directes : taxe d'habitation, taxes foncières sur les propriétés bâties et non bâties, taxe professionnelle, représentent à elles seules environ 75 % du produit fiscal).

❍ Forfait

Régime d'imposition qui s'applique aux petites et moyennes entreprises, en matière de bénéfices industriels et commerciaux, de TVA et de bénéfices agricoles, qui ne sont pas en mesure de tenir une comptabilité détaillée de leurs opérations.

❍ Franchise

Abandon de la TVA accordée aux petits contribuables placés sous le régime du forfait ou par option sous le régime simplifié d'imposition et dont le montant annuel de la TVA n'excède pas une certaine limite.

❍ Fraude fiscale

Violation de la loi dans le but d'échapper à l'impôt, grâce à des moyens illicites (pas de déclaration ou fausses déclarations).

❍ Harmonisation fiscale

Principe qui consiste à rapprocher les taux d'imposition entre pays afin d'éviter les distorsions fiscales dues notamment à la concurrence fiscale. Cette harmonisation est particulièrement nécessaire lorsque les assiettes fiscales sont mobiles (cas des capitaux).

❍ Impôt

L'impôt est une prestation pécuniaire requise des membres de la collectivité (personne physiques et morales) et perçue par voie d'autorité, à titre définitif et sans contrepartie, en vue de la couverture des charges publiques (Prélèvement obligatoires, Système fiscal).

❍ Imposable

Désigne la situation fiscale d'une personne ou d'une opération qui, par son activité ou sa nature, entre dans le champ d'application de l'impôt mais sans être toujours effectivement imposée (cas des personnes qui ont un revenu inférieur au seuil d'imposition, mais qui doivent néanmoins souscrire une déclaration de revenu).

❍ Illusion fiscale

Idée selon laquelle les agents économiques n'ont pas une bonne perception des impôts qu'ils paient et sont donc conduits à des comportements infra-optimaux. L'impôt sur la dépense est souvent indolore (le consommateur ne connaît pas toujours le montant exact de l'impôt qu'il paie) alors que l'impôt sur le revenu (surtout lorsqu'il n'est pas prélevé à la source) est davantage ressenti. De ce fait la politique fiscale a intérêt à privilégier les mesures qui engendrent de l'illusion fiscale.

❍ Impôt négatif

Prestation non affectée (donc en espèces) accordée par la collectivité aux citoyens défavorisés quel que soit leur statut(actif ou non) et destinée à assurer une garantie de ressources minimales.

Le RMI (revenu minimum d'insertion) peut dans une certaine mesure être assimilé à un impôt négatif. Le problème est évidemment de quantifier ce revenu minimum ce qui revient à définir un seuil de pauvreté. Celui-ci ne peut pas être fixé in abstracto. Il dépend des conditions spécifiques à chaque société le seuil de pauvreté n'est pas le même en France et en Inde).

❍ Impôt personnel

Impôt qui vise à atteindre la capacité contributive du contribuable (que ce soit son revenu ou son capital) en tenant compte notamment de ses charges de famille (cas de l'impôt sur les successions, de l'impôt sur le revenu des personnes physiques).

❍ Impôt de quotité

On détermine d'abord les règles selon lesquelles le calcul de l'impôt sera fait au niveau de chaque contribuable. On ne connaît donc pas à l'avance le montant exact des recettes fiscales recouvrées puisque le montant dépendra de l'évolution de l'assiette. C'est le système actuellement en vigueur dans la quasi-totalité des législations.

❍ Impôt réel

Impôt qui porte sur une assiette fiscale sans considération de la situation personnelle de son détenteur (exemple : TVA, droits d'enregistrement, impôts fonciers). Le montant de l'impôt est égal à un pourcentage de la valeur de l'objet.

❍ Impôt de répartition

On fixe à l'avance le montant que doit rapporter l'impôt à l'Etat et on répartit ensuite cet impôt entre les différents contribuables. Ce système existait sous l'Ancien régime (et jusqu'en 1980 en France pour les impôts locaux). On connaît à l'avance le rendement de l'impôt mais le taux doit être modulé selon l'évolution de l'assiette.

❍ Incidence fiscale

Analyse des mécanismes par lesquels un impôt est répercuté sur les agents économiques et affecte leur comportement de consommation, d'épargne, d'investissement ou d'offre de travail.

A. Smith considérait qu'un système fiscal devait concilier au moins quatre caractéristiques : la justice (principe de l'égalité de tous devant l'impôt), la certitude (trouver une assiette fiscale objective qui élimine tout arbitraire dans l'établissement de l'impôt), la commodité (établir des règles simples compréhensibles de tous), et l'efficacité (financer les dépenses publiques au moindre coût).

Face à l'instauration d'un impôt quelconque les comportements des contribuables vont être modifiés et chacun va s'efforcer de réduire voire supprimer l'effet perturbateur de l'impôt. Ainsi le contribuable désigné par l'administration fiscale ne sera pas nécessairement celui qui supportera réellement le prélèvement.

❍ La théorie de la pression fiscale ou le débat impôt direct, impôt indirect

L'instauration d'un impôt qu'il soit direct ou indirect, entraîne une perte d'utilité pour le contribuable ; mais à recette égale pour l'Etat un impôt indirect provoque pour le contribuable une perte d'utilité supérieure à celle induite par un impôt direct. Dit sous une autre forme la recette encaissée par le fisc avec un impôt indirect est inférieure à celle qu'il encaisserait avec un impôt direct, les deux impôts entraînant la même perte d'utilité pour le contribuable. L'instauration d'un impôt indirect, en renchérissant le prix du bien imposé, va exercer un double effet : un effet-revenu puisque l'augmentation du prix du bien est pour le consommateur équivalente à une perte de pouvoir d'achat ; un effet-de-substitution dans la mesure où le consommateur va avoir tendance à reporter une partie de sa consommation vers d'autres biens, devenus relativement moins coûteux, au détriment du bien taxé dont le prix s'est accru. Avec l'instauration d'un impôt direct l'effet-revenu joue mais pas l'effet de substitution et l'on démontre, grâce à une approche en termes de courbes d'indifférence, que la perte de bien-être est dans ce cas plus faible pour le contribuable (cf. E. Barone ou Miss Joseph). La même démonstration peut être faite en terme de rente du consommateur (cf. Dupuit, A. Marshall ou J. Hicks). D'où la thèse de "supériorité de l'impôt direct sur l'impôt indirect".

❍ Impôt sur les sociétés

Le fisc pourrait ignorer la personne morale et imposer seulement ses membres sur la part des profits qui leur revient. En général il impose la société en tant que telle sur ses profits quitte à atténuer l'imposition des revenus distribués afin d'éviter ou de limiter la double imposition (c'est le cas avec le système de l'avoir fiscal* en France). Une partie de l'impôt supporté par les dividendes au sein de la société est ainsi remboursée aux actionnaires. l'assiette de l'impôt (bénéfice fiscal) est, en vertu de la théorie du bilan, égale à la variation de l'actif et de la société au cours de l'année. On calcule le bénéfice brut d'exploitation, auquel on ajoute les plus-values d'actif (déduction faite des moins-values) et on déduit les frais généraux (dont les coûts salariaux) et les amortissements.

Le taux de l'IS a pendant longtemps été égal à 50 % en France (de 1958 à 1985). Il a ensuite été progressivement abaissé, dans le cadre de l'harmonisation européenne (avec parfois un double taux pour les bénéfices distribués et non distribués). Il est actuellement (depuis 1993) égal à 33 1/3 %. Compte tenu du système de l'avoir fiscal cela signifie que les bénéfices distribués sous forme de dividendes ne sont plus soumis à double imposition (➤ Avoir fiscal).

Notons que, sans être un paradis fiscal, la France est aujourd'hui l'un des pays européens les mois pénalisant en matière fiscale pour les entreprises.

❍ Mise en recouvrement

Opération par laquelle la créance du Trésor devient certaine à une date déterminée.

❍ Prorata

Pour les entreprises qui ne sont assujettis à la TVA que pour une partie de leur chiffre d'affaires, c'est-à-dire lorsque l'entreprise fabrique à la fois des biens taxables et d'autres qui ne le sont pas, la déduction ne peut être que partielle. Le problème se pose différemment suivant qu'il s'agit d'immobilisations ou de biens autres que les immobilisations. La taxe déductible afférente aux immobilisations est déterminée par application à la taxe ayant grevé l'achat de ces biens d'un pourcentage ou prorata. Le prorata est le rapport qui existe entre le montant des recettes qui ouvrent droit à déduction et le chiffre d'affaires de l'année.

❍ Politique fiscale

Ensemble des mesures prises par la puissance publique (Etat, collectivités locales) en matière fiscale pour atteindre certains objectifs économiques et sociaux. La politique fiscale peut porter sur l'assiette de l'impôt et sur le taux de l'impôt (➤ Système fiscal).

❍ Politique fiscale locale

Depuis la loi du 10 janvier 1980 les communes sont en mesure de mener une certaine politique fiscale, puisqu'elle se sont vu reconnaître le pouvoir de voter les taux des diverses impositions directes. Elles ont par ailleurs une latitude plus ancienne en matière de fixation d'abattements ou de dégrèvements sur certains de ces impôts. Et de toutes façons elles ont depuis toujours le pouvoir d'en fixer le montant global.

❍ Pression fiscale

Rapport entre la masse des impôts prélevés une année donnée sur le montant du PIB de l'année (➤ Prélèvement obligatoires).

❍ Progressivité

En matière fiscale signifie que le taux de l'impôt s'accroît lorsque l'assiette de l'impôt augmente. La justice fiscale implique en général progressivité de l'impôt ce qui signifie que le taux de l'impôt est plus élevé sur les hauts revenus que sur les bas revenus. Il peut s'agir d'une progressivité globale ou d'une progressivité par tranches (➤ Système fiscal ➤ Impôt sur le revenu).

❍ Redevable

Terme désignant une personne qui a effectivement une dette d'impôt, habituellement en matière de TCA ou de contributions indirectes.

❍ Réclamation contentieuse

Demande adressée par un contribuable aux services des impôts pour obtenir la réparation d'une erreur ou le bénéfice d'un droit. Elle constitue un préalable nécessaire à tout recours contentieux ultérieur éventuel devant les tribunaux.

❍ Redevance

La redevance est une prestation pécuniaire acquittée généralement de façon volontaire (mais le recouvrement par voie d'autorité est possible), en vertu d'un contrat, pour couvrir les charges liées à un service public particulier. La redevance se différencie de la taxe par le fait qu'il y a en principe équivalence entre la prestation (le service rendu) et la contre-prestation (le prix payé) (cas de la redevance liée à la mise en décharge ou des redevances de pollution destinées à internationaliser certaines effets externes).

❍ Rôle

En matière fiscale c'est la liste des contribuables indiquant, pour chacun d'eux, la base d'imposition et le montant de l'impôt. Cette liste est établie par le service fiscal chargé de l'assiette et elle est signée par le directeur des services fiscaux avant d'être transmise au percepteur pour le recouvrement. L'impôt sur le revenu est, en France, recouvré par voie de rôles.

❍ Transfert

Redevance payée par l'usager d'un service public. Exemple : taxes postales. En pratique, les mots taxe et impôt sont souvent employés dans le même sens. La taxe à la valeur ajoutée, est, en réalité, un impôt.

Annexe I

Projet de loi de finances pour la période du 1/7/2000 au 31/12/2000

Note de présentation sur la retenue à la source au titre de l'IGR, l'IS sur les produits de participation et produits de placements à revenu fixe

En l'état actuel de la législation, les revenus de capitaux mobiliers perçus ou inscrits en compte des personnes physiques ou morales sont appréhendés au niveau de quatre catégories d'impôts :

• la taxe sur les produits des actions, parts sociales et revenus assimilés (TPA) instituée par la loi n° 22 rebia I 1410 (23/10/1989) ;

• la taxe sur les produits de placements à revenu fixe (TPPRF) instituée par l'article 6 de la loi de finances pour l'année 1992 ;

• l'impôt général sur le revenu (IGR) institué par la loi n° 17-89 promulguée par le dahir n° 1-89-116 du 21/11/189 et ;

• l'impôt sur les sociétés institué par la loi n° 24-86 promulgué par le dahir 1-86-239 du 28 rebia II 1407 (31 décembre 1986).

Pour pallier à cette diversité de taxes, les mesures proposées visent à instituer une retenue à la source, au titre de l'impôt sur les sociétés et de l'impôt général sur le revenu, sur les produits de participation et produits de placements à revenu fixe perçus par ces dernières en remplacement de la taxe sur les produits de participation instituée pa la loi n° 18-88 (TPA) et la taxe sur les produits de placements à revenu fixe prévue par l'article 6 de la loi de finances pour l'année 1992 (TPPRF).

Ces mesures s'inscrivent dans le cadre de la recherche de la simplification et de la consolidation des impôts cédulaires sur le revenu et ce conformément aux dispositions de l'article 3 de la loi cadre n° 3-83 relative à la réforme fiscale et aux recommandations des assises nationales sur la fiscalité au Maroc.

L'insertion de ces deux taxes dans la loi n° 24-86 instituant un impôt sur les sociétés et dans la loi n° 17-89 relative à l'impôt général sur le revenu, sous forme de retenues à a source est faite à droit constant, sans incidence budgétaire.

Tel est l'objet des modifications proposées.

Impôts sur les sociétés

Les articles de la loi n° 24-86 instituant un impôt sur les sociétés ci-après seront modifiés ou complétés : 2, 9, 14, 38, 45, 49, 52.

Les articles ci-après seront créés par la loi de finances pour la période du 1/7/2000 au 31/12/2000 : 9bis, 9ter, 9 quater, 30ter, 37ter.

Impôt général sur le revenu

La section VI du chapitre premier du titre II de la loi n° 17-89 instituant l'impôt général sur le revenu comprenant les articles : 91, 92 et 93 est abrogée et remplacée.

Les articles de la loi 17-89 instituant un impôt général sur les revenus ci-après, seront modifiés ou complétés : 97-104.

Une nouvelle section VI sera créée au chapitre premier du titre II de la loi n° 17-89 par la présente loi de finances et comprenant les articles suivants : 91, 92, 93, 93 bis, 93ter, 93 quater.

Organismes de placement collectif en valeurs mobilières

Les dispositions de l'article 170 du dahir portant loi n° 1-93-213 du 4 rebia II 1414 (21 septembre 1993) relatif aux organismes de placement collectif en valeurs mobilières sont modifiées et complétées par la présente loi de finances.

Annexe II

Les modifications introduites au niveau de l'impôt sur les sociétés par la loi de finances pour la période du 1/7/2000 au 31/12/2000

I. A compter du 1er janvier 2001, les dispositions des articles 2, 14, 38, 45, 49 et 52 de la loi n° 24-86 instituant un impôt sur les sociétés sont modifiées et complétées comme suit :

Article 14

Les taux de l'impôt

Le taux normal est de 35 %. Un taux spécifique aux établissements de crédit et aux sociétés financières est fixé à 36 %. Les modifications intervenues sont précisées de la façon suivante :

« a. 10 % en ce qui concerne les produits bruts énumérés à l'article 12 ci-dessus **ainsi qu'aux dividendes et autres produits de participation aux a, b, c, d de l'article 9 de l'IS**.

b. 12 % en ce qui concerne les travaux immobiliers… Le paiement de l'impôt à ce taux est libératoire **de la retenue à la source prévue à l'article 37 et 37ter de l'IS**.

c. 20 % en ce qui concerne les produits de placements à revenu fixe énumérés à l'article 9 quater de l'IS. »

Le reste sans modification.

Article 38

Versement de l'impôt retenu à la source

« I.a. l'impôt retenu à la source sur les rémunérations payées aux sociétés visées à l'article 37 ci-dessus et **sur les produits et bénéfices visés aux articles 9 et 9 quater**, doit être versé dans le mois suivant celui du paiement, de la mise à **disposition ou de l'inscription en compte**, à la caisse du percepteur du lieu de l'adresse, du siège social ou du principal établissement au Maroc de

l'établissement qui a effectuée la retenue ou **l'inscription en compte, ou a mis à la disposition de son siège à l'étranger les bénéfices qu'il a réalisé au Maroc**.

b. Sans modification.

II. « 5° le mois au cours duquel la retenue à la source prévue à l'article 37 ter a été faite, l'adresse et la profession de la société débitrice, le montant global distribué par ladite société ainsi que le montant de l'impôt correspondant. »

Article 45

Sanction pour défaut ou insuffisance de versement de l'impôt

« Lorsque.. et celle de l'émission du rôle.

« Si la retenue à la source, sur les produits de participation et les bénéfices des établissements des sociétés étrangères ou, sur les produits de placements à revenu fixe, n'a pas été effectuée ou si elle n'a pas été reversée à la caisse du percepteur dans le délai légal, les montants y afférant sont mis à la charge des sociétés ou établissements contrevenants avec application d'une amende 10 %.

Lorsque la situation de la société est régularisée par voie de rôle, le montant de la retenue est en outre majoré de 6 % pour le premier mois de retard et de 1 % par mois ou fraction de mois supplémentaire écoulé entre la date d'exigibilité de la retenu et celle de la régularisation.

Par dérogation aux dispositions ci-dessus, les majorations prévues **au deuxième l'alinéa du présent article** ne s'appliquent pas................ »

La suite sans modification.

Article 49

Sanctions pour infractions aux dispositions relatives à la retenue à la source

« I. Les personnes physiques ou morales, **et les établissements des sociétés étrangères** qui n'ont pas versé......................... prévues à l'article 45 ci-dessus.

Les établissements bancaires qui se chargent de la distribution des produits de participation et des produits de placements à revenu fixe sans se conformer aux dispositions légales relatives au prélèvement et au versement de la retenue à la source, peuvent être tenus solidairement avec la société distributrice, au paiement des droits non versés ainsi que des majorations et amendes y afférentes.

II. Les personnes.................................... de mille dirhams (1 000 Dh).

Les sociétés et établissements qui ne déposent pas, dans le délai imparti, la déclaration prévue à l'article 30ter ou qui déposent une déclaration inexacte ou incomplète sont passibles d'une majoration égale à 15 % de l'impôt non déclaré.

III. La suite sans modification. »

II. A compter du 1er janvier 2001, les dispositions de l'article 9 de la loi n° 24-86 sont abrogées et remplacées comme suit :

Article 9

Produits de participation imposables

« Les dividendes et autres produits de participation perçus par les sociétés n'ayant pas leur siège au Maroc ainsi que les bénéfices réalisés au Maroc par les établissements de sociétés étrangères et mis à la disposition de ces dernières à l'étranger, sont passibles de la retenue à la source prévue à l'article 37 ter ci-dessous, au taux prévu au deuxièmement de a. du §1 de l'article 14 de la présente loi.

Les dividendes et autres produits de participation soumis à cette retenue à la source s'entendent :

a. des dividendes, intérêts du capital et autres prdouits de participations similaires ;

b. des tantièmes, allocations spéciales, remboursements forfaitaires de frais et autres rémunérations allouées aux membres du conseil d'administration des sociétés, sauf pour la fraction de ces rémunérations considérée comme un salaire et soumise en tant que telle à l'impôt général sur le revenu ;

c. des sommes prélevés sur les bénéfices pour l'amortissement du capital ou le rachat d'actions, de parts bénéficiaires ou de parts de fondateur des sociétés autres que celles qui sont concessionnaires d'un service public;

d. dans le cas de liquidation d'une société, du boni de liquidation augmenté des réserves constituées depuis moins de 10 ans, même si elles ont été capitalisées, et diminué de la fraction amortie du capital, à condition que l'amortissement ait déjà donné lieu au prélèvement de la retenu à la source susvisée, ou, avant le 1er janvier 2001, à la taxe sur les produits des actions et parts sociales au revenus assimilés. »

III. A compter du 1er janvier 2001, la loi n° 24-86 instituant un impôt sur les sociétés est complétée par les articles 9 bis, 9ter, 9 quater, 30ter et 37ter ci-après

Article 9 bis

Produits de participation non imposables

« I. Les dividendes et autres produits de participation provenant de la distribution de bénéfices par des sociétés relevant de l'impôt sur les sociétés, même si ces dernières en sont expressément exonérées, sont compris dans les produits d'exploitation de la société bénéficiaire des dividendes et autres produits et bénéficient d'un abattement de 100 %.

II. Ne sont pas soumis à la retenue de l'impôt à la source prévue à l'article 37ter ci-dessous, les dividendes et autres produits de participation énumérés à l'article 9 ci-dessus, perçus par l'Etat, les collectivités locales, les sociétés visées au §I ci-dessus, ainsi que les produits des actions appartenant à la banque européenne d'investissement (B.E.I.) suite aux financements accordés par celle-ci au bénéfice d'investisseurs marocains et européens dans le cadre de programmes approuvés par le gouvernement. »

Article 9ter

Profits sur cession de valeurs mobilières

« Sous réserve de l'exonération prévue au b. du §I de l'article 19 ci-dessous, les profits résultant des cessions de valeurs mobilières, soit en cours soit en fin d'exploitation, sont comptés dans les produits d'exploitation des sociétés, après un abattement calculé comme prévu aux paragraphes I et II dudit article. »

Article 9 quater

Produits de placements à revenu fixe

« Les produits de placements à revenu fixe, versés ou inscrits en compte des sociétés ayant, au Maroc, leur domicile fiscal ou un établissement stable auquel se rattachent les produits servis, sont soumis à la retenue à la source prévue à l'article 37ter, au taux prévu au c. du §I de l'article 14 de la présente loi.

« Les produits de placements à revenu fixe susvisés s'entendent des intérêts et autres produits similaires :

a. des obligations, bons de caisse et autres titres d'emprunts émis par toute personne physique ou société ;

b. des dépôts à terme, à vue et sur carnet auprès des organismes bancaires et de crédit, publics et privés ;

c. des prêts et avances consentis par les sociétés, autres que les organismes bancaires et de crédit, publics et privés, à toute autre personne passible de l'impôt sur les sociétés ;

d. des prêts consentis, par l'intermédiaire d'organismes bancaires et de crédit, par des sociétés aux personnes morales. »

Article 30ter

Déclaration des produits de participations et des produits de placements à revenu fixe soumis à la retenue à la source

« Les sociétés et établissements visés au I de l'article 38 qui versent l'impôt retenu à la source, sur les produits de participation et bénéfices des établissements des sociétés étrangères visés au §I de l'article 9 ci-dessus et sur les produits de placements à revenu fixe visé à l'article 9 quater de la présente loi, doivent adresser, par lettre recommandée avec accusé de réception, ou remettre, contre récépissé, à l'inspecteur des impôts du lieu de leur siège social ou de leur principal établissement au Maroc, avant le 31 mars de chaque année, une déclaration des produits susvisés établie sur ou d'après un imprimé modèle fourni par l'administration comportant, outre les indications figurant sur les bordereaux avis prévus au II de l'article 38 susvisé :

– leur raison sociale ;

– la nature de leur activité;

– le lieu de leur siège sociale ou de leur principal établissement au Maroc. »

Article 37ter

Retenue à la source sur les produits de participations, les produits de placements à revenu fixe et les bénéfices des établissements des sociétés étrangères

« I. La retenue de l'impôt à la source sur les produits énumérés aux articles 9 et 9 quater ci-dessus doit être :

« – opérée pour le compte du trésor, par les comptables publics, les organismes bancaires et de crédit, publics et privés, les sociétés et établissements qui mettent à la disposition de leur siège à l'étranger, servent ou inscrivent en compte :

1. les dividendes et autres produits de participation visés aux a., a. c. et d. du I de l'article 9 susvisé ;

2. les bénéfices réalisés au Maroc par les sociétés étrangères et mis à leur disposition à l'étranger ;

3. les intérêts et autres produits similaires des placements visés aux a., b. et c. de l'article 9 quater ci-dessus ;

– collectée, pour le compte du trésor, lors du versement des intérêts et autres produits similaires des prêts visés au d. de l'article 9ter susvisé.

II. La retenue à la source sur les produits de placements à revenu fixe énumérés à l'article 9 quater de la présente loi, est imputable sur la cotisation de l'impôt sur les sociétés, avec droit à restitution.

IV. A compter du 1er janvier 2001, sont abrogées les dispositions de :

– la loi n° 18-88 instituant la taxe sur les produits des actions ou parts sociales et revenu assimilé promulgué par le dahir n° 1-89-145 du 22 rebia I 1410 (23 octobre 1989) ;

– l'article 6 de la loi de finances pour l'année 1992 relatif à la taxe sur les produits de placements à revenu fixe.

V. A compter du 1er janvier 2001, la référence à la taxe sur les produits des actions ou parts sociales et revenus assimilés ainsi qu'à la taxe sur les produits de placement à revenu fixe est remplacée par les dispositions correspondantes contenues dans la loi relative à l'impôt sur les sociétés et la loi relative à l'impôt général sur le revenu. »

Article 52

Réclamations

« Les sociétés................................, leurs réclamations :

a. ....

b. ....

c. les délais prévus ci-dessus sont ramenés à quatre mois en ce qui concerne les réclamations des sociétés et établissements distributeurs de produits de participation ou de produits de placements à revenu fixe. »

Annexe III
Pression fiscale
1990-1998

En millions de dirhams

Désignation	1990	1991	1992	1993	1994	1995	1996	1997	1998
Recettes fiscales totales									
Impôt directs	13 898	13 507	16 945	15 375	15 214	16 162	19 204	20 642	24 016
Droits de douane	10 026	11 466	12286	12556	11 983	11 843	11 852	11987	12 906
Impôts indirects	20 073	22908	26 081	27 384	29 417	30 064	31 743	33 476	34 437
Enregistr. et timbre	2 465	2 582	2 640	2 554	2 772	2 816	3 303	3 591	3 705
Total	**46 462**	**50 463**	**57 952**	**57 869**	**59 386**	**60 885**	**66 102**	**69 696**	**75 064**
PIB (prix courants)	212 823	242 360	242 911	249 223	279 322	281 702	319 635	319 291	348 029
Tx d'accroiss. du PIB	–	13,9 %	0,2 %	2,6 %	12,1 %	0,9 %	13,5 %	-0,1 %	9,0 %
Pression fiscale	**21,8 %**	**20,8 %**	**23,9 %**	**23,2 %**	**21,3 %**	**21,6 %**	**20,7 %**	**21,8 %**	**21,6 %**

Source : D.G.I.

Annexe IV

Evolution des recettes fiscales 1990-1998 *(Par année civile)*

En millions de dirhams

Désignation	1990	1991	1992	1993	1994	1995	1996	1997	1998
Impôts directs	**13 898**	**13 507**	**16 945**	**15 375**	**15 214**	**16 162**	**19 204**	**20 642**	**24 016**
Patente (1)	549	129	276	120	197	211	269	273	312
I.S.	4 613	5 611	7 212	5 374	5 155	5 148	6 949	7 447	7 638
I.G.R	3 457	5 282	6 629	6 975	7 257	7 706	8 453	9 201	10 633
T.U. (2)	38	51	39	35	40	44	46	43	60
Taxe de licence	19	16	23	25	22	24	22	22	24
T.P.A.	103	129	149	172	179	214	274	376	414
Majorations	62	116	171	191	196	259	341	310	288
T.P.I.	124	262	682	429	392	373	482	472	521
P.S.N.	771	727	801	646	702	694	549	389	495
T.P.P.R.F. (3)	–	–	712	856	976	1 355	1 694	2 010	2 312
Autres impôts	4 162	1 184	251	552	98	134	125	99	1 319
Droits de douane	**10 026**	**11 466**	**12 286**	**12 556**	**11 983**	**11 843**	**11 852**	**11 987**	**12 906**
Droits d'importation	4 744	5 694	6 073	6 312	6 045	5 460	5 862	6 109	6 562
P.F.I.	5 119	5 652	6 185	6 235	5 926	6 351	5 958	5 852	6 310
Autres	163	120	28	9	12	32	32	27	34
Impôts indirects	**20 073**	**22 908**	**26 081**	**27 384**	**29 417**	**30 064**	**31 743**	**33 476**	**34 437**
T.V.A. totale	**11 972**	**13 419**	**14 873**	**14 610**	**14 998**	**15 821**	**17 928**	**18 836**	**19 454**
T.V.A. à l'intérieur	4 947	5 566	6 540	6 904	6 510	6 897	8 052	8 214	8 480
T.V.A. à l'importation	7 025	7 853	8 333	7 706	8 488	8 924	9 876	10 622	10 974
T.I.C.	**8 101**	**9 489**	**11 208**	**12 774**	**14 419**	**14 243**	**13 815**	**14 640**	**14 983**
Tabacs	2 987	3 157	3 835	4 292	4 590	4 546	4 690	4 645	5 221
Pétrole	3 371	3 372	4 320	5 054	8 779	8 656	8 160	8 932	8 695
Autres	1 743	2 960	3 053	3 428	1 050	1 041	965	1 063	1 067
Enregistr. et timbre	**2 465**	**2 582**	**2 640**	**2 554**	**2 772**	**2 816**	**3 303**	**3 591**	**3 705**
Total	**46 462**	**50 463**	**57 952**	**57 869**	**59 386**	**60 885**	**66 102**	**69 696**	**75 064**

Source : D.G.I.

(1) Il s'agit de la part de l'Etat.
(2) TU : part de l'Etat.
(3) Prélèvements institués par la L.F. 1992.

Table des matières

Première partie
La fiscalité liée à la création de l'entreprise

Chapitre I
Les droits d'enregistrement et du timbre

Chapitre II
La taxe notariale

Chapitre III
Les droits de la conservation foncière

Deuxième partie
La fiscalité liée au potentiel productif de l'entreprise

Chapitre I
L'impôt des patentes

Chapitre II
La fiscalité immobilière

Chapitre III
La fiscalité sur les échanges extérieurs

Chapitre IV

Les incitations fiscales au développement de l'épargne, des investissements et des exportations

Troisième partie

La fiscalité liée au chiffre d'affaires de l'entreprise La taxe sur la valeur ajoutée

Chapitre I

Principes et modalités techniques

Chapitre II

Domaine d'application de la TVA

Chapitre III
Assiette et fait générateur de la TVA

Chapitre IV
La liquidation de la taxe sur la valeur ajoutée

Chapitre V
Les obligations des assujettis

Chapitre II

L'imposition des revenus professionnels

Chapitre III
L'imposition des autres catégories de revenus

Chapitre II
Fiscalité des valeurs mobilières

Cinquième partie
L'entreprise face à la problématique de la fiscalité locale

Chapitre I
Les objectifs de la réforme de 1989